JN236581

〔実務法律講義❼〕

実務 租税法講義
―憲法と租税法―

編集代表 山田二郎

法科大学院テキスト対応

発行 民事法研究会

はしがき

　本書は、ロースクールの教材シリーズを構成するテキスト「実務法律講義第7巻」として刊行するものである。租税法は新司法試験の選択科目の中に加えられ、租税法の重要性は経済取引の領域だけではなく、ロースクールの教育においても高まってきている。

　本書は、題名を「実務　租税法講義──憲法と租税法」と掲げていることからもわかっていただけるように、このたびの司法制度改革が「法の支配」に立脚し、租税法の基本原理である「租税法律主義」、「租税平等主義」を租税法の領域に浸透・実現させるものであるということを共通の認識とし、租税法の法的構造と基本的な考え方を立体的かつ横断的に考察することを特徴とし、課題として編集しているものである。

　租税法の領域は、国内的にも国際的にも新しい経済取引に追われてその変動が激しく、またその領域が広範囲に及んでいるものであり、それが租税法の大きな特色となっているのであるが、本書では、基本的な考え方と立体的かつ横断的な考察を意図しているものであり、租税法の各論的な諸問題は次のステップとして勉強してもらうことを予定している。さらに、設問で壁にぶつかったり、勉強に疲れたら、頭を休めて気分転換をしていただくために、最近話題となっている情報や知って役に立つ周辺知識をやさしく解説した「コーヒーブレイク」欄をお読みいただくことで、租税法の勉学に一層親しみを覚えていただけるように工夫をしている。

　租税法は、民商法等の基本法の理解を前提としているものであり、判例等のケースを素材として勉強をしてもらうことが租税法の理解と知識を深めることに役立つので、本書においてもできる限りケース研究の形式を採り入れて、タックスプランニングの実務的能力を高めてもらうことを配慮している。

　本書は、実際にロースクールで租税法の教育に携わっておられる研究者のほか、租税訴訟の経験豊富な裁判官・訟務検事・弁護士・税理士と幅広い先生がたに執筆に参加していただき、ロースクールのテキストとして刊行した

はしがき

ものであるが、税務の職業専門家として活躍しようとされている弁護士・税理士や企業の法律実務家の方々にも、ぜひとも実践的な手引書としても活用していただけることを願っている。巻末には、「第3部　参考資料」として、参考文献、国税庁の組織図および権利救済のプロセスのメニュー、文献検索方法を掲載している。

　本書は、これまでの判例や租税法の研究成果等を取り込んで編集したものであるが、その不十分なところや今後の租税法の発展については、これをフォローすることにして、改訂版にあたっては本書をより一層充実させていただくことにしたい。

　本書の刊行にあたって協力していただいた執筆者各位と、本書の企画と刊行に尽力をしていただいた民事法研究会・田口信義・上野恭世氏と税理士・青木丈氏に心から感謝を申し上げる。

　2005年3月

編集代表　　山田二郎
編集幹事　　青木康國
（50音順）　　菅納敏恭
　　　　　　　木村弘之亮
　　　　　　　山下清兵衛

● 本書の法科大学院における利用の仕方 ●

1 本書の特色

　本書は、法科大学院において租税法を教えている教師をはじめとして、租税の実務に携わる立場にある裁判官、弁護士および税理士が、具体的紛争事例に基づき、それぞれの立場からその法的問題点についての検討を行い、租税法の法的構造と基本的な考え方を立体的・横断的に考察して論及し、明らかにしたものである。

　そもそも租税法は、憲法にその根拠を置くところが多く、租税法律主義をはじめとして、租税公平主義など憲法の要請に基づくものが租税法の重要原則である。そこで、本書では、「租税法と憲法との関係」の解明をテーマとして、租税法律主義を中心として、租税法律主義と租税法の諸問題との関係の解明に力点を置いた。したがって、本書は、租税法を技術的な法としてとらえるのではなく、憲法に根差した法としてとらえており、そのような観点から、租税法の基本的な問題を扱っている。

2 法科大学院の授業で本書を利用するにあたって

　法科大学院における租税法の授業にあたっては、租税法についての基本書と判例集は当然使用されることになる。また、租税法の授業にあたり、事前に教師が学生に予習問題を出題することも多いと考えられる。しかし、学生にとって、租税法は、包括的所得概念など租税法の基本的な概念がわかりにくいところもあり、基本書と判例集を読むだけでは、問題の所在や問題の解決にあたっての考え方を容易に見い出すことは困難である。そこで、予習問題の出題にあたり、本書の第2部の租税法各論における各章の冒頭の事例問題やあるいは演習問題を出題することにより、学生は、問題の所在や解決にあたっての基本的な考え方を発見することが可能となる。

　また、授業にあたっても、いわゆるソクラテス・メソッドの方式による授業を行うにあたり、本書の租税法各論は、具体的な事例問題となっており、

事前に本書を読んできていることを前提に、本書の具体的な事例問題を素材として授業を進めることが可能となり、効率的な学習をすることが可能となる。

さらに、本書は、所得税を中心として、租税法の基本的な問題を網羅的に取り上げており、授業において、本書の各論の諸問題を解決していくことにより、租税法の基本的な考え方をマスターすることが可能である。

3　法科大学院生が本書を利用するにあたって

本書の第1部の租税法総論は、租税法の基本的な仕組みについて簡潔に説明したものであり、これを読むことにより、租税法の構造と全貌についての理解を得ることができる。そして、第2部の租税法各論をそれぞれ読んでいくことにより、租税法の基本的な問題についての理解をさらに深めることができる。

本書は、租税法の重要な判例を中心として、租税法を法的な側面から深く掘り下げたものであり、それぞれの判例についての理解を深め、さらに個別の様々な問題への応用力を養うことができる。

学生は、授業の復習としても、本書を使うことにより、授業で取り上げられた問題についての理解をさらに深めることができる。

4　本書への期待

本書は、「租税法と憲法との関係」の解明を目指したものであり、これまでの租税法の本とは一線を画するものである。これからの司法を担う法科大学院生達が、本書によって、租税法のおもしろさとともに、租税法が憲法と深く結びついていることを習得することを期待したい。

〔カッコ内等で利用する法令・文献略称一覧〕　　(50音順)

【税法関係】

・印税	印紙税法
・関税	関税法
・国犯	国税犯則取締法
・酒税	酒税法
・消基通	消費税法基本通達
・消税	消費税法
・消税令	消費税法施行令
・所基通	所得税基本通達
・所税	所得税法
・所税令	所得税法施行令
・税徴	国税徴収法
・税通	国税通則法
・税通令	国税通則法施行令
・税特措	租税特別措置法
・税特措通	租税特別措置法関係通達
・税特措令	租税特別措置法施行令
・相基通	相続税法基本通達
・相税	相続税法
・相税規	相続税法施行規則
・相税令	相続税法施行令
・地税	地方税法
・登免	登録免許税法
・登免令	登録免許税法施行令
・評基通	財産評価基本通達
・法基通	法人税基本通達
・法税	法人税法
・法税令	法人税法施行令

【その他の法令】

・会更	会社更生法
・家審	家事審判法
・家審規	家事審判規則
・憲	憲法
・刑	刑法
・刑訴	刑事訴訟法
・行組	国家行政組織法
・行訴	行政事件訴訟法
・行手	行政手続法
・国公	国家公務員法
・国賠	国家賠償法
・財	財政法
・借地借家	借地借家法
・税理	税理士法
・地公	地方公務員法
・地自	地方自治法
・電子帳簿保存法	電子計算機を使用して作成する国税関係帳簿書類の保残方法等の特例に関する法律
・破	破産法
・不登	不動産登記法
・民	民法
・民再	民事再生法
・民訴	民事訴訟法
・有限	有限会社法

【引用文献】

・行集	行政事件裁判例集
・刑集	最高裁判所刑事判例集

カッコ内等で利用する法令・文献略称一覧

- 裁集　　　　裁決事例集
- 裁判集民　　最高裁判所裁判集
　　　　　　　民事
- ジュリ　　　ジュリスト
- 税資　　　　税務訴訟資料
- 訟月　　　　訟務月報
- 判時　　　　判例時報
- 判タ　　　　判例タイムズ
- 法時　　　　法律時報
- 民集　　　　最高裁判所民事判
　　　　　　　例集

第1部　租税法概論

第1章　租税と法の支配の原理

- I　租税とは何か …………………………………………… 2
- II　租税と法の支配の重い位置づけ ……………………… 3
- III　租税と適正手続の保障 ………………………………… 4
- IV　信義則と合法性の原則の調整 ………………………… 4

第2章　日本の税制の概要と租税法の基本原則

- I　日本の税制の概要 ……………………………………… 7
- II　租税法の基本原則 ……………………………………… 9
  - 1　租税法律主義 ………………………………………… 9
    - 〔コラム〕租税法律主義 …………………………… 10
  - 2　租税平等主義 ………………………………………… 11
    - (1)　立法上の租税平等主義 ……………………… 12
    - 〔コラム〕租税平等主義と立法裁量―大島サラリーマン訴訟 …… 12
    - (2)　執行上の租税平等主義 ……………………… 13

目次

第3章　納税義務の成立・確定と課税要件

- I　納税義務の成立と成立時期 …………………………………………… 14
- II　納税義務の確定と確定時期、電子申告の導入 ……………………… 17
- III　納税義務と課税要件 …………………………………………………… 19
  - 1　納税義務者 …………………………………………………………… 19
  - 2　課税物件 ……………………………………………………………… 21
  - 3　課税物件の帰属 ……………………………………………………… 21
  - 〔コラム〕　所得の帰属と所得区分—りんご生産組合事件 ………… 22
  - 4　課税標準 ……………………………………………………………… 23
  - 5　税　率 ………………………………………………………………… 24

第4章　租税の調査手続と徴収手続

- I　租税の調査手続 ………………………………………………………… 25
  - 1　純粋の任意調査 ……………………………………………………… 25
  - 2　間接強制を伴う税務調査（質問検査権に基づく税務調査）……… 26
  - 〔コラム〕　質問検査権と税務職員の裁量 …………………………… 27
  - 3　強制調査 ……………………………………………………………… 28
- II　租税の徴収手続 ………………………………………………………… 28

第5章　租税救済手続の概要

- I　租税争訟と納税者の救済 ……………………………………………… 32
- II　行政上の不服申立てと前置主義の特例 ……………………………… 33

Ⅲ 租税訴訟と改正行訴法による新しい展開 ……………………………… 33
Ⅳ 税理士の出廷陳述権の拡大と弁護士との共働 ………………………… 36

第 6 章 租税犯と処罰手続の概要

Ⅰ 租税犯の種類と罰則 ……………………………………………………… 37
　〔コラム〕 逋脱犯と「偽りその他不正の行為」の意義 ……………… 38
Ⅱ 犯則調査と処罰手続 ……………………………………………………… 38

第 2 部　租税法各論

第 1 章　租税と所得の意義

Ⅰ　事　例 ……………………………………………………………………… 42
Ⅱ　設　問 ……………………………………………………………………… 43
Ⅲ　租税とその他の公課の識別 ……………………………………………… 43
　1　判例上の租税概念 ……………………………………………………… 43
　2　憲法における租税概念の内容と意義 ………………………………… 45
　3　国税通則法 2 条 1 号にいう税概念の特徴 …………………………… 47
　　(1)　税の定義 …………………………………………………………… 47
　　(2)　税概念の特徴 ……………………………………………………… 47
　4　負担金 …………………………………………………………………… 49
　5　手数料（使用料） ……………………………………………………… 51
　6　演習問題への適用 ……………………………………………………… 53

目 次

- **IV 所得とその発生** ……………………………………………… 54
  - 1 所得概念 ……………………………………………………… 54
  - 2 貨幣の時間的価値：給与所得と繰延所得 ………………… 56
  - 〔表〕 給与の繰延払い ……………………………………… 56
  - 3 設問2について ……………………………………………… 58
- **V 退職給付の法的性質** …………………………………………… 58
  - 1 労働法および破産法上の所得 ……………………………… 58
  - 2 繰延報酬課税理論における退職給付の法的性質 ………… 59
  - 3 所得の実現と生涯所得 ……………………………………… 61
  - 4 所得の区分 …………………………………………………… 62
  - 5 設問3について ……………………………………………… 62
- **VI 課税の時期** …………………………………………………… 63
  - 1 直接の課税と間接の課税 …………………………………… 63
  - 2 設問4について ……………………………………………… 64
- **VII 報酬税務計画** ………………………………………………… 65
  - 1 租税回避 ……………………………………………………… 65
  - 2 臨時所得の平均課税 ………………………………………… 65
  - 3 設問5について ……………………………………………… 66
  - 〔コーヒーブレイク〕 Tax Law & Economics ……………… 67
- 〔演習問題〕 ………………………………………………………… 67

第2章 税負担と平等原則

- **I 事 例** ………………………………………………………… 70
- **II 設 問** ………………………………………………………… 71
- **III 平等原則と税法** ……………………………………………… 71
  - 1 平等原則の意味 ……………………………………………… 71

〔沖縄の人頭税〕………………………………………………… 72
　　2　平等原則と人税 ………………………………………………… 73
Ⅳ　平等原則と給与所得税制 ………………………………………… 74
　　1　所得の質的担税力 ……………………………………………… 74
　　　〔クロヨン論議〕………………………………………………… 75
　　2　大島サラリーマン訴訟 ………………………………………… 76
　　　(1)　原告の主張 ………………………………………………… 76
　　　(2)　被告の主張 ………………………………………………… 78
　　　(3)　裁判所の判断 ……………………………………………… 82
　　3　判決の問題点 …………………………………………………… 86
　　　(1)　判決への疑問 ……………………………………………… 86
　　　(2)　特定支出控除 ……………………………………………… 87
　　　〔たった16人からついに1人へ〕……………………………… 87
　　　(3)　給与所得控除制度改革の前提 …………………………… 88
　　4　その後の判例の動向 …………………………………………… 89
　　5　設問について …………………………………………………… 90
〔演習問題〕……………………………………………………………… 91

第3章　租税法律主義と行政処分

Ⅰ　事　例 ……………………………………………………………… 92
Ⅱ　設　問 ……………………………………………………………… 92
Ⅲ　証明手続と納税者の権利の失権 ………………………………… 93
　　1　租税実体法と租税手続法 ……………………………………… 93
　　2　納税者の権利と証明手続 ……………………………………… 94
　　　(1)　青色申告権 ………………………………………………… 94
　　　(2)　仕入税額控除権 …………………………………………… 94

(3)　輸出免税権 ………………………………………………… 95
　　(4)　実額反証権 ………………………………………………… 95
　　(5)　課税繰延権 ………………………………………………… 95
　　(6)　非課税権 …………………………………………………… 96
　　(7)　特別控除適用権および軽減税率適用権 ………………… 96
　　(8)　延払基準適用権 …………………………………………… 96
　3　証明手続の懈怠による失権 …………………………………… 96
　　(1)　消費税の仕入税額控除の例による検討 ………………… 96
　　(2)　学説の検討 ………………………………………………… 97
　　(3)　判例の検討 ………………………………………………… 98
　　(4)　法文の解釈の検討 ………………………………………… 99
　　(5)　実体規定を手続規定による変更の可否 ………………… 100
Ⅳ　行政処分とその是正 ……………………………………………… 102
　1　行政処分が国民の権利の発生要件となるか ………………… 102
　2　権利成立要件と争訟手続 ……………………………………… 104
　3　行政庁の行為の行政処分性 …………………………………… 105
　　(1)　行政行為の法的位置づけ ………………………………… 105
　　(2)　過誤納付と行政処分 ……………………………………… 106
　4　先行する行政決定の取消訴訟と過誤納金還付請求訴訟 …… 108
　　(1)　取消訴訟の対象 …………………………………………… 108
　　(2)　出訴期間 …………………………………………………… 110
　　(3)　取消訴訟と還付請求訴訟の併合 ………………………… 110
　5　行政決定の是正と還付請求 …………………………………… 111
　　(1)　還付請求の方法 …………………………………………… 111
　　(2)　拒絶通知の行政処分性 …………………………………… 112
Ⅴ　納税者の権利の実現方法 ………………………………………… 113
　1　過誤納金還付請求権 …………………………………………… 113
　　(1)　既に生じている法律効果や事実と行政処分性 ………… 113

  (2) 行政処分性の再検討 ……………………………………………… 113
  (3) 納税者の権利実現訴訟における法的分析 ……………… 114
 2 非処分と確認訴訟 ………………………………………………………… 115
Ⅳ 行政立法の司法審査 ………………………………………………………… 116
 1 行政立法概念 ……………………………………………………………… 116
 2 行政立法の形式 …………………………………………………………… 117
 3 外部効果 …………………………………………………………………… 117
  (1) 相対化現象 …………………………………………………………… 117
  (2) 部分的秩序の規則 ………………………………………………… 118
  (3) 行政内部行動基準 ………………………………………………… 118
 4 行政立法の処分性 ………………………………………………………… 118
  (1) 直接審査 ……………………………………………………………… 118
  (2) 間接審査 ……………………………………………………………… 120
 5 行政立法の司法審査の時期 …………………………………………… 121
Ⅶ 行政立法の是正 ……………………………………………………………… 123
 1 実体要件の委任と手続の委任 ………………………………………… 123
 2 法規命令（実体命令・手続命令） ……………………………………… 124
 3 授権基準 …………………………………………………………………… 126
 4 民法上の不当利得返還請求と過誤納金還付請求 ……………… 127
 5 自動確定の租税に関する過誤納金還付請求の事例
  （木更津木材事件）………………………………………………………… 129
  (1) 事実の概要 …………………………………………………………… 129
  (2) 一審判決 ……………………………………………………………… 130
  (3) 木更津木材事件における法的問題点の検討 ……………… 131
 6 行政立法違憲判断の方法 ……………………………………………… 134
〔演習問題〕 ……………………………………………………………………… 136

13

第4章　租税法律主義と不確定概念

- I　事　例 ……………………………………………………………… 138
- II　設　問 ……………………………………………………………… 139
- III　租税法における「不確定概念」………………………………… 140
  - 1　問題の所在 ……………………………………………………… 140
  - 2　「不確定概念」の特徴 ………………………………………… 142
    - (1)　抽象的概念 ………………………………………………… 142
    - (2)　多義的概念 ………………………………………………… 143
  - 3　設問1の検討 …………………………………………………… 143
    - (1)　功績倍率法 ………………………………………………… 145
    - (2)　1年当たり平均額法 ……………………………………… 146
    - (3)　国家公務員等退職手当法に基づき算定した例 ………… 147
    - (4)　代表者勤務年数1年当たりの退職給与の額と3年間の公表利益との関係を示す回帰方程式の2標準偏差値の範囲で判定した例 …………………………………………………………… 147
- IV　「不確定概念」と課税要件明確主義 …………………………… 149
  - 1　問題の所在 ……………………………………………………… 149
  - 2　「不確定概念」の使用の必要性 ……………………………… 149
  - 3　「不確定概念」の種類 ………………………………………… 150
  - 4　設問2の検討 …………………………………………………… 151
- V　「不確定概念」の実態と税務行政 ……………………………… 152
  - 1　問題の所在 ……………………………………………………… 152
    - (1)　「不確定概念」と形式基準 ……………………………… 152
    - (2)　「不確定概念」と税務通達 ……………………………… 152
  - 2　税務通達における税目間の取扱いの差異 …………………… 154
  - 3　課税長が税務通達の取扱いに反した処分を行った場合 …… 154

4　設問3の検討 ………………………………………………… 155
　　(1)　加算税が課されない場合の「正当な理由」ほか ……… 156
　　(2)　借地権における「相当の地代」 ……………………… 157
　　(3)　交際費等の「通常要する費用」 ……………………… 157
　　(4)　税務調査における「必要があるとき」ほか ………… 157
　　(5)　過大役員報酬と役員退職給与の「不相当に高額」ほか … 158
　　(6)　同族会社の行為計算否認における「不当に減少」ほか … 158
　　(7)　更正の請求における「やむを得ない理由」 ………… 158
〔演習問題〕 …………………………………………………………… 159
　　〔コーヒーブレイク〕　修正申告の慫慂 ………………… 161
　　〔コーヒーブレイク〕　電子申告（e-Tax）……………… 161

第5章　課税権の確定手続の諸問題と「法の支配」

第1節　序　論 …………………………………………………… 163

Ⅰ　租税法と法の支配 ………………………………………………… 163
　1　司法制度改革審議会の意見書 ………………………………… 163
　　〈資料〉司法制度改革審議会意見書（抜粋） ………………… 163
　2　日本国憲法と司法制度改革審議会の意見書との関係 ……… 165
　3　法の支配と租税法律主義 ……………………………………… 167
　4　租税法における判例の読み方の姿勢について ……………… 168
　5　租税手続法と法の支配 ………………………………………… 169
　　〔コーヒーブレイク〕　租税法について内閣の法案提出権は
　　　　　　　　　　　　　憲法上あるの？ ……………………… 170
Ⅱ　租税確定手続の概要 ……………………………………………… 171

第2節　課税権の確定手続の諸問題と法の支配 ……173

- **I　申告の錯誤無効** …………………………………………………… 173
  - 1　事例1 ……………………………………………………………… 173
  - 2　設　問 ……………………………………………………………… 173
  - 3　基本判例 …………………………………………………………… 174
  - 4　解　説 ……………………………………………………………… 175
    - (1)　申告行為の性格 ……………………………………………… 175
    - (2)　基本判例の読み方 …………………………………………… 176
    - (3)　設問の考え方 ………………………………………………… 177
  - 〔演習問題〕………………………………………………………………… 177
    - 〔コーヒーブレイク〕　新行政事件訴訟法の義務付け訴訟について … 181
- **II　質問検査権をめぐる現代的諸問題** ………………………………… 182
  - 1　事例2 ……………………………………………………………… 182
  - 2　設　問 ……………………………………………………………… 183
  - 3　関連条文と基本判例 ……………………………………………… 183
  - 4　基本判例の現代的解釈 …………………………………………… 186
    - (1)　調査が合法である要件 ……………………………………… 186
    - (2)　調査の客観的必要性とは …………………………………… 187
    - (3)　設問の考え方 ………………………………………………… 188
  - 〔演習問題〕………………………………………………………………… 189
    - 〔コーヒーブレイク〕　選択の自由について
      　　　　　　　　　　（遡及課税禁止の原則）………………… 191
- **IV　更正の理由附記** ……………………………………………………… 192
  - 1　事例3 ……………………………………………………………… 192
  - 2　設　問 ……………………………………………………………… 192
  - 3　行政手続法と国税通則法の関係 ………………………………… 193
  - 4　基本判例 …………………………………………………………… 194

5　基本判例の現代的意味 ………………………………………… 195
〔演習問題〕…………………………………………………………………… 197
　　6　理由不備についての原告の主張例 …………………………… 198
　　〔コーヒーブレイク〕　司法制度改革激動の時代を感じさせる
　　　　　　　　　　　　画期的逆転判決出る！ …………………… 200

第6章　租税法律主義と租税回避

Ⅰ　事　例 ……………………………………………………………… 202
Ⅱ　設　問 ……………………………………………………………… 204
Ⅲ　租税回避 …………………………………………………………… 204
　　1　租税法律主義、公平原則と租税回避行為 …………………… 204
　　2　租税回避の意義 ………………………………………………… 206
　　3　租税法律主義のもとでの租税回避の否認 …………………… 207
Ⅳ　租税負担軽減行為・租税回避の類型 …………………………… 207
　　1　納税義務者の変更 ……………………………………………… 208
　　2　所得の分散 ……………………………………………………… 209
　　3　課税国の変更 …………………………………………………… 210
　　　(1)　移転価格税制 ………………………………………………… 210
　　　(2)　過少資本税制 ………………………………………………… 211
　　　(3)　タックス・ヘイブン対策税制 ……………………………… 211
　　4　所得の性格の変更 ……………………………………………… 212
　　5　課税時期 ………………………………………………………… 213
Ⅴ　租税回避否認の理論 ……………………………………………… 214
　　1　同族会社行為計算否認 ………………………………………… 214
　　2　グレゴリー事件―事業目的の原理 …………………………… 215
　　3　ラムゼイ Ramsay 原則 ………………………………………… 217

VI　事例検討の視点 …………………………………………………… 218
〔演習問題〕……………………………………………………………… 219

第7章　租税法律主義と国際的租税回避

　I　事　例 ……………………………………………………………… 222
　II　はじめに―オウブンシャホールディング事件判決の紹介と本章
　　　の主題 …………………………………………………………… 225
　　1　オウブンシャホールディング事件判決の紹介 ………………… 225
　　2　租税法律主義 ……………………………………………………… 229
　　3　国際的租税回避 …………………………………………………… 230
　　4　租税回避行為の否認と租税法律主義 …………………………… 231
　III　関連する国際課税のルールの整理 ……………………………… 233
　　1　設　問 ……………………………………………………………… 234
　　2　設問1について―国内取引の場合の課税取扱い ……………… 235
　　3　設問2について―外国法人に対する日本の課税権 …………… 239
　　4　設問3について―租税条約と国内法の関係 …………………… 242
　　5　設問4について―各国の税制の相違と租税条約によって生じ
　　　る課税権と租税負担の変化 ………………………………………… 247
　IV　租税法律主義と租税法規の解釈 ………………………………… 250
　　1　設　問 ……………………………………………………………… 250
　　2　序論―法律適用のプロセスと国際的租税回避事案 …………… 250
　　3　有利発行の場合の既存株主への課税の可能性
　　　―法人税法22条2項の適用範囲・解釈論 ………………………… 253
　　　(1)　法人税法22条2項の紹介―課税所得の基本規定 …………… 253
　　　(2)　2つの判決に示された22条2項の解釈と事実認定の相違点 … 257
　　　(3)　2つの判決における解釈手法の違いと租税法律主義 ……… 259

(4) 2つの判決における事実認定の違いとその理由 ……………… 262
(5) 控訴審判決にみる法解釈と事実認定の境界 ……………… 264
(6) 法人税法22条2項が有する否認効果と国際的租税回避事案
への適用 ……………………………………………………… 268
〔演習問題〕 ……………………………………………………… 270

第8章　租税法律主義と合法性原則・所得分類

I　事　例 ……………………………………………………… 273
II　設　問 ……………………………………………………… 275
III　問題意識 ……………………………………………………… 275
IV　前提知識として—ストック・オプション制度とそれをめぐる
日本における法制・税制 ……………………………………… 276
1　ストック・オプション制度 ……………………………… 276
(1) 制度の内容 ……………………………………………… 276
(2) 自己株式方式 …………………………………………… 277
(3) 新株引受権方式 ………………………………………… 277
2　我が国におけるストック・オプション制度に関する法制・
税制 ………………………………………………………… 278
(1) 法制度 …………………………………………………… 278
(2) 税制の推移 ……………………………………………… 279
(3) 本件事例の位置づけ …………………………………… 281
V　所得税法における所得区分 ………………………………… 282
1　所得区分 …………………………………………………… 282
2　給与所得・一時所得・雑所得 …………………………… 285
(1) 給与所得 ………………………………………………… 285

(2) 一時所得 ……………………………………………………… 287
　　(3) 雑所得 ………………………………………………………… 287
Ⅵ　海外親会社から付与されたストック・オプションの権利行使利益の所得区分に関する考え方 …………………………………… 288
　1　検討の筋道 ……………………………………………………… 288
　2　給与所得該当性・一時所得該当性 …………………………… 289
　3　裁判例の推移 …………………………………………………… 290
　　(1) 下級審判決 …………………………………………………… 290
　　(2) 最高裁判決 …………………………………………………… 291
　4　最高裁判所昭和56年判決との関係 …………………………… 293
　5　租税特別措置法29条の2および所得税法施行令84条1号ないし3号の規定の位置づけ ………………………………………… 295
Ⅶ　租税法律主義 ……………………………………………………… 296
　1　問題の所在 ……………………………………………………… 296
　2　租税法律主義の内容 …………………………………………… 297
　3　本事例の問題点 ………………………………………………… 298
Ⅷ　信義則・合法性の原則 …………………………………………… 299
　1　問題の所在 ……………………………………………………… 299
　2　検討 ……………………………………………………………… 299
〔演習問題〕………………………………………………………………… 301
　〔コラム〕　弁護士の顧問料収入に関する所得は給与所得か
　　　　　　―給与所得と事業所得 ……………………………………… 302

目 次

第9章　加算税と二重処罰禁止

- I 事　例 …………………………………………………………… 304
- II 設　問 …………………………………………………………… 305
- III 加算税制度の概要と性格 ………………………………………… 305
  - 1 追徴税制度 …………………………………………………… 305
  - 2 「加算税額」制度と加算税制度への変更 ………………… 306
  - 3 現行の加算税制度 …………………………………………… 306
  - 4 加算税制度の目的と性格 …………………………………… 307
  - 5 加算税制度の性格に関する裁判例 ………………………… 307
- IV 加算税と刑罰の併科と二重処罰禁止 …………………………… 309
  - 1 問題の所在 …………………………………………………… 309
  - 2 最大判昭和33・4・30 ……………………………………… 309
  - 3 最判昭和45・9・11 ………………………………………… 310
  - 4 まとめ ………………………………………………………… 311
- V 「正当な理由」による加算税の免除 …………………………… 311
  - 1 問題の所在 …………………………………………………… 311
  - 2 課税実務の取扱い …………………………………………… 312
  - 3 裁判例における判断 ………………………………………… 313
    - (1) 不可抗力説ないし不当・苛酷事情説と見られるもの ………… 313
    - (2) 帰責事由不存在説ないし類似説と見られるもの ……………… 314
    - (3) 裁判例における「正当な理由」の類型 ………………………… 315
    - (4) 事例2の類似事案の裁判例 ……………………………………… 320
  - 4 裁決例における判断 ………………………………………… 322
  - 5 学　説 ………………………………………………………… 324
  - 6 私　見 ………………………………………………………… 324
- 〔演習問題〕……………………………………………………………… 324

第10章 租税法における課税要件

- I 事　例 ……………………………………………………………… 326
- II 設　問 ……………………………………………………………… 327
- III 課税要件の解明 …………………………………………………… 328
  - 【図1】 交際費の成立（課税）要件 ……………………………… 328
- IV 裁判例における交際費の課税要件 …………………………… 328
  - 【図2】 判決例による交際費成立要件 …………………………… 329
- V 税理士と課税要件の考え方 …………………………………… 331
- VI 裁決と東京地裁の考え方 ……………………………………… 332
  - 1 裁決の考え方 ………………………………………………… 332
  - 2 第一審の考え方 ……………………………………………… 333
    - (1) 事業に関係ある者 ……………………………………… 333
    - (2) 支出の目的 ……………………………………………… 333
    - (3) 受益の認識に関する考え方 …………………………… 334
    - (4) 交際費等の意義 ………………………………………… 334
- VII 第二審の考え方 …………………………………………………… 335
  - 1 交際費の成立要件 …………………………………………… 335
  - 2 支出の相手先 ………………………………………………… 335
  - 3 支出の目的 …………………………………………………… 336
  - 4 行為の態様 …………………………………………………… 337
- VIII 交際費課税の概要 ……………………………………………… 339
  - 【図3】 損金不算入額 ……………………………………………… 340
  - 【図4】 例示による損金不算入額 ………………………………… 340
- IX 交際費課税の背景と趣旨 ……………………………………… 341
  - 1 課税の趣旨 …………………………………………………… 341
    - 【図5】 創設時交際費課税の仕組み（昭和29年） …………… 344

〔表1〕　業種目別からみた交際費額割合（昭和29年）……… 345
　　2　代替課税論とその問題点 ……………………………………… 346
　　【図6】　売上割戻しの取扱い ………………………………… 347
Ⅹ　諸外国の交際費課税制度 ………………………………………… 349
　　1　アメリカ ………………………………………………………… 349
　　【図7】　アメリカの交際費課税 ……………………………… 349
　　2　ドイツ …………………………………………………………… 350
　　【図8】　ドイツの交際費課税 ………………………………… 350
　　3　フランス ………………………………………………………… 350
　　【図9】　フランスの交際費課税 ……………………………… 351
　　4　イギリス ………………………………………………………… 351
　　5　我が国との主要な差異 ………………………………………… 351
〔演習問題〕 …………………………………………………………… 352
　　〔コーヒーブレイク〕「行為のために」「支出するもの」……… 353
　　〔コーヒーブレイク〕「広告宣伝費用」………………………… 354

第11章　固定資産の評価と租税法律主義・財産権の保障

Ⅰ　事　例 ……………………………………………………………… 356
Ⅱ　設　問 ……………………………………………………………… 356
Ⅲ　固定資産税の課税標準と租税法律主義・租税条例主義 ……… 357
　　1　固定資産税の課税要件 ………………………………………… 357
　　2　固定資産評価基準 ……………………………………………… 358
　　3　租税法律主義・租税条例主義と委任立法の可否 …………… 359
　　(1)　租税法律主義・租税条例主義 ……………………………… 359
　　(2)　委任立法の可否 ……………………………………………… 360

4	裁判所の判断	362
5	検　討	363
6	設問1に対する解答	363

IV　固定資産の「価格」と憲法29条 …………………………… 364
 1　問題の所在 …………………………………………………… 364
 2　固定資産税の性格と評価方法 ……………………………… 365
 3　財産権保障との関係 ………………………………………… 367
  (1) 財産権を制約する立法の合憲性判断基準 ……………… 367
  (2) 取引価格（売買事例価格）による評価の合憲性 ……… 368
 4　検　討 ………………………………………………………… 369
 5　設問2に対する解答 ………………………………………… 370

V　「適正な時価」 ………………………………………………… 370
 1　問題の所在 …………………………………………………… 370
 2　判　決 ………………………………………………………… 371
 3　設問3に対する解答 ………………………………………… 372

VI　争訟の方法 …………………………………………………… 373
 1　固定資産の価格に対する不服申立て・訴訟 ……………… 373
 2　不服申立てによらない場合―国家賠償請求 ……………… 374
 3　設問4に対する解答 ………………………………………… 376

〔演習問題〕 ………………………………………………………… 376

第12章　婚姻・両性の平等と課税単位

I　事　例 ………………………………………………………… 378
II　設　問 ………………………………………………………… 381
III　憲法24条と課税単位 ……………………………………… 382
 1　問題の所在 …………………………………………………… 382

	2	最大判昭和36・9・6 ·································	383
	3	個人単位課税、夫婦単位課税および2分2乗方式 ·········	385
	4	設問1の検討 ·······································	388

IV 世帯類型間の税の公平 ································· 389
 1 問題の所在 ··· 389
 2 オルドマン＝テンプルの原則 ························· 390
 3 設問2の検討 ······································· 392

V 親族が事業から受け取る対価の必要経費性 ············· 393
 1 問題の所在 ··· 393
 2 東京地判平成15・7・16 ····························· 394
 3 所得税法56条の立法趣旨とその合理性 ················· 396
 4 設問3の検討 ······································· 401

VI 片稼ぎ夫婦の配偶者控除と税の公平 ··················· 401
 1 問題の所在 ··· 401
 2 配偶者控除肯定論と否定論 ··························· 402
 3 設問4の検討 ······································· 404

VII 夫婦財産契約と稼得者課税 ··························· 405
 1 問題の所在 ··· 405
 2 東京地判昭和63・5・16 ····························· 406
 3 夫婦財産契約の効果 ································· 408
 4 実質所得者課税の原則 ······························· 409
 5 設問5の検討 ······································· 410

〔演習問題〕 ··· 411
 〔コーヒーブレイク〕 実質課税の原則 ················· 411

第13章　裁判を受ける権利と租税争訟の諸問題

- I 　事　例 …………………………………………………………… 413
- II 　設　問 …………………………………………………………… 413
- III 　行政訴訟の憲法上の意義と法の支配 ………………………… 414
- IV 　不服申立前置主義と裁判を受ける権利 ……………………… 416
    - 1 　更正処分の性質と取消訴訟 ………………………………… 416
    - 2 　不服申立前置主義とその合憲性 …………………………… 416
    - 3 　設問1について ……………………………………………… 417
- V 　国税通則法に基づく審査請求事件の審理と閲覧請求権 …… 418
    - 1 　審査請求手続のあらまし …………………………………… 418
    - 2 　閲覧請求権と租税情報開示禁止原則 ……………………… 419
    - 3 　担当審判官が申立てまたは職権によって収集した資料と閲覧請求権 ……………………………………………………… 420
    - 4 　設問2について ……………………………………………… 423
- VI 　国税不服審判所長の裁決に不服がある場合の争訟手段 …… 424
    - 1 　取消訴訟の対象についての原処分主義と裁決主義 ……… 424
    - 2 　国税不服審判署長の裁決に対する不服の内容と争訟手段 …… 424
    - 3 　閲覧拒否の違法と裁決の効力 ……………………………… 425
    - 4 　設問3について ……………………………………………… 426
- VII 　更正処分取消訴訟の訴訟物と処分理由差替えの可否 ……… 427
    - 1 　行政処分取消訴訟の訴訟物 ………………………………… 427
    - 2 　課税訴訟における総額主義と争点主義 …………………… 428
    - 3 　設問4について（課税庁による理由差替え（追加）の可否）…… 430
- VIII 　更正処分取消訴訟における主張立証責任 …………………… 431
    - 1 　行政処分取消訴訟の主張立証責任一般論との関係 ……… 431

2　必要経費または損金に関する主張立証責任 ……………… 432
　　3　設問5について ……………………………………………… 435
　〔演習問題〕………………………………………………………… 436
　　〔コーヒーブレイク〕　良き法律家なくして良き課税なし ………… 438
　　〔コーヒーブレイク〕　シャウプ勧告と税法研究 …………………… 439

第14章　税務情報と納税者のプライバシー

Ⅰ　事例と設問(1) ……………………………………………… 440
Ⅱ　基本的考察 ………………………………………………… 440
　1　租税行政において情報がもつ意義 ………………………… 440
　2　税務調査の現代的意義 ……………………………………… 441
　3　税務調査の法的性格 ………………………………………… 443
　4　税務調査をめぐる日本的法状況 …………………………… 445
　5　質問検査権の行使をめぐる最高裁判例―川崎民商事件と荒川民商事件 ……………………………………………………… 447
　　(1)　川崎民商事件 ………………………………………………… 447
　　(2)　荒川民商事件 ………………………………………………… 450
　　(3)　その他の事例 ………………………………………………… 453
　6　税務情報とプライバシー …………………………………… 454
　7　違法な税務調査とその影響 ………………………………… 459
　8　税務情報の管理と利用 ……………………………………… 460
Ⅲ　設問(1)解答への手引 …………………………………… 464
　1　検査拒否の正当化理由 ……………………………………… 464
Ⅳ　事例と設問(2) ……………………………………………… 466
　1　高額納税者公表制度の沿革と概要 ………………………… 467
　2　問題を考える視点 …………………………………………… 469

27

(1) 論点その1 ································· 469
　　(2) 論点その2 ································· 472
　〔コーヒーブレイク〕 租税上の住所 ···················· 473
　〔コーヒーブレイク〕 配偶者控除と同姓婚 ················ 476
〔演習問題〕 ··· 478

第15章　納税義務の成立と課税時期
―相続財産法人からの財産分与に対して
適用する相続税法と分与財産の評価時点

Ⅰ　事　例 ··· 482
Ⅱ　設　問 ··· 483
Ⅲ　相続財産法人からの財産分与制度について ············ 483
　1　財産分与制度の概要 ··························· 483
　2　財産分与に対する課税の概要 ···················· 486
Ⅳ　判　断 ··· 488
　1　課税される税目 ······························· 488
　2　納税義務の成立の時期 ························· 489
　3　適用される法令は相続開始時か、財産分与時か ······ 491
　4　分与財産の評価は相続開始時か、財産分与時か ······ 493
Ⅴ　分与財産から訴訟費用等を控除できるか ·············· 495
〔演習問題〕 ··· 496
　〔コーヒーブレイク〕 4.5％が対象者 ··················· 496

第16章　地方自治体の課税権

- I　事　例 …………………………………………………… 497
- II　設　問 …………………………………………………… 498
- III　地方自治体の課税権の限界 …………………………… 498
  - 1　憲法92条と地方自治体の課税権 …………………… 498
  - 2　地方税条例主義 ……………………………………… 500
  - 3　現行の住民税、事業税ほかの構造 ………………… 501
    - (1)　沿　革 …………………………………………… 501
    - (2)　現行地方税制 …………………………………… 501
    - (3)　法定外税 ………………………………………… 503
    - (4)　超過課税 ………………………………………… 503
- IV　外形標準課税の限界 …………………………………… 504
  - 1　法人事業税の外形標準課税化 ……………………… 504
    - (1)　沿　革 …………………………………………… 504
    - (2)　前記特例に関する規定 ………………………… 505
    - (3)　東京都銀行税条例の場合 ……………………… 506
  - 2　「事業の情況」の意義についての裁判例 ………… 507
    - (1)　東京地判平成14・3・28 ……………………… 507
    - (2)　東京高判平成15・1・30 ……………………… 508
    - (3)　法人事業税の本来的な姿に対する理解の相違 … 510
  - 3　地方税法上の事業税の構造 ………………………… 510
    - (1)　「利益説」、応益課税等の意義 ………………… 510
    - (2)　例外4業種および「事業の情況」という例外の位置づけ …… 511
  - 4　適切な外形標準 ……………………………………… 514
    - (1)　東京都銀行税条例が採用した外形標準（業務粗利益）の適切性 …………………………………………… 514

(2)　均衡要件（地方税法72条の24の7第9項、平成15年法律第9号による改正前の地方税法77条の22第9項）の位置づけ …… 516
　5　条例に対する司法審査 ………………………………………… 517
〔演習問題〕 …………………………………………………………… 518

第3部　参考資料

第1章　参考文献

1　教科書・概説書・体系書 ………………………………………… 522
2　租税憲法・国税通則法 …………………………………………… 523
3　所得税法・法人税法 ……………………………………………… 524
4　租税法と私法 ……………………………………………………… 525
5　訴訟とケースブック ……………………………………………… 526
6　租税政策 …………………………………………………………… 527

第2章　国税庁の組織図および課税処分から権利救済までのプロセス

【図1】　国税庁組織図 ……………………………………………… 528
【図2】　税務大学校組織図 ………………………………………… 529
【図3】　国税不服審判所組織図 …………………………………… 529
【図4】　国税局組織図 ……………………………………………… 530
【図5】　沖縄国税事務所組織図 …………………………………… 530

【図6】 不服申立て制度と訴訟の関係 ……………………………………… 531

第3章　文献検索方法

●事項索引● ………………………………………………………………… 533
●執筆者略歴 ………………………………………………………………… 542

●コーヒー・ブレイク一覧●

〔コーヒー・ブレイク〕	Tax Law & Economics	67
〔コーヒー・ブレイク〕	修正申告の慫慂	161
〔コーヒー・ブレイク〕	電子申告（e-Tax）	161
〔コーヒー・ブレイク〕	租税法について内閣の法案提出権は憲法上あるの？	170
〔コーヒー・ブレイク〕	新行政事件訴訟法の義務付け訴訟について	181
〔コーヒー・ブレイク〕	選択の自由について（遡及課税禁止の原則）	191
〔コーヒー・ブレイク〕	司法制度改革激動の時代を感じさせる画期的逆転判決出る！	200
〔コーヒー・ブレイク〕	「行為のために」「支出するもの」	353
〔コーヒー・ブレイク〕	「広告宣伝費用」	354
〔コーヒー・ブレイク〕	実質課税の原則	411
〔コーヒー・ブレイク〕	良き法律家なくして良き課税なし	438
〔コーヒー・ブレイク〕	シャウプ勧告と税法研究	439
〔コーヒー・ブレイク〕	租税上の住所	473
〔コーヒー・ブレイク〕	配偶者控除と同姓婚	476
〔コーヒー・ブレイク〕	4.5％が対象者	496

第 1 部

租税法概論

第1章　租税と法の支配の原理

I　租税とは何か

　わが国をはじめ多くの諸外国の憲法には、租税に関する規定を置いている。**憲法30条**には、国民の納税義務を規定し、また**憲法84条**には、課税原則について規定している。しかし、憲法や法令の中で、租税の意義（内容）を定めている規定は存在していない。

　わが国には、租税（税金）の意義について定めている規定はないが[1]、租税とは、国や地方公共団体（都道府県、市町村）が公共サービスの財源を調達するために、国民の義務として国民から納付を求めるものをいう。わが国では、租税と社会保険料の区分が不明確になってしまっており両者の合体論もでてきているが[2]、担税力を考慮して国民の**財産権の保障**（憲29条）や国民の**生存権を保障**（憲25条）するように、**課税最低限**[3]を考慮し、両者を合わせて国民負担率という視点からこれを50％以下に押さえるべきであると考えられている。

　1　**ドイツ基本法3条6項**は、以下のように租税の意義を定義しており、これまでこの定義が租税の意義の説明に使用されている。「租税とは、特別の給付に対する反対給付ではなく、かつ公法上の団体が収入を得るために、法律が当該給付義務を結びつけている要件事実に該当する一切の者に対して課す金銭給付をいう。収入を得ることは、これを従たる目的とすることができる。関税及び……は、この法律にいう租税とする」（中川一郎編『77年AO法文集（邦訳）』税法研究所、昭和54年）。

　2　**国民負担率（国民所得比）**は、公的負担の水準を示す指標として使用されている。各国で、昭和40年から国民負担率は大幅に高くなってきている。たとえば、イギリスは50.2％、ドイツは55.3％、フランスは63.9％と高くなっており、高福祉政策をとっているスウェーデンでは74.3％となっている。日本でも平成16年には国民負担率35.5％（租税負担率21.1％、社会保険料負担率14.4％）と高くなってきているが、外国と較べるとなお低い水準に止まっている。しかし、21世紀には少子高齢化が一段と進むことになるが、わが国では国民負担率を50％以下にしたいというのが政策目標となっている。

租税とは何かについて、意識が変化していることも今後の税制のあり方について重要な問題を投げかけている。それは、租税を、財源を確保しようとする国や地方公共団体の側からではなく、国民の側からみて発想を変えようとするものである。租税とは、共同社会の構成員が共同社会を維持・発展させるのに当然に負担すべき会費であるという着想である。アメリカのホームズ裁判官の、「租税とは、文明に対して支払う対価である」という提言は、租税について、国民の共感と新しい租税の仕組みを構築するについて示唆を与えている。

II　租税と法の支配の重い位置づけ

　行政はどの領域でも法律に基づいて執行されなければならないものであり、租税を国民に対して課税したり租税の納付を求める税務行政の分野で**法の支配**（法治主義）が何故に強調されてきているのかは、マグナカルタ（1215年）以来の歴史的な経緯と租税は国民生活と日常的に深い利害関係をもっていることによるといえる。

　法の支配の原理は、権力を法で拘束することによって国民の権利・自由を擁護することを目的とする原理であり、英米法の根幹として発展してきた基本原理であり、一方**法治主義**の観念は、第二次大戦後のドイツで、ナチズムの苦い経験とその反省に基づいて、法律の内容の正当性を要求し、不当な内容の法律を憲法に照らして排除するという法律の中身の憲法適合性と合理性が求められることになり、現在では英米法でいう法の支配の原理とドイツ法でいう法治主義はほぼ同じ意味をもつものと解されている（芦部信喜、高橋和之改訂『憲法〔第3版〕』13頁以下）。わが国の憲法と法体系はこのような法

3　課税最低限に関する主な文献、清永敬次「独憲法裁判所の最近の租税関係判例」宮田先生記念論集123頁（平成8年、嵯峨野書院）、岡村忠生「所得税改革と課税最低限」税経通信54巻12号17頁、佐藤英明「アメリカ連邦所得税における稼得所得額控除（EITC）について―研究ノートから」総合税制研究11号56頁。

の支配の原理(法治主義)を継受しているものであり、とりわけ租税や税務行政の分野では、法の支配の原理は重い意味をもっていると位置づけされている。

III 租税と適正手続の保障

「正しい処分は、適正な手続で行われることによって保障される」(due process of law)という**「適正手続の保障」**は憲法31条に規定されているが、この思想は、租税の分野でも重要な保障条項として機能している。

わが国でもようやく平成6年10月1日から行政手続法が施行され、行政運営における公正の確保と透明性の向上が図られることになったが(行手1条)、租税の領域では税務行政の特殊性という理由で、行政手続法の多くの規定が適用除外となっている(税通74条の2、地税18条の4)。しかし、行政手続法1条が定めている立法目的は適用除外となっていないので、行政手続法の定めている不利益処分の理由付記など適正手続の保障規定は、租税の領域でもナショナルミニマムを定めているものとして考慮されなければならない。

なお、平成13年4月1日から国の**情報公開法**(行政機関の保有する情報の公開に関する法律)が施行され、この法律には税務行政について除外規定はなく、また同法を受けて平成13年12月1日から訴訟手続においても**公務文書の文書提出義務**を一般義務化する改正がされ(民訴220条4号)、そして改正行訴法が平成17年4月1日から施行されるので、租税の分野でも適正手続の保障は次第に重要な課題となっている。

IV 信義則と合法性の原則の調整

私法や一般法の基本原則である**信義誠実の原則(信義則)**は、民法1条2項、民訴法2条に定められているが、信義則が租税法の領域にも適用になる

ことは、一般に承認されている。信義則は、納税者側にも、また税務官庁にも適用になるが、主に問題となるのは、税務官庁側が申告指導等の公的見解を変更した場合に関してである。

信義則は、過去の言動に反する主張を許すと、その言動を信用した相手方の利益を害することになるので、過去の主張を遡って変更することを法律上許さないものとし、相手方の利益を保護しようとするものである。

租税法の領域で信義則の適用の可否が問題となるのは、納税者が税務官庁の公的見解に従って申告をしたが、後日税務官庁が公的見解を検討し直したところ誤っていたことに気づき、遡って更正処分を行ったという場合である。このような場合に、信義則を適用し税務官庁の言動の変更を許さないことにすると、税務行政の合法性（法令適合性）の要請と矛盾する結果となる。信義則の租税法の領域における適用は、税務行政の合法性の要請と納税者に対する信頼保護の要請とをどのように調整すべきかということが問題とされており、判例等で信義則が適用される要件、信義則が適用された場合の効果等が検討されてきている。

最判昭和63・10・30（判時1262号91頁）は、租税法の領域に信義則が適用される要件として、①税務官庁が納税者に対し信頼の対象となる公的見解を示したこと、②納税者がその表示を信頼しその表示基づいて行動したこと、③後に上記表示に反する税務官庁の処分が行われたこと、④そのために納税者が不利益を受けることになったこと、⑤納税者が税務官庁の表示を信頼しその信頼に基づいて行動したことについて納税者の責めに帰すべき事由がないことを挙げているが、この最判をはじめこれまでの裁判例は、⑤の要件に該当する場合を非常に限定しほとんど認めていない。税務官庁が公的見解を示し納税者がそれを信頼した場合は、もっと個別救済を考えることが、権力性の強い税務行政の信頼を高めるのに必要なことではないかと考えられる。信義則に違反するということで課税処分（本税）が取り消されている事例は少ないが、信義則に違反しているとみられる場合には**加算税**を賦課することが許されない「正当な理由」（国通65条4項、66条1項等）に当たると解して

いる事例は多いし（名古屋地判昭和37・12・8行集13巻12号2236頁等）、信義則違反を違法な行為として国賠法に基づく損害賠償を請求することができる。もっとも、税務官庁の過去の誤った言動を将来に向かって是正することについては、信義則の制約が働くものではないと解されている。[4]

---

[4] 信義則に関する主な文献、中川一郎『税法における信義誠実の原則』（1984年、三晃社）、乙部哲郎『行政法と信義則』（2000年、信山社）

第2章　日本の税制の概要と租税法の基本原則

I　日本の税制の概要

　租税に関する法律は、租税法と総称されている。租税の課税対象（課税客体）には、資産、所得、消費が挙げられており、租税法による租税に関する制度（租税の仕組み）を租税制度と呼んでいる。わが国の近代税制（地租に始まる明治時代以降の近代の租税制度）は、第2次大戦を境として転換がされている。戦前の税制は、ヨーロッパ型の税制で資産税（**地租、家屋税等**）や間接税（酒税、個別消費税等）に大きなウェイトが置かれていた。これに対し戦後の税制は、昭和25年（1950年）の**シャウプ勧告**（「シャウプ使節団日本税制報告書」）が所得税（個人所得税、法人税）中心の税制を勧告し、併せて**申告納税制**の発展を勧告するとともに、これに加えて地方自治を重視し地方税制の根本的な改革を提案したので、この勧告を受けてアメリカ型に転換している。[5]

　しかし、シャウプ税制は高度成長の過程の中で種々の特別措置の導入により修正がなされ、現実の税制は多くの点で不公平なものとなり、他方で社会福祉関係の財政需要がますます増大してきたので、昭和62年から昭和63年にかけて抜本的税制改革が行われ、所得・消費・資産の間にバランスのとれた

---

[5]　シャウプ勧告について、シャウプ使節団『日本税制報告書』（1949年（復元版）、日税連出版局）、福田幸弘監修『シャウプ税制報告』（1985年、霞出版）、カール・S・シャウプ・柴田弘文ほか訳『シャウプの証言』（1988年、税務経理協会）、日本租税研究協会『シャウプ勧告の総合的研究』（第1回大会記録、昭和25年）、同編『シャウプ勧告とわが国の税制』（金子宏・宮島洋・碓井光明・木村弘之亮共著、昭和58年）、金子宏「シャウプ勧告の歴史的意義―21世紀に向けて」租税法研究28巻1号、森信茂樹「抜本的税制改革以降のシャウプ勧告」同上34頁。

税制の構築（いわゆる「**直間比率**」の見直し）が意図されることになり、昭和63年（1988年）にわが国に初めて一般消費税（EU 型の**付加価値税 VAT**）が導入され、所得税の大幅減税が行われ、消費税を重視しようとする傾向が続いているが、それでも平成15年度（2003年）の直接税（所得税、法人税等）と間接税（消費税、酒税等）の比率は、前者が55.4％、後者が44.6％であり、ドイツの2001年の直間比率が前者が43.9％、後者が56.1％であるのと比較すると、直接税への依存率が高い水準にある。

　明治憲法のもとでは中央集権型の地方制度であったので、地方自治体（都道府県、市町村）は地方自治はおろか、自主財政権をほとんど有していなかった。

　憲法92条は、「地方自治体の組織及び運営に関する事項は、地方自治の本旨に基づいて法律でこれを定める」と規定しているので、地方自治体も独自の財政を樹立し、独自に財源を調達する権能（**自主財政権**）をもつべきであり、シャウプ勧告でも民主主義を実現するために地方自治体が果たすべき役割を高く位置づけ、地方税制の根本的な改革を提案していたが、地方財政について**３割自治**（都道府県や市町村の自主財源である地方税収入が、財政収入の３割程度しかなく、財産基盤が弱いこと）ということがいわれていた。そして平成11年（1999年）に**地方分権一括法**が成立し、国から地方自治体への権限の移譲（**地方分権改革**）が一挙に進み、平成14年（2002年）６月に閣議決定をした「経済財政運営と構造改革に関する基本方針2002年」の中で、国庫補助負担金の廃止・縮減、地方交付税の見直し、地方への税源譲渡を内容としている「三位一体改革」を平成18年（2008年）までに実施することを決定し、「三位一体改革」が動き出している。

　この税源移譲とともに、現在多くの地方自治体で取り組んでいるのが、各地方自治体の税条例による**法定外税**の導入である。法定外税は、平成11年の地方分権一括法による地方税法の改正までは、普通税に限って認められていたが、改正後は目的税についても法定外税が認められることになった。法定外税の創設については、従前の総務大臣の許可に代わり、その同意を受けれ

ばよいことになり、原則として同意しなければならないことになっている（地税259条、669条、731条2項）。これまで総務大臣の同意を得て導入されたものに、遊魚税（山梨県富士河口湖町）、宿泊税（ホテル税。東京都）、産業廃棄物処理税（三重県、青森県等）、使用済核燃料税（新潟県柏崎市）等がある。総務大臣の同意が得られなかったものに、場外馬券税（横浜市）がある。東京都が平成12年4月に導入した**銀行税**は、地方税法72条の4を根拠として所得基準でなく**外形基準（外形標準）**で法人事業税の課税をしたものである（東京地判平成14・3・26判時1787号42頁、東京高判平成15・1・30判時1814号44頁。一審・二審とも銀行税を無効と判断したが、最高裁で税率を下げるということで、和解が成立している）。

法定外税の問題とは別に、法人事業税について**外形標準課税**を導入することが長い間の政策課題であったが、平成16年（2004年）から施行されている。新しい法人事業税は、資本の金額または出資金額が1億円を超える法人について、所得基準（所得割）を4分の3とし、外形基準（付加価値割＋資本割）を4分の1として税額を計算しているものである。

II　租税法の基本原則

租税法の基本原則は、**租税法律主義**と**租税平等主義**（租税の公平負担原則）である。

1　租税法律主義

国または地方自治体は、租税を課し、租税を徴収するには、必ず法律の根拠がなければならない。法律の根拠がなければ、国民は納税の義務を負担しない。この租税法の基本原則を租税法律主義という。憲法84条は、「第7章　財政」の項目の中で、「あらたに租税を課し、又は現行の租税を変更するには、法律又は法律の定める条件によることを必要とする」と定め、また憲法30条は、「第3章　国民の権利及び義務」の項目の中で、「国民は、法律の定

めるところにより、納税の義務を負う」と定めている。地方税についてはその法源が各地方自治体が制定する**税条例**であるので（憲92条）、租税法律主義は**租税条例主義**と言い換えられることになる。

　これらの憲法の規定は、租税の課税および徴収に関する事項は原則として法律で定めなければならないことを要求しているものである。租税法律主義が現行の憲法でも強調されているのは、前述のとおり、歴史的な沿革と租税が国民にとって利害関係が深いものであることによるのであり、租税法律主義の核心となっているのは**課税要件法定主義**（課税要件明確主義）である。

　租税条約によって、租税に関することを取り決めることは、条約は法律よりも上位の法と解されていることと、条約の発効には国会の承認が必要とされているので（憲73条3号）、租税法律主義と矛盾するものではない。

コラム　租税法律主義（最大判昭和30・3・23 民集9巻3号336頁）

「おもうに民主政治の下では国民は国会における代表者を通じて、自ら国費を負担することが根本原則であって、国民はその総意を反映する租税立法に基づいて自主的に納税の義務を負うものとされ（憲法30条参照）、その反面においてあらたに租税を課し又は現行の租税を変更するには法律又は法律の定める条件によることが必要とされているのである（憲法84条）。されば日本国憲法の下では、租税を創設し、改廃するのはもとより、納税義務者、課税標準、課税の手続はすべて前示のとおり法律に基づいて定められなければならないと同時に法律に基づいて定めるところに委せられていると解すべきである」（同旨判決＝最大判昭和37・2・28刑集16巻2号212頁）。

　租税法律主義との関係で、特に租税法の領域で問題となるのは政令等への委任の範囲（限界）である。租税法律主義は、租税に関する事項は原則としてすべて法律や税条例で定めなければならないことを必要としているが、租税法の領域には課税標準の計算に関する事項等が多いので、個別的・具体的な事項は政令等に委任することを避けることができない。租税に関して、個別的・具体的な事項を政令に委任することは必要かつ不可避なことで許され

ているが、包括的・白地的に政令等に委任（いわゆる白紙委任）することは許されていない。しかし、どの範囲を憲法に適合している個別的・具体的な委任と解するか（**委任立法の限界**）は、難しい問題である。

　所得税法68条、法人税法65条のような委任規定が租税法律主義に違反する包括的規定であるか見解が分かれているが、通説は違反しないと解している。東京高判平成7・11・28（判時1570号57頁）は、登録免許税取消請求事件で、法律の委任がないのに政令以下の規定で課税要件や手続要件を定めることは租税法律主義に違反し無効であるとしている。もっとも、租税法の中には、法律の規定が告示（行組14条1項、地自7条6項など）で補充されていることも少なくない。公益法人等に対する寄付金で一定の要件を満たすものは、総所得金額から控除できること（所税78条）や損金に算入できること（法税37条）を定めており、このような告示は法律の規定を補充するものであると解しているが、総務大臣が告示で定める**固定資産評価基準**（地税388条）は法が市町村長に技術的かつ細目的な評価方法を定めることを委任したものであり、賦課期日における「適正な時価」（客観的な交換価値）を上回る価格を算定することまでも委ねたものではないと解している。

　新しい租税法や改正租税法は、新法や改正法が施行される日以降の事実に適用されるのが原則である。新法や改正法を過去に遡及して適用できるのかが、租税法の領域で重要な検討課題として取り上げられている。刑罰法規のように一般的に**遡及立法**は禁止されていない（憲39条）。しかし、遡及立法が納税者の利益となる場合は問題ないが、遡及立法が納税者に不利益を与えるものは、納税者の予測可能性や法的安定性を奪い、その財産権を侵害することになるので許されていない。このことも、租税法律主義の内容となっていると解されている。

2　租税平等主義

　平等原則（法の下の平等、憲14条）は、アリストテレスの正義論における平等的主義と分配的正義に由来するものであり、平等原則は租税法の領域で

11

は租税平等主義（公平負担主義）として租税の基本原則に挙げられている。

(1) 立法上の租税平等主義

租税法を制定する場合に、本質的に同じことを合理的な理由もなく異なる取り扱いをしたり、または本質的に異なるものを合理的な理由もなく同じように取り扱うことを禁止するものである。平等原則は、水平的平等（形式的平等）と垂直的平等（実質的平等）の２つの観点から検討されることになる。平等原則とは、単純な水平的平等だけをいうものではない。租税の領域では、水平的平等と垂直的平等の組合せが難しい問題を提起している。消費税では、水平的平等の要請が強く働き、所得税や相続税・贈与税では、累進税率を課するということで垂直的平等（高所得重負担）の要請が強く働いている。租税の領域では、特定の経済的活動を行う者に租税上有利な取扱いを認める**租税優遇措置（租税特別措置法）**が少なくないが、平等原則を逸脱しないことが必要である。所得税で給与所得について原則として必要経費の実額控除を認めていないことについて、最判昭和60・3・27（民集39巻2号247頁）は合理性を欠く差別であるとはいえないとしている。最高裁が立法上の平等原則との関係で憲法違反ではないと判断している例として、ゴルフ場の利用に関する旧娯楽施設利用税（最判昭和50・2・16判時766号30頁）、給与所得等に対する源泉徴収制度（最判昭和37・2・28刑集16巻2号212頁）、個人と法人を区別している寄付金控除制度（最判平成5・2・18判時1451号106頁）等がある。

> **コラム** 租税平等主義と立法裁量（最大判昭和60・3・27
> ──大島サラリーマン訴訟　民集39巻2号247頁）
>
> 「租税法の定立については、国家財政、社会経済、国民所得、国民生活等の実態についての正確な資料を基礎とする立法府の政策的、技術的な判断にゆだねるほかなく、裁判所は、基本的には裁量的判断を尊重せざるを得ないものというべきである。そうであるとすれば、租税法の分野における所得の性質の違い等を理由とする取扱いの区分は、その立法目的が正当なものであり、かつ当該立法において具体的に採用された区分の態様が右目的との関連で著しく不合理であることが明らかでない限り、その合理性を否定することができず、これを憲法14条1項の規定に違反するものということはできないものと解するのが

> 相当である。……旧所得税法が給与所得に係る必要経費につき実額控除を排し、代わりに概算控除の制度を設けた目的は、給与所得者と事業所得者等との租税負担の均衡を配慮しつつ、右のような弊害（筆者注・各自の主観的事情や立証技術の巧拙によって租税負担の不公平をもたらすおそれをいう。）を防止することにあることが明らかであるところ、租税負担を国民の間に公平に配分するとともに、租税の徴収を確実・的確かつ効率的に実現することは、租税法の基本原則であるから、右の目的は正当性を有するものというべきである」。

(2) 執行上の租税平等主義

平等原則は、立法における平等な取扱いを求めると同時に、法の執行（解釈・適用）においても平等な取扱いを要請している。

相続財産の評価について相続税法は**時価主義**を採用しているが（相税22条）、財産評価基本通達では一般的に時価よりも低く評価している（平成4年以降、毎年宅地については地価公示価額の80％を路線価として公示している）。それで、ある特定の納税者についてだけ特別の事情がないのに財産評価基本通達を適用せず、時価で高く評価をすることは、執行上の租税平等主義に違反することになる。この場合には、時価で評価をするということが相続税法に適合する取扱いであっても、執行上の租税平等主義により差別的取扱いは許されないという要請が優先して働く。租税平等主義に違反する課税処分や滞納処分は違法・無効な処分となる。

第3章　納税義務の成立・確定と課税要件

I　納税義務の成立と成立時期

　税法が定めている一定の要件（**課税要件**）を充足する事実が存在するときに租税債権が成立し、**租税法律関係**という法律効果が発生する。

　法律の適用過程には三段論法が採られている。法律を大前提とし、具体的な事実の存在を小前提とし、具体的な事実が法律が定めている一定の法律要件に該当する場合には、法律が予定している一定の法律効果が発生する。租税法の領域で、この法律要件に当たるものが課税要件であり、法律効果に当たるものが**納税義務**（課税権、租税債権）の成立であって、他の法分野における法律の適用過程と異なるものではない。国税通則法15条もこの考え方を前提としている。

　租税法律関係は、国または地方自治体と国民（住民）との間の権利義務の関係であるが、一定の事実（課税要件に該当する事実）が存在することによって法律上当然に発生したりあるいは税務官庁の処分によって発生するものであり、私法の領域のように当事者間（私人間）の自由な合意によって発生するものではない。租税法律関係の消滅についても同様である。[6]

　個別の租税について、いつ納税義務（租税債権）が成立するかについて一般的な考え方の基準は、以下のとおりである（税通15条2項）。

　期間税、すなわち年・月など一定の期間の間に累積する課税物件を対象としている租税は、課税期間の終了の時に納税義務が成立する。所得税は、暦

6　須貝脩一『租税債務関係理論とその展開』（三晃社、昭和39年）。

年の終了の時、法人税は原則として事業年度の終了の時である。これに対して、随時税、すなわち課税物件が随時に生ずる租税は、課税物件が生じた時に納税義務が成立する。相続税は、相続または遺贈、死因贈与による財産の取得の時、贈与税は、贈与による財産の取得の時、消費税は、課税資産の譲渡等の時である。

租税法が定めている課税要件を充足する事実が存在するときに、納税義務（課税権）という法律効果が発生する。このような法律の解釈・適用に関する基本的な仕組みは、税法も私法と全く同じである。ただ税法と私法が異なっているのは、私法は事実を法律要件としているのに対し、税法は私法上の法律効果（たとえば、売買、贈与等）を法律要件（課税要件）として取り込んでいることである。取引当事者の選択した私法上の法律行為が有効なものであるのに、税務官庁が**否認規定**や法律上の根拠（所税157条1項、法税132条等の否認規定）もなく、当事者の選択した法形式を通常の法形式に引き直し、その引き直した法形式により課税要件を充足したものとして課税することは許されていない。最近、「**私法上の法律構成による否認**」という事実認定の手法を借りたり（東京高判平成11・6・21判時1656号72頁〔**岩瀬事件**〕）、あるいは「取引全体の流れの一体的な認定」という事実認定の手法を使って（東京高判平成16・1・28判時1784号45頁〔**オウブンシャホールディング事件**〕）、私法上の有効な法律行為に依拠しない租税法の領域での独自の事実認定が行われ、裁判例の中にはこれを肯定したものも出ているが、前掲東京高判平成11・6・21は、相互の売買契約を補足金付交換契約に引き直して課税したことについて、どのような法形式、契約類型を採用するかは取引当事者の自由な選択に任されているのであり、法律の根拠もなく有効な法形式を引き直して課税することは許されないとしている（この判決は、最高裁の上告受理申立ての不受理決定により確定している）。

経済活動が国境を超えて行われる場合には、同一の所得に対して2つ以上の国により課税が行われることが生じる。**国際的な二重課税**は、租税負担を過大にするので、これを避けるために国際的な二重課税を排除することが必

要である。二重課税を排除する方法として、①国内立法による方法、②租税条約により課税権を調整する方法が考えられている。

国内立法による排除措置として採用されているのが、**外国税額控除**方式である（所税95条2項・3項、法税69条2項・3項）。一方、経済協力開発機構（OECD）では1963年以降モデル租税条約案を作成・公表して、加盟国が租税条約を締結する場合にはこれに準拠すべきことを定めている。わが国も40カ国を超える国との間で**租税条約**を締結しているが、おおむね**OECDのモデル草案**に準拠して租税条約を締結し、国際的な二重課税を排除するようにしている。

国際的な経済活動の活発化と企業の多国籍化に伴い国際的な租税回避が増加している。わが国では、国際的な租税回避の対策税制として、①**タックス・ヘイブン対策税制**、②**移転価格税制**、③**過少資本税制**が設けられている。[8]

タックスヘイブン税制とは、昭和53年にわが国にも導入したもので、軽課税国にある子会社の留保所得をわが国の親会社の所得に加算して、親会社に対してわが国の法人税の課税をするものである（外国子会社合算税制、税特措68条の3以下）。

移転価格税制とは、企業が国外に所在する親会社、子会社等の関連企業間で正常な価格（**独立企業間価格**）と異なる異常価格で取引をしている場合に、国際間における課税所得の適正な配分を実現しようとするものである。昭和

---

7 主な文献、川端康之監訳『OECDモデル租税条約 2003年版』（日本租税研究協会、平成15年）、中里実『タックス シェルター』（有斐閣、平成14年）、同「租税法における新しい事例研究の試み」ジュリ1242号64頁、同「事実認定・私法上の法律構成による否認と重加算税」税研109号87頁、同「事実認定による「否認」と契約の読み替え」税研113号94頁、同「「租研法と私法」論再考」税研114号74頁、今村 隆「租税回避の否認と契約解釈(1)～(4)」税理42巻14号206頁、15号262頁、43巻1号242頁、3号205頁、占部裕典「租税回避に対する新たなアプローチの分析」税法学546号27頁、谷口勢津男「司法過程における租税回避否認の判断構造——外国税額控除余裕枠利用事件を主たる素材として」租税法研究32号53頁。

8 主な文献、小松芳明『国際租税法講義〔増補版〕』（税務経理協会、平成10年）、木村弘之亮『国際租税法』（成文堂、平成12年）、宮武敏夫『国際租税法』（有斐閣、平成5年）、中里実『国際取引と課税』（有斐閣、平成6年）、渡辺裕泰『国際取引の諸問題』（日本租税研究協会、平成15年）、山川博樹「国際課税の現状と課題」租税研究平成16年8月号91頁、同9月号144頁。

61年の税制改正で、国際取引にかぎり、しかも法人間の取引にかぎって導入されている（税特措66条の4）。独立企業間価格は、原則として、基本三方法である、①独立価格比準法（CUP法）、②再販売価格基準法（RP法）、③原価基準法（CP法）のいずれかの方法によって算定されるが、そのほかに利益分割法（PS法）や最近ではOECD移転価格ガイドラインに従って取引単位営業利益法（TNMM）が導入されるようになっている。独立企業間価格の算定に関する通達として、平成12年9月8日付課法2—13が発出されている。[9]

過小資本税制とは、過小資本を利用した租税回避行為を防止する制度であり、わが国に平成4年に導入されている（税特措66条の5）。

II 納税義務の確定と確定時期、電子申告の導入

納税義務は課税要件を充足するときに成立するが、成立した納税義務が納付すべき状態となるのは、その**納税義務の確定**が必要である。納税義務の確定とは、成立した納税義務を納付すべき状態に置くための必要なプロセスである。

納税義務の確定の方式については、納税義務者または税務官庁の一定の行為によって確定する場合と、納税義務者または税務官庁の行為を必要とせず法律上当然に確定する場合とがある。前者の場合が**申告納税方式**と**賦課課税方式**であり、後者の場合が、**自動確定方式**である。

国税については、ほとんどのものについて申告納税方式が採用されており、地方税については多くのものに賦課課税方式が採用されている。地方税では、賦課課税方式を**普通徴収**と呼んでいる（地税1条1項7号）。自動確定方式は、源泉徴収制度を採る所得税の報酬の支払い、非居住者の国内源泉所得である使用料等の支払いや印紙税、登録免許税などに採用されている。

---

[9] 岡田至康監修『新移転価格ガイドライン』（日本租税研究協会、平成10年）、渡辺章則「最近における移転価格税制の問題点」ジュリ107号19頁。

申告納税方式とは、納税義務者の申告によって納税義務が確定することを原則とする方式をいう（税通16条1項1号）。申告納税方式は伝統的にアメリカで用いられてきている方式で、納税義務者自身で課税標準および税額を確定するので、**自己賦課（self assessment）** と呼んでいる。シャウプ勧告に基づいて導入された**青色申告制度**は、正確な帳簿を備え付けている納税義務者に青色の申告書を申告させ、課税標準や税額の算定などで有利な特典を認めるものである（所税143条、法税121条）。申告がない場合（無申告）または申告が正しくない場合は、税務官庁による申告を補正する行為（前者の場合は更正処分、後者の場合は決定処分）により納税義務が確定することになる。**更正処分・決定処分**後に、増差額が認定された場合には、増額再更正が行われ、両者の相互関係は後者が前者を吸収し一体化するものと解されている（最判昭和55・11・20判時1001号31頁。減額再更正処分の場合の相互関係については、最判昭和56・4・24民集3巻3号672頁）。

賦課課税方式とは、税務官庁の行為によって納税義務を確定する方式をいう（税通16条1項2号）。この税務官庁の納税義務を確定する行為を賦課決定と呼び、納税義務者に賦課決定通知書を送達して行う。賦課課税方式は伝統的にヨーロッパ諸国で用いられてきていた方式であり、わが国でも第2次大戦後に申告納税方式が広く採用されるまでは賦課課税方式を原則としていた。

相続税の徴収を確保するために、共同相続人に対して**連帯納付義務**を定めているが（相税34条）、最判昭和55・7・14（民集34巻4号535頁）は、その連帯納付義務は自動的に確定するとし、これを確定するための特別の行為を必要でないと解している。

最近のコンピュータの普及・発達とペーパーレス化に伴い、平成14年に「行政手続等における情報通信の技術に関する法律」が制定され、平成16年から**電子申告**が開始している。また電子データによる帳簿書類の備え付けおよび保存が選択的に認められることになっている（電子帳簿保存法4条、5条、地税748条以下）。

III　納税義務と課税要件

納税義務は、租税法が定めている課税要件を充足する事実があると成立することになる。課税要件とは、租税法が納税義務を成立させるのに必要としている要件である。主要な課税要件は、納税義務者、課税物件、課税物件の帰属、課税標準および税率の5つである。

1　納税義務者

納税義務者とは、個別の租税法において**課税団体**（国または地方自治体）に対して納税義務者を負担する者である。**担税者**、すなわち実際に（経済上）租税を負担する者（たとえば、**消費税の転嫁**を受ける消費者）とは異なる。所得税、法人税、相続税など直接税の場合は、納税義務者と担税者は一致するが、消費税や酒税等の間接税の場合は、徴収の便宜から、担税者と異なる者（事業者、製造者など）が納税義務者とされている。

租税の納付義務を負担しても、所得税の**源泉徴収義務者**（所税181条以下）、特別地方消費税の**特別徴収義務者**（地税119条）などは、納税義務者から租税を徴収し、これを課税団体に納付する義務を負担しているのであり、納税義務者とは区別されている。

また納税義務者の財産について滞納処分を執行しても徴収すべき税額に不足すると認められる場合に、当該納税義務者と一定の関係がある者に対して、補充的に保証人と類似する納税義務を負担させることにしている（税徴2条7号）。このような保証人と類似する納税義務者を**第二次納税義務者**というが、本来の納税義務者とは区別されている。

納税義務者は、多くの場合、個人および法人の双方であるが（消費税など）、法人税は法人だけが納税義務者とされ、**所得税**は原則として個人だけが、**相続税**や**贈与税**は相続や贈与により財産を取得する個人だけが納税義務者とされている。**人格のない社団・財団**は、課税の便宜から、たとえば法人税、所

得税では法人とみなされ（所税4条、法税3条）、相続税や贈与税では個人とみなされて（相税66条1項）、納税義務者とされている。

　納税義務者は、人的要素が重視される租税では一定の基準によって区分が行われている。所得税では、個人について1年ルールにより**居住者**と**非居住者**が区分され（所税2条1項3号・5号）、さらに居住者について5年を基準として**永住者**と**非永住者**が区分され（同法2条4号）、居住者のうち永住者は所得の源泉を問わず**無制限納税義務者**とされている。わが国に住所を有するかどうかによる納税義務者の区分は、相続税や贈与税でもされており（相税1条の3、同条の4）、課税物件の範囲が違っている。

　法人税の納税義務者は、**内国法人**と**外国法人**に区分される。それは、日本国内に本店または主たる事務所を有しているかどうかによって区分される（法税2条3号・4号）。内国法人は所得の源泉が国内にあるか国外にあるかその所在を問わず納税義務を負担するが、外国法人は国内源泉所得に限定して納税義務を負担する。もっとも、外国の会社の国内にある現地法人は税法上は内国法人であるが、国内に**恒久的施設**（「**PE**」。支店、工場その他事業を行う一定の場所）を有していない外国法人の国内における事業所得は非課税、利子、配当、使用料、金融類似商品の収益等や給与等の人的役務所得等は**源泉分離課税**（所得税の源泉徴収）によることを基本としている（所税164条、法税141条）。国際的な二重課税を排除するために40を超える国と**租税条約**が締結されている。平成15年度には約30年ぶりに**日米租税条約**が全面改正されている（発効日＝平成16年3月30日）。[10]

　最近は、**パートナーシップ**やジョイントベンチャーなど**組織形態の多様化**の現象が見られ、法的主体と納税義務の主体とを一致させるべきものかどうか、新たな検討課題として取り組まれている。[11]

10　主な文献、小松芳明『新版租税条約の研究』（有斐閣、昭和57年）、川端康文監訳『OECDモデル租税条約2003年版』（日本租税研究協会、平成15年）。

2 課税物件

　課税物件とは、課税要件の中の物的要素である課税対象をいう。担税力のあることを推測させる物、行為または事実である。主な税目の課税物件を挙げると、以下のとおりである。

① **所得税**の課税物件は、暦年ごとの所得である（所税7条、36条）。
② **法人税**の課税物件は、事業年度ごとの所得である（法税5条、9条）。
③ **相続税**の課税物件は、相続によって取得した財産である（相税2条）。
④ **贈与税**の課税物件は、贈与によって取得した財産である（相税2条の2）。
⑤ **印紙税**の課税物件は、一定の課税文書の作成である（印税2条）。
⑥ **登録免許税**の課税物件は、登記、登録、特許、免許などである（登免2条）。
⑦ **消費税**の課税物件は、国内で事業として対価を得て行う資産の譲渡等または保税地域からの外国貨物の引き取りである（消税4条）。
⑧ **関税**の課税物件は、外国からの輸入貨物である（関税3条）。
⑨ **不動産取得税**の課税物件は、不動産の所有権の取得である（地税73条の2）。
⑩ **固定資産税**の課税物件は、賦課期日における固定資産（土地、家屋、事業用償却資産）の所有である（地税342条）。

3 課税物件の帰属

　課税物件の帰属とは、課税要件である納税義務者と課税物件との結びつきを課税物件の帰属という。たとえば、所得税や法人税では、納税義務者が課税物件である所得を「取得する」ことにより、相続税や贈与税では、納税義

11　主な文献、金子宏「所得税における課税単位の研究」『課税単位及び譲渡所得の研究』所収（有斐閣、初出昭和51年）、増井良啓『結合企業課税の理論』（東京大学出版会、平成14年）、平野嘉秋編著『新しい法人制度』（大蔵財務協会、平成14年）、岡正晶「日本版LLCと組合課税について」税務事例研究81号27頁（注に、最近の文献が詳しく紹介されている）。

務者である相続人や受贈者が相続財産等を「取得する」ことにより、印紙税では、課税文書を「作成する」ことにより、納税義務者と課税物件との帰属の関係が生じることになる。

　所得税、法人税、消費税では、特に帰属が重要な意味をもっており、帰属に関する原則として「**実質所得者課税の原則**」が定められている（所税12条、法税11条、消税13条）。

　課税物件の帰属について、法律上の帰属と経済（事実）上の帰属が一致しない場合に、実質所得者課税の原則の適用をめぐって法律的帰属説と経済的帰属性の見解の対立が見られる。実質所得者課税の原則とは、収益の帰属者とみられる者が単なる名義人である場合に、名義よりも実体を重視しなければならないとする原則であるが、その実体とは課税物件の法律上の帰属をいうものと解すべきであり、この見解が法的安定性のうえから合理性が高いと考えられている。民法上の組合から組合員が受ける所得の帰属について、最判平成13・7・13（判時1763号195頁）は、当該支払いの基因となった法律関係について客観的、実質的に判断すべきものであるとしている。この判示は所得区分の問題だけでなく、所得の帰属についても妥当するものである。[12]

> **コラム　所得の帰属と所得区分—りんご生産組合事件**（最判平成13・7・13　判時1763号195頁）
>
> 「民法上の組合の組合員が組合に事業に従事したことにつき組合から金員の支払を受けた場合、当該支払が組合の事業から生じた利益の分配に該当するのか、所得税法28条1項の給与所得に係る給与等の支払いに該当するのかは、当該支払の原因となった法律関係について組合及び組合員の意思ないし認識、当該労務の提供や支払の具体的態様等を考察して客観的、実質的に判断すべきものであって、組合員に対する金員の支払であるからといって当該支払が当然に利益の分配に該当することになるものではない。また当該支払に係る組合員の収入が給与等に該当することが直ちに組合と組合員との間に矛盾した法律関係の成立を認めることになるものでもない」。

12　山田二郎「民法上の組合から組合員が受ける所得の所得分類」ジュリ1250号233頁。

課税単位について、わが国では伝統的な家族制度を反映して同居する家族の所得はすべて合算する制度（**家族単位主義、世帯単位主義**）が維持されていたが、シャウプ勧告による昭和25年の税制改正から原則として**個人単位主義**に切り換えられている。もっとも、資産所得については名義分散の弊害が目立ったので昭和32年の税制改正で資産所得について**資産所得の合算制**が復活したが（旧所法55条）、昭和63年の税制改正で廃止となっている。わが国の現行の所得税は、個人が取得した所得については、その個人に課税することを原則としているが（個人単位主義）、ただ事業等所得者が家族構成員に支払った対価を必要経費に算入することを否定する制度（所法56条）が残っており、この制度の存続について女性の就労と家計の分担等の大きな変化との適合性が問われている。[13]

4 課税標準

課税標準（課税ベース）とは、課税物件を数量化したもので、税率を適用して税額を算出するための基礎となる金額または数量をいう。

所得税や**法人税**のように所得を課税物件としている租税の課税標準は、所得の金額である。

相続税、贈与税、固定資産税のように財産を課税物件としている租税の課税標準は、財産の評価時点における時価（客観的な交換価格）である。法律では課税標準を時価と定めているが、税務では通達等で「評価割合」を定め時価よりも低い課税標準を定めている。消費税のように資産の譲渡等の一定の取引を課税物件としている租税では、譲渡等による資産の売買価格、譲渡等の対価の額が課税標準である。

課税標準の中には、所得税、法人税、**消費税、贈与税**のように一定の期間内における課税物件を合計して課税標準としているものがある。この一定の

---

[13] 前掲（注11）・金子宏「所得税のおける課税単位の研究」、人見康子・木村弘之亮『家族と税制』（弘文堂、平成10年）、税制調査会平成12年7月中期答申『わが国税制の現状と課題―21世紀に向けた国民の参加と選択』（大蔵財務協会、平成12年）115頁。

期間を**課税期間**と呼んでいる（税通2条9号）。課税期間は、所得税、贈与税では一暦年であり、法人税では一事業年度である。これらの租税では、課税物件がどの課税期間に計上されるか（課税物件の年度帰属）は、課税標準の計算上では極めて重要な問題であるが、**課税物件の年度帰属**について所得税法も法人税法も明確な規定がないので争いとなることが多い。[14]

5 税率

課税標準に対して納付すべき税額の割合を税率という。

課税標準が**所得税、法人税、相続税、固定資産税**のように金額である場合は、税率は百分比で示される（所税89条等）。**印紙税、酒税**などのように数量である場合は、一単位（たとえば、1通、1キログラム）当たりの金額で示される（酒税22条等）。

所得税、相続税では、租税負担の実質的公平を図るために**累進税率（超過累進税率）**が採用されている。累進税率とは、課税標準が大きくなるに従って高い税率を定めるものである。

---

14 森信茂樹『わが国所得税課税ベースの研究』（日本租税研究協会、平成14年）。

第4章　租税の調査手続と徴収手続

I　租税の調査手続

　納税者が税額の計算を正確に行うには、取引に関して正確な記録を行いかつ記録を保存しておくことが必要である。申告納税制度が採られている所得税および法人税や、**仕入税額控除方式**を採る消費税では、特にその必要性が大きい。

　所得税および法人税では、**青色申告制度**を設けて、**青色申告の承認**を受けた納税義務者（青色申告者）に対して、一定の帳簿書類を備え付けてその保存を義務づけるとともに（所税148条、法税126条）、青色申告者に対して種々の税額計算上の特典（欠損金の繰越控除など）や手続上の特典（更正処分の理由付記など）を認めることにしている。また昭和59年の税法改正において納税環境の整備の一環として、青色申告の承認を受けていない白色申告者である個人または法人の納税義務者も、簡易な方法による記帳および**帳簿書類等の保存義務**を負うことになっている（所税101条以下、法税150条の2）。

　税務官庁は、課税処分や滞納処分を適正に行うために種々の調査をする必要がある。**税務調査**とは、税務官庁が課税処分や滞納処分をするために必要な資料を集める一切の活動をいうが（税通24条など）、刑事責任を追及するために行う**犯則事件の調査**（国犯1条以下）をいうものではない。

　課税処分のためにされる税務調査は、①純粋の任意調査、②間接強制を伴う任意調査、③強制調査（査察）に大別することができる。

1　純粋の任意調査

　税務職員が、調査の相手方の同意を得て行う調査のことをいう。純粋の任

意調査については、租税法に規定されていないが、税務職員が調査の権限をもっているときは、相手方の同意があれば、任意調査を行うことができる。この調査は、次に述べる質問検査権に基づく税務調査と異なり、調査を受忍する義務はなく、調査の相手方はその意に反して調査を強制されることはない。

2　間接強制を伴う税務調査（質問検査権に基づく税務調査）

　個別税法の中で、税務職員による課税処分や滞納処分のための調査として規定されているもので、質問検査権に基づく税務調査である（所税234条、法税153条、相税60条、消税62条、税徴141条など）。相手方の同意を得て行う任意調査ということになっているが、調査の相手方が正当な理由がなく調査と拒否した場合には、**調査妨害罪**として刑罰を受ける（所税242条8号・9号、法税162条2号・3号など）。この刑罰は、1年以下の懲役または20万円以下の罰金というかなり重いものである。調査の相手方が調査に応じない場合は、強制調査（国犯2条など）の場合と異なり、実力をもって調査を強制することはできないので、任意調査の中に区分されているが、正当な理由がなく調査を拒否した場合は刑罰が科されるので、この調査のことを間接強制を伴う税務調査と呼んでいる。この間接強制を伴う任意調査の中で、国税局の資料調査室所属の税務職員による税務調査（「料調」）は、貸金庫の調査などかなり厳しい税務調査が行われていて、強制調査と実質的に違いがないので、その法的な規制が必要とされている。

　間接強制を伴う質問検査権に基づく税務調査が憲法31条（法定の手続の保障規定）、35条（**令状主義**の規定）、38条（**不利益な供述の強要禁止**規定）に違反しないかという疑問が投げかけられたが、最判昭和47・11・22（刑集26巻9号554頁）はいずれも憲法に違反しないという判断を下している。その理由は、上記憲法35条等の諸規定は、刑事手続だけではなく強制を伴う行政手続にも広く適用になることを明らかにしながらも、税務調査における質問検査権は、その目的、作用、調査の対象者、対象物件、強制の態様、必要性など

を総合すると、刑事責任を追及するための資料の取得収集に直接結びつく作用をもつものではなく、もっぱら租税の公平・確実な賦課徴収を目的とする手続であるので、憲法の諸規定の保障の枠外にあり違憲ではないとしている。

　質問検査権に基づく税調調査をめぐって、①**調査理由の開示**の要否、②関与税理士以外の第三者の**調査の立会い**の許否、③**反面調査**の補充性、④申告期限前の**事前調査**の適否、⑤事前通知の要否、⑥不正申告の嫌疑の要否など数多くの問題が提起され争われたが、最判昭和48・7・10（刑集27巻7号1205頁）は、税務調査の実施の細目は、調査を行う税務職員の合理的な裁量に委ねられているものであると判断している。しかし諸外国の動向をみると、納税者の権利を保障するために、税務調査に関する規定を整備し、「**納税者権利保障法**」を制定することが必要である。

コラム　質問検査権と税務職員の裁量（最判昭和48・7・10　刑集27巻7号1205頁）

「所得税の終局的な賦課徴収にいたる過程においては……そのための事実認定と判断が要求される事項があり、これらの事項については、その認定判断に必要な範囲内で職権による調査が行われることは法の当然の許容するところと解すべきものであるところ、所得税法234条1項の規定は、国税庁、国税局または税務署の調査権限を有する職員において、当該調査の目的、調査すべき事項、申請、申告の体裁内容、帳簿の記入保存状況、相手方の事業の形態等諸般の具体的事情にかんがみ、客観的な必要性があると判断される場合には、前記職権調査の一方法として、同条1項各号規定の者に対し質問し、またはその事業に関する帳簿、書類その他当該調査事項に関連性を有する物件の検査を行う権限を認めた趣旨であって、この場合の質問検査の範囲、程度、時期、場所等実定法上特段の定めのない実施の細目については、右にいう質問検査の必要があり、かつ、これと相手方の私的利益との衡量において社会通念上相当な程度にとどまるかぎり、権限ある税務職員の合理的な選択に委ねられているものと解すべく、また、暦年終了前また確定申告期間経過前といえども質問検査が法律上許されないものではなく、実施の日時場所の事前通知、調査の理由および必要性の個別的、具体的な告知のごときも、質問検査を行ううえの法律上一律の要件とされているものではない」。

質問検査権によって収集した資料は、関係者の刑事責任を追及するために利用することは許されていない（所税242条2項、法税156条）。しかし、最判昭和51・5・9（税資93号1173頁）は、税務調査中に犯則事件が探知された場合は犯則事件の調査に移行することは妨げないと解しており、また最判平成16・1・20（刑集58巻1号）は、質問検査権の行使にあたって取得収集された証拠資料が後に犯則事件の証拠として利用されることが想定できたとしても、そのことによって直ちに、質問検査権が犯則事件の調査あるいは捜査のための手段として行使されたことにならないとしている。これらの判例の動向をみると、質問検査権による資料の取得収集の限界と納税者の権利保障を形骸化させないことが改めて問われている。

3　強制調査

強制調査は、課税・徴収のための税務調査では許されていない。強制調査（いわゆる査察調査）は、犯則事件（脱税犯罪）などの租税犯を調査するために認められているものであり、裁判所の許可状（令状）が必要である。

II　租税の徴収手続

納税義務者が租税法に定められている納期限までに租税を完納しないときは、租税の滞納（納税義務の履行遅滞）となる。納税義務者が租税を完納しないと、国税徴収法（地方税の徴収については、国税の滞納処分の例によることになっている。地税68条、72条の68など）により**滞納処分**が行われる。滞納処分の通常の流れは、開始手続として督促（税通37条1項）の後、財産の差押え、差押財産の換価、換価代金の滞納税金への充当へと進行する。

私法上の債権について強制取立て（強制執行）は、原則としてその存否および金額について裁判所の判断を求め、判決（債務名義）を取得したうえで民事執行法に基づき強制執行を行うのであるが、租税についてはその存否および金額を確定する権限と強制取立てをする権限が租税債権者である国また

は地方自治体に与えられている。これを**租税の自力執行権**と呼んでおり、租税債権に与えられている特色となっている。

租税は、国または地方自治体の歳入に充てる財源であるという強い公益性をもっているので、納税者の総財産に対して原則として他の公課および私債権に先立って徴収することが認められている（税徴8条、9条、地税14条、14条の2）。これを、**租税債権の一般的優先権（優先徴収権）**と呼んでいる。

租税債権の一般的優先権というのは、納税者の財産が滞納処分、強制執行等の強制換価手続により換価されて、その換価代金を競合する債権者間に配当する場合に、原則として租税がすべての公課および私債権に優先して弁済を受けることをいうのであり、納税者が任意に租税以外の他の債権を弁済することまで禁止するものではない。

租税債権に優先権を与えるとしても、優先権をあまり強く認めることは私的取引に支障を生ずることになる。特に担保権によって保護されている私債権に対し常に租税が優先するということでは、取引の安全を阻害することになるので、昭和34年の**国税徴収法**の全面改正にあたって、従来の租税の過度の優先権に対して取引の安全を重視する視点から改正が行われた。現行法では、原則として租税の**法定納期限**（税徴2条10号）を基準として両者の優先順位を決めることとしている。納税者がその財産に質権または抵当権を設定している場合には、その質権または抵当権が租税の法定納期限以前に設定したものであるときには、当該財産の換価代金について、質権または抵当権により担保されている債権が優先し、租税の徴収は劣後する（税徴15条、16条、地税14条の9、14条の10）。質権、抵当権以外の担保権、譲渡担保、仮登記担保等についても、同様に法定納期限を基準として優先順位に決められることになっている（税徴20条、地税14条の14ほか）。

改正前の破産法では、租税債権は一般の私債権と区別して優遇されており、破産宣告前に成立した租税債権は一律に**財団債権**とされていたが（改正前の破47条2号）、**改正破産法**では、破産手続開始前の原因に基づいて生じた租税で、破産手続開始前当時まだ納期限の到来していないものまたは納期限か

ら1年を経過していないものに限定して財団債権とすることに改められ（改正破148条3号）、一方**会社更生手続**では、租税債権であっても原則として共益債権とせず、会社更生の手続に支障を与えないように配慮されている（改正会更2条8号・16号、127条2号）。もっとも会社更生手続で、例外として租税債権のうち源泉徴収にかかる所得税、消費税、特別徴収義務者が徴収納付すべき地方税等で、更生手続開始当時までに納期限が到来していないものは共益債権として請求できることとされている（会更129条。ここでいう納期限は法定納期限ではなく、**具体的納期限**をいうものと解されている。最判昭和49・7・22民集28巻5号1008頁）。**民事再生手続**では、再生手続開始後の原因に基づいて生じた租税は共益債権とされ（改正民再119条2項）、再生手続開始前の原因に基づいて生じた租税は一般優先債権と扱われる（改正民再122条1項）。なお、改正破産法においても、**租税債権**は免責許可決定があっても、免責されない（改正破253条1項2号）。このような伝統的な租税の優遇については、批判が強い。

　滞納処分による債権差押えがされると、**滞納処分による債権差押え**であっても、債権差押えを受けた第三債務者は差押え前に取得した債務者（納税義務者）に対する反対債権をもって相殺することができる。このことは、一般の民事執行法による債権差押えの効力（民執145条、155条）と同じであり、一般の法定相殺や契約相殺の効力と同じである（いわゆる無制限説、最判昭和45・6・24民集24巻6号587頁）。

　納税義務者が滞納した租税の徴収を確保するために、納税者と一定の関係にある者に、保証人と類似した納税責任を負わせる制度として**第二次納税義務**の制度が設けられている（税徴32条以下、地税11条以下）。国または地方自治体は、納税義務者の負担している租税を第二次納税義務者から徴収しようとする場合には、その者に対し徴収しようとする金額、納付の期限等を記載した納付通知書により告知（告知処分）をしなければならない（税徴32条1項、地税11条1項）。第二次納税義務は、この納付通知書の送達によってはじめて成立し、かつ確定する。

第二次納税義務者が第二次納税義務の告知処分を不服とするときは、その取消しを求めて租税訴訟を提起することになるが、最判昭和50・8・27（民集29巻7号1226頁）は、第二次納税義務者は告知処分の取消訴訟で、課税処分の違法を取消事由として主張することはできないと解している。しかし、学説では、この最判を疑問視する見解が有力である（金子宏『租税法〔第9版増補版〕』158頁等）。

第5章　租税救済手続の概要

I　租税争訟と納税者の救済

　国民は何人も、裁判所において裁判を受ける権利が保障されている（憲32条）。代表的な不利益処分である税務官庁の行った処分による国民の不服が裁判所や行政機関によって確実に救済されることは、民主的制度を維持するうえで安全弁のような機能を果たすものであり、極めて大切なことである。現行憲法が施行されてから50年が経過したが、裁判所が租税訴訟を含めて行政訴訟に関して十分に救済機能を果たしていないという批判が少なくなく、そのことは特に**租税訴訟の勝訴率**が極めて低いことに現れていた[15]。このようなことを背景として、21世紀に向け司法制度を抜本的に改革するために平成11年7月に司法制度改革審議会が設置され、平成13年6月に公表された同審議会の最終意見の中で、「司法の行政に対するチェック機能の強化」をする必要が提言されたことを受けて、平成16年6月2日に**改正行政事件訴訟法**（改正行訴法）が成立することになり、国民の権利利益の実効的な救済が整備されることになった（改正行訴法は平成17年4月から施行）。しかし、この改正は、以下に触れるとおり部分的な改正にとどまっているものであり、必ずしも納税者のために抜本的な救済を実現したとはいえない内容となっている。司法改革の一環として改正行訴法は制定されたが、改革を実現するのは、これの運用に当たる関係者、特に裁判官であるので、その意識改革が何よりも強く求められている。

　税務官庁の行った課税処分（更正、決定等）や滞納処分（差押え、公売等）

---

[15]　三木義一編著『世界の税金裁判』（清文社、平成13年）。

に不服がある納税者は、行政機関と裁判所に対し不服申立てをすることができる。税務官庁の行った処分に対する不服申立てを総称して**租税争訟**と呼んでいる。

II　行政上の不服申立てと前置主義の特例

　行政訴訟一般に適用される行訴法では、行政庁に対して不服申立て（**行政不服申立て**）をするか、それとも直ちに裁判所に**租税訴訟**（課税処分取消訴訟等）を提起するか、国民の選択に委せる建前を採っているが（**選択主義**、改正行訴8条）、租税訴訟はこの行訴法の建前の例外として、通常の場合は二段階の行政不服申立て（処分をした税務署長に対する「異議申立て」と国税不服審判所長に対する「**審査請求**」）を経由しなければ租税訴訟を提起できないことになってる。租税訴訟は行政争訟一般と異なり、通常の場合は行政不服申立てによって救済されない場合に、はじめて租税訴訟を提起できることになっている。改正行訴法でも、租税訴訟に例外的に**行政不服申立前置（経由）主義**が維持されているが、二段階の行政不服申立ての効果（フィルター効果）と行政不服申立ての経由を強要している例外扱いについては、改めてその救済の実効性を検証してみる必要がある。

　行政不服申立てに関する一般法としては**行政不服審査法**があるが、国税に関する行政不服申立てについては、国税通則法の中にほとんど完結的に規定されている（同法75条以下）。地方税に関する行政不服申立てについては、原則として行政不服審査法が適用される（地税19条以下）。

III　租税訴訟と改正行訴法による新しい展開

　租税訴訟は行政法によって審理され、同法に定めのない事項については民訴法が適用される（改正行訴7条）。

　租税訴訟の主な類型は、更正・決定、加算税等の課税処分および滞納処分

の**取消訴訟**である。これらのほかに、源泉所得税の納税告知(「告知処分」、税通34条1項)、「更正の請求」に対する理由がない旨の通知(「**通知処分**」、税通23条4項)の取消訴訟、課税処分や滞納処分の**無効確認訴訟**がある。改正行訴法において、**当事者訴訟**の一類型として、公法上の法律関係に関する確認訴訟の内容が明記されたので(改正行訴4条)、納税義務の成否について争いがある場合には、納税義務不存在確認訴訟等の当事者訴訟の提起が予想できる。

なお、上記の訴訟とは別に、納税者が税務職員の違法な行為によって損害を受けた場合には、**国家賠償請求訴訟**を提起することができる(国賠1条)。最判平成5・3・11(民集47巻4号2863頁)は、更正処分の違法と国賠法1条1項にいう違法が同じかどうかについて二元説を採っている。[16]

改正行政法の主な改正点は、①訴訟類型(法定抗告訴訟)の拡大、②**原告適格**の要件の緩和、③被告適格の改正、④管轄裁判所の拡大、⑤出訴期間の延長、⑥**釈明処分の特則**の導入、⑦仮の救済制度の整備、⑧取消訴訟の提起等に関する**教示制度**の採用等である。[17]

ここでは、租税訴訟に強い影響のあるものを取り上げる。

① 行政事件訴訟を従前どおり主観訴訟に限定するという大枠の中で、取消訴訟中心主義から違法行為是正訴訟へと改正され、補充的ではあるが**義務付け訴訟**(改正行訴3条6項)、**差止訴訟**(同法3条7項)を法定抗告訴訟として列挙している。職権で法定期間内において減額更正をすべき場合等に、義務付け訴訟を提起することを想定することができる。また遡及立法等の違憲・違法な法令による課税に対して、予め課税差止訴訟を提起できる道が開かれたと考えられる。

② **主観訴訟**の大枠は維持されているが、原告適格の要件が緩和されている。取消訴訟の原告適格である「法律上の利益を有する者」の範囲につ

---

16 山田二郎「所得金額を過大に認定した処分が違法であっても国賠法1条1項にいう違法がないとした事例」ジュリ1050号190頁。

17 宇賀克也『改正行政事件訴訟法』(青林書院、平成16年)。

いて判断基準が拡大されたことにより（改正行訴9条2項）、課税処分等の相手方である納税義務者のほかに、源泉所得税の告知処分の取消訴訟について**源泉納税義務者**（受給者等）に、あるいは主たる納税義務者に対する課税処分について第二次納税義務者（第二次納税義務者とされるリスクが予想される者を含めて）に原告適格が拡大されるかが今後の課題となる。

③　被告適格について、処分をして課税官庁（処分行政庁）を被告とするのではなく、通常の民事訴訟と同様に、権利義務の帰属主体（行政主体）を被告とすることに改正された（改正行訴11条）。被告適格が単純明確化されたことにより、今後は、国税については国を、地方税については関係地方自治体を、被告として租税訴訟を提起することになる。

④　このたびの改正行訴法の最も大きな改革が管轄裁判所の拡大である。第一審を扱う裁判所について、処分をした税務官庁の所在地の地方裁判所（本庁）のほかに（従来の規定）、⑦原告の普通裁判籍の所在地を管轄する高等裁判所の所在地を管轄する地方裁判所（「特定管轄裁判所」）、④被告の普通裁判籍所在地の地方裁判所にも、管轄が拡大された（改正行訴12条）。この改正により、国税に関する訴訟は、すべて東京地方裁判所にも管轄があることになる。管轄裁判所の拡大は、専門性の確保を図ることにあるとされている。

⑤　出訴期間は3カ月から6カ月に延長され、不変期間に関する規定は削除された（改正行訴14条）。審査請求を経由している場合について、初日算入の特則も廃止されている。しかし、行政不服申立ての申立期間（異議申立期間2カ月、審査請求期間1カ月）は変更されていない。

⑥　改正行訴法23条の2に釈明処分の特則が新設されたことに、強い関心と期待がもたれている（釈明処分の一般法、民訴149条1項）。この特則は、処分の理由を明らかにする資料・審査請求の審理記録の提出を、裁判所の釈明処分として定めているものである。裁判所の釈明処分は裁判所の権能であるが、適正・公正な裁判を実現するためには釈明義務でもある

と解されている。釈明権の不行使は、上告審の破棄理由にもなっている（最判昭和44・6・24民集23巻7号1156頁等）。

「司法による行政に対するチェック機能」を強化して、租税法律主義・租税平等主義を租税訴訟に浸透させ、租税訴訟を活性化させるために、租税訴訟において**公務文書の文書提出義務**（民訴220条4号、221条）、釈明処分の特則がどのように活用・運用されるかが大きな課題となっている。[18]

Ⅳ　税理士の出廷陳述権の拡大と弁護士との共働

平成13年の税理士法の改正で、税理士の業務が拡大され、租税に関する事項について、裁判所において**補佐人**として、弁護士である訴訟代理人とともに出頭し、陳述できることに改正された（改正税理2条の2）。従来も税理士は、租税に関する事項について補佐人（民訴60条）として法廷活動をしていたが、改正税理士法では、裁判所の許可を受けることなく本人や訴訟代理人の選任により補佐人として法廷活動ができる道が開かれることになった。税理士は訴訟代理人ではなく補佐人であるので、訴訟代理人とともに法廷に出頭することが必要とされている。補佐人の出廷陳述権がこのように拡大されたので、今後は弁護士と共働して租税訴訟を質と量の両面で充実することが課題となっている。補佐人である税理士に、証人の尋問権があるかについて両説に分かれているが、改正法の趣旨を生かすためにも、積極的に考えることにしたい。

---

[18] 実務家が利用している租税訴訟に関する主な文献、最高裁事務総局監修『主要行政事件裁判例概説2―租税関係編〔改訂版〕』（法曹会、平成13年）、司法研修所編『租税訴訟の審理について〔改訂新版〕』（法曹会、平成14年）。

第6章　租税犯と処罰手続の概要

I　租税犯の種類と罰則

　租税法は、納税義務者の租税法に違反する行為に対して2つの側面から制裁を定めている。1つは、行政上の制裁として、申告義務等の違反に対して本税に付帯して**延滞税**、**利子税**および各種の**加算税**（**過少申告加算税**、**無申告加算税**、**重加算税**等。税通68条以下）を課していることであり、他の1つは、租税法の違反行為に対して租税犯として**刑事罰**を科していることである。[19]

　同一事件に対して一方で加算税を課し、他方で刑事罰を科していることについて、加算税は行政上の措置であるという理由で、二重処罰の禁止（憲39条）に違反しないと解されている（最判昭和33・4・30民集12巻6号938頁）。

　租税犯には、直接に所得等を隠し脱税をする**逋脱犯**（**脱税犯**ともいう）と、直接に脱税を行うものではないが租税を賦課・徴収する権限の正常な行使を妨げる危険な行為を処罰する**租税危害犯**（**租税秩序犯**ともいう。たとえば、**調査妨害犯**）に大別される。

　租税犯の中で、典型的なものは逋脱犯である。逋脱犯は、納税義務者が「**偽りその他不正の行為**」により租税を免れ、または還付を受けることを構成要件としている犯罪である（所税238条1項等）。「偽りその他不正の行為」とは、一般に、「脱税の意図をもって、その手段として租税の賦課徴収を不能もしくは著しく困難にするようななんらかの偽計その他の工作をいう」と解されており（最判昭和38・2・12刑集17巻3号183頁）、具体的には、二重帳簿の作成、帳簿への虚偽記入などであり、単純な無申告は偽りその他不正の

19　附帯税に関する文献、品川芳宣『附帯税の事例研究〔第3版〕』（財経詳報社、平成14年）、木村弘之亮『租税過料法』（弘文堂、平成3年）。

行為には当たらないが、無申告が社会通念上不正と認められる行為（脱税の意図による帳簿の不記帳）と結びついている場合は、これに当たると解されている（最判昭和42・11・8刑集21巻9号1197頁）。

> **コラム** 逋脱犯と「偽りその他不正の行為」の意義（最大判昭和42・11・8刑集21巻9号1197頁）
>
> 「所得税、物品税の逋脱犯の構成要件である詐欺その他不正の行為とは、逋脱の意図をもって、その手段として税の賦課徴収を不能もしくは困難ならしめるようななんらかの偽計その他の工作を行うことをいうものと解するのを相当とする」。

所得税・法人税等の直接税の逋脱犯に対しては、5年以下の懲役もしくは500万円以下の罰金が科され、またはこれが併科される（所税238条1項等）。

逋脱犯は、納税義務者である個人その代理人、納税義務者である法人の代表者等、代理人が処罰されるほかに、**両罰規定**が置かれていて、脱税の効果が生ずる納税義務者である法人または個人に対しても罰金刑が科される（所税244条、法税164条）。また逋脱犯の主体とならない税理士や銀行員が逋脱行為に関与した場合には**逋脱犯の共犯**として処罰されることになる。

II 犯則調査と処罰手続

租税の**犯則調査**および処罰については、**国税犯則取締法**および**関税法**に特別の定めがあり、**収税官吏**（通常は、国税庁または国税局の調査査察部に所属している**税務職員**）に犯則調査権が付与されている。犯則調査は形式的には行政手続であるが、課税処分等のための調査とは異なり、刑事責任を追及するための調査である。最判昭和59・3・27（刑集38巻5号2037頁）は、犯則調査に「不利益な供述の強要禁止」の規定（憲38条1項）が適用になることを認めているが、それは**黙秘権を保障**したにとどまるものであり、**黙秘権を予告**すべきことまで保障したものではなく、犯則調査については刑訴法のよう

に黙秘権の予告を要求する規定(刑訴198条2項)はないので、黙秘権を予告しないで行った犯則調査も違憲とはならないと解している。[20]国税犯則取締法は、地方税に準用されている(地税71条、72条73、326条)。

　租税犯の処罰手続は、**直接国税の犯則事件**(所得税、法人税、消費税等)と間接国税(酒税、関税等)のそれによって異なっているが、いずれの場合も調査が終了し**告発**がされると、犯則事件は収税官吏の手を離れて検察官の手に移り、刑訴法の定める手続により処理されることになる。

　直接国税の場合は、収税官吏はその調査により犯則事実があると思料するときは、直ちに告発の手続をとらなければならない(国犯12条12)。この場合の告発は、間接国税の犯則事件の場合と異なり、公訴提起の**訴訟条件**ではないと解されている(最判昭和28・9・24刑集7巻9号1825頁)。

　間接国税の場合は、収税官吏は原則として所轄国税局長等に対し調査結果を報告する(国犯13条、関税137条)。国税局長等は、上記の報告により犯則事実があると思料するときは、原則としてその理由を開示して、罰金・科料の額等を、犯則者に対して通告しなければならない(国犯14条1項)。この通告を**通告処分**という。

　通告処分の内容を履行するかどうかは、犯則者の任意に委ねられている。犯則者が通告処分の内容を履行しないときは、国税局長等は告発をしなければならない(国犯17条1項)。間接国税の犯則事件の場合の告発は訴訟条件であると解されている。間接国税についてのみ通告処分の制度が採用されているのは、**間接国税の犯則事件**が直接国税のそれと比較して大量であるため、裁判所の負担が過重にならないようにすることと、間接国税の犯則事実の認定・立証が比較的容易であること等の理由によるものである。

　通告処分の性質は、国と犯則者との間の和解の一種と解されており、行政手続により実質的に刑罰を科したのと同じ結果を達しようとする制度である。通告処分の効果として、通告処分が履行されると、同一事件について刑事責

---

[20] 山田二郎「憲法38条1項による供述拒否権の保障と国税犯則事件の調査手続」ジュリ818号66頁。

任が追及されることはない。

　犯則者が通告処分の内容となっている犯則事実について争おうとするときは、通告処分に対して不服申立て（審査請求、取消訴訟）を提起することはできず（最判昭和47・4・20民集26巻3号507頁）、通告処分に従わないで刑事手続への移行を求め、その刑事手続の中で犯則事実の有無について争うことになる。

　租税犯は、従来は租税の課税・徴収という行政上の目的を達するための行政犯と考えられていたが、最近は脱税に対する反社会性が強調されることになり、反社会的・反道義的な刑事犯として処罰されるように変わってきている。今日では、特に**逋脱犯の刑事犯的性格**が強調され、高額の脱税事件については、これに対する処罰も、罰金刑ではなく懲役刑を科する事例が増えている。[21]

---

[21] 租税犯に関する主な文献、松沢智『租税処罰法』（有斐閣、平成11年）、佐藤英明『脱税と制裁』（弘文堂、平成4年）、野間洋之助ほか『税法違反事件の処理に関する実務の諸問題』（法曹会、平成2年）、臼井滋夫『国税犯則取締法』（信山社、平成2年）。

第 2 部

租税法各論

第1章　租税と所得の意義

I　事　例

●事　例●

　野球選手Xが球団会社Aと入団契約を結ぶにあたって契約金1億円プラス出来高払い5000万円および年俸2000万円を受け取るとの報道があった。さっそく租税弁護士は選手XとA社に報酬繰延契約を締結し、今から10年以降公的年金の受給開始時までにわたってその契約金全額と毎年の年俸の一部（金利を含む）を受領するよう助言したところ（サラリーキャップ制の変形応用）、将来の年金支給額が約束されている確定給付の報酬繰延契約が書面により成立した。契約する理由は4点ある。1は、Xは、今後10年間はその法人において選手としてそして場合によってはコーチとして勤務し、高額の報酬を稼得できるだろうが、その10年以降は選手寿命も尽きコーチ業の継続も困難になるだろうし、また自身の宣伝効果も薄れるであろうから、解雇され失業する懸念を強く抱いている。2に、Xは一時の高額所得に対する高い累進税率による重税を避けたい。3に、Xは、生涯を通じて稼得しうる所得（**生涯所得**）に対する最適な課税を考えてもらいたいと主張している。4に、Xは、繰延報酬相当額をA社に対し融資していると考えることができるので、この隠れた融資の利息をA社から受ける法的地位に立つ。他方、A社は**繰延報酬**相当額を他に投資することができる。なお、A社は企業倒産保険に加入するなどして、万全なリスク管理を行うものとする。

II 設問

1 租税法律主義の適用される租税はいったい何だろうか。社会保険料や年金とはいったい何であろうか。
2 発生主義と包括的所得説の立場から、労働対価としての報酬の繰延から、どのような所得が生じてくると考えられるであろうか。その際、複利計算方法を用いる、貨幣の時間的価値アプローチをどのように応用できるだろうか。
3 報酬繰延契約に基づく後払い賃金について、労働法と破産法はその受給権についてどのように考えるだろうか。租税法上の所得概念と、労働法または破産法上の所得概念はなぜ食い違いうるのだろうか。
4 Xは、このような報酬繰延契約に基づく繰延給付に対する税金をいつの時点で納税すればよいだろうか。
5 確定給付の報酬繰延契約のような報酬税務計画は、花形の選手らにとって平均課税制度よりも有用であろうか。

III 租税とその他の公課の識別

1 判例上の租税概念

租税概念は、**大島サラリーマン訴訟**の最高裁判決（本書第2部第2章参照）によって次のように定立されている。

「租税は、国家が、その課税権に基づき、特別の給付に対する反対給付としてでなく、その経費に充てるための資金を調達する目的をもって、一定の要件に該当するすべての者に課する金銭給付であるが、およそ民主主義国家にあつては、国家の維持及び活動に必要な経費は、主権者たる国民が共同の費用として代表者を通じて定めるところにより自ら負担すべきものであり、

我が国の憲法も、かかる見地の下に、国民がその総意を反映する租税立法に基づいて納税の義務を負うことを定め（30条）、新たに租税を課しまたは現行の租税を変更するには、法律または法律の定める条件によることを必要としている（84条）。それゆえ、課税要件及び租税の賦課徴収の手続は、法律で明確に定めることが必要であるが、憲法自体は、その内容について特に定めることをせず、これを法律の定めるところにゆだねているのである。思うに、租税は、今日では、国家の財政需要を充足するという本来の機能に加え、所得の再分配、資源の適正配分、景気の調整等の諸機能をも有しており、国民の租税負担を定めるについて、財政・経済・社会政策等の国政全般からの総合的な政策判断を必要とするばかりでなく、課税要件等を定めるについて、極めて専門技術的な判断を必要とすることも明らかである。したがつて、租税法の定立については、国家財政、社会経済、国民所得、国民生活等の実態についての正確な資料を基礎とする立法府の政策的、技術的な判断にゆだねるほかなく、裁判所は、基本的にはその裁量的判断を尊重せざるを得ないものというべきである[1]」。

　この租税概念は、**負担金**（社会保険料など）や**手数料**から識別することを目的として定立されているわけではない。**社会保険料**は、概念上、税または租税から識別しうる[2]。しかし、立法政策上、いずれの所轄行政庁が徴収すべきかそしてその歳入の管理を行いうるかは、租税概念または負担金概念もしくは手数料概念に依存している[3]。さらに、それが租税に該当する場合には、**租税法律主義**が妥当し、租税でない社会保険料には租税法律主義は適用されないといわれている。そこで、租税法律主義の適用対象という観点から、いま少し詳細に租税概念を考察することとする。

　1　最大判昭和60・3・27民集39巻2号247頁（大島サラリーマン訴訟）。
　2　租税概念、社会保険料概念、負担金概念の定義について、参照、木村弘之亮『租税法総則』（成文堂、1998年）42頁以下。
　3　秋田地判昭和54・4・27行集30巻4号891頁→仙台高判57・7・23行集33巻7号1616頁；旭川地判平成10・4・21判時1641頁29号→札幌高判平成11・12・21訟月47巻6号1479頁。

2　憲法における租税概念の内容と意義

　国税通則法2条1号（税徴2条1号、租税特措1条）による「**税**」（地税1条1項4号の地方税または関税1条の関税）の定義は、租税実務上まったく名目的な意義を有するにすぎない。**租税**概念はむしろ、**憲法84条**、83条（さらに94条）に定められている課税権の限界付けおよび租税法律主義にとって主に有意義に用いられる。さらに、憲法30条が国民に「納税義務」を課していることから、租税概念は、強制的徴収の要素を含んでいる。最後に、貨幣経済を前提とする日本国憲法は、原則として、金銭給付を租税概念の要素としている。租税とは、あらゆる種類の強制的な公課を含み、したがって、一定の給付に対する対価の性質を有する手数料の類であっても、その給付を求めることが、公の財政需要に必要であるときは、すべてここにいう租税に含まれる。

　国税通則法2条1号にいう税のほか、国民に対して強制的に賦課される金銭（専売品の価格など）、営業許可に対する手数料や、各種の検定手数料、郵便・郵便貯金・郵便為替などの料金等についても、すべて法律または国会の議決に基づいて定めなければならない（財3条）。この財政法3条は憲法83条または84条からの帰結を確認する規定である。

　有力説によれば、租税とは、国または地方公共団体が、その課税権に基づいて、その使用する経費に充当するために、（特別の給付に対する反対給付としてではなく）強制的に徴収する金銭給付を指す。手数料等は、憲法83条との関係で「国家の議決」を要するとしても、憲法84条にいう租税から区別される。この有力説によれば、租税は特別の給付に対する反対給付の性質をもたない点で、手数料等と識別される。

　しかし、両者の境界は後述のとおり流動的である。

　公租公課の憲法上の許容性の問題にとって重要である、憲法84条にいう租税は、税として、しかしまた使用料（手数料）または負担金として性格づけられうる（財3条参照）。その他、租税概念は、租税概念に依存する諸制度

（社会保険負担金〔社会保険料〕、受益者負担金、原因者負担金など）についての憲法上の意義（たとえば租税法律主義）が見い出されうるところでは、憲法上重要になりうる。

明治憲法62条2項は、その但書において「報償ニ属スル行政上ノ手数料及其ノ他ノ収納金ハ前項ノ限ニ在ラズ」と規定し、ともすれば第1項の定める租税法律主義を損傷するおそれを残していた。明治憲法下の租税概念を日本国憲法84条が無批判に踏襲したわけではない。

憲法上の租税概念は、「近代産業社会における租税は積極的な国家による経済政策および社会政策を嚮導する中心的な道具にも不可避的になっている」といった必要性をも考慮に入れなければならない。租税特別措置法の立法者は、その1条において、「税」の嚮導的性格を考慮に入れている。同法は、当該税によって一次的に追求されている社会目的に比べ、国庫目的「租税収入の獲得」が、副次目的に格下げされることを許容している。しかし、国庫目的「租税収入の獲得」が完全には消去されているわけではない。当該公租公課が当事者を経済的に「しめ殺す」目的のみに資するだけであるならば、それは税概念を満たしていない。その限りにおいて、**しめ殺し税**の禁止は税概念に対応している。

税収入の獲得を副次目的とする**社会目的税**（いわゆる**嚮導税**）の古典的好例は、保護関税法である。保護関税は今日もはや貨物流通のしめ殺しではなく、主として外国の産業に対し国内産業を保護することを目的として貨物流通の規制に供される。自動車重量税は典型的な嚮導税である。たばこ税や酒税は国民の健康保全のための嚮導税として性格付けられうる。さらに、近い将来、環境保護のための租税（いわゆる**環境税**、green tax, eco-tax）が制定されるなら、それも嚮導税である。

4　租税の有する富の再分配機能、景気調整機能、資源の再分配機能について、金子宏「景気調整と税制―その弾力的運用と憲法上の限界―」西野・宇田川共編『現代企業課税論』（東洋経済新報社、1977）212頁。

5　環境税について、石弘光編『環境税　実態と仕組み』（1993）；OECD『環境と税制』（1994）参照。

3　国税通則法 2 条 1 号にいう税概念の特徴

(1)　税の定義

国税通則法 2 条 1 号（税徴 2 条 1 号、および税特措 1 条並び地税 1 条 1 項 4 号）における税概念の定義は、次の内容である。**税**とは、特別の給付に対する反対給付ではなく、かつ（法律が給付義務を定めている法律要件を満たす）すべての者に対して収入の獲得のために公法上の団体が課するそうした金銭給付である。収入の獲得は副次目的でありうる。[6]

(2)　税概念の特徴

国税通則法 2 条 1 号などは税概念の特徴として次を内容としている。[7]

① 　税は、金銭給付である（税通34条 1 項）。したがって、労務提供、たとえば夫役、兵役、消防作業、届出義務、通知義務その他の協力義務、税理士の税務相談義務などは、税ではない。この点で、公用負担の一種である労役、物品負担（災害対策基本法65条、災害救助法24条、水防法17条）および夫役現品（土地改良法36条）と異なる。しかし、夫役、兵役、消防作業のような労務提供は、その目的と効果の点では経済的に税と区別されないので、そのような労務提供が租税債務を控除するとか、いかなる労務も提供しない者が調整税を課される、といったことを配分的正義は要求するであろう。しかしながら、こうしたことはまったく行われていない。例外は物納である（相税41条による相続税の物納）。この場合も、納付される財産の使用価値に着目してではなく、貨幣価値に着目して物納が認められる。物納は、したがって、物の使用価値に着目してなされ

---

[6] 税の副次的機能を肯定するものとして、最大判昭和60・3・27民集39巻 2 号247頁、山田『講義』1 頁、2 頁；金子『租税法』9 頁。さらに、租税の定義について、吉良実『租税法概論』3 頁以下参照。

[7] 国税通則法、国税徴収法、所得税法など大部分の租税法律は、文言上「租税」概念を用いておらず、ごく例外的に、法人税法はその113条において、法人税、道府県等および事業税を総称して「租税」概念を、地方税法は「租税の免除」（114条の 3 ）を、租税特別措置法は、「租税の納付」（5 条 2 項）、「租税の免除」（90条の 3 第 2 項）を用いるにすぎない。法律名として、「災害被害者に対する租税の減免、徴収猶予等に関する法律」および「租税特別措置法」。

る公用徴収と区別される。

② 税は、国（または地方公共団体）の予算で計上された財政需要（これを公共財政需要という）の一般的充足、公共団体の任務の履行に資する（収入の獲得）。税は、公共団体の特別な給付に対する反対給付でない。税は、確かに、納税義務者が何らかの意味で国家のサービスを受益しているが、しかし、それは間接的関係にとどまり、個人の応益に対し課せられるわけではない。この点で、税は、**料金（手数料）**および**負担金**（両者を「有因」公課と総称する）と区別される。

税は**有因公課**でないので、国民・住民が債務を負っている租税を脱税する場合でさえも、その脱税者も、正直な納税者と同様に、国・地方公共団体からの行政サービスを享受する。かれらは、フリー・ライダーになる。

③ 金銭給付は、1つの公法上の団体（国、地方公共団体）によって—公権力をもって—課されなければならない。税は、国民の財産の一部を強制的に国家の手に移す手段であるので、国民の財産権への侵害の性質を有する。したがって、契約による支払いおよび任意の支払い（公共団体への寄付金）並びに他の諸機関への支払いは除外される。公共組合（土地区画整理組合など）がその組合員に賦課する組合費は税に該当しない。

④ 金銭給付は—少なくとも副次目的としては—収入の獲得のために、公共財政需要の充足のために課されなければならない。したがって、罰金、科料、過料、延滞税（税通60条以下。延滞金）、利子税（税通64条）、加算税（税通65条以下）などは税に当たらない。しかし、このような租税法律に予定された金銭債務は、その一部は、租税債務関係からの請求権として税と同じに取り扱われている。これらのうち附帯税は、本税と合わせて徴収されることとされており、またその額の計算の基礎となる税額

---

8 水利地益税（地税703条）、共同施設税（地税703条の2）は特定事業の経費に充てるため、受益者から受益の限度で徴収される限りにおいて、実質的に受益者負担金とほとんど異ならない。同旨、金子宏『租税法』10頁、17頁。

の属する税目の国税に属する（税通60条3項4項、64条1項3項、69条）。

歳入は最終的に取得されなければならず、返還を予定されていてはならない。

⑤　金銭給付は、法律が給付義務を定めている法律要件を充足するそうしたすべての者に対して課せられなければならない。この命題は、課税の平等性と法律要件適合性をその目標とする。

4　負担金

負担金とは、公の特定事業から特別の利益を受けるため、たとえば、

①　公共施設および公共設備の建設、整備、設置または拡張のために（下水道工事負担金などの受益者負担金[9]、道路法61条。開発負担金[10]）、または

②　事業を必要とさせる原因を作り出したため（原因者負担金。道路法58条）

③　街路、道路、植樹の改良（それらの経常維持または修理でないもの）のために、または

④　社会保障のために（社会保険料）

公権力をもって財政需要の充足のために受益者に課せられる事業経費の支弁給付をいう。

この経費支弁が強制徴収される。なぜなら、具体的反対給付、具体的経済的便益（有因の関連性）が求められうるのであり、その事業遂行のための可能性が必要だからである。

9　受益者負担金について、三木義一『受益者負担制度の法的研究』（信山社、1995）；福家俊朗『現代租税法の原理』；福家俊朗「受益者負担の論理と法的位相―財政法学方法論覚書」名古屋大学法政論集152号（1994）1頁参照。

10　指導要領による開発負担金等の問題点について、碓井光明『要説自治体財政・財務法』（学陽書房、1997）110頁以下；宇賀克也「要領と開発負担」判タ639号（1987）60頁参照；裁判例として、大阪地堺支判昭和62・2・25判タ633号183頁→大阪高判平成元・5・23判タ712号154頁（堺市宅地開発協力金事件）；東京地判平成5・6・12判タ723号206頁（武蔵野市教育施設負担金事件）。さらに、甲斐素直「租税法律主義と課徴金及び手数料」日本法学60巻4号（1995）835頁；甲斐素直「租税法律主義と社会保障関係課徴金」日本大学61巻1号（1995）39頁。

なお、**水利地益税**、**共同施設税**および**宅地開発税**（地税703条ないし703条の3）などは、地方税であるが、これらは、納税義務者が特定の水利事業、共同作業場、公共施設から受ける利益を考慮して定められる租税であるから、負担金の性質を有する。さらに、**揮発油税**、**地方道路税**も自動車走行という特定の方法で、道路を利用し損傷する者（原因者）から、道路整備の財源に充てるために徴収される限りにおいて、**原因者負担金**に類似する性質をもつ。

国有財産売却の場合に買手が負担すべき代金は、給付・反対給付の関係における対価であって、ここでいう負担金に該当しない。したがって、それには租税法律主義は及ばない。

経費弁償の原則がかつては**負担金法**を支配していたけれども、社会的国家原則（福祉国家原則）はその間に負担金法の再構成を迫っている。たとえば、負担金としての社会保険料は、罹病のいかんを問わず強制徴収される範囲において、具体的・個別的な反対給付を受けているわけではない。その限りにおいて、応益テストは働きがたい。ここでも、**応益負担原則**の後退に伴い、福祉国家原則の観点から、**応能負担原則**が前景に押し出されつつある。社会保険料等にも超過累進料率制を導入する案が呈示されている。

社会保険料の一部は、「第2の予算」ともいわれる財政投融資の原資に充てられる現状に鑑み、社会保険料等の負担金は、憲法83条にいう「財政」の対象に該当するのみならず、憲法84条にいう「租税」にも該当する。社会保

---

11 柳瀬良幹『公用負担法〔新版〕』（有斐閣、1971）64頁は、一定の目的税と負担金とを識別し難いとする。

12 自治省は、法定外普通税の認められるケースの1つとして「受益者負担金的性格を持ち、地方団体の経費の支出、施設の状況からみてその受益者に課税することに充分な理由のあるもの」（昭和33年自治庁税務局長通達）を挙げている。

13 長尾（一）『日本国憲法〔3版〕』（世界思想社、1997）494頁。

14 秋田国民保険税事件について、秋田地判昭和54・4・27行集30巻4号891頁→仙台高秋田支判昭和57・7・23判時1052号3頁参照。手数料および負担金について、憲法上、金額または金額算定基準が法律または国会の議決で決定されることまで求められない。金額決定手続を法律または国会の議決で決すれば足りる（長尾『日本憲法』494頁）との主張は、それが負担金にまで及ぶとするなら、国民保険税にかかる裁判例（旭川地判平成10・4・21判時1641号29頁[→札幌高判平成11・12・21訟月47巻6月1479頁（逆転判決）]）から乖離する。

険税と社会保険料は、名称の相違にかかわらず、実質的に同一または酷似の役割を果たしている。したがって、租税法律主義は社会保険料に及ばない、との主張は悪しき概念法学によってのみ正当化しうるにすぎない。

5 手数料（使用料）

公法上の**使用料（手数料）**は、税と同様に、一般的財政需要の充足のための公課である。料金は、税から、公共団体の給付または許認可との個別因果的な結び付きの点で区別される。この結び付きは堅く完結している。もしその因果関係がゆるく解き放たれている場合には、税が問題である。体系を支える**手数料原則**は、**応益負担原則**である。応益負担原則とは、費用充足の原則（手数料金が当該受益にかかる費用の負担を示している）および便益相殺の原則（料金が当該受益にかかる便益に対応する）に基づきその料金の算定の基礎となる。

手数料（料金）の定義は次の内容である。手数料（料金）とは、行政の特別な役務提供—職務行為もしくはその他の行政作用に対する反対給付（**行政手数料**）として、または公共施設（いわゆる営造物）および公共設備の使用に対する反対給付（**行政使用料**）として徴収されるそうした金銭給付である。行政手数料は、たとえば、登記、登録、特許、免許、許可、指定または技能証明（以上、「登録免許税」（税通15条2項14号）として）および一種の特許料（日本銀行券発行税）、並びに登記簿閲覧、印鑑証明書の交付、および新築建造物の検査に対して徴収される。

「**行政手数料**」が憲法84条にいう「租税」のもとで理解されるべきかどうかが争点である。租税法律が行政手数料の一部を登録免許「税」（税通15条2項14号）として選定している。この規定は、租税法律主義を具体化しているのか、または財政国会中心主義の顕現にすぎず便宜上「税」の名称を用いているに過ぎないか否か。そして、その他の種類の行政手数料には、租税法律主義のみならず**財政国会中心主義**も妥当せず、公法上の手数料の金額を法規命令に委任することは違憲でないか等が問題である。後者の行政手数料に

ついて、一般的な**財政国会議決主義**（憲83条）が妥当するだけであり、その金額または金額算定基準ではなく、金額等を決定する手続が法律または国会の議決で決せられることをもって足りる。

行政使用料は、公営住宅の家賃、公営水道の料金、市バスの料金、スポーツ施設の使用、図書館の使用、高速道路、港湾・空港のような交通施設の使用に対する料金である。後者には義務教育負担金、国公立大学等の授業料、公的保育所保育料（1997年改正児童福祉法56条3項）、公的介護負担金も含まれる。

行政使用料のほとんどの場合、国民は同種のサービスを行政サービスとして受けるか民間サービスとして受けるかを任意に選択できる。その限りにおいて、行政使用料はそうした強制的要素を含まない行政サービスに対する報償である（直接的有因公課）から、憲法84条にいう「租税」に該当しない。

なお、郵便料金は、公共施設（営造物）の利用に対する反対給付（行政使用料）であるから、憲法84条にいう「租税」に該当しない。しかし、郵便事業が法律上または事実上国の独占事業であることに（財3条）照らし、「郵便、郵便貯金、郵便為替、郵便振替に関する料金」であり、現在、「法律又は国会の議決を要する」（財政法第3条の特例に関する法律）。これは憲法84条に基づくのではなく、むしろ立法政策によるものである。

費用充足の原則がかつては、**手数料法**を支配していたけれども、社会的国家原則はその間に手数料法理論の再構成を迫っている。嚮導税とのアナロジーで嚮導手数料もまた存在する。税について国庫目的と社会目的の混合が許容されるように、使用料、手数料についてもそうした混合は許容される（平成8年改正公営住宅法1条、16条1項、同法施行令2条、図書館法17条（無料）、地域保健法14条（無料）参照）。嚮導料金は、嚮導税と同様に、憲法上許容さ

---

15 公の役務提供に対する手数料のうち、営業許可に対する手数料、検定手数料、司法上の手数料は、強制の性格を持つから、憲法84条にいう「租税」に当たる（宮沢・芦部『日本国憲法』(1978) 712頁）。

16 伊藤正巳『憲法〔3版〕』（弘文堂、1995）478頁。

れうる。しめ殺し料金は許されない。応益負担原則は、福祉の原則に基づく特別な正当化の背後に退いてきており、新たに応能負担原則が浸透しつつある。料金法においても、環境保護が次第に公課の正当事由として引き合いに出されている。

嚮導料金が拡充されていくに応じて、この種の手数料を税と画することは難しくなる。その限りにおいて、一定の手数料を憲法84条にいう租税に含めることは、主張しうるであろう。

6　演習問題への適用

以上に考察した理論を演習問題に適用して、各自解答を試みてください。

契約当事者たる母体企業と従業員が、給付建て報酬繰延契約において退職給付見込み額を取り決める。この契約に基づいて、母体企業は退職後ある一定の期間にわたって、あらかじめ定めた計算方式に基づいて算出される一定金額の年金（アニュイティ annuity）を（元）従業員に支給する。

年金は、公的年金と私的年金に大別され、私的年金はさらに企業年金と私的年金に細分される。企業年金は社外積み立て方式と社内企業年金方式に区分されよう。

本設問における年金（アニュイティ）概念は、公的年金ではなく、企業年金の一形態である。繰延報酬契約では、負担金（社会保険料）ではなく、労働対価のうち後払い賃金が問題となっている。繰延報酬契約は契約自由の原則のもとで有効適法に成立するが、その契約に基づき支給される報酬についてどのように所得課税しうるかについて、現行の所得税法は必ずしも明らかにしていない。

IV 所得とその発生

1 所得概念

　所得税法および法人税法は、**所得**を課税の対象とする。所得が発生し、実現し、または認識（把握）されるとき（**タイミング問題**）に、課税が行われる。そこで、われわれは、「**貨幣の時間的価値**」アプローチから、租税法学における発生主義および所得概念を少しばかり再検討することにしたい。

　Henry C. **Simons** は、1938年に彼の古典「個人所得課税」において「**包括的**」所得概念を次のように述べている。[17]

　「**個人所得**は、(1)消費にあたり、行使される権利の市場価値と(2)問題の期間の期首と期末のあいだにおける財産権の在り高（貯蓄 store）の価値における差額（変化）との合計として定義されうる。[18]

　もっとも、所得の使途の観点からすれば、所得は一般に、1会計年度における消費と貯蓄投資（savings）の合計を意味する」。[19]

　この Simons 教授に先立ち、Georg von **Schanz** 教授は、1896年に「所得概念と所得税法」を公表し、いわゆる**純財産増加説**を主張した。[20] **帰属所得**が、所得の構成要素の1つに掲げられている。次に、所得に関する **Haig-**

17　Henry C. Simons, Personal Income Taxation, 50 (1938).
18　金子宏『所得概念の研究』(1995) 1頁、25頁以下；藤田晴『所得税の基礎理論』(1992) 18頁以下（この定義について解説）参照。中里実「所得概念と時間—課税のタイミングの観点から」金子宏編『所得課税の研究』(1991) 136頁参照。
19　Simons, supra note 17, at 50; See Robert Murray Haig, The Concept of Income-Economic and Legal Aspects, in The Federal Income Tax 1, 7 (Robert Haig ed., 1921) (「所得とは2つの時点間におけるある者の経済力の純増加の貨幣価値をいう。」); also William D. Andrews, A Consumption Type or Cash flow Personal Income Tax, 87 Harv. L. Rev. 1113 (1974) [hereinafter Andrews, A Consumption Type]
20　Georg von Schanz, Der Einkommensbegriff und die Einkommensteuergesetze, FinArch. 13. Jg. (1895), 1ff. 参照、ゲオルク・シャンツ／篠原章（訳）「所得概念と所得税法（1-4）」成城大学経済研究105号 (1989) 127頁以下、106号95頁以下、107号 (1989) 121頁。

IV 所得とその発生

Simons 定義（または **Schanz-Haig-Simons モデル**）と一般に呼ばれている、このアプローチは、資産価値のあらゆる変化が、その変化の起きるごとに、斟酌されるべきことを示唆している。[21] **包括的所得概念**が厳格な発生主義会計と不即不離であることが、**ハルペリン教授**の見解によって明確に示唆されている。ただし、包括的所得概念は、未実現の利益を課税しないという**実現主義**を含むとする有力説も主張されている。本設問では、資産価値のあらゆる変化が、その変化の起きるごとに、斟酌されるべきであるという発生所得課税を考察の対象とするので、包括的所得と厳格な発生主義を前提とする。なお、**市場所得説**[22]は、帰属所得と相続所得を所得税法上所得概念から除外し、実現主義と結びついている。

所得を計上し認識し報告する正しい期間または損金算入を求める正しい期間のようなタイミングの問題は、厄介な重要な問題を引き起こしている。一般的には、**発生主義**が正当だとされている。所得が稼得されたときまたは債務が確定したとき、発生主義を選択している。ただし、厳格な発生主義に代えて、実現主義が所得税法上多くの場面で妥当している。**実現主義**は、納税者が租税債務を支払う目的のためだけに、わざわざ借入を行ったり、資産を現金化したりすることがないようにとの配慮で考案された、いわば救済的な措置であり、[23]その限りにおいて、**応能負担原則**（担税力に応じて租税を負担する原則）によく即応する。

以上のような所得の概念、所得の計上時期に続いて、発生または実現した所得を認識（把握）するかどうかは、もう 1 つ別な問題である。

---

21 So Daniel I. Halperin, Interest in Disguise: Taxing the "Time Value of Money," 95 YALE L.J. 506, 508f. (1986) [hereinafter Halperin, Interest in Disguise]. 米国の場合と異なり、発行割引債および無利息融資と低金利融資について包括的所得概念の理想は日本所得税法で実現していない。貨幣の時間的価値について、Daniel I. Halperin, The Time Value of Money, 23 Tax Notes, 751 (1984). 参照。

22 木村弘之亮『租税法学』(1999) 183頁以下参照。

23 Myron Scholes ET AL., Taxes and Business Strategy: A Planning Approach, at 23 (3rd. 2005) [hereinafter Scholes ET AL., Taxes and Business Strategy]. M. ショールズほか（原著）坂林孝郎（訳）『MBA 税務工学入門〔2版〕』(2001) 33頁。

本設問では、包括的所得説および発生主義から出発して、**節税貯蓄**（tax savings）並びに**影の投資所得**および**所得免除**（非課税）を認識することとする。

2 貨幣の時間的価値：給与所得と繰延所得

報酬の支払いが繰り延べられる場合、**影の融資**が貸主（従業員）から借主（事業者）へ走り出す。従業員が00年12月31日に労働を提供すると仮定する。この労働の提供に対し、雇用者が1回で100,000円を従業員に支払うものとする。利子率は10％で、税金は考えないとする。そうすると、00年に100,000円を、01年に110,000円、または02年に121,000円のいずれを支払っても、それは当事者にとって無差異だろう。

次に、個人および法人の限界税率を30％と仮定する。00年12月31日に100,000円を受け取った従業員は、02年12月31日までに税引後給与累計額80,143（$[¥100,000×(1-0.3)×\{1+0.1×(1-0.3)\}^2]$）円を得るであろう。

しかし、彼らが、02年まで給与の支払いの繰延べに合意したと仮定する。この取引がその取引形式に従って課税を受けるとすれば、02年12月31日に121,000円を受け取る従業員は、法人税引後給与84,700（$[¥100,000×(1-0.3)×(1+0.1)^2]$）円を稼得するであろう。この84,700円は、まさに、給与が00年12月31日に支払われ、かつ税引後の金額（¥70,000）が税引前収益率10％で投資され続けるとすれば、累積される金額である（$¥70,000×1.1^2=¥84,700$）。

〔表〕 給与の繰延払い

	即時払い	繰延払い
	利子課税	利子非課税
a．給　与	¥100,000	¥100,000
b．所得税、法人税（0.3×a）	30,000	30,000
c．純所得（a－b）	70,000	70,000

d．利　子　　01年（0.1×c）		7,000	7,000
e．利子所得税（0.3×d）		2,100	—
f．純利子（d−e）		4,900	7,000
g．合　計　　01年12月31日（c+f）		74,900	77,000
h．利　子　　02年（0.1×g）		7,490	7,700
i．利子所得税（0.3×h）		2,247	—
j．純利子（h−i）		5,243	7,700
k．総合計　　02年12月31日（g+i）		80,143	84,700

投資所得：影の利息
所得免除：非課税

このように、121,000円の給与の延払いは、その間に課税を受けない限り、**投資所得の所得免除**（非課税）をもたらす。[24]

このような所得免除（非課税）は、もし**発生主義**による課税が適用されるならば、打ち消されるであろう。すなわち、稼得した報酬およびこれに対する利息をともに従業員（貸主）側で所得の発生時に算出し課税する。この**発生所得課税**アプローチは、現金を受領する前に納税を要求するであろう。従業員（貸主）をその者の利息所得につき課税に服させる何らかの間接的手段があるかどうか、または従業員（貸主）に代わる身代わり人として事業者（借主）もしくは第三者（ファンドまたはトラスト）の**身代わり課税**によって租税回避が防止されるかどうかを調べることが、有益である。[25]

報酬が繰り延べられて支払われる場合には、租税回避を防ぐ対応措置は、1に、損益計上時期の対応措置を講じることを通しての、事業者の身代わり課税である。損益計上時期の対応措置は、当該繰延べ金額が従業員の所得に

---

[24] William D. Andrews, A Consumption Type or Cash Flow Personal Income Tax, 87 Harv. L. Rev. 1113, 1126 (1974) [hereinafter Andrews, A Consumption Type]; Daniel I. Halperin, Interest in Disguise, supra note 21, at 519, n. 47.

[25] Halperin, Interest in Disguise, supra note 21, at 508, 519f.

算入されるまでは、事業者の損金算入を拒むことを求め、その報酬繰延べ額を当期の法人所得の計算上益金に算入して、その結果、法人所得税に服する。他方で、当該繰り延べられた報酬は、退職時以降に退職一時金または退職年金という形で元従業員（受給権者）に支給されるときに、その支給額は法人所得の計算上損金に算入される。しかしながら、損益計上時期の対応措置は租税回避を防止するに必要でも十分でもない。[26]繰延報酬とその影の投資収益に対する所得課税が支給時に稼得者（従業員）のもとで行うことによって、前述の所得免除の問題は解消するだろう。

3　設問2について

包括的所得税説および厳格な発生主義によれば、繰延報酬は労働提供時すでにその従業員に帰属しており、そして、従業員は報酬繰り延べによって事業者に「**影の融資**」を行い、このような影の融資または投資に基づいて影の利息または投資所得をその都度稼得している。影の利息は、「**貨幣の時間的価値**」によって算出される。なお、**給付建て繰延報酬契約**（確定給付繰延報酬と言い換えても差し支えない）の締約にあたっては、**年金数理人**（アクチュアリー）に10年度末における年金給付見込み額を算定してもらう必要があろう。

V　退職給付の法的性質

1　労働法および破産法上の所得

退職一時金および**退職年金**を総称して**退職給付**という。退職給付の法的性質について、賃金説、功労報酬説および生活保障説が主張されている。[27]

労働法上、**退職金債権**は退職してはじめて具体的に発生する。さらに、退[28]

26　Id., at 520.

V　退職給付の法的性質

職金の受給権は退職時に発生する。退職という事象が、退職金債権の発生のための不確定期限または停止条件と考えられるから、退職金債権は退職以前は**期待権**として扱われる（民128条、129条）。このような通説・判例は、企業年金と退職金の受給権が退職時に成立すると解釈することによって、懲戒解雇に伴う退職金・企業年金の減額・不支給を可能にしている。

他方、破産手続における退職金債権について、退職金債務は「不確定期限付の**後払賃金**として勤続年数の増加に伴って累増するものとして、退職前既に雇用契約を発生原因として生じているものと解するのが相当である」と解されている。

その結果、退職金債権の法的性質について、労働法と破産法はそれぞれの法目的に応じて理解を異にしている。これと類似して、租税法が、退職給付の法的性質について、労働法の場合と異なり、その法目的に応じて理解することはありうることである。

2　繰延報酬課税理論における退職給付の法的性質

繰延報酬課税理論は、「懲戒解雇に伴う退職金・企業年金の減額・不支給が可能」となるかどうかといった労働政策に基づくのではなく、包括的所得説および発生主義または実現主義に依拠する。

退職給付（退職一時金および退職年金を総称）は、2000年国際会計基準と**退職給付会計基準**並びに包括的所得説および発生主義の立場から、労働契約等に基づいて従業員が勤務期間を通じて提供した労働の対価のうち、繰り延べ

27　退職金は、法律的には、「労働協約、就業規則等で支給条件が明確になっているものは労基法上の賃金とされる」（最判昭和43・5・28判時19号89頁）；昭和22年9月13日基発17号；小島晴洋「退職金・企業年金の受給権発生時期―労働法・社会保障法の見地から」日本労働研究雑誌489号（2001）53頁。

28　同旨裁判例として、大阪地判平成12・2・28労判781号43頁。

29　この見解を通説・判例とするものに、小島・日本労働研究雑誌489号53頁；菅野和夫『労働法〔5版〕』(1999) 213頁参照。

30　同旨、大竹文雄「退職金・企業年金のポータビリティ―経済学の権利から」日本労働研究雑誌489号（2001）58頁。

31　東京高判昭和44・7・24高等裁判所民事判例集22巻3号490頁。

59

られていた報酬とそれにかかる利息が退職時以降に支払われるものであると理解されている。その限りにおいて、賃金後払いの性格が強くなっている[32]。

一定の期間にわたり労働を提供したこと等の事由に基づき、退職時以降に従業員に支給される給付（以下「退職給付」という）のうち、認識時点までに発生している繰延報酬とその利息からなる退職給付債務は、発生原因（労働提供に起因する報酬の繰延べおよび影の投資所得の発生）ごとに生じ、しかもその都度従業員（かつ同時に影の投資家）に会計上および租税法上帰属するものとして扱う[33]。

退職給付会計基準[34]は、このような「**退職給付債務**」を母体企業の「未払退職給付債務」として位置付けておらず、退職給付債務のうち、母体企業にオンバランスしなければならない債務を「**退職給付引当金**」として表示すべきであると定める。個々の従業員の退職時が具体的に確定しておらず、したがって、債務の金額も確実ではないので、蓋然性の高い見込み額を示す「引当金」概念がここで用いられている。退職給付引当金に対し、従業員が退職時前に具体的に受給権・退職給付債権を有するわけではない。

国際会計基準19号は、労働法上の理解と異にして、退職時前に従業員に帰属するとみなされる**繰延報酬**とその**影の投資所得**について、母体企業の側で「**みなし債務**（constructive obligations）」として捉えている[35]。会計上、繰延報酬と影の投資所得はその労働を提供し投資をした従業員に帰属するとみな

---

32 「意見書」三２；さらに、企業会計原則注解（注18）；弥永真生「退職給付と企業会計―商法・会計学の立場から」日本労働研究雑誌489号（2001）56頁参照。

33 1998年2月米国会計基準132号「年金とその他の退職給付に関する事業主のディスクロージャー」によれば、給付債務（予測給付債務をいい、確定給付債務・累積給付債務ではない）の期首金額に勤務費用と利息費用を加算し、それに当期に発生した保険数理上損益、過去勤務費用、制度の清算と縮小による金額を加減し、さらに給付の支払額を控除したものが期末の給付債務となる（今福愛志「米国の年金会計基準のディスクロージャー改革」経理情報852号（1998）48頁以下）。他方、包括的所得説が、その定義の中でどのように帰属所得を位置づけて、自説を理解するかは、興味深い問題である。参照、木村弘之亮「報酬繰延と影の投資所得―貨幣の時間的価値による発生所得課税―研究ノート」税法学552号（2004）。

34 退職給付会計基準について、三菱信託銀行編『企業年金からみた退職給付会計の実務』（中央経済社、2000）；平野嘉秋『新しい企業年金制度―法務・税務・会計』（大蔵財務協会、2002）；木原俊夫『退職給付会計入門〔新版〕』（中央経済社、2003）参照。

される場合に、「みなし債務」は当該報酬の繰延べ時および利息の発生時にその都度成立する。[36]

そこで、退職給付債務が母体企業にまたは退職給付債権が従業員に成立したものと租税法上みなすことによって、問題を解決することは可能になろう。ここではその退職給付にかかる債権債務が労働法上退職前に保護されているかどうかは、問わない。

日本の法人税法と所得税法は、このように発生したが、まだ実現していない（言い換えると、未払いの）所得をその都度課税しないこととしている。法人税法は、典型的には、法人の所得については、発生しかつ実現した所得に租税を課すルールを定める。前記の繰延報酬である「みなし債務」は、従業員にとって、その発生時に確実に実現する所得に該当しない。また、従業員は、母体企業から得るこのような「みなし債務」によって、租税を経済的に負担する能力（これを「担税力」という）を増加するわけではない。そのため、この段階においては、われわれは、繰延報酬が給与所得として従業員に帰属するとしても、実現したとは考えない。他方、母体企業は、企業会計上「退職給付引当金」を繰り入れるが、法人税法はその「退職給付引当金」を損金算入してはならないと規定する。

3　所得の実現と生涯所得

契約当事者たる母体企業と従業員が、**給付建て報酬繰延契約**において退職給付見込み額を取り決める。この契約に基づいて、母体企業は10年度以降公的年金の受給開始時まで毎年（さらには毎月）**年金**（アニュイティ　annuity）を（元）従業員に支給する。このときに、母体企業は、企業会計上退職給付引当金を戻し入れるとともに、退職給付金額を法人所得の金額の計算上損金

35　今福愛志「時価会計と企業年金」日本労働研究雑誌483号（2000）4頁以下；今福愛志「みなし債務概念に意義と展開」産業経理59巻3号（1999）28頁。「みなし債務」について、広瀬義州・間島進吾編『コンメンタール　国際会計基準V』（税務経理協会、2000）94頁参照。

36　今福愛志「時価会計と企業年金」日本労働研究雑誌483号（2000）5頁参照。

に算入する。他方、このようにして支給される所得は、労働の提供時にその対価として発生したものであるが、(元)従業員のもとで受け取り時に実現して認識(把握)される。

租税法における実現主義または発生主義は、1つの課税期間に実現または発生した所得に対してその稼得者のもとで課税を行う原則である。所得の実現時期または発生時期は、本設問におけるように、10年度以降であるか0年度以降である。Xの場合、高額所得の稼得期間はせいぜい0年度から10年間であり、それ以降の稼得所得は低迷するであろう、と予期される。一課税期間における稼得所得というよりもむしろ、Xが生涯を通じて稼得しうる所得(これを「**生涯所得**」という)について、応能負担原則が妥当するのがもっとも望ましいともいいうる。生涯所得に対する**応能負担原則**を強調するならば、**後払賃金**(すなわち**繰延報酬**)について、10年度以降に、一暦年を単位にして支給される退職給付金額について実現主義を適用することは、不合理的ともいえないであろう。

Xが10年度以降にたとえば個人企業を営み、その結果、事業所得を稼得する場合には、もちろん、退職給付金額と事業所得を得ることとなる。

4　所得の区分

(元)従業員は、その退職給付金額を雑所得(年金)もしくは退職所得または給与所得として納税する。所得の区分問題は、所得税法上議論されなければならないが、ここでは立ち入らないこととする。

5　設問3について

日本労働法は、特異の労働政策のもとで、後払い賃金の受給権を退職時まで取得しない。もとより、アメリカの労働政策によれば、従業員は退職前であっても後払い賃金の受給権を有する。

所得税法上の所得の概念について、包括的所得説は、発生主義と結びついて、労働対価のうち繰り延べられた報酬とこれから生ずる利息(または投資

収益）とを従業員に帰属すると理論構成することができる。しかし、これらの報酬と影の利息は発生してはいるけれども、従業員の担税力を増加するというほどに実現しているわけではない。したがって、従業員Aは未実現の所得について所得税の課税を受けないだろう。言い換えると、応能負担原則に照らし、租税法上の所得概念は定立される。包括的所得説と市場所得説が対立する所以はそこに見い出される。

VI 課税の時期

1 直接の課税と間接の課税

　繰延報酬とその影の利息に対し、その発生の都度に課税を直接に従業員に行うことは、その従業員の担税力に照らし適切ではない。そこで、繰延報酬とその影の利息を支配管理している事業者に対して**間接的に課税**する方法が考えられる。すなわち、繰延報酬と影の利息の損金算入を許容しないことによって、事業者は法人所得の金額の計算上相当の金額を割り増しで計上することになる。このようにして、事業者が、そのような繰延報酬と影の利息について間接的に課税を受けることとなる。

　次に、年金会計上の退職給付引当金は、所得税法上事業所得の金額の計算上は経費に算入できるが、しかし、日本の法人税法上法人所得の金額の計算上損金に算入できない（この不均衡を解消するために、繰延報酬を退職給付引当金として計上できるように法人税法を改正することも考えられる）。

　そこで、事業者が社外の信託銀行または保険会社に繰延報酬および影の利息を原資として掛金を拠出する場合に、事業者および従業員が適格退職金制度を利用できるかどうかが、問題となる。利用できる場合には、事業者はその拠出する掛金の金額を法人所得の金額の計算上損金に計上できることになろう。これは法人税法の解釈問題である。もし可能であるとすれば、現在のところ特別法人税の規定（**身代わり課税**規定）は適用停止となっているので、

信託銀行等においても課税がなされないこととなる。

　繰延報酬と影の利息に基づく**年金（アニュイティ）**が（元）従業員に支給されるとき、どのような課税がなされるべきかまたはなされるべきでないか。この問題は、前述の**間接的課税**または身代わり課税いかんに対応して、取扱いが異なってくる。従業員がすでに間接的に法人課税を受けている場合には、重ねて所得税の課税を受ける必要もないだろう。次に、事業者が社外の信託銀行等に掛金を拠出することにより、間接的課税も身代わり課税も受けない場合には、その従業員は繰延報酬等の受け取り時に（おそらくは）雑所得として所得課税を受けることとなろう。

2　設問4について

　影の投資所得または利息は、現行の法人税法上所得免除（非課税）とされているわけではない。現行の法人税法は、年金会計の場合と異なり、退職給付引当金を損金不算入としており、そのため、企業会計上の退職給付引当金に対し法人税を課している（**間接的課税**）。他方、所得税法は、典型的には家事労働所得などの帰属所得を課税所得に含めていないし、また実現主義を採用している。そこで、本設問における給付建て繰延報酬契約に基づき10年度以降に支給される年金（アニュイティ）は、二重課税を避けるため、所得免除の扱いを受けるべきことになろうか。より厳密には、法人税率と適用所得税率との格差およびその間の利息累計額を斟酌して、調整税が課せられるべきことになろうか。

　次に、法人税法が、年金会計と両立しうるように、退職給付引当金を損金算入できるように改正されるならば、選手Xは、その繰延報酬の受け取り時に所得税を納税することになろう。

　最後に、納税者Xが非課税団体（公共団体および収益事業を営まない公益法人等）に勤務している場合には、退職給付引当金は法人税に服さない。したがって、繰延報酬契約はその者にとってきわめて有利であろう。

VII　報酬税務計画

1　租税回避

　契約自由の原則のもとで、A社とXは有効にかつ適法に給付建て報酬繰延契約を締結できる。その契約が租税法上税負担の軽減をもたらしうる（租税回避）。**租税回避**は原則として許容されており、適法である。しかし、例外的に、契約当事者が不当に法律構成を行い、その結果、著しく税負担を軽減している場合で、その法律構成（契約の内容など）がもっぱら税負担の軽減を目的としている場合には、濫用的租税回避がここにみられる。濫用的租税回避についてはその法律構成は法律規定または裁判例に基づき税務当局または裁判所によって否認されることもあろう。

　本設問における給付建て報酬繰延契約は、税負担の軽減をもっぱらの目的としているわけではなく、正当な合理的理由（事例の4理由参照）を有している。このように、租税弁護士は、**報酬税務計画**を策定して、これを商品としてスポーツ選手に販売することができるのではなかろうか。

2　臨時所得の平均課税

　芸能人や職業運動家が専属契約に際して支出を受ける契約金、休廃業補償金等（所税令94条1項）、および借地権の対価として収受する権利金のうち一定の要件に該当するもの、並びに特許権の使用を長時間許諾する際に支払いを受ける一時金は、臨時に発生する。これを**臨時所得**という（所税2条1項24号。その範囲は所税令8条）。また、各種所得のうち、漁業による一次産品の獲得から生じる所得や著作権の譲渡もしくは使用料にかかる所得の金額は、年ごとに著しく変動する。これを**変動所得**という（所税2条1項23号。その範囲は所税令7条の2）。臨時所得および変動所得は、いずれも平均的には数年間に稼得されるだろう所得の金額がその支払いの段階で一時に特定の年に集

中しがちであるので、超過累進税率のもとでは、過酷な税負担をもたらしうるので、これを回避して平準化するために、高い平均税率を緩和することが衡平であろう。この目的から、一定の要件のもとで五分五乗による平均課税制度が導入されている（所税90条）。[37]

本設問における契約金による一時金は臨時所得に当たるとしても、花形選手時代の高額所得は変動所得に該当するとはいい難い。

さらに、花形の芸能人および職業運動家は、労働契約と就業規則等に基づき労働の対価として報酬を稼得している。それにもかかわらず、実務では、彼らの多くはその所得を事業所得として納税申告して課税を受けているといわれる。そして、彼らは個人企業を開設し筋肉マッサージを受けたりスポーツ器具・衣装を購入するなどして、事業所得の金額の計算上必要経費を計上しているといわれている。しかし、彼らは勤務先会社から本来給与所得を受け取っているのであって、それを事業所得として納税申告することには、疑問の余地がある。

3　設問5について

給付建て報酬繰延契約のような報酬税務計画は、花形の選手Xにとって、5年間に限っての平均課税制度よりも有用であろう。

前記の**報酬繰延契約**は、臨時所得と変動所得の該当性を問題とすることなく、たとえば10年度以降公的年金の受給時まで約30年間にわたって繰延報酬とその影の投資所得を（元）従業員に支給する、という内容である。前述の間接的課税および身代わり課税の可能性を見極めたうえで、報酬税務計画を策定する必要がある。

なお、**ドイツ企業年金**の場合のように、企業年金にまつわるリスクを管理

---

[37] 平均税率と超過累進税率について、参照、河野惟隆『個人所得税の研究』103頁・136頁。超過累進税率の適用される租税について、人的課税標準（課税総所得金額など）の全体に対する算出税額の割合を平均税率（average rate）という。他方、超過累進税率の適用される租税について、所得控除前の物的課税標準（総所得金額など）の全体に対する算出税額の割合を租税負担率という。

しうる契約を締結しておくことが望まれる。

■ コーヒー・ブレイク ■

※ Tax Law & Economics

飛行機を発明し成功裏に飛べるようになるまでには、古来様々な試みがなされてきた。人びとは、多くの科学知識を実務に応用し統合しシステム化して始めて、安全な飛行機と航空法を開発した。これと類似して、法律学もまた、様々な科学（とりわけミクロ経済学）を実務に応用し統合しシステム化して立法政策（租税政策）や税務計画（Tax Planning）を策定しなければならないだろう。たとえば、金融税法学や企業年金税法学もまた、貨幣の時間的価値アプローチや数理ファイナンスさらにゲーム理論を駆使する。

紛争の法的解決のため法廷活動を行ったり（**司法法学**）、紛争を予防する契約の交渉締結に携わる（**予防法学**）ばかりではなく、設問に見るように、報酬税務計画の策定（**戦略法学**）もまた、租税弁護士の有望な活動領域である。租税法律家が、租税立法のために法律案を提言したり、自ら議員として活動するのもよいだろう（**立法法学**）。

志あるところに、道は開かれる。租税正義をめざして！

〔演習問題〕

1　有害排出物の排出量を基準として課される環境税が国税として導入される場合、その環境税は、社会保険料もしくは社会保険税と同様に、租税法律主義の適用を受けないかどうか。このような環境税は原因者負担金であるかどうか。

2　地方公共団体相互（たとえば、県レベルと市町村レベルまたは県レベルと県レベル）の間で1つの（もしくは類似の）税源について課税権が競合した場合には、憲法は、その競合する課税権の配分をどのように調整することを予定しているか。

3　国民年金保険の保険料納付と徴収が現実に滞っているので、この事態を改めるために、国民年金保険制度を租税制度に改めることに憲法は障害と

なるか。

4　旭川市国民健康保険条例8条、12条が保険料率の決定を市長に委任していることは租税法律主義に違反するとして、同条例に基づく国民健康保険料の賦課処分の取消しを請求した訴えにつき、請求は認められるか（札幌高判平成11・12・21判時1723号37頁参照）。旭川市国民健康保険条例8条、12条は憲法84条、法81条に違反するかについて住民は次のように主張した。どのように反論できるだろうか。

(1)　本件条例8条、12条の規定は、憲法84条が規定する租税法律（条例）主義に違反するものである。

　　憲法にも他の法律にも租税の定義規定は存しない。憲法84条（租税法律（条例）主義）は租税以外の課徴金にも及ぶと解されているし、保険料は形式的には租税ではないとしても、強制加入制がとられ、強制徴収されるものである点で実質的・本質的には租税であるということができ、保険料と国民健康保険税が制度的に差異がないことからしても、保険料については、租税と同一視または租税に準じて、憲法84条の適用があると解すべきである。

　　しかるに、本件条例8条、12条は、保険料を定率・定額で何ら具体的に規定するところがないから、租税法律（条例）主義にいうところの課税要件法定主義、課税要件明確主義の原則に反するものというべく、憲法84条に違反し、無効である。

(2)　国民健康保険法81条は賦課額、料率等を条例または規約で定めると規定しており、本件条例において料率等を明定しないことの合理的理由はない。同条は料率等を条例の中に規定することを委任しているものであって、条例がさらに単なる告示に再委任することまでは認めていない。本件条例12条においては、保険料率を告示により周知させることとしているが、告示に再委任することは許されるものではなく、法81条に違反し、無効である。

5　地方公共団体の長（市長など）が、大規模な住宅団地を開発する会社と

その住宅取得者に対し、新たに必要となる教育施設費または宅地開発協力金を分担してもらおうと負担金を課すことにし、行政指導要領を当該建設会社と住宅取得所定者に適用した。会社はこの行政指導要領に従ったが、住宅取得予定者および住宅取得者は負担金の支払いに不服である。法的救済手段はあるか。

留意点：事実関係は重要です。読者の皆様は設問の事実を不十分と考える場合には、重要であろう情報を追加することを明記し、そしてそのような情報が皆様の回答にどのように影響を与えるかを記してください。

〈参考文献〉

① 企業会計審議会「企業会計上の個別問題に関する意見第二『退職給与引当金の設定について』」（昭和43年11月11日）（「個別意見第二」と略称する）

② 企業会計審議会「退職給付にかかる会計基準の設定に関する意見書」（平成10年6月16日）（「意見書」と略称する）

③ 企業会計審議会「退職給付に係る会計基準」（平成10年6月16日）（「退職給付会計基準」と略称する）

④ 企業会計審議会「退職給付に係る会計基準注解」（平成10年6月16日）（「退職給付会計基準注解」と略称する）

⑤ 日本公認会計士協会「退職給付会計に関する実務指針（中間報告）」（平成11年1月19日）（「会計士実務指針」と略称する）

⑥ 日本アクチュアリー協会・日本年金数理人会「退職給付会計に係る実務基準（平成11年11月10日）」（「アクチュアリー実務基準」と略称する）

⑦ International Accounting Standard 19 (revised 1998) 'EMPLOYEE BENEFITS'（本稿では IAS 19 と略称する）

（木村弘之亮）

第2章　税負担と平等原則

I　事例

●事例●

　Aは商社に勤務するサラリーマンであるが、内勤から営業に変わったため、被服費をはじめ多額の支出を余儀なくされた。そこで、Aはこの支出を必要経費として控除して申告しようとしたところ、給与所得者には必要経費の控除は認められておらず、次表の給与所得控除額の控除しか認められないと指摘された。一方、Bは事業収入を得ていたが、必要経費の額よりも給与所得控除額の方が多額になりそうなので、給与所得控除額を適用して申告しようとしたが、事業所得には給与所得控除は適用されないと指摘された。

【表1・給与所得控除額】

① 　収入金額が180万円以下である場合
　　　　　　収入金額の40％（当該金額が65万円に満たない場合には、65万円）
② 　収入金額が180万円を超え360万円以下である場合
　　　　　　72万円＋(収入金額－180万円)×30％
③ 　収入金額が360万円を超え660万円以下である場合
　　　　　　126万円＋(収入金額－360万円)×20％
④ 　収入金額が660万円を超え1000万円以下である場合
　　　　　　186万円＋(収入金額－660万円)×10％
⑤ 　収入金額が1000万円を超える場合
　　　　　　220万円＋(収入金額－1000万円)×5％

II 設　問

1　Aには給与所得控除しか適用されないとすると、事業所得者の場合は必要経費の控除が認められていることとの関係で平等原則に反しないのだろうか。また、事業所得者と異なり毎月源泉徴収されていることにも不公平感を抱いている。これも、平等原則に反しないのだろうか。
2　Aが実際に支出した経費が**給与所得控除額**以下であった場合と、それを上回っていた場合とでは結論が異なるのだろうか。
3　Aは事業者との不平等も気になるが、同じ給与所得者で、全く仕事のために支出をしていない人にも給与所得控除が適用されることにも不公平感を抱いている。実際に支出していない人にも控除額を認めることは平等原則に反しないのだろうか。
4　他方で、事業所得者であるBの行った申告が違法で認められないとすると、これも平等原則に反しないだろうか。

III　平等原則と税法

1　平等原則の意味

　一国の税制はその負担のあり方が公平なものでなければ、納税者の支持を得られないはずである。しかし、現実の税制は様々な課税対象に、様々な方法で課税しており、しかも我が国には「**租税特別措置法**」という法律まで存在し、様々な優遇措置が存在している。税負担の平等・公平はその国の税制を維持するためには大事な視点ではあるが、その適正な実施は必ずしも容易ではないのである。

　税法における平等原則は、基本的には憲法の平等原則と同様の規範内容を有しているといえる。まず、平等原則は法適用の平等のみならず、税法内容

の平等を要求していることは言うまでもない。不平等な内容の税法をいくら機械的に適用したところで、実質的に不平等が拡大するだけだからである。

次に、税負担の平等も**絶対的平等**ではなく、**相対的平等**であることも疑いないと思われる。絶対的平等を追求すれば、税制としては人頭税のようなものが望ましいことになる。しかし、そのような税制がいかに過酷な税負担を強いたかは、沖縄の人頭税などが物語っている。税負担は、基本的に相対的平等が望ましく、現実の納税者の様々な事情を反映した負担を求めるべきものであり、**課税最低限**以下の所得しかない者が所得税負担を追わないことが平等原則に反するものではない（むしろ、憲法25条からの要請でもある）。

● 沖縄の人頭税 ●

人頭税の例としては、沖縄で1902年（明治35年）まで実施されてきた税制がある。この税の納税は、頭の周りを計って、その長さで稲を束ねて納めたという。琉球政府は薩摩藩の要求等に応えるための財政需要のために相当過酷な課税をしたようであり、不具廃疾、心神喪失の者でも課税を免れることはできず、そのため村々ではかなり悲惨な人減らしが行われたともいわれている。それだけに、この税制が廃止された時は大規模な祝賀会等が行われたという。その時、民衆が作成した扁額（へんがく）に「平等」の2文字が掲げられたというのは（この点については、浦崎賢市税理士の「人頭税廃止100年」沖縄税理士会報105号〜106号を参照）、何とも皮肉と言うほかない。

また、**形式的平等**と**実質的平等**の関係では、同一の状況にあるものの税負担が同一になることも要求する形式的平等は税法の立法・適用においても重要であるが、税法ではそれ以上に納税者の負担能力に応じた実質的な平等を求めていると言ってよい。その意味で、税法では平等原則の具体的意味は

---

1 この点については、さしあたり野中俊彦「平等原則と違憲審査の手法」法学教室195号6頁以下を参照。

「応能課税の原則」「(応能負担原則)」(das Prinzip der Besteuerung nach der Leistungsfähigkeit) として理解されることが多い。

しかし、税負担の実質的平等を図る基準としての負担能力が必ずしも一義的な内容ではないこと、また、異なる課税対象間の取り扱いを異にする理由が、政策的な意味も含めて多様に存在するため、平等原則・応能課税原則は租税立法を規制する憲法規範として、これまでのところ十分には機能していない。むしろ、その「空虚さ」が指摘されてきている分野でもある。

2 平等原則と人税

納税者の負担能力を図る基準としては、通常「所得」「資産」「消費」が用いられる。所得があってはじめて税を負担できるという意味では、所得がやはり中心になるとしても、所得の実際の正確な把握は難しい点もあり、保有している資産はその人の所得を間接的に推計する基準になりうるし、消費も消費できるだけの所得があってはじめて消費できるという意味では間接的に所得を推計する基準にもなりえる。そのため、各国の税制ではこれらの基準が併用されている。

平等原則との関係で需要なのは、「人税と**物税**」の区別であろう。まず、物税というのは課税対象である物自体の価値に着目して、それを有している人の事情を基本的に考慮しない税制である。固定資産税や消費税等がその例といわれる。たとえば、固定資産税は固定資産の価値に着目している税であ

---

2 たとえば、北野弘久『税法原論〔第5版〕』(青林書院、2003年) 137頁、金子宏『租税法〔第9版〕』(弘文堂、2003年) 87頁、等。この原則の歴史的経緯については、吉村典久「応能負担原則の歴史的展開」慶應大学法学研究63巻12号353頁以下、ドイツにおける憲法審査基準としての意義については、三木義一「租税規範に対する憲法審査基準」(同『現代税法と人権』勁草書房、1992年所収) 109頁以下、等も参照。

3 たとえば、粕谷友介「司法過程における租税関連法と平等原則」(佐藤功先生喜寿記念『現代憲法の理論と現実』青林書院、1993年) 97頁。税と平等原則との関係については、この他に、増井良啓「租税法における水平的公平の意義」(金子宏先生古希記念『公法学の法と政治(上)』有斐閣、2000年)、小山広和「日本国憲法の平等原則と累進課税(1)」法律論叢75巻1号10頁以下、谷口勢津夫「税法における自由と平等—ドイツ税法学における実質的法治国家論の展開」税法学546号203頁以下、等も参照。

り、1000万円の土地を持っている人の税負担は同額となり、その人がどのような事情でその土地を所有しているかは基本的には税負担に影響を与えない。その意味で、形式的平等の要素が強い。これに対して、人税は同額の課税対象を有していたとしてもその人の人的事情を反映して税負担が異なってくる。たとえば、所得税の場合、課税対象は「所得」である。家族5人を扶養しているAと独身で扶養者のいないBとが同じ500万円の「所得」を有していた場合、物税的な負担だと、同じ所得の人は同じ税負担ということになるが、これが平等な負担といえるかはかなり疑問であろう。そこで、所得税法は各種の人的控除を設けて、家族を扶養している者の所得税負担を軽減している。このように人税的構成は実質的平等を実現するために必要不可欠な配慮であるともいえる。

IV　平等原則と給与所得税制

1　所得の質的担税力

　所得税は個人の1年間の所得を総合し、それに超過累進税率を適用することによって所得の量的担税力に応じた課税の実現を図っている。しかし、ひと口に所得といってもその種類は様々であり、自己の勤労によって得た所得と自己の資産の運用等によって得た所得とでは、同じ所得でも前者は身体が病気等になれば稼得しえなくなるという危険がある点において後者よりも担税力が劣ると考えられる。そこで現行所得税は所得の種類を、発生原因が労働に基づいているか否か、所得が毎年継続的に発生するものか否かといった観点から次表の10種類に分類し、それぞれの所得金額の計算方法を微妙に区別している。

〔所得計算〕
　①　利子所得＝収入金額

② 配当所得＝収入金額－負債利子
③ 不動産所得＝総収入金額－必要経費
④ 事業所得＝総収入金額－必要経費
⑤ 給与所得＝収入金額－給与所得控除額
⑥ 退職所得＝(収入金額－退職所得控除額)×2分の1
⑦ 山林所得＝総収入金額－(必要経費＋山林所得の特別控除額)
⑧ 譲渡所得＝総収入金額－(取得費＋譲渡経費＋譲渡所得の特別控除額)
⑨ 一時所得＝総収入金額－(収入を得るために支出した金額＋一時所得の特別控除額)
⑩ 雑所得（一般）＝総収入金額－必要経費
　雑所得（公的年金）＝収入金額－公的年金控除額

　しかし、近年の経済社会の変動と様々な金融商品等の開発により、これらの分類が平等を実現するものとして機能しているかはかなり疑問視され始めている。

　設問の給与所得者課税の問題は、従来から平等課税の中心問題であった。その理由は、給与所得は収入金額から「給与所得控除」という法定額のみしか控除できず、事業所得のように必要経費の実額を控除することができなかったからである。また、給与所得者は**源泉徴収**によりほぼ完全に所得が把握されていることから、源泉徴収制度の適用を受けず、確定申告のできる事業所得者との間に所得の把握率に相当の差があるのではないかというクロヨン問題に連動した不公平感もあったからである。

● **クロヨン論議** ●

　クロヨンというのは、所得の捕捉率がサラリーマンの9に対し、事業所得者が6、農業所得者が4にすぎないことを意味し、不公平税制の象徴として語られてきた。トーゴーサンピン（10、5、3、1、1は政治家）といわれたこともある。これを裏付けるデータなどが示されたこともある

が、その実態は必ずしも明確ではない。しかし、源泉徴収制度などの適用、国税職員が増えていないことによる「実調率」（納税者数に対する実地調査件数の割合）の低下などを考慮すると、この不公平は現存し、かつ、拡大しているおそれもある。最近はクサイ（9、3、1）という指摘もあるが、いずれにせよその実態は不透明である。

2 大島サラリーマン訴訟

この給与所得税制が正面から平等原則との関係で争われたのが大島サラリーマン訴訟であった。大学教員であった大島氏が昭和39年度の所得税の申告に関連して、必要経費の実額控除を求めて給与所得控除の違憲性を主張したのである。この事件は訴訟提起から最高裁で確定するまで20年経過し、この訴訟提起により給与所得控除額がその後大幅に引き上げられたこと、給与所得と平等原則に関わる論点がほぼ網羅されている、などの意味においても注目され、また、その後の最高裁の平等課税原則に関するリーディングケースになっているという意味でも重要なものである。

(1) 原告の主張

まず、原告が給与所得課税についてどのような点を平等原則違反と主張したのかを見ておこう。

(ア) 給与所得控除制度

所得税法は、課税対象である所得を、前述のように10種類に分類し、所得金額の計算方法につき、給与所得以外の所得については原則として、たとえば、事業所得については、その年中の総収入金額から必要な経費を控除したものをもって事業所得金額とする旨を定めているのに対し、給与所得については、その年中の収入金額から当該収入金額に応じた一定の法定額である給与所得控除額を控除したものをもって給与所得金額とする旨を定めている。

しかし、このように給与所得とその他の所得とを所得金額の算定方法に関し異別に取り扱うべき理由は不十分であるのみならず、給与所得者は、収入

を得るために実際に要した経費額が法定の給与所得控除額を上回る場合にも、その超過額を控除することができないため、実際に要した経費額を控除することが制度上認められているその他の所得者に比べて、所得税の負担につき不公平な取扱いを受けている。

　給与所得についても必要経費の存在を観念することができるものであり、給与所得者とその他の所得者とを区別して、給与所得者に対しては、実際の経費額が法定の給与所得控除額を上回っている場合にもその超過分の控除を認めない給与所得控除制度は負担公平の原則に反し著しく不合理であるから、憲法14条1項に違反するというべきである。

　　(イ)　**給与所得の必要経費**

　給与所得にも必要経費が存在し、この場合の必要経費とは、一定の給与収入を得るために必要な、これと相当因果関係を有する費用で、家事上の経費および家事関連費を除くものである。具体的に、大学の研究者である原告の昭和39年度分の給与所得についての必要経費と解されるのは以下のものである。

① 　被服費、クリーニング代、散髪代
② 　通勤費
③ 　研究費
④ 　学会関係費
⑤ 　学生関係費
⑥ 　交際費

　　(ウ)　**捕捉率の格差**

　給与所得の捕捉率は、他の申告納税にかかる所得、たとえば事業所得、農業所得（事業所得のうち、農業から生ずる所得をいう）の捕捉率に比べて極めて高く、これらの所得間の捕捉率には著しい格差が存在するのにかかわらず、立法上または行政執行上それが考慮されずに給与所得者に対する所得税の課税がなされているため、給与所得者は所得税負担の不当なしわよせを被り、著しく不利益な取扱いを受けている。

このように給与所得とその他の所得との捕捉率に著しい格差が存在するという事実は、長期間恒常的に存在し、給与所得についての源泉徴収制度と事業所得、農業所得等についての申告納税制度という2個の異なる法律制度の採用から必然的に生じているものであるといえるから、給与所得とその他の申告所得との捕捉率の格差をめぐる問題は、単なる事実上のものではなく、法律制度上の問題として法的評価に親しむし、仮に、捕捉率の格差問題は、一般には事実上の問題であるにすぎないとしても、少なくとも、本件の如く、給与所得とその他の所得との間に捕捉率の格差が恒常的に存在し、かつ、その格差が著しい場合には、事実上の問題にとどまらず、法的評価を必要とするに至るというべきである。なお、憲法14条1項は、不平等な立法のみならず、行政庁による法律の合理的な理由に基づかない運用をも禁止しているものであるから、捕捉率の格差の問題は憲法的評価に親しむものである。

　　(エ)　租税特別措置

　さらに、昭和39年度当時、事業所得等に対しては各種の租税特別措置が講じられており、そのため、給与所得者はこれらの所得者に比べて著しく不公平な所得税の負担を被っている。しかも。これらの特別措置は、いずれもそれぞれ一定の政策目的を掲げて設けられたものであるが、当該政策目的がそれぞれの特別措置を容認するに足りるほどの重要性をもっているとは考えられないし、各特別措置の内容は当該政策目的に対する効果、有効性に乏しく、特定の所得者に対してのみ利益を与えており、さらに設置当時の理由がなくなってもその利益が既得権化している。

　(2)　被告の主張

　これに対する被告の主張は、まず、租税制度については、一応、立法府の合目的的な裁量に委されており、その点の判断は、当不当の問題として政治問題となることはあっても、直ちに違憲の問題を生じることはないことを強調したうえで、各論点について次のように主張した。

　　(ア)　給与所得控除制度

　給与所得控除制度の趣旨は、

① 必要経費の概算控除
② 給与所得が本人の勤労のみによって得られ、本人の死亡により直ちに失われるなどの不安定なこと（担税力が弱い）に対する考慮
③ 給与所得の把握（捕捉）が他の所得に比し相対的に容易であることに対する考慮
④ 給与所得の源泉徴収による早期納税に基づく金利の調整

という4点を総合したものである。

ところで、給与所得者は、事業所得者や雑所得者とは異なり、独立的な労務を提供するものではなく、使用者との従属的労働関係ないし地位に基づいて非独立的労務を提供するものであり、給与所得はかような非独立的労務提供の対価として使用者から受ける給付にほかならないとの性格を有する。したがって、被用者たる給与所得者は使用者に対して単に自己の労務のみを提供すれば足り、労働に要する費用を自ら負担したり、材料を購入したり、他人を雇ったりすることはなく、特に我が国においては、職場における施設、設備、用具備品類のほか、出張転勤旅費、通勤費、その他職務上特に必要とされる宿舎、食料、被服等の類は現物または金銭で使用者が負担支弁しているのが実情であり、これらの給付のほとんどは非課税とされている。そのため、給与所得者については、一般に、たとえ職務に関連して費用を支出するようなことがあっても、それは経費というよりは、むしろ生計費ないし所得の処分と区分し難い家事関連費とみるべき場合が多い。

また、我が国の給与所得者には、その支出を明確にし、その必要経費性を立証しうるような記帳の慣行もなく、その能力も一般的には乏しいという事情も加えて考察すれば、結局、上に述べたような給与所得の必要経費の性格と、担税力の強弱、捕捉の難易などの計数的には把握し難いが立法上考慮すべき諸要素を総合した立法政策上の裁量によって概算的に給与所得控除を定めるという方法によらざるをえないものであり、このような観点からすれば、法所定の給与所得控除制度は合理性を有する。

さらに、もし、選択的に必要経費の実額控除を認めるという制度を採用す

るときには、実際の必要経費額が法定の概算控除額に満たない者には実際の必要経費額以上の控除を認め、必要経費額が概算控除額を越える者には実際の額の控除を認めるものであるから、実額控除方式のみをとっている事業所得者等との間に均衡を失するという問題を生じる。

(イ) **給与所得の必要経費**

当時の所得税法は、必要経費について「経費は、……当該総収入金額を得るために必要なもの…とする。但し、家事上の経費、これに関連する経費で命令で定めるものは除く」と定めていた（現行法は36条参照）。すなわち、必要経費はその収入を得るために直接または間接に必要とされる費用をいうものであるから、その支出は少くとも収入との関連性がなければならず、さらに、収入との関連性があるものであっても家事費および家事関連費で、その主たる部分が収入を得るために必要であり、かつ、その必要である部分が明瞭に区分できるもの等特定のもの以外は必要経費に含まれないと解すべきである。そして、この場合、各年の所得の計算上必要経費の帰属は、費用収益対応の原則によって決定されるべきである。

以上、要するに、必要経費は、各経済主体の各年における財産上の価値の費消（家事費を除く）で各種所得の収入との対応関係が明らかであるものをいう。給与所得について実額控除を認めるときは、事業所得等との均衡上上記に述べた必要経費概念をもって考察すべきである。

この観点から原告主張の経費を検討すると、①の被服費、クリーニング代、散髪代は、いずれも家事費に属する。被服費はひとり給与所得者のみならず、その他の所得者についても当然必要なものであり、また、被服は個人の趣味嗜好によってその種類、品質、数量等を異にし、その耐用年数についても個人差があるので、たとえ勤務時に着用する被服であっても、必要経費に属する部分を一義的に測定することはできないからである。

②の原告主張の通勤費は、実費弁償的性格を帯びるものであり、これを給与所得者の収入金額とみるのは必ずしも妥当でない（そのため、上記金額は非課税の取扱いになっている）反面、通常必要とする以上の金額は必要経費に

なるとはいい難い。

③、④の研究費および学会関係費は、いずれも家事関連費に属する。もともと人がその肉体的、精神的能力を保持し増進するための出費は所得の処分である家事費の性格を有するものであり、また、研究費については特定の収入との対応関係を確定することが極めて困難である。

⑤の学生関係費も所得の処分であり、家事消費に属する。

⑥の原告主張の交際費も、個人的な社交のための出費、所得の処分とみるべきであり、仮に、職務遂行上有益な面があるとしても、特定の給与収入に対応する部分を区別することはできない。

　　(ウ)　捕捉率

給与所得の捕捉率と事業所得、農業所得の捕捉率との間には、9対6対4、あるいは10対5対4ほどの割合による格差が存在するとの原告の主張は、現実のものではなく、単なる比喩か憶測にすぎない。現実の税務調査の運営は十分効率的に行われ、適正な課税の目的を達している。仮に捕捉されない所得が存するとしても、それは僅少であって憲法との関連で問題となるような事象ではない。

また、給与所得控除制度の趣旨の中には、給与所得の把握（捕捉）が他の所得に比べて相対的に容易であることに対する考慮というものが含まれている。けだし、給与所得がその性格上把握が比較的容易であることは否定し難いところであり、したがって、立法上もこの点が考慮されていると考えられる。さらに、所得の捕捉率の格差問題は、事実上の、行政執行上の問題であるにすぎなく、立法上の問題ではない。

　　(エ)　租税特別措置

給与所得以外の他の所得につき、租税特別措置が定められているからといって、給与所得に対し、何の合理的理由もないのに、何らかの特別措置を講ずべきであるという論拠にすることはできず、いわんや、給与所得に対しかような特別措置を定めていないことの故をもって所得税法の給与所得に関する諸規定が違憲となるものではない。

原告主張の租税特別措置ないし特例はいずれも、立法府の裁量的判断により、一定の社会政策ないし経済政策上の目的に基づいて設けられたものであり、その存廃も、社会経済事情の推移、政策効果の有効性の有無などを総合勘案して、立法府がその立法政策上の裁量的判断により決定すべきものである。そして、仮に、その政策目的が達成されたものとして、当該措置を廃止する場合でも、長年にわたって実施されてきたものについては、一挙に廃止するとかえって社会経済上ないし税務執行上、支障弊害を生じることがあるので、経過措置として慎重な配慮が必要とされる。

(3) 裁判所の判断

この争いについて、第一審および第二審判決はともに原告の請求を棄却した。そこで、上告されたが、最高裁は昭和60年3月27日判決で、以下のような詳細な理由を付したものの、上告を退けた。[4]

まず、税法上の平等原則審査基準について次のように述べている。

「㈠ 憲法14条1項は、すべて国民は法の下に平等であって、人種、信条、性別、社会的身分又は門地により、政治的、経済的又は社会的関係において差別されない旨を明定している。この平等の保障は、憲法の最も基本的な原理の1つであって、課税権の行使を含む国のすべての統治行動に及ぶものである。しかしながら、国民各自には具体的に多くの事実上の差異が存するのであって、これらの差異を無視して均一の取扱いをすることは、かえって国民の間に不均衡をもたらすものであり、もとより憲法14条1項の規定の趣旨とするところではない。すなわち、憲法の右規定は、国民に対し絶対的な平等を保障したものではなく、合理的理由なくして差別することを禁止する趣旨であって、国民各自の事実上の差異に相応して法的取扱いを区別することは、その区別が合理性を有する限り、何ら右規定に違反するものではないのである（最高裁昭和25年(あ)第292号同年10月11日大法廷判決・刑集4巻10号2037頁、

---

[4] 民集39巻2号247頁。この判決に対してはジュリ837号、法時42巻4号、税経通信40巻7号65頁以下、等の特集をはじめ、多くの評釈がある。この問題を扱った文献としては、北野弘久『サラリーマン税金訴訟・増補版』（税務経理協会、1990年）がある。

同昭和37年㈣第1472号同39年5月27日大法廷判決・民集18巻4号676頁等参照)。

　㈡　ところで、租税は、国家が、その課税権に基づき、特別の給付に対する反対給付としてでなく、その経費に充てるための資金を調達する目的をもって、一定の要件に該当するすべての者に課する金銭給付であるが、およそ民主主義国家にあっては、国家の維持及び活動に必要な経費は、主権者たる国民が共同の費用として代表者を通じて定めるところにより自ら負担すべきものであり、我が国の憲法も、かかる見地の下に、国民がその総意を反映する租税立法に基づいて納税の義務を負うことを定め（30条）、新たに租税を課し又は現行の租税を変更するには、法律又は法律の定める条件によることを必要としている（84条）。それゆえ、課税要件及び租税の賦課徴収の手続は、法律で明確に定めることが必要であるが、憲法自体は、その内容について特に定めることをせず、これを法律の定めるところにゆだねているのである。思うに、租税は、今日では、国家の財政需要を充足するという本来の機能に加え、所得の再分配、資源の適正配分、景気の調整等の諸機能をも有しており、国民の租税負担を定めるについて、財政・経済・社会政策等の国政全般からの総合的な政策判断を必要とするばかりでなく、課税要件等を定めるについて、極めて専門技術的な判断を必要とすることも明らかである。したがって、租税法の定立については、国家財政、社会経済、国民所得、国民生活等の実態についての正確な資料を基礎とする立法府の政策的、技術的な判断にゆだねるほかはなく、裁判所は、基本的にはその裁量的判断を尊重せざるを得ないものというべきである。そうであるとすれば、租税法の分野における所得の性質の違い等を理由とする取扱いの区別は、その立法目的が正当なものであり、かつ、当該立法において具体的に採用された区別の態様が右目的との関連で著しく不合理であることが明らかでない限り、その合理性を否定することができず、これを憲法14条1項の規定に違反するものということはできないものと解するのが相当である」。

　つまり、いわゆる「**緩やかな審査基準**」（正当な立法目的を達成するための

合理的関連性のある手段であることが否定されない限り規制は合憲であるとされる。この基準によれば、立法者の行為に合憲性の推定が与えられ、立証責任は違憲を主張する側にあることになる。また立法者に広い裁量権を認めることとなる結果、裁判所は最小限の審査しか行わないことになる）が租税の平等原則の場合には当てはまるとしたのである。

　もっとも、この基準については3裁判官から次のような補足意見も示されている。

　「法廷意見の説くように、租税法は、特に強い合憲性の推定を受け、基本的には、その定立について立法府の広範な裁量にゆだねられており、裁判所は、立法府の判断を尊重することになるのであるが、そこには例外的な場合のあることを看過してはならない。租税法の分野にあっても、例えば性別のような憲法14条1項後段所定の事由に基づいて差別が行われるときには、合憲性の推定は排除され、裁判所は厳格な基準によってその差別が合理的であるかどうかを審査すべきであり、平等原則に反すると判断されることが少なくないと考えられる。性別のような事由による差別の禁止は、民主制の下での本質的な要求であり、租税法もまたそれを無視することを許されないのである。しかし、本件は、右のような事由に基づく差別ではなく、所得の性質の違い等を理由とする取扱いの区別であるから、厳格な基準による審査を必要とする場合でないことは明らかである」。

　この意見によれば、租税法の場合でも性別や社会的身分等に基づく差違はいわゆる**厳格な審査基準**（立法目的がどうしても必要な利益をもち、そこでとられた手段がその目的達成のための必要不可欠であることの立証を、いずれも立法者側に負わせ、右の視点から裁判所が立法目的や手段を審査することになる）でその合憲性が判断されることになる。

㋐　給与所得控除

　給与所得控除の合憲性については次のような判断をしている。

　「給与所得者は、事業所得者等と異なり、自己の計算と危険とにおいて業務を遂行するものではなく、使用者の定めるところに従って役務を提供し、

Ⅳ　平等原則と給与所得税制

提供した役務の対価として使用者から受ける給付をもってその収入とするものであるところ、右の給付の額はあらかじめ定めるところによりおおむね一定額に確定しており、職場における勤務上必要な施設、器具、備品等に係る費用のたぐいは使用者において負担するのが通例であり、給与所得者が勤務に関連して費用の支出をする場合であっても、各自の性格その他の主観的事情を反映して支出形態、金額を異にし、収入金額との関連性が間接的かつ不明確とならざるを得ず、必要経費と家事上の経費又はこれに関連する経費との明瞭な区分が困難であるのが一般である。その上、給与所得者はその数が膨大であるため、各自の申告に基づき必要経費の額を個別的に認定して実額控除を行うこと、あるいは概算控除と選択的に右の実額控除を行うことは、技術的及び量的に相当の困難を招来し、ひいて租税徴収費用の増加を免れず、税務執行上少なからざる混乱を生ずることが懸念される。また、各自の主観的事情や立証技術の巧拙によってかえって租税負担の不公平をもたらすおそれもなしとしない」。

　(イ)　給与所得の必要経費

　最高裁の前記のような判断は給与所得の必要経費についての次のような理解と連動している。

　「給与所得者の職務上必要な諸設備、備品等に係る経費は使用者が負担するのが通例であり、また、職務に関し必要な旅行や通勤の費用に充てるための金銭給付、職務の性質上欠くことのできない現物給付などがおおむね非課税所得として扱われていることを考慮すれば、本件訴訟における全資料に徴しても、給与所得者において自ら負担する必要経費の額が一般に旧所得税法所定の前記給与所得控除の額を明らかに上回るものと認めることは困難であって、右給与所得控除の額は給与所得に係る必要経費の額との対比において相当性を欠くことが明らかであるということはできないものとせざるを得ない」。

　(ウ)　補足率

　補足率の格差についてはその存在を肯定したが違憲の問題にはつながらな

いとした。

「事業所得等の捕捉率が相当長期間にわたり給与所得の捕捉率を下回っていることは、本件記録上の資料から認められないではなく、租税公平主義の見地からその是正のための努力が必要であるといわなければならない。しかしながら、このような所得の捕捉の不均衡の問題は、原則的には、税務行政の適正な執行により是正されるべき性質のものであって、捕捉率の較差が正義衡平の観念に反する程に著しく、かつ、それが長年にわたり恒常的に存在して租税法制自体に基因していると認められるような場合であれば格別（本件記録上の資料からかる事情の存在を認めることはできない）、そうでない限り、租税法制そのものを違憲ならしめるものとはいえないから、捕捉率の較差の存在をもって本件課税規定が憲法14条１項の規定に違反するということはできない」。

(エ) 租税特別措置

租税特別措置の問題について、次のような原則論で一蹴した。

「所論は合理的理由のない租税優遇措置の存在をいうが、仮に所論の租税優遇措置が合理性を欠くものであるとしても、そのことは、当該措置自体の有効性に影響を与えるものにすぎず、本件課税規定を違憲無効ならしめるものということはできない」。

3 判決の問題点

(1) 判決への疑問

以上のように、最高裁はいわゆる「緩やかな審査基準」で、立法府の裁量を広く認め、給与所得控除制度についてもその合理性について言及しているが、説得力を有しているとは必ずしもいえない。たとえば、必要経費と家事関連費との区別が困難であることや立証技術の巧拙により税負担の不公平が生じるのは事業所得の場合も同じだからである。また、実額控除の導入が税務執行上の混乱を招くとの指摘も、個人事業所得の申告時期を法人同様選択制にすれば解消できないわけではない。いわば程度の差にすぎない差違を根

拠に所得計算の本質的部分に関わる差違を合理化しているように思われる。

かえって、実際にも多額の経費を支出している給与所得者と何も支出していない給与所得者とが同じに扱われると言う意味での不公平を生み出しているともいえる。

(2) 特定支出控除

この大島訴訟最高裁判決により、給与所得に係る必要経費の実額控除選択制導入の問題は司法問題としては一応決着し、結局、最終的解決は立法手段に委ねられてしまった。なお、補足意見の中に**実額控除選択制**（給与所得控除と実額経費控除の有利な方を選択する方法）導入を促す意見もあったことから、昭和63年度に給与所得者に対する「特定支出控除制度」が導入された。この制度は、給与所得者が支出する通勤費、転居費、研修費、資格取得費、帰宅旅費の合計額である「特定支出額」が給与所得控除額を超えるときには、給与所得控除額に加えてそれを超える部分も控除できる、というものであった。給与所得者には必要経費の実額換除が認められていない、という批判をかわすために導入されたものだが、特定支出の範囲が限定されすぎていることと、給与所得控除額を超えた場合しか適用できないので、導入当初からこの制度を適用できる給与所得者はまずいないし、適用できる人は本当に給与所得者か疑わしいと指摘してきたが、その後の推移は予想通りだったといえる。

●たった16人からついに1人へ●

この制度が導入されてから2年後、この制度適用者の数が知らされた。予測していたように、全国5000万人の給与所得者のうち、たったの16人であった。私の推測では、この人たちは仙台や名古屋あたりから東京に「通勤」することが認められ、年収が1000万円をはるかに超える特別な「サラリーマン」と思われた。その後、この制度の適用者は減り続け、平成7年度と9年度には全国でたった1人となってしまった。たった1人のために1条（所法57条の2）が設けられたことになる。

(3) 給与所得控除制度改革の前提

　日本の所得税納税者の7割を占める給与所得者が必要経費の実額を控除できずに、源泉徴収制度と年末調整制度も加わって、実質的には確定申告する必要がなくなっていること、そのため、税制についてはほとんど無関心になってしまっている現状は、大きな問題である。これを変えるためには、実額控除選択制の導入も検討されるべきであろう。しかし、その前提として、次の2つの課題を解決しておく必要がある。

　1つは、ドンブリ勘定といわれている現行の「給与所得控除」の中身を具体的に明らかにし、そのうち必要経費の概算控除部分がいくらであるのかを確定しておかねばならない。被告主張にあるように、給与所得控除の中身として、①必要経費概算控除のほかに、②担税力控除（勤労所得としての給与所得は、資産所得等に比し不安定であることの調整）、③把握控除（補足率較差の調整）、④利子控除（源泉徴収による早期納税の調整）の各要素が含まれていると説明されてきた。このうち④の額は微々たるものと思われるが、③の要素も無視しえないし、また給与所得控除がもともと②から出発したことからみて②もかなりの部分を占めていると考えられる。こうしてみると、給与所得控除のうち必要経費概算控除部分は3分の1程度と理解することも可能であろう。給与所得控除額の3分の1と実際にかかった費用を比較して、多い方の金額を給与所得必要経費控除として控除できるようにするか、給与所得控除の3分の1をカットして、その代わりに実額控除を導入すれば（つまり、現行の給与所得控除の3分の2に必要経費の実額を合計した金額を控除する）、給与所得者も申告に関心を持つようになるであろう。

　第2に明らかにしておかねばならないのは、給与所得に係る必要経費の具体的内容である。この点について、被告主張のように、給与所得にも伝統的にとられてきた考え方をそのまま当てはめ、「収入金額の増減に直接関連を有する」か否かを重視して必要経費の範囲をしぼると、サラリーマンにとって必要な経費は使用者が支給するものに限定されるという考え方と結びつき、結局、給与所得に係る必要経費の存在そのものを否定することになりかねな

い。

　むしろ、給与所得者の必要経費には勤務に伴い余儀なくされる支出を広く含むと解すべきであり、このことを立法的にも明確にする必要がある。

4　その後の判例の動向

　最高裁が本件で明言したいわゆる「緩やかな審査基準」、つまり「著しく不合理であることが明らかでない限り、その合理性を否定することができない」という基準はその後も多くの事例で踏襲されてきている。

　主なものを指摘すれば、次のような事案である。

① **扶養控除**の対象となる親族の範囲が給与所得とそれ以外の所得の場合で異なる点[5]
② 法人の**土地重課制度**[6]
③ 農地法の規定による国有農地等の売払いに関する特別措置[7]
④ 利子所得に必要経費控除がない点について[8]
⑤ 個人の国等に対する**寄付金控除**について限度額が設けられていることについて[9]
⑥ 事業所得者に給与所得控除を認めないことの合憲性[10]

　なお、源泉徴収制度については最高裁37年2月28日大法廷判決（刑集16巻2号212頁）が「所得税法中源泉徴収に関する規定は、憲法14条に違反し無

---

[5] 最（第三）判昭和60・12・17判時1187号59頁、判タ595号48頁、等。評釈として、吉村典久・租税判例百選〔第3版〕44頁、清永敬次・民商94巻6号793頁、等。

[6] 最（第三）判昭和61・2・18税資150号325頁。

[7] 最（第一）判昭和61・7・10税資153号27頁。

[8] 最（第一）判平成3・4・11税資183号66頁。評釈として、浅沼潤三郎・民商106巻5号707頁がある。

[9] 最（第一）判平成5・2・18判タ812号168頁、金商917号15頁。評釈として、岡村忠生・民商113巻4・5号789頁、岩崎政明・租税法研究22号153頁、小磯武男・判タ852号280頁。なお、法人・個人税制における公平問題については、前掲岡村評釈と第一審東京地裁平成3・2・26に対する評釈である中里実・ジュリ983号75頁以下を対比して読むと重要な論点が示唆され、有益であると思われる。

[10] 最（第三）判平成6・9・13税務訴訟資料205号405頁。

効であると主張する。そして論旨は先ず勤労所得者が事業所得者に比して徴収上差別的取扱を受けることを非難するが、租税はすべて最も能率的合理的な方法によって徴収せらるべきものであるから、同じ所得税であっても、所得の種類や態様の異なるに応じてそれぞれにふさわしいような徴税の方法、納付の時期等が別様に定められることはむしろ当然であって、それ等が一律でないことをもって憲法14条に違反するということはできない。次に論旨は、源泉徴収義務者が一般国民に比して不平等な取扱を受けることを論難する。しかし法は、給与の支払をなす者が給与を受ける者と特に密接な関係にあって、徴税上特別の便宜を有し、能率を挙げ得る点を考慮して、これを徴税義務者としているのである。この義務が、憲法の条項に由来し、公共の福祉の要請にかのうものであることは、すでに論旨第一について上述したとおりである。かような合理的理由がある以上これに基いて担税者と特別な関係を有する徴税義務者に一般国民と異る特別の義務を負担させたからとて、これをもって憲法14条に違反するものということはできない」と判示しており、総評サラリーマン税金訴訟上告審判決である最高裁判所第三小法廷平成1年2月7日判決もこの判断を踏襲している。[11]

5 設問について

このように最高裁の合憲性判断基準が緩やかであるために、租税法規における異なる取り扱いが平等原則違反と判断される余地はきわめて少ない。このような観点から設問を検討して見ると、1、4はすでに最高裁自体が合憲の判断をしている。2については、現行の給与所得控除額が大島訴訟当時に比べて大幅に引き上げられていることからして、控除額を上回る支出をしている人はほとんどいないであろう。また、その人たちは特定支出控除の適用で調整されることになろう。ただし、仮に特定支出に該当しない必要経費が給与所得控除を上回る事態があり得るとすると、その場合は「所得なきとこ

---

11 最（第三）判平1・2・7訟月35巻6号1029頁、判時1312号69頁、等。評釈も釜田泰介・ジュリ957号20頁、吉村典久・ジュリ983号129頁等、数多い。

ろに課税」することになり、最高裁大島訴訟判決の複数の補足意見も違憲の可能性を示唆している。設問3も最高裁の論理からすれば違憲にはならないであろう。なお、このような制度が違憲となると定額の控除制度の導入が難しくなることにも留意する必要があろう。しかし、給与所得控除の場合は、単なる一律の所得控除制度ではなく、所得計算過程における必要経費に代替する控除額であるので、一律の控除額強制の不合理性は決して小さくない。

また、我が国には不公平税制の固まりともいうべき租税特別措置が多用され、様々な政策目的のために導入されている。優遇措置は優遇されている者が、その不公平を争うことがないし、適用されない者がその優遇措置の不公平を主張しても、大島訴訟最高裁判決(エ)が指摘するように、仮に優遇措置の効力が問題になったとしても、原則どおり課税することが違憲になるわけでもない。その意味で、優遇措置は一度制定されると、司法チェックの対象になりにくく、その改廃は政治過程に委ねられることになる。司法裁判制度の限界ともいえよう。

〔演習問題〕

1 Xは母親を特別養護老人ホームに入院させ、その措置費徴収金を負担したら、この費用は医療費控除の対象にならなかった。この費用を医療費控除の対象としないことは、老人保健施設の利用料がその対象とされていることに比し、法の下の平等原則に反しているといえるのだろうか（大阪高判平成11・1・14税資240号1頁参照）。

2 Xは通達の株式評価方法をうまく利用し、贈与税負担を回避しようとしたところ、課税庁がXに対しては通達の評価方法を適用せず、通常の取引価額で評価して課税してきた。Xは他の人には評価通達を適用しているのに、自分だけ適用されないことは、慣習法ないし行政先例法および平等原則に反すると主張した。この主張は認められるだろうか（東京高判平成7・12・1行集46巻12号1143頁参照）。

（三木義一）

第3章　租税法律主義と行政処分

I　事　例

●事例●

　Xは、軽減税率の適用がある場合であることを知らず、通常税率で税額を計算して、税金を納付してしまった。後日、軽減税率の適用される場合であることを知り、課税庁に対し、過誤納金還付請求をなしたが、課税庁は、これに応じなかった。

II　設　問

1　「一定の場合には、政令の定めるところにより軽減税率とする」といった軽減措置法律の規定があり、これを受けて、政令が「財務省令で定めるところにより、軽減措置法律を適用する」とし、さらにこれを受け、省令が「軽減措置法律の適用を受けようとする者は、納税の際、一定の証明書を提出しなければならない」としている場合、この政省令は軽減税率の適用を受ける権利の失権条項を規定したものか、それとも単に軽減税率を適用する場合であることの証明義務を課したものか。
2　課税庁に対し、軽減税率を適用するべきケースであることを証明する書面の提出をなさず、通常税率によって納税した後に、軽減措置法律に基づいて、過誤納金還付請求をなした場合、課税庁から「拒否通知」がなされた。この通知は、行政処分といえるか。
3　軽減措置法律の規定が「一定の場合には、政令の定めるところにより、

一定の書類の提出がある場合に限り、適用する」としている場合と、上記1記載の軽減措置法律の規定との違いについて説明せよ。

〔キーワード〕　租税実体法と租税手続法、行政処分と租税債権の成立要件、立法の委任と授権基準、法規命令、実体命令と手続命令、憲法訴訟

III　証明手続と納税者の権利の失権

1　租税実体法と租税手続法

　憲法31条は、「何人も、法律の定める手続によらなければ、その生命若しくは自由を奪われ、又はその他の刑罰を科せられない」とし、この規定は、法の実体的内容と法手続の合理性・正当性を要請するものと解されている。同条は、刑罰に限らず、自由を拘束するその他の場合についても、性質の許す限り、実体保障と手続保障が及ぶものと解されている。

　憲法はまた、第84条において、「あらたに租税を課し、又は現行の租税を変更するには、法律又は法律の定める条件によることを必要とする」とし、課税要件と賦課徴収手続の両方をすべて法律で定めることを要求している。

　このように憲法は、租税実体要件と、租税手続要件を区分し、かつ、その両方について正当性を求めている。

　租税のうち、租税債権・債務関係の当事者、租税債権・債務の内容、租税債権・債務の成立・承継・消滅・効果をそれ自体として規律するのが、租税実体法である。課税構成要件に関する法は、租税実体法に属する。

　一方、租税手続法は、租税債権・債務の内容に関するものではなく、租税実体法を具体的事件に適用する手続に関する法である。租税法が、裁判規範として機能する場合、租税法律主義を形骸化することを避けるためには、租税実体法と租税手続法を明確に区別し、その両方について合理性がなければ

ならない。同一の租税法の中には、租税実体法規定と、租税手続法規定が混在していることが多く、これを区分して、分析することは課税実体法要件を抽出するために必要である。租税法のような侵害規範は、刑事法の罪刑法定主義と同様に、まず実体法における正当性保障が確保されなければならない。

租税手続法は、租税実体法における債権・債務関係に関する規範を具体化する手段にすぎない。しかし、租税法において、手続の懈怠が納税者の権利に影響することが多く、これと租税実体法要件との関係を明確にする必要性がある。

2　納税者の権利と証明手続

ところで、個別租税法は、各種の租税特別優遇措置を規定しており、同時に、特別措置が適用される場合であることの証明手続も規定している。また、個別租税法や租税手続法には、課税減免措置や各種控除制度が用意されており、これらが適用される場合であることを証明する手続も規定されている。

次のような個別租税法における証明手続は、課税要件事実や納税者の権利の認定にいかなる影響を与えるかが問われている。

(1)　青色申告権

所得税および法人税の青色申告承認取消事由として「帳簿書類の備付け、記録及び保存が財務省令の定めるところに従って行われていないこと」が規定されている（所税150条1項、法税127条1項・2項）。この取消事由に、青色申告者が、税務署職員による帳簿書類の調査、提示要求に応じないため、帳簿書類の備付け、記録および保存が財務省令の定めるところに従って行われているかどうか確認し得ない場合も含まれるかが、問題とされている。「不存在」が取消事由とされているのに、「不提示」を求めて取消事由として拡大できるのかが問題となる。

(2)　仕入税額控除権

消費税法30条1項には、事業者が、国内において課税仕入れを行った場合には、当該仕入を行った日の属する課税期間の課税標準額に対する消費税額

から、当該仕入れに係る消費税額から、当該課税仕入れに係る消費税額を控除する旨を規定するが、同条7項は、事業者が当該課税期間の課税仕入れの税額の控除に係る帳簿および請求書等を保存しない場合には、当該保存がない課税仕入れの税額については、同条1項の規定を適用しない旨を規定している。この保存しない場合に、帳簿などを税務署職員に提示しなかった場合も含むのかが多くの裁判例の中で争われている。課税仕入れの証明を税務調査段階で行わなかった場合、付加価値を超える部分まで課税が許されるのかが問われている。

(3) 輸出免税権

消費税法7条は、輸出免税を定めるが、「輸出のために行われた取引」かどうかを証明しなければならない。物品の譲渡やサービスの提供が、国内取引に当たる場合であっても、その物品が輸出され、あるいはそのサービスの提供が国外で行われる場合には、それに対する消費税は免除される。輸出免税の適用を受けるためには、輸出許可証等により、その取引が輸出取引等に該当することを証明することが必要とされている（消税7条2項）。

(4) 実額反証権

所得税法や法人税法において、推計課税がなされた場合、実額反証が許されている。推計や反証によってなされる所得の証明は、所得の範囲を超える課税を許容するのかが問われる。推計の必要性が認められる場合（所税156条、法税131条）、推計課税によって、更正・決定が行われるが、納税者は推計額が真実の課税標準額および税額と異なることを訴訟手続において反証することができる。

(5) 課税繰延権

特定事業用資産買換えの特例は、納税者の課税繰延権を定める（税特措37条）。この特例適用要件を充足する事実の証明が申告書の中で不十分な場合、租税訴訟手続の中で、納税者がこの存在を証明しても納税者の課税繰延権が失権するかが問われる。

(6) 非課税権

所得税法9条1項13号は、一定の年金または金品を非課税としているが、その他個別租税法には多くの非課税措置が定められている。納税者は、この特例措置を受けるためには、非課税に該当する事実を証明しなければならない。

(7) 特別控除適用権および軽減税率適用権

個人が居住用財産を譲渡した場合、その譲渡所得については、特別の控除が認められ（税特措35条）、さらに、一定の所有期間を超える場合、軽減税率の適用が認められている（税特措31条）。

このように個別租税法には、特別控除や軽減税率の適用される場合が用意されている。納税者は、これらの適用を受ける場合であることを証明しなければならない。

(8) 延払基準適用権

法人税法63条1項は、収益につき、延払基準の適用要件として、政令で定める「延払基準の方法により延払経理をする」ことを条件としており、また、同法施行令124条は、延払基準の方法を定めている。以前は、法人税法63条2項において、法人税確定申告書に延払経理の計算明細書の添付を要求していたが、現在は削除され、課税手続の簡素化の見地から、確定決算における延払基準による経理のみで足りるとされている。

3　証明手続の懈怠による失権

課税積極要件と課税消極要件は、租税実体法の中に規定されているが、これらの要件事実の証明は、裁判所において行われることになる。以下、証明手続の懈怠が納税者の権利の失権に至るかどうかについて、消費税の仕入税額控除を例に検討する。

(1) 消費税の仕入税額控除の例による検討

消費税法30条7項によると、事業者が帳簿および請求書等を「保存しない場合」には、当該保存がない課税仕入れにかかる税額については、第1項の

仕入税額控除の規定が適用されない。したがって、帳簿および請求書等を「保存しない場合」には、納税者は仕入税額控除を行うことができない。

それでは、税務調査の際に納税者が帳簿および請求書等提出しなかった場合、第7項にいう「保存しない場合」に該当するものとして、仕入税額控除が否定されることになるかが問題となる。

調査の時点で法定帳簿等の提示を拒否したら、納税者は、不服審査や訴訟の段階で一切仕入税額控除の主張ができないことになるか、または「保存しない場合」を誰がいつ主張・立証すべきか、という論点がある。

「保存」が「適法な提示要求に対して、帳簿等の保存の有無及びその記載内容を確認する状態におくことを含む」以上、提示を拒否すれば、直ちにその意味における「保存」がなかったことになるとの考えがある。これは、消費税法30条7項の規定の趣旨を、訴訟における主張の範囲にまで投影するものである。しかし、この解釈は、まさに「保存」という言葉を「提示」と読み替えるものに他ならない。<u>この解釈は、文理によって可能な一線を超えるものである。</u>

納税者による仕入税額控除の推計計算については、これを否定するのが裁判例である。

(2) 学説の検討

学説上は、課税庁が課税資産の譲渡等の対価の額を推計したとき、仕入税額控除について納税者側からの推計計算を認めるかどうかが、多大の関心を集めていた。たとえば、納税者が帳簿等を保存しない場合であっても、課税仕入れにかかる支払対価の額について、納税者側からの推計計算を求めるべきだとする有力説がある。これに対して、条文を素直に読む限り、仕入税額を推計で算出するのは原則として許されないという反対説もある。

納税者が提示を拒否した場合、訴訟で帳簿等を使用して仕入税額控除を主張できるかにつき、学説は分かれている。

① 提示拒否の場合でも訴訟において帳簿等を利用し、実額反証できると解するもの

② 意識的不提示であっても合理的理由がある場合には問題なく仕入税額控除が認められるとするもの
③ 青色申告承認の取消事由に関する裁判例と同様に考え、課税処分時に帳簿等が確認できる形で保存されていなければ仕入税額控除は認められないとするもの
④ 質問検査の際に事業者が帳簿等を正当な理由なしに提示しなかった場合、必要な帳簿等を保存しているとは認められないとするもの
⑤ 消費税は付加価値税であり、付加価値を超過して課税できないから、納税者が帳簿等を提示しなくても、一方で課税庁には推計によって課税仕入額を算定する義務が残るから仕入税額控除をゼロとする課税処分は許されず、他方で納税者は課税仕入額について実額反証ができないと解するもの

等に分かれている。

(3) 判例の検討

東京地判平成11・3・30は、次のように判示している。

(ア) 保存の意味

「法30条7項に規定する保存帳簿等とは、仕入税額控除の対象となる課税仕入れについて、その真実性を確認することができるものでなければならず、確認可能な真実を記載していない取引については法定帳簿等がないものとして仕入税額控除は否定されることになるし、又、同項に規定する保存とは、法定帳簿等が存在し、納税者においてこれを所持しているということだけではなく、法令の規定する期間を通じて定められた場所において、税務職員の質問検査権に基づく適法な調査に応じて、その内容を確認することができるように提示できる状態、態様で保存を継続していることを意味するものというべきである」。

(イ) 不保存の立証段階

「法30条7項の文理に従えば、法定帳簿等を『保存しない場合』が同条1項に規定する仕入税額控除の消極要件とされているところ、この法定帳簿等

を保存しない事実は、課税処分の段階に限られず、不服審査又は訴訟の段階においても、主張・立証することが許されるものと解される」。

(ウ) 課税売上・課税仕入・帳簿等の不保存の主張立証責任

「すなわち、訴訟法的に考察する場合には、消費税に係る更正又は決定の取消しを求める訴訟において、被告は、処分の適法性を基礎付ける消費税の発生根拠事実として、原告である事業者が当該課税期間において国内で行なった課税資産の譲渡等により対価を得た事実を主張、立証すべきであり（法4条、5条、28条）、これに対して、仕入税額控除を主張する原告は、仕入税額控除の積極要件として、当該課税期間中に国内で行なった課税仕入れの存在及びこれに対する消費税の発生の各事実を主張、立証すべきこととなり（法30条1項）、さらに、仕入税額控除の消極要件である法定帳簿等を『保存しない場合』に該当することは、被告において主張、立証すべく、これに対して、保存できなかったことにやむを得ない事情が存する事実を原告が主張、立証すべきものと考えられるのである」。

(エ) 帳簿等の不保存の推認

「保存の意義を既に説示したように解するときは、被告は、処分の適法性との関係では、法定帳簿等の保存期間のうち課税処分時までのある時点で、適法な調査に応じて提示できる状態、態様での保存がなかった事実を主張、立証すれば足りることになり、通常は、課税処分のための調査又は当該課税処分の時に法定帳簿等の提示がなかった事実を主張、立証すれば、上記の意義での『保存』がなかった事実を推認することができることとなる」。

(4) 法文の解釈の検討

<u>「保存」と「提示」はもともと別の概念である。したがって、「保存しない場合」という規定を、そのまま「提示しない場合」と読み替えることは、法文の解釈として無理がある。</u>

「保存」という用語につき、消費税法30条7項の置かれた趣旨・目的に照らし、上記判決は、「法及び令の規定する期間を通じて、定められた場所において、税務職員の質問検査権に基づく適法な調査に応じて、その内容を確

認することができるように提示できる状態、態様で保存を継続していることを意味する」と述べている。

　帳簿等を「保存しない場合」に該当することは、仕入税額控除の消極要件であるから、被告がこれを主張、立証する責任を負う。これに対して、原告が訴訟において帳簿等を提出するのは、反証に当たる。したがって、帳簿等が提出されている場合には「保存しない場合」には該当しないと推認できることになる。これに対して、提示拒否の事実を証明するのは被告であり、その証明に成功すれば、「適法な提示要請があれば直ちに提示できる状態での保存」がなかったことを推認できることになる。こうして、原告・被告によるこのような攻防活動の結果、「保存しない場合」に当たるかどうかは、裁判手続における証明問題である。

　「保存」と「提示」は別の概念であり、保存なくしては、提示することができない。提示しなかったからといって、必ずしも直ちに保存がなかったことにはならない。提示がないことは、あくまでも、提示できる状態で保存していなかったことを強く推認させる事情にすぎない。

　帳簿等を提示しなかった納税者は、仕入税額控除を行うために、「調査時には提示を拒否したが実際には帳簿等を提示できる状態で保存していた」旨を、反証として主張、立証することになる。税務調査が違法に行われ、そのため提示拒否に正当な理由が存する場合を考慮すると、納税者に対して反証の余地を認める必要がある。

(5)　実体規定を手続規定による変更の可否

　消費税は付加価値税であり、仕入税額控除方式は付加価値税を実現するためのものであり、この中身の要件は、立法政策で、いかようにも変えられる。しかし、現行法上、消費税は付加価値税として構成されている。課税庁の処分による付加価値超過課税は、憲法84条違反の疑いがある。もし、消費税法30条の保存義務違反が付加価値超過部分の課税を、一般的に是認する規定というなら、法令違憲といえよう。したがって、同法30条7項が保存義務違反の場合、付加価値超過課税を是認するのではなく、仕入れがないことを推認

する規定と読むべきことになる。所得税の推計課税でも、実額反証が裁判所で許されている。所得は、収入から経費を控除したものだからである。経費部分の課税は、課税対象範囲を超えることとなり許されないから、推計課税において、存在する経費が推計されることはあっても、存在する経費が否認されることはない。「仕入税額控除の否認規定は、課税庁に課税要件事実認定の裁量権を与えたもの」という考えは、消費税が付加価値税という前提に立つと、租税法律主義（課税要件法定主義）に反するといえよう。証明手続の懈怠によって、納税者の権利が失権するとすれば、<u>法律規定の中に明確な失権条項（効力規定）が存在しなければならない</u>。

　平成16年12月16日の第一小法廷判決は、「事業者が、消費税法施行令50条1項の定めるとおり、法30条7項に規定する帳簿又は請求書等を整理し、これらを所定の期間及び場所において、法62条に基づく税務職員による検査に当たって適時にこれを提示することが可能なように態勢を整えて保存していなかった場合は、法30条7項にいう『事業者が当該課税期間の課税仕入れ等の税額の控除に係る帳簿又は請求書等を保存しない場合』に当たり、事業者が災害その他やむを得ない事情により当該保存をすることができなかったことを証明しない限り（同項但書）、同条1項の規定は、当該保存がない課税仕入れに係る課税仕入れ等の税額については、適用されないものというべきである」と判示した。

　これは、「保存」という文言の中に「提示」を実質的に含ませるものである。

　東京地裁昭和46年6月29日判決において争われた事案について、当時の法人税法63条2項および同法施行令127条が、延払条件付譲渡に係る収益につき、延払経理に関する同法63条1項の適用を受けんとする者に対して、法人税の確定申告書に、延払経理をした金額の計算に関する明細書を添付することを命じていた。

　同判決は、「法人税の確定申告書に、延払経理をした金額の計算に関する明細書を添付することを命じているのは、税務署長の延払経理に関する調書

を用意ならしめんとする趣旨に出たにすぎないものであって、明細書の添付が同法63条1項適用の要件をなすものではないと解すべきである」と判示した。

　租税法には、これに類似した手続規定が多いが、実体的要件とは別に定められた手続的要件が効力規定とされるには、課税要件明確主義の立場から、文言から明確に、「手続の懈怠の場合は、失権する」とされているべきであろう。

　実体的規定によって成立した納税者の権利や法的地位が、手続規定によって消滅または制限されてはならないのが原則である。また、納税者の権利や法的地位が行政手続の中で消滅または制限させうるとすれば、あまりにも過大な権限を課税庁に付与することになろう。

Ⅳ　行政処分とその是正

1　行政処分が国民の権利の発生要件となるか

　私法上の法律行為に関わる行政法規を統制法規と取締法規に区別して、前者に違反する私法上の法律行為は無効であるが、後者に反する法律行為には罰則は適用されるが、有効であるとされてきた。行政法規に基づく許可や認可が、国民の権利の発生要件となるかどうかは、当該法規の趣旨や目的、さらには当事者の事情などを斟酌して判断されることになると思われる。

　補充的行政行為である認可は、私法上の法律行為の効力を補充するものであるが、判例では、農地の売買契約に対する農地法3条の県知事の許可については、許可がない場合には、農地所有権移転の効力は生じないとしている（最二小判昭和36・5・26民集15巻5号1404頁、百選11）。また、農地の売買契約について、買主側が売買代金の支払いをしている以上、買主が農地の権利移転について知事の許可申請手続に協力しないことを理由として、契約を解除することはできないとされている（最一小判昭和51・12・20民集30巻11号1064

頁、百選12)。かかる場合、知事の許可という行政処分は、買主の農地所有権移転請求権の実体法要件といえる。

　租税行政庁の行為が取消訴訟・無効確認訴訟等の抗告訴訟の対象となる行政処分に当たるかどうかについて争いとなった事例として、次のようなものがある。

① 国税通則法37条1項に基づく督促は行政処分である（最判平成5・10・8訟月40巻8号2020頁）。

② 国税徴収法82条1項により税務署長が破産管財人に対してなした交付要求は行政処分ではない（最判昭和59・3・29訟月30巻8号1495頁）。

③ 国税通則法57条の充当は行政処分である（最判平成5・10・8、同平成6・4・19判時1513号94頁）。

④ 国税徴収法104条の最高価申込者の決定は行政処分である（東京地判平成6・2・28行集45巻1＝2号226頁）。

⑤ 地方税法17条の過納金の還付決定は行政処分である（東京地判昭和61・6・26判時1200号58頁）。

⑥ 登記官の行う登録免許税の納付の事実の確認は行政処分ではない（東京高判平成8・4・22行集47巻4＝5号363頁）。

⑦ 登録免許税法31条1項により、登記官が税務署長に対してする過誤納額等の通知および同条2項による還付の請求に対して登記官がする右通知はできない旨の通知は、行政処分ではない（東京高判平成7・11・28税資214号531頁、神戸地判平成12・3・28）。

⑧ 公務員の職務上の秘密にかかる事項の証人尋問に対する監督官庁の不承認は行政処分ではない（福岡高那覇支判平成6・8・25訟月41巻6号1563頁）。

　これらの事例において、行政処分が納税者の権利や法的地位にいかなる法的効果を及ぼすかが問われている。

2　権利成立要件と争訟手続

　私人の国に対する権利については、次のような分類が可能である。
① 　法によって、具体的な権利が発生するもの
② 　法によって、抽象的な権利が発生するが、これを具体的な権利に確定する手続が必要とされているもの
③ 　法によって、抽象的に発生するが、具体的な権利となるには、別途法律の制定が必要とされるもの

　納税者の国に対する過誤納金還付請求権は、国の不当利得であり、国税通則法23条等の税法関連法や、民法の不当利得法にその具体的請求権の発生根拠があるから、①または②のいずれかに該当するといえよう。

　ところで、自動確定の租税は、国の納税者に対する租税債権が、「成立の時に確定する」ものであり、ありうべき税額は、容易に計算できるものであるから、これを超えて納付された過誤納金額も、特別の手続を要することなく確定金額を算出できるものである。したがって、自動確定の租税に関する過誤納金は、①に該当する債権と考えられる。

　国民の権利・利益の救済をなす方法として、民事訴訟と行政訴訟が存在するが、裁判所は、権利救済機関として、国民の権利・利益について、法的請求権と認識しうる程度に確認でき、これが法律上の争訟となっている場合には、可能な救済手段を国民に提供する法的義務がある（憲32条）。我が国憲法は、法の支配の原則を採用し、法が国民に付与した権利が、裁判手続によって最終的に実現されることを意図して裁判制度を設置したのである。したがって、納税者の権利が成立したと認められる場合には、これが実現されることによって、法の支配の原則が、税の世界において、実効的となる（成立した納税者の権利が否定または制限される社会には、「法の支配」が不存在であるということになろう）。納税者が権利救済を求める場合、納税者の権利の実体法上の成立要件と、救済手続要件は区別して論じなければならない。納税者の過誤納金還付請求権が、実体法上成立している場合、明示の根拠なく請求

手続や行政庁の行為によって失権するとするのは、租税法律主義の精神に反する。

3 行政庁の行為の行政処分性

(1) 行政行為の法的位置づけ

　行政行為概念は、学問上の概念であり、実定法上の概念ではない。行政主体の行う行為の中に、立法行為や裁判行為や私人の法律行為と異なる特殊の性質を持つ行為があり、これを統一的に表現するために行政行為概念が形成されている。最も広義の学説では、行政庁のなすすべての行為を含む意味に用いられている。我が国の通説は、行政行為を、「行政庁が法に基づき、優越的な意思の発動、または公権力の行使として、人民に対し具体的事実に関し、法的規制をなす行為」とし、そのうち、単独行為を行政処分と呼んでいる。広く行政庁の行為に対する救済手続は、国民の権利・利益の救済確保の観点から、検討されなければならない。行政庁の行為には、行政処分のみならず、その他の公法行為や、私法行為、また事実行為があり、それぞれの行為形態に応じて救済方法が考えられることになる。

　還付請求に対する拒否通知に行政処分性を付与すれば、取消訴訟以外の方法でその効力を否定することは原則として許されないことになる（取消訴訟の排他的管轄）。最判昭和39・10・29によれば、行政処分性の判定基準は、①公権力の行使に該当する行為であること、②国民の権利・義務に対し、具体的な変動を与えるような法効果を伴うものであること、とされている。行政庁の行為に行政処分性を付与するかどうかは、行政の事務の効率化の観点から考える立場と、国民の権利・利益救済の確保をどのように実現するかの観点から考える立場があるが、我が国憲法は、国民主権主義に最も大きな価値を置いていること、そして国民の権利・利益を制限するには、法律の明確な根拠を必要としているところからすれば、基本的には、後者の立場で考えるのが妥当である。したがって、行政処分性付与の基準は、次のように考えるべきであろう。

105

①　公権力の行使としてなされ、かつ、国民の権利・義務に具体的な変動を与えるような法的効果を伴う行政庁の行為で、法律に根拠があるものは、定型的な行政処分とする。

②　非行政処分（事実行為・内部行為・申請拒否など）を取消訴訟の対象として、「行政処分性」を付与するべきかどうかは、国民の権利・利益救済の実効性確保の観点から、必要と認められるものに限定されるべきである（もっとも、これらの行政庁の行為を非定型的行政処分と呼ぶことも可能であるが、行政処分概念は、国民の権利・利益を制限するものと把握する立場からは、限定的に解釈することになる）。

(2)　過誤納付と行政処分

　軽減税率の適用があるのに、それを知らずに、誤って通常税率による税額を納付してしまう事例は、多く見られる現象である。

　所得税や法人税などの申告・更正・決定の方式で確定する租税の場合、過誤納金が発生すると納税者は国税通則法23条により、更正の請求をなすことができる。税務署長がこれに対し、「理由なし通知」をなしたときは、納税者は、これを行政処分とみなし、取消訴訟を提起しうることになっている。このような租税の場合、納税者が更正の請求をなしているときは、実体法上過誤納金額が確定していないことになるから、自動確定の租税の過誤納金が納税義務の成立と同時に確定するのと異なるものといえよう（税通15条）。

　この国税通則法23条の更正の請求については、これ以外の方法によって納税者が過誤納金の還付を求めることは許されない取り扱いであり、最判昭和39・10・21は、国税通則法23条の更正の請求の排他性について、「所得税が、……申告納税制を採用し、確定申告書記載事項の過誤の是正につき、特別の規定を設けた所以は、所得税の課税標準等の決定については、最もその間の事情に通じている納税義務者自身の申告に基づくものとし、その過誤の是正は、法律が特に認めた場合に限る建前とすることが、租税債務を可及的速やかに確定せしむべき、国家財政上の要請に応ずるものであり、納税義務者に対しても過度な不利益を強いるおそれがないと認めたからにほかならない」

と判示し、その根拠を説明している。

一方、自動確定の租税の場合は、別に検討しなければならない。

登録免許税法31条2項による「登記申請書の記載誤りを起因する登録免許税の過誤納金還付請求」は、既に実体法上成立した過誤納金還付請求権を前提とするから、そのような排他性が認められるかは問題である（請求方法の排他性問題と請求拒否通知の行政処分性問題は、全く別の問題である）。

千葉地判平成7・2・22判決は、「登録免許税額は、法律の定める課税標準及び税率により、自動的に確定する租税であり、特に本件登記については、登録免許税法26条1項の認定及び通知がなされているわけではないから、本件登記に係る登録免許税の課税標準及び税額については、公定力のある態様による確定がなされていないと言うべきである。そして、原告のした、前記登録免許税法31条2項による還付通知請求に対する本件通知についても、右通知によっては、本件登記に係る登録免許税の税額について、右のような公定力を有する確定がなされた効果が生じたものと解するのは、相当でない」、「法31条2項の請求及び、これに対する登記官の応答は、税務署長が遅滞なく行うべき過納金の返還手続について、登録免許税の性質上、同条1項のように登記官の判断を介して簡易迅速的確にこれを実現するための方法として定められているのに過ぎないと解するべきである」と判示した。

これは、登録免許税が自動確定方式の租税であることを理由として、同法31条1項の還付通知および同条2項の請求に対する理由なし通知の行政処分性を否定したものである。

東京高判平成7・11・28も、「登録免許税の納付義務は、登記のときに成立し、納付すべき税額は納付義務の成立と同時に自動的に確定するものとされている。そうすると、その税額は、公定力をもって確定されることはなく、法31条1項の還付通知及び同条2項の還付通知請求に対する還付できない旨の通知も、単に還付の義務を円滑ならしめるための認識の表示にすぎず、過誤納税額の還付請求者の法律的地位を変動させる法的効果を有することはない」と判示している。

4　先行する行政決定の取消訴訟と過誤納金還付請求訴訟

(1) 取消訴訟の対象

　行政処分が先行する場合、過誤納金還付請求をなす先決問題として、取消訴訟や無効確認訴訟を提起しなければならないかが問題である。この点、国家賠償請求訴訟について、通説・判例は、行政処分について抗告訴訟を提起しなくとも、裁判所は訴訟において行政処分の適法・違法を判断し、国家賠償請求権の成立要件が充足されていれば、請求認容の判決を下すことができるとする。

　国賠請求訴訟では、行政処分の違法性が審理されるだけで、行政処分の法効果を覆滅させるものではないと説明されている。

　私人と行政主体間の権利・義務関係の発生と行政主体の行為の関係には、以下のような各種の態様がある。

① 契約によって具体的な権利・義務関係を発生させることができる。
② 一定の客観的な法的要件を充足することによって、具体的な権利・義務関係が当然発生する場合がある。
③ 法律による請求権発生要件を充足すれば、請求権は発生するが、具体的な請求権とするためには、一定の確定手続を要する場合がある。
④ 法的根拠を有する行政庁の命令・許可・認可によって、権利・義務関係が発生・変動する場合がある。

　このうち③、④の場合で、行政庁が行う活動は、直接法効果をもたらすもので、行政行為と呼ばれる。これは、行政主体と私人間の法律関係を形成・消滅させる行政庁の法的行為である。

　行政行為は、法律関係の形成・消滅に係る法的行為形式であるから、私人の権利を制約する行為については、法律に根拠がなければならないとされている。

　ところで、国民の権利救済方法として、取消訴訟を選択した場合、訴訟要件として処分性要件が具備されていることが必要であり、これを欠落してい

るときは、却下されることになっている。取消訴訟は、元来、行政処分の効果を消滅させるためにつくられた制度である。しかし、行政処分が関係する法律関係については、取消訴訟が強制され、出訴期間等の制限があり、取消訴訟手続でのみ、行政処分の効力が否定される。取消訴訟の処分性要件は、「取消訴訟の対象の存在」であり、「行政事件訴訟法3条に定める行政庁の処分その他公権力の行使に当たる行政の行為」が探究されることになる（処分存在認定）。

　行政処分とは、「直接国民の権利義務を形成し、またはその範囲を確定することが法律上認められているもの」（最判昭和39・10・29）とされている。この定義を前提として、また、裁判所がこの処分性を認め、取消訴訟の対象とされる行政庁の行為を整理すると、次のとおりとなる。

〈取消訴訟の対象〉
① 処分性が認められる行政行為（許可・認可など）
② 法律が取消訴訟の排他的管轄に属せしめている行政行為（補助金交付決定など）
③ 処分性が認められる一般的行政行為（道路区域決定やみなし道路一括指定など）
④ 処分性が認められる行政計画決定
⑤ 司法審査の対象となる部分的秩序の行政決定（国公立大学の学生に対する退学処分など）
⑥ 外部に対する精神的表示行為（事実行為）で、直接法効果は有しないが、それに続く不利益処分等が予想される通知等（納税の告知など）

　前記最高裁判所昭和39年判決による「行政処分」、または「取消訴訟の対象」概念の定義からみて、その後の裁判例は、上記の①記載の定型的行政処分の枠を越えて、これを拡大している。これは、「国民の権利・利益の実効的救済の確保」という観点から、行政の行為や決定に処分性を認めているものと解される（最判平成16・6・24シルバー精工事件参照）。しかし、そのような目的を実現するために、より適切な救済方法があるのなら、法律による明

示の根拠がないのに、処分性の要件の範囲を拡大するよりも、その他の救済方法（公法上の当事者訴訟や、民事訴訟によるなど）が検討されるべきであろう。

(2) 出訴期間

行政処分が先行する租税法律関係について、過誤納金が発生している場合、出訴期間が徒過していても、その処分が重大かつ明白な違法であるときは、無効等確認の訴えを提起するか、過誤納金還付請求訴訟（不当利得返還請求訴訟）を提起していく道が残されている。

神戸地判平成8・8・7は、選挙供託および供託金没収制度が憲法に違反するとして、供託金相当額の返還を求める訴訟が、公法上の当事者訴訟として有効であると判示した。供託金の返還請求に関しては、最大判昭和45・7・15（民集24巻7号771頁）があるが、同最大判は、弁済供託における供託取戻請求が供託官により却下された場合には、供託官を被告として却下処分の取消しの訴えを提起することができるとしている。

一方、公務員の違法な行為による損害を賠償請求する訴訟は、民事訴訟の扱いを受ける。国家賠償請求訴訟においては、公権力の行使に当たる公務員の行為が違法と主張され、抗告訴訟のような出訴期間の制限を受けない。

戦後賠償訴訟の判決の中には、損害発生から20年以上を経過したものについて、原告勝訴の判決を下したものも存在する。容易に過誤納金額が計算できる自動確定の租税について、法律の明示の根拠なく、行政庁の行為に対し、行政処分性を付与し、短い出訴期間によって過誤納金還付請求権を失権させてしまうことは、租税法律主義の精神に反するといえよう。

(3) 取消訴訟と還付請求訴訟の併合

東京地判平成13・5・21は、還付通知の処分性を認め、かつ、「拒否通知に行政処分性があるとすると、これを取り消して還付通知がされない限り、還付請求権は発生しないと云わざるを得ない」とし、「しかしながら、本件還付請求に係る訴えは、給付訴訟の一種であるから、原告主張の過誤納金が発生していないとしても、単に請求に理由がないというにとどまり、訴え自体

が不適法になるものではない」と判示して、原告の請求を棄却した。一般的には、所得税などで、更正処分の取消訴訟を提起する場合、取消しが認められた場合の過誤納金還付請求訴訟を同時に提起していない。しかし、次に掲げる登録免許税の過誤納金還付請求訴訟に関する過去の事例においては、取消訴訟と還付請求訴訟が、併合して提起され、判決も両方についてなされている。

① 大阪高判平成12・10・24は、「登録免許税法31条2項の請求は、登記機関に対し、税務署長に事実を通知すべき旨の請求であって、過誤納金を返還すべき旨の請求ではない」「請求を拒否する回答は、国の機関の内部での通知を行わないというだけであって、過誤納金還付請求件の存否に影響を与えるものではない」としている。

② 東京地判平成13・5・21は、取消訴訟と還付請求訴訟の併合請求について、いずれの訴訟も不適法ではないとした。

③ 神戸地尼崎支判平成12・3・23（訟月48巻6号1頁）においては、国賠請求と不当利得返還請求がなされている。

5　行政決定の是正と還付請求

(1)　還付請求の方法

登録免許税法31条2項は、登記申請書の記載を誤った登記申請人が、登録免許税の過誤納金の還付を受ける方法を定める。かかる同法31条2項による「登記申請書の記載誤りに起因する登録免許税の過誤納金還付請求」に関して、納税者はいかなる争訟方法をとりうるかが問題となる。

この点については、次の3説がある。

(ア)　第1説（黙示確認処分取消訴訟説）

登録免許税法25条は、「登記機関は、当該登記等につき課されるべき登録免許税の額の納付の事実を確認しなければならない」としているが、登記官が異議なく税額の納付を受けて確認したことを、同法25条に基づく黙示の確認処分があったと構成し、納税者はその取消訴訟を提起できるとするもので

ある。同法26条は、登記機関による調査結果と異なるときは、課税標準および税額の「認定通知制度」を採用し、同法25条は、納税者側の税額納付について、登記機関による「納付確認制度」を採用するものであるが、両制度は登録免許税という自動確定租税の税額審査手続を構成しているとみるのである。

　(ｲ)　**第2説**（給付訴訟説）

　登録免許税が自動確定の租税であり、「理由なし通知」は事実行為であるから、行政処分が先行存在していないとして国に対し、不当利得返還請求訴訟を提起できるとする考え方である（金子宏『租税法〔第9版〕』568頁参照）。

　(ｳ)　**第3説**（拒絶通知取消訴訟説）

　納税者は、同法31条2項に定められた還付通知請求をなし、それに対する理由なし通知の取消訴訟のみを提起できるという考え方である（佐藤英明・判例評論451号27頁以下参照）。この考え方によると、納税者は過誤納金還付請求訴訟ができず、理由なし通知を行政処分と把握し、その取消訴訟だけできるとする。

　(2)　拒絶通知の行政処分性

　ところが、東京高判平成15・5・15は、「拒絶通知は、過誤納金還付請求権の発生を妨げる法的効果を有する行政処分であると解される」とした。しかし、既に実体法上、成立した過誤納金還付請求権について、行政処分がなされない限り請求できないとするのは、権利の制限であって、法律の明示の根拠が必要というべきであろう。登録免許税法31条2項の請求に排他性があるとしても、その拒絶通知に行政処分性があることにはならない。納税者が登録免許税の過誤納金還付請求をなすにあたり、登録免許税法31条2項による還付請求をなし、念のために拒否通知の取消訴訟と過誤納金還付請求訴訟を併合提起するのは、争訟方法が不明確だからであり、事実行為である拒絶通知の取消しなどという構成を支持しているわけではなく、却下判決を避ける安全性を意図しているのである。

V　納税者の権利の実現方法

1　過誤納金還付請求権

(1)　既に生じている法律効果や事実と行政処分性

　行政庁と国民の間で生ずる過誤納金問題は、租税法律関係だけではなく、供託法律関係についても、さらに、年金・健康保険についても、さらにまた、訴訟費用等の各種の手数料についても発生する。国に不当利得が発生した場合、速やかに過誤納金は国民へ戻されるべきであるのは当然である。

　租税手続において、行政庁は多くの通知行為をなすが、既に生じている法律効果や事実に関する通知は、それ自体から法律効果を生じないから、「行政処分性」がない。ところが、既に生じている法律効果の通知や、事実の通知であっても、法律により一定の効果が付される場合がある（準法律行為的行政行為とされている）。かかる場合は、納税者の権利・利益救済の実効性確保の観点から、租税行政庁の行為に行政処分性を付与し、救済方法を明確にする実益があるとされている。

　租税手続における通知として、「滞納処分の前提となる督促」、「源泉徴収所得税に係る納税の告知」、「公売の通知」、「所得税法上の予定納税額の通知」等があり、判例は前２者について、納税者の権利・利益救済の実効性確保の観点から、行政処分性を付与している。しかし、実体法上、納税者の権利が成立・確定している場合、「法律の明示の根拠がない限り」、失権することはないし、「行政処分探し」をしないで、直接過誤納金還付請求訴訟が許容されるべきであろう（前掲・金子567頁、568頁）。実体法上、納税者の権利が成立・確立している場合、手続規定や手続的行政処分によって失権するとする考え方は、租税法律主義に違反する可能性が高いというべきであろう。

(2)　行政処分性の再検討

　登録免許税については、課税標準の認定や納付の確認が、登記官によって

113

行われているが、かかる内部行為は行政処分性がないとされている。しかし、本件におけるような過誤納金還付請求に対する「理由なし通知」は、既に実体法上支障なく発生した過誤納金還付請求権に、何らの影響を与えるものではないから、「拒否処分」というよりも「拒否通知」という非法律行為である。登録免許税について発生した過誤納金は、いずれもその返還請求額の計算が容易で、登記の時や申請却下の時などに確定し、実体法上権利が発生する。還付の計算等の手続も容易であるから、納税者の権利救済の道を狭くする必要がないというべきであろう。平成16年6月行政事件訴訟法の改正案が国会で承認されたが、衆・参議院の附帯決議において「国民の権利・利益の救済を拡大」し、「憲法で保障された裁判を受ける権利を広く実質的に保障」し、取消訴訟中心主義を見直すべきことが、政府と最高裁判所に要望されたことを考慮すると、登録免許税のような自動確定租税の過誤納金の請求訴訟形態は、取消訴訟以外の方法（公法上の当事者訴訟など）で行えるとするのが、最も妥当と思われる。これまで、定型的行政処分以外の行政庁の行為に、行政処分性を付与した裁判例についても、再検討する必要があると思われる。

(3) 納税者の権利実現訴訟における法的分析

以上の論述を前提として、納税者の権利実現訴訟においては、次の法的分析を段階的に行うべきであろう。

A　先決的私法法律関係

　　　私法上の契約関係など

B　課税実体法要件

　ア　課税積極要件

　　・課税対象の存在

　　・課税対象の権利帰属

　イ　課税消極要件

　　・課税減免

　　・控除

C　課税手続要件

ア　申告など
　　　イ　課税積極・消極要件を証明する文書の添付などの証明手続
　　D　行政処分の存在（出訴期間制限）
　　　　更正または決定その他の行政処分

2　非処分と確認訴訟

　取消訴訟の対象である「処分」に該当しないものについて、その救済を行うために、確認訴訟の活用を図ることととし、行政事件訴訟法4条の実質的当事者訴訟の規定の中に、「公法上の法律関係に関する確認の訴えその他の」という文言を挿入することとされた。

　処分性の拡大は、原告適格の拡大と並んで、行政訴訟の救済範囲の拡大のための主要テーマであった。しかし、取消訴訟制度とその排他性を維持する限り、処分性の拡大はかえって救済の範囲を狭めることになる。そこで、「処分」に当たらない場合の救済を図るため、これまであまり活用されてこなかった確認訴訟を活用すべきであるとのメッセージが盛り込まれた。

　しかしながら、現行法の下でも、「公法上の法律関係に関する確認の訴え」が可能であると解されるから、今回の改正法により、救済の範囲が拡大することになるのかは今後の運用により決まる。また、処分に当たらないものについて、これを法律関係に置き直して確認の訴えをするのであるから、法律関係に置き直すことができないものについては救済の方法がないとされるおそれがある。

　したがって、国民の権利・利益の救済範囲を拡大するために、確認訴訟を活用すべしというなら、行政行為そのものについては、行政指導に伴う法律関係の更正が困難であっても、行政指導自体が違法であることの確認を求める訴えを認めればよい。そこで、法4条の「公法上の法律関係に関する訴訟」の次に、「（国又は公共団体の機関の行為で処分又は裁決に当たらないものについて、その違法であることの確認を求める訴えを含む）」というカッコ書きを挿入して、行政指導の違法確認を求める訴えを明示的に認める改正をすべき

115

であったが、結局、上記のような条文にとどまってしまった。

しかしながら、改正法が「公法上の法律関係に関する確認の訴えその他の」との文言を付加することとしたのは、国民の権利・利益の救済の穴をなくすことになることは明らかであるから、改正法はその趣旨に沿って解釈されなければならない。たとえば、「法律関係に関する確認」は、「権利義務の存否の確認」より広い概念であるから、改正法を広く柔軟に解釈することにより、適切な確認訴訟の途を探究すべきである。また、「法律関係に関する確認」とあるからといって、それ以外の確認訴訟を否定すべきではなく、行政の行為等（処分に当たらないもの）の違法確認訴訟が、紛争の直接かつ抜本的な解決のためもっとも適切かつ必要と認められる場合には、これを認めるべきである（最判昭和45・7・15民集24巻7号864頁参照）。

Ⅵ 行政立法の司法審査

1 行政立法概念

「行政立法の定義」は必ずしも統一されておらず、広義としては、「行政権が、法条の形式をもって一般的抽象的・仮言的な定めをすることがある。これを行政立法又は行政権による立法という」とされている。

狭義は、「行政主体または行政機関が制定する、行政組織または行政活動を規律する（成文の）規範であって、行政主体または行政機関を対外的に拘束し、裁判基準になりうるもの」としている。前説の方が基本的には広く、後説の方が狭い。主たる違いは「行政規則」の点であり、基本的には行政機関内部の定めで、国民に対する権利義務に対する影響が基本的にはないものを含めるかどうかで範囲が異なる。

広義説の分類を前提にすると、行政立法は「法規命令」と「行政規則」に分けられる。これは国民と行政主体との関係、権利義務関係と言い換えることもできるが、これを規律するものが法規とされている。国民の権利義務関

係を直接規律するものが法規命令であり、裁判所が裁判規範として適用することになる。これに対して「行政規則」は、行政機関相互を拘束することを基本的に目的としており、国民に対する関係を規律するものではない。「法規命令」は、さらに権利義務の内容自体を法律の委任を受けて直接規律している「委任命令」と、権利義務の内容ではなくて、その実現のための手続的な事項を定めた「執行命令」に分類される。

2 行政立法の形式

国の法規命令の場合は、政令、内閣府令、省令、外局規則といった形で現れる。国の行政機関の内部の定めには、規則、内規、要綱、通達がある。対外的な表示方法として告示もあるが、告示は内容によって権利義務に関わり合う場合、ない場合、両方ある場合の3種類がある。地方公共団体が定める一般的な定めは、まずは条例がある。条例は必ずしも法律の委任に基づくものではなく、独自の立法権で設定されるという法律に準ずる性格を有する。さらに規則、規程といったものがある。地方公共団体の内部の定めも内規、要綱、通達などいろいろな形で現れる。条例を直接取消訴訟で争った事例もあり、「永田町小学校廃止条例」の取消しを求めた最高裁平成14年4月25日の第一小法廷判決がある。

3 外部効果

(1) 相対化現象

「法規命令」と「行政規則」は、国民の権利義務に影響があるかないかという一応の分類であるといっても、最近はその2つの概念は、むしろ必ずしもはっきり分けられるものではないとして、相対化現象がある。「行政規則」であっても、国民に対する効果のある場合がある。行政組織を定めた規則は、基本的には行政内部の事務分掌を定めるものであるが、組織上の定めによって、ある事務をするとされているが、他の事務については全く権限がないとされている部署が、権限外の事務について処分を行った場合、無権限の場合

であるが、その処分は国民に対する関係でも無効とされるべきであろう。組織の定め、内部の定めであるはずのものが、国民に対する関係でも一定の効果を生じる場合がある。

(2) 部分的秩序の規則

部分的秩序として、一定の団体の内部的な秩序を定めた規則がその団体ないし特別の関係の外に対しても効果を持つことがある。これは典型的には公務員あるいは国公立学校の生徒などの関係で、学校の規則の違反を理由として退学処分が行われると、退学処分自体が権利義務に影響しうるので裁判所に判断が求められることがある。その際処分の根拠になっている学校の規則が、処分自体の適法性の審査の基準として登場する。

(3) 行政内部行動基準

行政機関は自分の行動基準としていろいろなルールを定めることがあるが、法律の解釈基準を定める通達や、処分の裁量に関する基準を定めたり、あるいは補助金等の給付の基準行政指導の基準を定める指導要綱がある。これらは基本的には行政内部のルールとして定められるものであるが、それに依拠して処分がされると、国民との関係でも一定の影響を及ぼすことがあり得る。たとえば、一応の基準が定められていて、その基準自体が合理的なものだと思われるのに、あえてある事案ではその基準に従わずに、その基準から乖離した取り扱いをされているというような事案があった場合、平等原則との関係で、処分自体が違法と判断がされる余地がある。

4　行政立法の処分性

(1) 直接審査

裁判所で行政立法を取り消すというような直接の審査対象とすると、それは基本的には国民に対する権利義務関係を規律する法規命令が審査の対象になると考えられる。しかしながら、行政規則についても、外部効果、すなわち国民に対する効果は一定の場合にはあり得るので、その場合には直接の審査対象となる。どこまでの権利義務への影響があれば、司法判断の対象にな

るかは、司法権の範囲の問題、さらにはそれを具体化した訴えの利益、取消訴訟でいえば処分性であり、さらには原告適格として審査され、確認訴訟であれば、確認の利益の問題として処理される。他人の法律上の利益に関係がないが、行政立法について適法性を審査してほしいというタイプの訴訟も考えられる。客観訴訟に当たるような規範統制訴訟あるいは行政立法自体に対する争訟もあり得る。これは司法権の限界に位置する問題で、法律上の争訟かどうかが問われる。法律上の争訟ではなくても、その根拠となる法律をつくれば裁判所が扱うことができるという考え方があるが、憲法上限界がある。裁判所は、法原理機関であるから、もともと権利義務関係に法を適用し宣言することで紛争を解決するのが基本で、それに適合した組織とされているので、法律でそれとは異なる権限を付与するにしても、それとかけ離れた権限を付与することには限界があり、権利義務の紛争に準ずる形である必要があろう。法律上の利益をどこまで求めるのかということは、憲法論からも検討し、場合を分けて考察しなければならない。

　法律上の争訟が要件になる場合については、最高裁平成3年4月19日第二小法廷判決があり、法律上の争訟についての一般論を展開している比較的最近の判例である。これは福岡地方裁判所および福岡家庭裁判所の支部を廃止する旨を定めた最高裁判所の規則について、その管轄区域内に住んでいる者が、実際に具体的な紛争を抱えているというわけではないが、抽象的に規則の憲法違反を主張して取消しを求めた事件である。これに対して、最高裁は、「管轄区域内に居住する国民としての立場でその取消しを求めるというものである。上告人らが、本件各訴えにおいて、裁判所に対し、右の立場以上に進んで上告人らにかかわる具体的な紛争についてその審判を求めるものではないことは、その主張自体から明らかである。そうすると、本件各訴えは、結局、裁判所に対して抽象的に最高裁判所規則が憲法に適合するかしないかの判断を求めるものに帰し、裁判所法3条1項にいう法律上の争訟に当たらない」ということで訴えを却下した。

(2) 間接審査

　最初に直接違法判断をする対象は法規命令であるが、間接的に審査する場合も考えられ、たとえば処分の取消しを求めるが、その前提となっている行政立法自体が違法だから処分も違法だという争い方があり得る。こういった争い方をする場合には、必ずしも国民に対する法的拘束力がないと分類される行政立法でも、その違法性を審査するということはあり得る。たとえば裁量に関する基準は行政内部のルールであって、直接国民に影響しないとしても、実際の処分の違法性を判断するうえで、もとになっている裁量基準自体が違法なので、その基準に従ってされた処分もやはり違法であるという判断はあり得る。ただし、間接審査の場合、まず法律があって、次に行政立法があって、さらに処分があるというよう3段階の構成がある。裁判所で判断すべきものは、処分が、法律に合致しているかどうかである。その通達がどういう法律の解釈を示していようが、これは基本的には問題にならない。多くの裁判例においては、「元来、通達は、原則として法規の性質をもつものではなく、上級行政機関が関係下級行政機関および職員に対してその職務権限の行使を指揮し、職務に関して命令するために発するものであり、このような通達は右機関および職員に対する行政組織内部における命令にすぎないから、これらのものがその通達に拘束されることはあっても、一般の国民は直接これに拘束されるものではなく、このことは、通達の内容が、法令の解釈や取扱いに関するもので、国民の権利義務に重大なかかわりをもつようなものである場合においても別段異なるところはない。このように、通達は、元来、法規の性質をもつものではないから、行政機関が通達の趣旨に反する処分をした場合においても、そのことを理由として、その処分の効力が左右されるものではない。また、裁判所がこれらの通達に拘束されることのないことはもちろんで、裁判所は、法令の解釈適用にあたっては、通達に示された法令の解釈とは異なる独自の解釈をすることができ、通達に定める取扱いが法の趣旨に反するときは独自にその違法を判定することもできる筋合である」という判示がされている。

5 行政立法の司法審査の時期

　行政立法はある程度抽象的な定めをして、後に処分等の形で具体化されるものを予定しているものなので、どのタイミングで紛争をとらえて司法判断をするかというタイミングの問題が重要になってくる。行政規則の場合は、特に個別に考えないと、国民の権利義務への影響の程度が判断できないというところがある。中身の判断においては、国会で立法し得る事項であっても、それをあえて行政立法に委ねている場合があるので、国会の立法裁量に属する側面がある。これをどう審査していくのかが問題である。

　平成16年行政事件訴訟法の改正でいろいろな訴訟類型を整えているが、改正法の使い方、解釈、運用として考慮すべき点としても考えられると同時に、その解釈、運用では賄いきれない部分があり得る。原告適格の問題で、行政立法が、広く国民一般を対象にしているような場合には、どの範囲の者が訴えられるのかが問題となる。従前の取消訴訟であれば、取消しを求めるときに法律上の利益を有する者、確認訴訟でいえば、確認の利益を有する者という特別の配慮がされてきた。療養費の告示の例で、健康保険組合の負担を増やす改正なので、健康保険組合が訴えたが、逆に健康保険組合の負担を減らして、被保険者の負担を増やすような場合には、被保険者であれば誰でも訴えられるのかという問題を生ずる。

　同じ行政立法をいろいろな人が別々の訴訟で争ったときに、それらをどう判断の矛盾が生じないようにしていくかも問題となる。事件を移送したり併合したりしていくという工夫は現行法の枠組みの中でもでき、行政事件訴訟法も関連請求の移送の規定があり、どこまで関連請求に当たるかという問題がある。同じようなことは訴訟参加で取り込むべきかどうかも検討されなければならない。

　取消訴訟で争うと出訴期間があるということになる。一方、他の訴訟類型では、基本的には出訴期間はないが、争い方によって異なる点の合理性ということ自体が問題になる。新たに別の訴訟類型を立てて、行政立法を争うと、

121

出訴期間制度をどうするのかが問題となる。

　通常の民事訴訟の場合、処分権主義、弁論主義によって審理され、当事者のイニシアチブが重視されている。たとえば、原告が請求の放棄をする場合、訴えを取り下げるだけでなくて、被告の側の主張を認識する趣旨で取り上げるのなら、原告敗訴の確定判決と同一の効力を有することになる。これを訴えた一原告の自由な処分ということで任せていいのか、さらなる考慮が必要であろう。

　被告側、行政側が敗訴した判決については、取消訴訟であれば、たとえば拘束力があり、この拘束力の規定がほかの類型にも準用されているが、一体行政庁はどこまで原状回復をやればいいのか。行政立法に基づいて、さらにいろいろな処分など、いろいろな行為が重なっているときに、どこまで原状回復をしなければいけないのかという後始末の問題が発生する。原告が敗訴した場合、行政立法で争って敗訴したが、その後の処分でもう1回争えるのか、そのときにどこまで争えるのかという論点について、民事訴訟の一般の既判力の問題などだけでよいのか、それとも特別な配慮が要るのかといった問題も発生する。さらに、勝訴した場合、敗訴した場合、それぞれについて第三者にはどんな効力が及ぶというふうにすべきかも問題となる。たとえば現行法の解釈をしても、療養費の告示のように、一定の工夫をした解釈をしている例もある。それをそれぞれの訴訟類型にどういうふうに考えるべきかという点は運用としても問題になろう。

　仮の救済で、取消訴訟を起こして執行停止といったときに何か特別に考慮すべきことがあるのか、あるいは執行停上の効力の第三者の効力はどうなのか、公共の福祉要件はどのように使うべきなのかはさらに議論しなければならない。

　行政立法を制定する際において、行政の裁量をどう審査すべきかについては、あまり議論がされていない。平成16年の行政事件訴訟法の改正では、従前の訴訟類型も使いやすくするとともに、確認訴訟の活用を図っているので、改正法の効果によって、裁量判断についても具体的事例が積み上がっていく

であろう。

　抽象的規範統制請求訴訟を認めなくとも公法上の権利関係確認の訴え（たとえば、法令により営業の制限を受けない権利関係の確認を求める訴えなど）を認めれば当事者の救済としてある程度カバーできるであろう。法令制定により国民の権利侵害が起こり、あるいはその侵害が極めて近迫するような場合に、これを救済する措置として、抽象的規範統制訴訟を認める必要はある。しかし、理論上、技術上の困難―特にこの訴訟を法令の無効宣言とみるか、取消しとみるか、原告勝訴の場合の原状回復措置をどうするかなど、難問が多い。

　法律関係の確認訴訟に置き換えることが可能な行政立法のケースは多く考えられるが、環境基準などは法律関係の確認訴訟に置き換えるのが難しい。

　後に悪効果を及ぼすような排出基準の制定などの差止めや、そのような基準の無効確認訴訟はあり得るのではないかと考えられる。

Ⅶ　行政立法の是正

1　実体要件の委任と手続の委任

行政立法は、次のように分類されている。

　　　　　　　　　　法規命令 ┌ 委任命令（実体命令）
　　　行政立法 ┤　　　　　　└ 執行命令（手続命令）
　　　　　　　└ 行政規則……内部効果しかないもの

　法規命令とは、行政主体と私人間の権利・義務に関する一般的規律である。そのうち、私人との権利・義務の内容自体を定めるものを委任命令と呼び、権利・義務の内容自体ではなく、その内容の実現のための手続に関するものを執行命令という。委任命令には、法律の根拠が必要であるが、執行命令は、権利・義務の内容を新たに定立するものでないから、具体的な法律の根拠は、必要ないとするのが通説である。

しかし、外部効果のある法規命令のすべてについて、具体的な法律の根拠が必要とする反対説がある（平岡久『行政立法と行政基準』24頁以下、1995年）。租税債権の成立要件を定める法律は、課税実体法要件の根拠法であり、かつ、国民の権利の侵害法規であるから、厳しく委任立法の授権基準が設けられなければならない。また、その手続を定める執行命令も、納税者の権利・義務に与える影響は少なくないのであるから、具体的な法律の根拠を必要とすると考えるほうが、国民主権主義に最大の価値を置く憲法の理念に合致するといえよう。また、憲法30条および84条は、課税実体法要件の制定は法律事項としており、憲法31条は「法律の定める手続によらなければ」国民の自由を奪うことができないとしているところからも、根拠付けられる。通説に従った場合でも、授権根拠法は、行政立法に対し実体法規部分を委任したのか、手続法規部分を委任したのかが問われることになろう。

2　法規命令（実体命令・手続命令）

唯一の「立法」機関という場合、そこでいう「立法」とは、国法の一形式である「法律」の定立ということを指すのではなく、法規（一般的・抽象的な法規範のうちで、国民の自由と財産を制限する法規範を意味する）の定立という意味である。

憲法41条にいう立法は、一般的・抽象的な法規範をすべて含むとする考え方が通説である。この一般的・抽象的な法規範を「実質的意味の立法」という。ただし、社会福祉法などの分野で、個別具体的な事案について、国民の自由と財産を制限するものではなく、むしろ、恩恵を付与する法律が制定される場合、その合理的な取扱いの区別が、権力分立や平等原則に違反しない場合には、その法律は法規範に含めて理解されている。

行政立法のうち、私人と行政主体間を規律し、紛争が生じたとき裁判所がこれを適用するものを、法規命令という。また、私人に対して規律する効果を有しないものを、行政規則という。法規命令は、法律との関係からする区別として、委任命令（法律の委任により、私人との権利・義務の内容を定めるも

の）と執行命令（権利・義務関係の内容ではなく、その内容の実現のための手続に関するもの）がある。執行命令については、権利・義務の内容を新たに定立するものではないので、具体的な法律の根拠は必要でないとするのが、通説である。国家行政組織法12条1項は、「各省大臣は主任の行政義務について、法律、若しくは政令を執行するため、又は、法律若しくは政令の特別の委任に基づいて、それぞれその機関の命令として省令を発することができる」としている。法規命令としての委任命令が妥当とされる根拠としては、国家機能の拡大・弾力的な対応の必要性や専門的・技術的事項への対応という実質的根拠と、憲法73条6号という法的根拠がある。憲法73条6号は、「この憲法及び法律の規定を実現するために政令を制定すること」を内閣の事務としており、これは政令が専ら執行命令（実施命令）としてのみ、認められるものであることを示している。憲法73条6号は、委任命令として政令を認めることを明示していないが、同号但書が罰則に関してのみであるが、法律の委任に基づく政令を認めているところから、憲法は委任命令を承認していると解するのが、一般である。裁判所も、憲法73条6号但書を根拠として、法律は罰則を設けることを政令に委任することができるとし（最大判昭和25・2・1刑集4巻2号73頁、最大判昭和33・7・9刑集12巻11号2470頁）、政令により、犯罪構成要件を設けることができることを憲法が許容している以上、刑罰以外の行政立法も、当然許容されると解されている。

　しかし、政令は法律の委任がある場合に限り、専ら実施命令としてのみ許容するというのが憲法73条6号本文である。憲法は、刑罰以外の侵害規範である課税実体法の制定を、憲法30条や84条において明確な法律事項としている。課税実体法構成要件は、法律以外で定めることができないとしているのに、憲法73条6号但書の類推・拡大解釈によって、課税実体法要件を定める政令が多く存在することは、憲法解釈上、問題がある。したがって、侵害規範の制定を政令に委任できるとする立場を採るにしても、憲法の厳しい制限規定を前提に考慮していくべきであろう。憲法自身が分類しているように、法律には、実体法と手続法があり、行政立法にも委任命令（実体命令）と執

行命令(手続命令・実施命令)の区分がある。そして、行政庁の行為にも国民の権利・義務に変更を与える行為(行政処分)と単なる手続行為がある。租税法は、実体法と手続法が混在して規定されているものが多いが、権利成立要件を定める法規とそれ以外の手続法規を区別して本設問を分析することが必要であろう。

3 授権基準

日本国憲法は、委任立法の限界について、明示規定を置いていない。「法律による行政の原理」からすると、法律事項とされるものを、下位の法規範に無限定に委任することは許されないことになる。憲法が「法律による行政」や「法の支配」の原則を採用し、国民の権利を制限し、または、義務を課すには法律の定めを要するのだから(内閣法11条、国家行政組織法12条3項、地方自治法14条2項参照)、国民の権利を制限し、または、義務を課すことを内容とする法規命令には、法律による授権が必要である。ドイツ基本法80条は、法律の委任に関して、「授権の内容、目的、程度が法律の中に規定されていなければならない」と定め、授権基準を示している。

学説は、法律による行政の原理や侵害留保説の立場から、委任命令の制定について、法律の授権は、白紙委任・包括委任であってはならず、具体的・個別的委任だけが許容されるとしている。この委任の許容性については、憲法30条、31条、32条、41条、73条、84条、その他、ドイツ基本法80条を参考にし、また、多くの下記裁判例の中に記述された基準を総合してまとめると、次の基準がその判断の指針とされるべきであろう(金子宏・前掲書81頁)。

① 委任目的が法律の中に規定され、委任立法の趣旨目的からみて、委任の必要性があり、委任方法も合理的で委任の範囲を超えていないこと。
② 委任内容が法律の中に規定されて、法治主義の見地から法律事項を委任することが法の趣旨に反しないとの観点から、具体的・個別的であること。
③ 委任の程度が法律の中に規定され、それが規律対象である私人の権

利・利益を不当に害しないとの観点から、行政機関の裁量の幅が狭いこと。

④　受任機関の裁量の濫用に対する救済方法が明確で、国会による委任の撤回・修正が自由になし得る制度とされていること。

㋐　最判昭和27・5・13（刑集6巻5号744頁）は、包括的委任は許されないが、特定的、限定的であればよいとした。

㋑　最判昭和33・5・1（刑集12巻7号1272頁）は、人事院規則14-7が委任範囲を逸脱していないとした。

㋒　最判昭和49・11・6（刑集28巻9号292頁）は、人事院規則14-7への委任内容が白紙委任でないとした。

㋓　最判平成3・7・9（民集45巻6号1049号）は、監獄法施行規則120条（1991年削除）が監獄法50条の委任範囲を超えているとした。

㋔　大阪地判平成11・2・26（訟月47巻5号977頁）は、委任の目的・内容および程度が、委任する法律自体の中で明確にされていなければならないとしている。

㋕　最判平成14・1・31（判時1776号49頁以下）は、委任立法権の行使にも平等原則が及ぶとしている。

4　民法上の不当利得返還請求と過誤納金還付請求

登録免許税法31条2項の過誤納金還付請求権が認められる場合、これと競合して民法上の不当利得返還請求権は、存在し得ないとする考え方がある（槙二葉「法務研究報告書」89集2号162頁）。

その根拠は、両請求権には、次のような差異があり、過誤納金還付請求権を民法の不当利得返還請求権と特別に区分して規定している法律の趣旨は、前者が認められる場合、後者の権利は否定されるものとするのである。

①　登録免許税に係る過誤納金還付請求権については、過誤納金の発生原因に応じて還付加算金の起算が定められているが、民法の不当利得返還請求権は、善意の利得者は、現存利益の限度において、返還義務を負う

とともに、請求時から遅滞金を支払うべき義務を負い、悪意の利得者はその受けた利益に返還までの利息を付けて返還義務を負うことになっている。

② 還付加算税の利率は、原則として7.3％とされ、不当利得返還請求権の利息および遅滞金の利率は、5％である。

③ 不当利得返還請求権については、非債弁済や不法原因給付の規定（民705条および708条）が用意されているが、過誤納金還付請求権には、これらを適用する必要性がない。

しかし、国税通則法23条の「更正の請求」には一般的に排他性があるとされているが、「所得税法の定めた方法以外にその是正を許さないならば、納税義務者の著しく害すると認められる特別の事情がある場合」には、納税者は錯誤を原因として、確定申告の無効を主張することが認められている（最判昭和39・10・22民集18巻8号762頁、最判平成9・11・11判時1624号74頁）。

登録免許税の納税義務は、登記のときに成立し（税通15条2項12号）、納付すべき税額は、納税義務の成立と同時に確定するとされている（同条3項6号）。登記機関の「理由なし通知」は、登記申請書の記載が、ありうべき税額と一致するかどうかを調査し、その差額を確認し、それを表示する行為である。かかる認識の表示は、登録免許税法の課税実体法要件の充足によって成立した租税債権に、何ら消長をきたすものではない。

過誤納金は、実体法上、国または地方公共団体が保有すべき正当な理由がないため、還付を要する利得であって、その実体が不当利得であることは明らかである。したがって、過誤納金還付請求権について、不当利得返還請求権に関する法理が基本的に妥当し、民法の不当利得に関する規定は、租税法上に別段の定めがない限り、適用されると解すべきである。

これらの2つの請求権は、実体法上競合して成立するものであり、木更津木材事件においては、一、二審裁判所とも、納税者の請求が、登記の日から1年以内に、登録免許税法31条2項に従ってなされていることを認定しながら、結論として、民法上の不当利得返還請求権の成立を認めたのである。

登録免許税について、これが自動確定の租税とされているのは、課税標準の金額または、数量が明らかであり、税額の算定も極めて容易だから、特別の手続を必要とされないからである。そして、その税額の確定のために、通常なされるような更正処分が存在しないのだから、取消訴訟によらなければならないとする制限（出訴期間・異議申立前置）もないというべきであろう。

千葉地判平成7・2・22は、登録免許税法31条2項が、1年間という短い期間の制限を加えていることについて、登録免許税の過誤納金の返還についてだけ、時効期間（5年間）経過前に権利の行使ができなくなると解するのは、相当でないとした。木更津木材事件における原告は、登記の日から1年以内に同31条2項に従って、過誤納金の還付請求を行っていたから、1年間の請求期間の制限が、不当利得返還請求権行使に及ぶかどうかは、争点とならなかった。しかし、同一審判決によれば、登記の日から1年を超えていても、消滅時効期間の5年以内であれば、不当利得返還請求権を行使できるということになる。租税手続や登記手続は、大量で反復して発生するところから、過誤納金に関する法律関係を早期に確定する必要があるとしても、納税者の権利を失権させる場合は、法律の明文による失権条項の存在が必要とするのが、憲法84条（租税法律主義）から結論付けられよう。

5 自動確定の租税に関する過誤納金還付請求の事例（木更津木材事件）

(1) 事実の概要

原告は、平成2年5月14日、司法書士Aを代理人として、千葉地方法務局木更津支局に対し、土地および建物について、平成2年3月の売買を登記原因とする所有権移転登記の申請をし、同支局登記官は、同日、同申請を受理してその登記をした。その際、原告は、本件登記の登録免許税として、1134万600円分の印紙を貼付して納付した。ところが、本件登記は、租税特別措置法（以下、「税特措」という）78条の3第1項（中小企業者が集団化のため取得する土地等の所有権移転登記に関する税率の軽減規定）の規定する軽減

税率の対象となり得る所有権移転登記に該当するものであり、特例が適用されれば363万1500円の税額で足りたのであり、納付済み税額はこれより770万9100円多かった。

原告は、その後間もなく平成2年7月頃軽減規定が存在することを知ったため、被告登記官に対し本件差額を返還するよう請求した。被告登記官は、本件申請書に知事証明書が添付されていなかった以上これを還付することはできない取扱いであるとしてこれに応じなかった。そこで、原告は、平成3年2月、被告登記官に対し、登録免許税法31条2項に基づいて、本件差額は過大に納付した登録免許税の額に当たるからその旨を木更津税務署長に通知するよう請求し、その際、平成3年2月1日付けの、本件登記に関する本件手続規則に従った千葉県知事の証明書を被告登記官に提出した。しかし、被告登記官は、平成3年3月13日付けの原告宛の通知書をもって、「過誤納付の事実は認められないので、税務署長への還付の通知はできません」という趣旨の通知（以下、「本件通知」という）をした。

そこで、原告は、本件通知について審査請求を経たうえで、上記通知の取消しと国に対する不当利得の返還を求めて争った。

(2) **一審判決**

原審千葉地裁平成7年2月22日判決は、不当利得返還については、租税法律主義を重視する観点から次のように判示し、納税者の主張を認めた。

〔判旨〕

① 「本件軽減規定は、『……これらの（実体的要件に合致する）登記に係る登録免許税の税率は、政令で定めるところにより、登録免許税法第9条の規定にかかわらず（軽減税率）とする。』というように規定しているに過ぎない。その<u>文言上、本件政令委任部分のほかには、手続的要件の充足を必要としているかどうかを判断するための手掛かりはない</u>」。

② 「かえって、措置法の他の規定（例えば41条6項の『大蔵省で定めるところにより、……書類の添付がある限り、適用する』という規定……等）中では、前記のような意味の手続要件を置く場合にはその趣旨を<u>明らかに

理解し得る文言でその旨が規定されている……のである。そして、これらの規定例と対比すると、本件軽減規定が前記のような意味で手続的要件を充足すべきことを定め、その細目の定めを政令に委任しているものと理解するのは、一層困難であると言わざるを得ない」。

※本件軽減規定（法律）において、本件政令委任部分が実体要件の委任ではなく、手続要件を委任しただけと判断する材料がなく、また、税特措の他の軽減規定では、その法律の中に手続要件の委任であることが明示されているが、それらの規定例と対比すれば、本件軽減規定は、実体要件を白紙的に委任したものと判示したといえよう。

(3) **木更津木材事件における法的問題点の検討**

　(ア)　法律（税法）

本件の争点となったのは、旧租税特別措置法78条の3第1項であり、同規定は中小企業者が集団化等のため取得する土地等の所有権移転登記について、「(前略)これらの登記に係る登録免許税の税率は、政令の定めるところにより、登録免許税法第9条の規定にかかわらず、千分の25とする」と定めており、この軽減税率は、さらに税特措改正附則20条4項により、一定の要件の下に、土地について千分の12、建物について千分の16と再軽減されていた。本件軽減規定（法律）の政令委任文言は、白紙的・包括的な表現である。法律の中に委任の目的・内容・程度が明示されておらず、委任の範囲が記載されていない。

　(イ)　政　令

同法施行令42条の9第3項は、「法第78条の3第1項の規定は、事業協同組合等が前項各号に掲げる土地又は建物を当該各号に規定する貸付け又は譲渡の条件に従って譲り渡すことができることとなった日から1年以内に、大蔵省令で定めるところにより登記を受ける場合に限り、適用する」と規定していた。これは、納税者の権利の失権条件を、政令によって加重設定したものである。そして、さらに失権条件の内容をさらに省令へ委任した規定となっていた。

(ウ) 省　令

　同法施行規則29条１項は、「法第78条の３第１項の規定適用を受けようとする者は、その登記の申請書に、（中略）施行令第42条の９第２項各号に規定する資金の貸付けをした都道府県知事又は当該登記に係る土地若しくは建物の同項各号に規定する譲渡をした都道府県知事の証明書を添付しなければならない」と規定されていたのである。つまり、税特措自体からは、中小企業者が集団化等のため取得する土地等については、税率を軽減することは読み取れるが、軽減措置を受けるために書面添付等の手続も必要であることは読み取れない内容であったのである。

(エ)　他の特例規定

　他の特例規定（租税法律）の場合は、「財務省令で定めるところにより、……書類の添付がある限り、適用する」とか、「その他財務省令で定める書類を添付があるものに限る旨の規定がある登記等にあっては、当該書類を添付して受けるものに限る」等々と規定されており、<u>法律自体から一定の書面の添付が必要であることがわかり</u>、その書面の具体的内容が省令等で規定されているのである。

(オ)　違憲の対象と委任範囲

　判決は、同じ特例（法律）でもこのように規定の仕方に差異があることに着目し、本件特例規定の場合は法律で証明書等の添付がなければ特例適用の権利が失われることが一切示されていないのに、省令ではじめてそのような制限条件を付けていることを問題視したのである。登録免許税が自動確定の租税であり、実体法上軽減の要件を満たしているのに、法律ではない省令レベルで手続要件を付加していることが違憲とされたものといえよう。

　本件の立法の委任の範囲を表で示すと、次のとおりである。

法令	委任文言	委任範囲
法律	「一定の登記については、政令の定めるところにより軽減税率とする。」	課税実体法要件の白紙委任（文面解釈としては、課税手続法要件の委任とは読めない）
政令	「大蔵省令で定めるところにより、登記を受ける場合に限り法律（軽減税率規定）を適用する。」	課税実体法要件（失権条項）の附加と白紙再委任
省令	「法律（軽減税率規定）の適用を受けようとする者は、その登記申請書に都道府県知事の証明書を添付しなければならない。」	課税実体法要件（失権条項）の具体的要件の附加

　上記租税法律の課税実体法要件は、「一定の登記については、軽減税率とする」であり、一定の登記に該当するのに、軽減税率を適用しない場合をつくるのなら、法律自体に「失権条項」が記載されていなければならず、かつ、白紙委任は許されない。また、政令で失権条項を独自に追加することは許されない。法律で課税実体法要件を白紙委任することは許されないから、上記法律の政令への委任部分は、違憲というべきであろう。もっとも、上記判決のように政省令の失権条項の附加部分を違憲とすることも理論的に可能である。木更津木材事件の一・二審判決は、政省令の失権条項附加部分は法律の「有効な委任」がなく、租税法律主義（憲84条）に違反するとした。

　㈹　**法規命令の委任**

　行政主体と私人間の権利・義務に関する一般的規律で、行政機関が制定するものを法規命令という。行政機関相互を拘束するが、私人に対して規律する効果をもたないものは、行政規則とされている。木更津木材事件における問題の政省令は、法規命令の性質を有するものであり、そのうち、納税者の権利・義務に関する委任命令の許容性については、特に厳しく吟味しなければならない。

　上記の旧租税特別措置法78条の3第1項は、前記東京高裁の判決が確定後、

次のとおり改正され、失権条項を法律自体の中に明示し、政令を飛び越えて直接省令へ委任したのである。

〔改正条文〕

「これらの登記に係る登録免許税の税率は、大蔵省令で定めるところにより、……登記を受けるものに限り、登録免許税法第9条〔課税標準及び税率〕の規定にかかわらず、軽減税率とする。」

これは、国会の租税法立法の下位法規範への委任が、白紙的に行われた例であるが、かかる表記方法(「政令の定めるところにより課税する」との文言)を採用した類似の租税法律は少なくない。かかる立法の白紙的委任が、租税法律主義の形骸化の大きな原因といえよう。内閣主導型の政党政治の発達と行政権の肥大化により、重要法案のほとんどすべてを内閣提出法案が占めており、法律案の作成が事実上、行政機関によって行われているところに問題があり、議員立法の強化が望まれている(芦部信喜『憲法』223頁参照)。法律の委任による行政立法は、「権利(義務)委任」と「手続委任」がある。課税実体法要件、即ち権利(義務)要件の委任は、憲法84条および73条6号を前提とすれば、原則として認めるべきではない。手続要件の委任の場合も、具体的・個別的委任に限られると解すべきであろう(平岡久『行政立法と行政基準』24頁以下参照、1995年)。

6 行政立法違憲判断の方法

木更津木材事件における一・二審判決は、裁判所が違憲判断を下したもので、憲法訴訟であった。裁判所が違憲の判断を下すとき、その判断の対象は、「法令の規定」か「公権力の行為」である。木更津木材事件において、一・二審裁判所は、①軽減法規(税法)の「政令に定めるところにより」との表現が抽象的で委任範囲が明示されていないとする問題点と、②政令が、税法の委任がないのに失権要件を加重設定することは許されないとする問題点を摘示した。

本件軽減税率規定(税法)は、「政令の定めるところにより、(軽減税率の)

法律を適用する」と表現しており、これは明確な白紙的政令委任文言で、本件政省令はこれを受けて制定されているから、本件政省令が法律に違反しているとは、いえないことになろう。したがって、木更津木材事件の一・二審判決は、憲法84条の租税法律主義に反するとしたのであろう。本件政令委任部分とその他の部分は可分であるから、本件政令委任部分だけを無効とし、その他の部分への影響を考えずに、違憲審査をすることも可能であった。また、木更津木材事件の一・二審判決は、政省令の規定を違憲と判断したのであるから、適用違憲や処分違憲の判決ではなく、「法令違憲」の裁判であったといえよう。

　木更津木材事件において、一・二審裁判所は、軽減規定（税法）およびその政省令の規定自体について、「文面審査（法令審査）」を行っている。事件への具体的な適用との関連で審査する方法である「適用審査」が行われたわけではない。同一・二審判決は、政省令の規定が法令違憲と判断したが、これは文面審査の結果の表れである。法令の規定は、一般的に「立法の目的」と「その目的を達成するための手段」を定めている。立法目的について、合憲性の審査を行うことを「目的審査」と呼び、立法目的達成のために規定されている手段について、合憲性の審査をすることを「手段審査」という。木更津木材事件における軽減税率規定（税法）は、「一定の登記の優遇や促進、又は、その登記手続の円滑化」を立法目的としていたと思われるから、これ自体、合理的な区別として合憲と判断されたものと思われる。しかし、その目的を達成するために、実体法上既に成立している過誤納金還付請求権が、県知事の証明書を添付して登記申請しなければ失権してしまうとするところは、憲法84条に違反するとされたのである。手段審査の場面で違憲判断が下されたと思われる。

　日本国憲法は、国会が国民の代表機関で、国権の最高機関であり、そして、唯一の立法機関としている（憲41ないし43条）。

　ところで、国会は、唯一の立法機関とされているが、これは国会による立法以外の実質的意味の立法は、憲法に特別に定めがある場合を除いて許され

ないことと、国会による立法は、国会以外の機関の参加を要しないで成立することを意味するとされている。しかし、日本国憲法73条6号但書は、委任立法の存在を前提とする規定を置いている（内閣の事務として、憲法73条6号は「この憲法及び法律の規定を実施するために、政令を制定すること。但し、政令には特にその法律の委任がある場合を除いては、罰則を設けることができない」と定めている）。

これを受けて、内閣法11条は「政令には、法律の委任がなければ義務を課し、又は権利を制限する規定を設けることができない」と定める。また、国家行政組織法12条3項も「省令には、法律の委任がなければ、罰則を設け、又は義務を課し、若しくは国民の権利を制限する規定を設けることができない」と定める。憲法73条6号は、憲法および法律の規定を実施するために政令を制定する権限を内閣に付与したのであるから、「実施命令」のみを許容しているように読める。

そうすると、国民の権利・義務の成立に関する実体法要件については、政令を制定できないことになろう。憲法73条6号但書は、その本文を受けて制定されているのだから、憲法および法律の規定を実施するため、履行確保の方法として、「法律が罰則を設けることを政令に委任できる」としているのであろう。憲法は、法律に対し、罰則以外の侵害規範の制定を、政令に委任してよいとは、少しも触れるところがない。憲法31条は、「何人も、法律の定める手続によらなければ、その生命若しくは自由を奪われ、又はその他の刑罰を科せられない」としており、この規定は、行政権による自由の侵害に対する保障についても、総則的規定とされているが、侵害規範の行政立法の許容性をどのように根拠付けるかは、本設問の主要な論点である。

〔演習問題〕

1　税金の過誤納金還付請求権は、どのような場合に、いつ発生するか。その発生・成立要件を説明せよ。

2　申告確定方式の租税と自動確定の租税に分けて、過誤納金還付請求の方

法を説明せよ。

〈参考文献〉

本稿中に掲げたものの他

① 樋口陽一、佐藤幸治、中村睦男、浦部法穂・註解法律学全集『憲法Ⅳ』（青林書院、2004）
② 樋口陽一編『講座憲法学』（日本評論社、1995）

(山下清兵衛)

第4章　租税法律主義と不確定概念

I　事　例

●事例●

　X会社は、印刷製本業を営む株式会社であるが、創業以来代表取締役を務めていたAが平成16年6月15日死亡したことにより、同年6月28日臨時株式総会を開催し、同人に対する役員退職給与の額を3億円と決定し、これを平成16年9月期中に支給して損金の額に算入し、同期分法人税の確定申告をした。X会社は、本件退職金の支給当時、従業員数200名、総資産100億円余、年間売上90億円余、課税所得4億円余および利益積立金8億円余であった。また、Aは、昭和30年頃、X会社の前身の印刷業を開業し、昭和38年頃、これを法人化し、以来平成16年死亡するまで約41年間代表取締役を務め、最終報酬月額200万円を得ていた。

　なお、X会社は、Aの生前同人を被保険者とする各種生命保険契約を締結し、同人の死亡によって総額3億円の保険金の支払いを受け、その金額をAの退職金に充てた。

　（表1）　X会社の死亡退職金の算出根拠
　　いわゆる最終月額報酬方式で算出すると次のようになる。

　　　　　最終月額報酬　　　200万円　　　　①
　　　　　勤続年数　　　　　41年間　　　　②
　　　　　功績倍率　　　　　3.7倍　　　　　③
　　　　　①×②×③＝30,340万円

（表2）　X会社の仕訳
　　　　①　現預金　　　　　3億円　／　死亡保険金収入　3億円
　　　　②　死亡退職金　　　3億円　／　現預金　　　　　3億円

　この場合、X会社の課税所得は、死亡退職金の支払いと、生命保険金の収入の対応関係だけでは生じないこととなる。

II　設　問

1　X会社の死亡退職金の算出根拠は、表1に示されたとおりであるが、適正な役員退職給与の額は、どのように算出されるべきか。
　　また、X会社の算出方法（功績倍率法）以外にどのような方法が考えられたであろうか。
　　表2のように、死亡役員を被保険者とする保険金3億円が、死亡退職金の原資に充てられた場合に、その事由を考慮する必要があるか。もし考慮する必要がないとした場合、その理由は何か。
2　法人税法36条は、「法人が各事業年度において、その退職した役員に対して支給する退職給与の額のうちその事業年度において損金経理しなかった金額、及び損金経理をした金額で不相当に高額な部分の金額は各事業年度の所得の金額の計算上損金の額に算入しない」としている。
　　しからば、「不相当に高額な部分の金額」はどう考えるべきであろうか。「不相当に高額な部分」という表現は、『不確定概念』という範疇に入れられることとなるが、これは、憲法30条や憲法84条と関連する。課税要件明確主義と『不確定概念』を容認する考え方とどのように関係してくるか。
3　『不確定概念』が多用されている事実と税務行政とは、どのように整理されるか。また、『不確定概念』といわれる具体的事例は、他の税目においてどのように表現されているか。

III 租税法における「不確定概念」

1 問題の所在

　日本国憲法は、明文をもって租税法律主義（**課税要件法定主義・課税要件明確主義・合法性の原則・手続保障原則**）を定めている。

　すなわち憲法30条は「国民は、法律の定めるところにより、納税の義務を負ふ」と定め、憲法84条においては「あらたに租税を課し、又は現行の租税を変更するには、法律又は法律の定める条件によることを必要とする」と定めている。

　このことは、日本国憲法は、まず30条において、国民の義務という側面から納税に関する規定中、租税が法律で定められるべきことを示し、次に重ねて84条では、課税権という側面から同様の趣旨を述べている。この2つの条文をベースに具体的に法律またはその委任のもとに政令や省令において課税要件および租税の賦課・徴収の手続に関する定めをなす場合には、次のことが厳格に守らなければならないとされる。すなわち、その定めは、なるべく一義的で明確でなければならず、みだりに不明確な定めであってはならない（課税要件明確主義）ということである。

　よって、租税法では、行政庁の自由裁量を認める規定は原則として設けることは許されず、また「不確定概念」（抽象的・多義的概念）を用いることにも十分に慎重でなければならないとされるのである。[1]

　租税法においては、本事例に関連するように役員退職給与や役員報酬の「不相当に高額」というような「不確定概念」が用いられることがある。

　そこで、それが一見不明確に見えても、法の趣旨・目的に照らしてその意義をある程度明確にし得るものについては、一般に、課税要件明確主義に反

1　金子宏『租税法〔第9版増補版〕』（弘文堂、2003年）82頁。

III 租税法における「不確定概念」

しないものと解されるかが問題となる。

　この点は、最判平成9・3・25（税資222号1226頁）で争われた問題である。この最高裁判決の事案の概要と判旨は、下記のとおりである。

　〔事案の概要〕　X会社（原告、控訴人、上告人）は、衣服等の縫製加工等を業とする株式会社であるが、昭和62年2月期分法人税について、代表取締役甲（役員従事年数11年11月、41歳、出資持分93.3％）に対して役員報酬1800万円、取締役乙（甲の妻、役員従事年数11年11月、38歳、出資持分1.7％）に対して役員報酬960万円をそれぞれ支給して損金の額に算入し、所得金額を138万円余とする確定申告をした。

　これに対し、Y税務署長（被告、被控訴人、被上告人）は、類似法人の役員報酬平均支給額（甲に係る代表取締役620万円、乙に係るその他取締役380万円）を上回る部分は不相当に高額な部分の金額に当たるとして、所得金額を1949万円余とする更正処分等をした。X会社は、当該処分を不服として、不服申立ての前置を経て本訴を提起した（裁決において、所得金額は1638万円余に減額）。

　本訴において、X会社は、①法人税法34条1項および同法施行令69条1号の規定は、課税要件明確主義に反する、②当該条項の解釈上、類似法人の平均報酬額を上回る部分を不相当に高額と解することはできない、等を主張した。

　〔判旨〕　上告棄却

　「法人税法34条1項の規定の趣旨、目的及び法人税法施行令69条1号の規定内容に照らせば、法人税法34条1項所定の『不相当に高額な部分の金額』の概念が、不明確で漠然としているということはできないから、所論違憲の主張及び同項を限定して解釈すべきであるとする主張は、その前提を欠く、原判決に所論の違法はなく、論旨は、採用することができない。

　その余の上告理由について

　所論の点に関する原審の認定判断は、原判決挙示の証拠関係に照らし、

正当として是認することができ、その過程に所論の違法はない。」

上記最高裁判決は、中間目的ないし経験概念を内容とする不確定概念は、それが一見不明確に見えても、法の趣旨、目的に照らしてその意義をある程度明確にし得るものについては、一般に課税要件明確主義に反しないものとし、憲法違反を否定する考え方を確認したものとして意義があるとされている。

2　「不確定概念」の特徴

租税法における「不確定概念」とは、税税法（その委任を受けた政令、法令の解釈基準となる通達含む）上使用されている抽象性や多義性をもった概念をいう。

具体的には、「やむを得ない理由」（税通11条ほか）、「正当な理由」（税通65条4項ほか）、「不当に減少」（所税157条ほか）、「必要があるとき」（所税234条1項ほか）、「著しく低い価額」（相税7条ほか）そして本事例で問題となっている役員報酬、役員退職給与における「不相当高額」（法税34条1項、36条ほか）である。

他の法分野にも「不確定概念」は用いられているが、特に租税法における「不確定概念」の特徴を2つあげれば、次のようにまとめられる。[2]

(1) 抽象的概念

1番目の特徴としては、その文言の抽象性にある。文言が抽象的であるために個別具体的事案の適用においては、その具体的事案に即した様々な条件が前提となって、多くの回答が導き出されることとなる。

本事例における過大役員退職金の「不相当に高額」を例にすれば、役員の勤続年数や貢献度合等によっては1億円超を支給したとしても、過大にはならないであろうし、一方で役員の地位や法人の収益具合等によっては、数千万円の支給でも過大になってしまうことも考えられる。

---

[2] 山本守之・守之会『検証・税法上の不確定概念〔改訂版〕』（中央経済社、2004年）29頁ではさらに社会通念を特徴の1つとしている。

(2) 多義的概念

2番目の特徴としては、(1)とも密接に関連してくるが、その多義性にある。

個別具体的な事情に応じて一律に何％とか、いくらとか規定できずにその結果が変化して、多義性をもってくる。

本事例に関連しても、合理的な役員退職金の算出方法が様々あることや、特殊な状況下における役員退職金をどのように考えるべきかに示される。

3 設問1の検討

本事例に類似する判決として、静岡地判昭和63・9・30（税資165号962頁）と同控訴審の東京高判平成元・1・23（税資169号5頁）がある。

死亡した代表取締役に対して、同人を被保険者とする保険金を死亡退職金として支給した場合に、平均功績倍率による適正額を上回る部分が過大とされたケースであるが、控訴審も原判決を維持している。

上記各判決の争点は、本件死亡退職金のうち死亡代表取締役に対する役員退職給与の適正額がどの程度になり、本件のように死亡役員を被保険者とする保険金が役員退職給与の原資に充てられた場合に、その事由を考慮する必要があるかに絞られる。

この判旨を示せば以下のようになる。

「法人税法36条および同法施行令72条において、役員退職給与金のうち、不相当に高額と認められる金額を損金不算入と定めた理由は、法人の役員に対する退職金が従業員に対する退職金と異なり、法人の益金処分たる性質を含んでいることにかんがみ、右条項の基準に照らし、一般に相当と認められる金額に限り収益を得るために必要な経費として損金算入を認め、右金額を超える部分は、益金処分として損金算入を認めない趣旨であると解される」。

「功績倍率は、実際に支給された役員退職給与の額が、当該役員の退職時における最終報酬月額に勤続年数を乗じた金額に対し、いかなる比率になっているかを示す数値であるところ、最終報酬月額は、特別な場合を除いて役員の在職期間中における最高水準を示すとともに、在職期間中における会社

に対する功績を最もよく反映しているものであり、また、役員の在職期間の長短は、報酬の後払いとしての性格の点にも、功績評価の点にも影響を及ぼすものと解され、功績倍率は、当該役員の法人に対する功績や法人の退職金支払能力等の個別的要素を総合評価した係数というべきであるから、役員退職給与の適正額の判定方法としては、前記法令の趣旨に合致する合理的なものというべきである」。

「本件のように、保険金収入と同額の金額を当該死亡役員の退職給与として支給した場合であっても、利益金としての保険金収入と、損金としての退職金給与とは、それぞれ別個に考えるべきものであるし、一般に会社が役員を被保険者とする生命保険契約を締結するのは、永年勤続の後に退職する役員に退職給与金を支給する必要を充足するためと、役員の死亡により受けることがある経営上の損失を塡補するためであるというべきであるから、会社が取得した保険金中、当該役員の退職給与の適正額より多額であると認められる部分は、役員の死亡により会社の受ける経営上の損失の塡補のために会社に留保されるべきものである。したがって、保険金の支払の有無を甲に対する退職給与の適正額算入の資料として特段の斟酌をしていないとしても、これをもって不当な算定方法であるということはできない」。

役員退職給与の適正額については、当該法人における業務に従事した期間、その退職の事情、その法人と同種の事業を営む法人でその事業規模が類似するものの役員に対する退職給与の支給の状況等に照らし、その相当性を判断することとされている（法令72条）。

その具体的基準は、本事例と同様功績倍率の適用が多い。

しかし、功績倍率を適用する場合に、類似法人における平均値によるべきか、最高値によるべきかが問題とされ、裁判例においてもその判断は、〔表1〕のごとく分かれていることからいっても絶対的な方式とはいえない。

〔表1〕

功績倍率の平均値が適用された事例	最高値が適用された事例
東京高判昭和49・1・31（税資74号293頁）	東京地判昭和51・5・26（税資88号862頁）
東京地判昭和49・12・16（同77号675頁）	東京高判昭和52・9・26（同95号597頁）
最判昭和50・2・25（同80号259頁）	東京地判昭和55・5・26（同113号442頁）
東京高判昭和51年9月29（同89号777頁）	東京地判昭和56・2・28（同121号355頁）
長野地判昭和62・4・16（同158号104頁）等	最判昭和60・9・17（同146号603頁）等

次に、X会社の算出方法（功績倍率法）以外にどのような方法が考えられたかにつき、検討する。適正額の算出方法として具体的方法を過去の裁判例から探ってみると、次のように整理される。

(1) **功績倍率法**

功績倍率法は、次の算式によって求められる。

（算式）

$$功績倍率 = \frac{退職金の額}{最終報酬月額 \times 勤続年数}$$

役員退職給与金の適正額＝最終報酬月額×勤続年数×比較法人の功績倍率

すなわち、役員退職給与が、その役員の最終報酬月額に勤続年数を乗じた金額の何倍に当たるかという倍率（＝功績倍率）に当該役員の最終報酬月額および勤続年数を乗じて算出する方法である。

なお、前提条件として、当該法人と業種・事業規模および退職した役員の地位等が類似するものを選定するわけであるが、この類似法人の選定が大きなポイントとなる。

類似法人の選定について、次のような判決がある。

「法人税法施行令第69条第1号の規定の適用にあたっては、類似法人の選択が前述のように役員報酬として客観的に相当である額を算定する資料、指標を得るための手段であることを鑑みれば、推計課税と同様の厳格性を要求する必要性はない」(岐阜地判昭和56・7・1)。

よって、**「日本標準産業分類」**の分け方でいけば、中分類くらいまでの枠で選定する緩やかな基準で差し支えないものとされる。

重要なのは、量的、外形的経営規模の同一性よりも、質的経営規模の同一性に重点を置くべきものと考えられる。さらに抽出する過程で、退任する役員の経歴にかなり大きなウエイトがあるから、その意味で退任役員が法人の創業者の場合には、当然に比較法人の退任役員も創業者であるべきである。

功績倍率法にも類似法人の功績倍率の平均値を用いる平均功績倍率法と、類似法人の功績倍率の最高値を用いる最高功績倍率法の2つがある。

これらのそれぞれを合理的であるとした裁判例は別表3のとおりであり、その判断は事例ごとに異なる。

功績倍率につき平均値を取るか最高値を取るかの判断につき、**抽出法人**の類似性にやや疑問がある場合には、平均功績倍率法によらず最高功績倍率法によることも許されると解すべきであろう。

(2) 1年当たり平均額法

1年当たり平均額法は、次の算式によって求められる。

(算式)

$$退職役員の勤続年数1年当たりの平均給与額 \times 当該役員勤続年数$$

仮に、最終報酬月額が極端に低い場合でも、勤続年数1年当たりの平均給与に引き直されるわけであるから、算定される退職給与額も極端に低額にはならない。

たとえば、長年、会社の中枢にいたものが、退職時には非常勤役員となっており最終報酬月額が下げられても、1年当たり平均額法であれば合理的な金額が算出されよう。[3]

III 租税法における「不確定概念」

(3) 国家公務員等退職手当法に基づき算定した例

みなし役員(法令7、法令71、法基通9-2-1)の取締役昇任時の退職給与の適正額が国家公務員退職手当に比準して認定され、退職給与の一部が役員賞与とされたケースである。

「そして、他に適切な資料もないので、甲・乙の退職時(取締役就任時の昭和42年10月)の基本給月額27万5000円、勤務年数甲25年6月、乙20年8月という事実に**国家公務員等退職手当法**4条、5条、7条の規定を当てはめて国家公務員の場合の退職手当を算出してみると、甲1,163万2,500円、乙763万1,250円となることが認められる」[4]。

本件のように、国家公務員の退職手当が民間会社の退職給与適正額の算定基準とされたことは希有のことといえるであろうが、使用人や役員の退職給与適正額を検討する場合の1つの参考事例となる。

(4) 代表者勤務年数1年当たりの退職給与の額と3年間の公表利益との関係を示す回帰方程式の2標準偏差値の範囲で判定した例

統計的手法による適正額を上回る退職給与は過大であるが、その部分は当該役員の会社に対する無償土地貸与の対価に見合うとされたケースである。

「統計的操作によって、右17法人の1年間退職金 y と3年間公表利益金 x との変化関係を明らかにするところの回帰方程式は、$y = 0.008\,x + 1.04$(単位10万円)となり、X会社の3年間の公表利益金は821万8,000円であるから右方程式に代入すると、甲の勤務年数6年半の退職金の額は、16万9,744円×6.5=110万3,336円となる。他方、回帰直線(変動する平均値の線)に対する変量 y(1年間退職金額)の1標準偏差(1シグマ)は11万2,000円であるところ、右17法人の退職金はすべて2標準偏差の範囲内にあるのに対し、X会社の甲に対する退職金300万円のうち255万4,500円を超える部分44万5,500円が2標準偏差の範囲外にある。してみると、甲に対する退職金のう

---

3 平均額法が合理的であるとした事例に、昭和61・9・1裁決(裁集32号231頁)と札幌地判昭和58・5・27(行集34巻5号930頁)がある。
4 大阪高判昭和54・2・28(税資104号531頁)。

ち44万5,500円は、特段の事由のないかぎり、過大なものといわねばならない（統計理論上、2標準偏差の範囲を超えるものは全観察数の4.5%にすぎず、これを超える退職金は異常である）」[5]。

本件における退職給与金適正額の判断は、役員の勤務年数1年当たり退職金額yと3年間公表利益xとの変化関係を示す回帰方程式を求める等、統計的操作によったものであるが、このような事例は類似例が少ないだけに参考とはなる。

最後に、死亡した代表取締役に対して、同人を被保険者とする保険金を死亡退職金として支給した場合に、このことが適正額の判定に何らかの影響を及ぼすかにつき検討する。

前記静岡地判昭和63・9・30は、保険金の収入は単に益金であり、退職給与の支払いは単に損金または利益処分を構成するものであるから、適正額の判定には、何ら影響を及ぼさないとしている。

役員退職給与の適正額の判定と受取保険金額とは別次元の問題とする考え方と、一方で何らかの配慮があってしかるべきとの見解の対立があるが、昭和46年の裁決1件を除き、裁判所の判断は、適正額の判断につき原資となっている受取保険金額の存在は、斟酌せずとの流れが定着しつつある。

また団体定期保険の用途につき「遺族の生活保障などのため、弔慰金として支払うための制度であり、企業の損失補塡などに流用すべきでない」と明示した名古屋地裁判決もある。他方で法人税法上の問題以外にも、労働法上の問題にも留意する必要が生じている。受取保険金額は別次元の問題とされるべきか、何らかの配慮加算があるべきかにつき自ら考えられたい。

5　大阪地判昭和44・3・27（税資56号316頁）。

Ⅳ 「不確定概念」と課税要件明確主義

1 問題の所在

　課税要件明確主義とは、法律またはその委任を受けた政令・省令等における課税要件および租税の賦課・徴収の手続に関する定めは、一義的で明確でなければならないことをいう。[6]

　仮に、課税要件が法定されていたとしても、それが不明確であれば結果として税務官庁に自由裁量を許し、一般的かつ**白紙的委任**を与えたとの同様な結果を招き、究極的には課税要件法定主義が形骸化することになる。

　そこで、「不確定概念」を租税法規に用いること自体が、合理性をもっているか検証する必要が生じる。

　もっとも、学説や判例においては、「不確定概念」を租税法規に用いること自体、やむを得ないとの見解が多い。

　たとえば、「法の執行に際して具体的事情を考慮し、税負担の公平を図るためには、不確定概念を用いることはある程度不可避であり、また必要でもある」。[7]

　この点は、仙台高判昭和57・7・23（昭和54年（行コ）第１号）で争われた問題である。

2 「不確定概念」の使用の必要性

　「不確定概念」の特徴は前問で述べた。この特徴を踏まえ裁判例でも次のように「不確定概念」の使用が憲法84条に違反するものではない旨判示して[8]

---

[6] 大阪地判昭和31・12・24（行集7巻12号3109頁）、長野地判昭和62・4・16（税資158号104頁）がある。
[7] 金子宏・前掲書（注1）82頁。
[8] 最判昭和53・4・21。

いる。

「一般にかかる場合の判定基準は、法律上でき得る限り具体的、個別的、一義的に規定しておくことが望ましいのであるが、複雑多岐にして激しく変遷する経済事象に対処しうるような規定を設けることは極めて困難であるから、法人税法が前記程度の規定（法法132）をおいたにとどまることもやむをえないところであって、これをもって……憲法84条に違反するものではない」。

3 「不確定概念」の種類

「不確定概念」を課税要件明確主義に反しない分野と課税要件明確主義に反して無効とされる分野に分けると〔表2〕のように整理される。[9]

〔表2〕

課税要件明確主義に反しない	課税要件明確主義に反して無効
中間目的ないし経験概念を内容とする不確定概念	終局目的ないし価値概念を内容とする不確定概念
一見不明確に見えても、法の趣旨目的に照らしてその意義をある程度明確にし得るもの ↑ その必要性と合理性が認められる限り	「公益上必要のあるとき」 「景気対策上必要があるとき」等 ↑ 公権力の恣意や乱用を招くおそれあり

前者が中間目的ないし経験概念を内容とする確定概念であり、後者は終局目的ないし価値概念を内容とする不確定概念である。

学説的には、この考え方が基本となろうが、これまでの裁判例での使用が許される不確定概念の必要性と合理性のキーワードを抽出してみると、次のとおりになる。

---

9 金子宏『租税法〔第9版〕』83頁等、弘文堂。

① 「租税の公平負担を図るため並びに特に不当な租税回避行為を防止するため、租税正義の実現にとって真にやむをえない」。
② 「立法技術上の困難などを理由に安易に不確定、不明解な概念を用いることが許されない」。

4　設問2の検討

「不確定概念」そのものを否定する学説や、裁判例の中でその前提条件を明確にして厳格性を要求しているものもある。

否定している具体的な学説の内容は、「税法の領域においては、不確定概念の導入が禁止され、ときに違憲無効とされる場合がありうる[10]」場合や、「同族会社等の行為計算否認規定（法法132条1項他）につきあまりにも包括的・一般的であるため違憲[11]」とするものである。

また、裁判例の内容は、前掲仙台高判昭和57・7・23で「不確定概念が合理的な解釈によっても具体的意義を明確にできないものであるときは、課税権者の恣意が介入する余地を否定できず、租税法律主義の基本精神を没却するものとして許容できない」とするものである。

しかし、すでに述べたように、ほとんどの場合が租税法規において「不確定概念」を用いることにつき、容認しているといえる。

経済取引の安定と**予測可能性**が租税法律主義の機能であるならば、実質的にその機能が阻害されることがないとすれば、「不確定概念」を容認する考え方は、妥当とせざるを得ないであろうか。自らの考えをまとめられたい。

10　北野弘久『税法学原論〔第4版〕』86頁等、青林書院。
11　北野弘久・前掲書119頁等。

V 「不確定概念」の実態と税務行政

1 問題の所在

「不確定概念」と税務行政との関係を考えるとき、まず次の2点が検証されるべきである。1つ目は、「不確定概念」と形式基準の問題であり、2つ目は、「不確定概念」と税務通達の関係である。

(1) 「不確定概念」と形式基準

納税者が行う経済活動は、多岐にわたっているため、租税法においては、これらの活動を分解するときに一定の形式的・画一的な扱いをせざるを得ない場合が生じる。

たとえば、所得税、法人税で規定されている少額減価償却資産の損金算入限度額（改正により10万円～30万円の経緯あり）や、消費税の簡易課税制度におけるみなし仕入率（50%～90%）などが代表的である。

さらには、課税庁は**解釈通達**、**事務運営指針**、**情報**などで内部的な処理の統一性を求めるために数値的形式基準を設けている場合が少なくない。このような、論理的に矛盾している不確定概念に係る通達等による形式基準の存在は、多くの問題をはらんでいるといえる。

すなわち、個別事情を全く無視した形式基準を一律に解釈に当てはめてしまうことは、極端な言い方をすれば立法趣旨に反することになる。

さらには、このような形式基準が法令解釈の名を借りた実質的な立法と同様となる要素をはらんでいるとも考えられるからである（東京高判昭和53・12・19）。

(2) 「不確定概念」と税務通達

「不確定概念」については、税務通達による補完的解釈の当否をも含めて課税要件明確主義違反が問われるところである。

しかし、一般的には裁判所の審査に服すべき問題として、違法とまでは解

されないケースが多い。

この点は、東京高判昭和53・12・19（訟月25巻4号1175頁）で争われた問題である。

この高裁判決の判示事項は、次のとおりである。

〔判示事項〕
① 土地の譲渡は納税者自身の債務の弁済のためになされたものであって、当該譲渡につき所得税法64条2項の適用はないとされた事例
② 租税法規に不確定概念を用いることは租税法律主義に反しないとされた事例
③ 国税通則法65条2項の規定は憲法31条に違反しないとされた事例
④ 国税通則法65条2項にいう「正当な理由があると認められるものがある場合」に該当する事由の存否についての主張・立証責任
⑤ 納税者自身の債務の弁済のためになされた土地の譲渡につき、所得税法64条2項の適用があるとして所得金額の計算をしたことについて正当な理由がないとされた事例

ところで**情報公開法**の施行等を踏まえて、国税庁は平成12年7月3日付で重加算税の賦課等に関する11件の取扱通達を相次いで公表している。

これらの税務通達は、かつては外部に公表されない「**秘通達**」等として扱われていたものであっただけに、この公表は画期的なことであり、納税者の**法的安定性**と**予測可能性**に資するものと大いに期待されるところである。

しかし一方で、公開された通達の内容により、税目間の取扱いの差異と調整、税務通達に反した課税処分の効力、違法と認められる税務通達への対応など古くて新しい法的問題を生じさせることにもなった。[12]

伝統的には、税務通達による補充解釈の妥当性も含めて、不確定概念の課税要件明確主義違反につき問われるべきところであるが、いままで検討されてきたごとく、裁判所の審査に服する問題とされてきた。結果的に違法とま

---

[12] 品川芳宣『租税法律主義と税務通達―税務通達をめぐるトラブルの実践的解決―』2頁から8頁（ぎょうせい、2003年）。

でされない場合がほとんどである。

　これは上記の東京高判昭和53・12・19をはじめ、所得税法施行令320条4項（報酬、料金、契約金または賞金に係る源泉徴収）の「舞踊」の概念は不明確であるから、同令条は憲法84条に違反するとの原告の主張が排斥された事例（福岡地判昭和60・12・26税資147号860頁）や、税務法規に不確定概念を用いることは租税法律主義に反しないとされた事例（横浜地判昭和51・11・26訟月22巻12号2912頁）で示されるところである。

2　税務通達における税目間の取扱いの差異

　税務通達における税目間の取扱いに差異があると聞くが、たとえばどのようなケースがあるのかにつき検討する。

　その顕著な例として、**相当の地代**に関する税目間の取扱いの差異がある。もともと**借地権課税**は、地主サイド、借地人サイドの双方からの検証が必要となるが、これが公にされた初めての税目は、法人税関係の昭和37年3月税制改正までさかのぼる。

　個人の相続税・贈与税関係は、昭和48年に公表された「使用貸借に係る土地についての相続税、贈与税の取扱いについて」通達が最初となる。法人・個人の整合性（認定算式はやや異なる）がとれたのは昭和60年に至っての「相当の地代を支払っている場合等の借地権等についての相続税、贈与税の取扱いについて」通達となる。

　しかし、各税目間の借地権の評価については迷走状態が続いており、関係する個別的事件としては、大阪地判平成12・5・12（訟月47巻10号3106頁）、浦和地判平成13・2・19がある。納税者が安心して税務のアクションが起こせるように、課税上の共通性を前提とした税務通達における税目間の取扱いの整合性が確保されていくべきである。

3　課税庁が税務通達の取扱いに反した処分を行った場合

　次に、課税庁が税務通達の取扱いに反した処分を行った場合の検討とその

裁判例につき考えてみる。

ある課税処分が税務通達の取扱いに反しているか否かを判定するとき、その通達の規定の方法や内容、さらにその通達の規定の読み方により一概に論じられないケースが多い。

そこで、税務通達に関する裁判例を〔表3〕とは違った視点から項目別に分類し、検討課題別に抽出してみると、次の6つの項目に大別され区分される。

① 信義則との関係　　大阪地判昭和45・5・12
② 平等原則または公平負担の原則との関係　　前記①の判決と大阪地判昭和44・5・24
③ **行政先例法**との関係　　長崎地判昭和36・5・19
④ 適正手続の原則との関係　　東京地判平成10・9・29
⑤ 実体要件と手続要件　　東京高判平成5・1・26
⑥ 予測可能性・法的安定性との関係　　東京高判平成11・3・25

これらの6つの項目を検討項目として、とかく誤解されやすい税務通達の構造上の問題を究明していかねばならない。

4　設問3の検討

税務行政と「不確定概念」を考えるとき、以上の税務通達の諸課題を検討することにより問題解決の手がかりとなるが、税務通達に関する注目すべき裁判例にはどのようなものがあるかにつき、検討する。

現実の課税処分等が税務通達に反していると認められた場合に、裁判例において、①違法性を認める立場と、②違法性を認めない立場に分かれる。これを〔表3〕にまとめると次のとおりとなる。

〔表3〕

①違法性を認める立場	②違法性を認めない立場
大阪地判昭和44・5・24（税資56号703頁）	名古屋高判昭和43・10・30（税資53号780頁）
大阪地判昭和45・5・12（税資59号831頁）	仙台高判昭和51・9・29（税資89号767頁）
名古屋地判平成元・3・22（税資169号765頁）およびその控訴審・名古屋高判平成4・2・27（税資188号431頁）	東京高判平成5・1・26等（国税庁長官の指示①）（税資194号75頁）
長崎地判昭和36・5・19（税資35号499頁）およびその控訴審・福岡高判昭和37・4・19（税資36号473頁）	東京地判平成11・3・25等（国税長官の指示②）（税資241号345頁）
東京地判平成4・3・2およびその控訴審・東京地判平成5・1・26（税資194号75頁）	

　上記〔表3〕のとおり、最近の傾向として②の違法性を認めない立場が定着しているかにみえるが、個々の前提により、判断も異なってくるため、具体的事例にあたって自ら検討されたい。

　最後に、各税目における不確定概念の代表例を表にまとめたので、各自でそれぞれの解釈、問題点を条文、裁判例を通して検証されたい。

(1) 加算税が課されない場合の「正当な理由」ほか

該当条文	タイトル	内容
税通12⑤二	書類の送達	書類を差し置くことができる場合の要件
税通49②	納税の猶予の取消し	弁明の除外
税通65④	過少申告加算税	賦課の除外要件
税通66①	無申告加算税	賦課の除外要件
税通67①	不納付加算税	賦課の除外要件
税通75④三	国税に関する処分についての不服申立て	不服申立てをしないで審査請求ができる事由

税通77④	不服申立期間	期限後も不服申立てができる事由
税通87②	審査請求書の記載事項等	特別な場合の要件
税通96②	原処分庁からの物件の提出および閲覧	閲覧を拒むことができる場合
税通97④	審理のための質問、検査等	請求人の主張を採用しないことができる場合
税通115①三	不服申立ての前置等	前置の例外の該当要件
税通令27	過少申告加算税を課さない部分の税額の計算	該当要件
税特措令39の22の2①五	認定特定非営利活動法人に対する寄付金の損金参入の特例	適用要件

(2) 借地権における「相当の地代」

該当条文	タイトル	内容
法税令137	土地の使用に伴う対価についての所得の計算	借地権認定を見合わせる要件

(3) 交際費等の「通常要する費用」

該当条文	タイトル	内容
税特措61の4③	交際費等の損金不算入	適用除外の要件
税特措68の66③	交際費等の損金不算入	適用除外の要件
税特措令37の5一〜三	交際費等の範囲	交際費等から除かれる費用の範囲

(4) 税務調査における「必要があるとき」ほか

該当条文	タイトル	内容
所税234①	当該職員の質問検査権	質問検査権の行使事由
法税153①、②	当該職員の質問検査権	質問検査権の行使事由

(5) 過大役員報酬と役員退職給与の「不相当に高額」ほか

該当条文	タイトル	内容
法税34①	過大な役員報酬等の損金不算入	適用要件
法税36	過大な役員退職給与の損金不算入	適用要件
法税36の2	過大な使用人給与の損金不算入	適用要件
法税36の3	過大な使用人退職給与の損金不算入	適用要件

(6) 同族会社の行為計算否認における「不当に減少」ほか

該当条文	タイトル	内容
所税157①、③	同族会社等の行為または計算の否認等	適用要件
法税132①	同族会社等の行為または計算の否認等	適用要件
法税132の2	組織再編成に係る行為または計算の否認	適用要件
法税132の3	連結法人に係る行為または計算の否認	適用要件
相税64①、③	同族会社等の行為または計算の否認等	適用要件

(7) 更正の請求における「やむを得ない理由」

該当条文	タイトル	内容
税通11	災害等による期限の延長	申告書等の期限を延長できる場合
税通23②三	更正の請求	更正の請求ができる要件
税通46③	納税の猶予の要件等	納期限後申請該当要件
税通46⑦	納税の猶予の要件等	猶予期間の延長事由

税通63③、③二	納税の猶予等の場合の延滞税の免除	免除の要件
税通77③	不服申立期間	法定期間経過後の申立て事由
税通令3①,②	災害等による期限の延長	適用要件
税通令6①	更正の請求	該当事由
税通令7①	口座振替納付に係る納付期日	納付期日の延長事由
税通令15②五	納税の猶予の申請手続等	申請書の記載事項
法税75①	確定申告書の提出期限の延長	延長可能の要件
法税75の2⑦、⑧	確定申告書の提出期限の延長の特例	災害等による延長の事由
法税81の23	連結確定申告書の提出期限の延長	災害等による延長の事由
法税81の24④、⑤	連結確定申告書の提出期限の延長	災害等による延長の事由
消税令49①二	課税仕入れ等の税額の控除に係る帳簿等の記載事項等	請求書等の交付を受けなかった理由

（注）　不確定概念一覧表については、前掲書『検証・税法上の不確定概念〔改訂版〕』の377頁～420頁までに詳しいので参照されたい。

〔演習問題〕

1　合理性のある役員退職給与規定を整備しておくためには、功績倍率法を軸として慎重にルールづくりがされるべきだが、功績倍率については採決・裁判例でも最低1.4から最高7近くまでかなりのばらつきがある。この現状を前提にしつつ、様々な特殊事情の例も考慮しながら、あるべき姿を論ぜよ。

2　いわゆる通達行政による課税要件明確主義の形骸化がいわれているが、税務通達の法的根拠はどこにあるのかを論ぜよ。また税務通達は**法源**となり得るのか。仮に法源でないとしても、税務通達は税務官庁部内並びに納税者に対してどのような拘束力があるといえるか整理してみよ。

3　税務執行と「不確定概念」との関係を考えるとき、法人税基本通達の前

第4章 租税法律主義と不確定概念

文や運用についての留意事項に次のような文章があるが、感じるところを述べよ。

「規定の内容についても、個々の事案に妥当する弾力的運用を期するため、一義的な規定の仕方ができないようなケースについては、『〜のような』、『たとえば』等の表現によって具体的な事項や事例を例示するにとどめ、また、『相当部分』、『おおむね……％』などの表現を用い機械的平板的な処理にならないよう配意した」。

「この通達の具体的な運用にあたっては、法令の規定の趣旨、制度の背景のみならず条理、社会通念をも勘案しつつ、個々の具体的事案に妥当する処理を図るように努められたい。いやしくも、通達の規定中の部分的字句について形式的解釈に固執し、全体の趣旨から逸脱した運用を行ったり、通達中に例示がないとか通達に規定されていないとかの理由だけで法令の規定の趣旨や社会通念等に即しない解釈におちいったりすることのないよう留意されたい」。

4 同族会社等の行為計算否認規定は、平成14年法律第79号の連結納税制度導入により法人税法132条の2が追加規定されることになった。

この結果、この規定の包括的一般的な色合いがさらに濃くなったとの批判があるが、この傾向をどう考えたらよいか述べよ（最判昭和53・4・21）。

〈参考文献〉

文中に掲記のものを含め、本課題についての文献として、次のものがある。
① 第28回日税連公開研究討論会「参考資料第二部　税法における不確定概念」（日本税理士会連合会、平成12年11月17日）
② 特集「生命保険金を原資とする役員退職給与を巡る諸問題」（税務事例35巻5号7頁以降）

Ⅴ 「不確定概念」の実態と税務行政

------ ▣ コーヒー・ブレイク ▣ ------

※修正申告の慫慂
しょうよう

　もともと「慫慂」とは、「傍らから誘いすすめること」をいうが、修正申告の慫慂とは、課税庁が納税者に修正申告をすることを勧めることをいう。わが国の税務調査においては、調査後の修正申告の慫慂が日常的になっている。

　これに対応して税務署内部においても、更正の理由書を書けない署員が多くなったと聞く。

　元来、申告納税制度のもとでは、申告（修正申告を含む）は、あくまで納税者の自主的な自由意思に基づいて行われるべきであり、慫慂は、時として強要と同様の効果を持つことを肝に命ずるべきである。

　特に納税者側には、加算税等をはじめメリットは何もなく、一方の課税当局側にとっては納税者側からの争いを回避するメリットが生じる。

　修正申告に応じてしまうと、納税者側からは、一般的な方法では争うことができづらくなる。修正申告の慫慂がなされても、納税者側としては慎重な検討が望まれる。

　なお、平成12年11月に総務庁行政監察局から発表された「税務行政監察結果報告書」によれば、適正かつ公平な課税の実現の項目の1つとして修正申告の慫慂の件が掲げられ、修正申告に伴う法的効果の納税者への告知に関する具体的取扱いが勧告されている。

------ ▣ コーヒー・ブレイク ▣ ------

※電子申告（e-Tax）
　平成16年6月より「国税電子申告・電子納税システム（e-Tax）」が全国に導入された。

　いわゆる本格的な電子申告制度のスタートがなされたわけだが、この制度の概要は、次のとおりである。

① 対象税目……所得税・法人税・消費税の申告および各税法に規定されている申請および届出。ただし地方税は平成17年1月より段階的に導入を予定。
② 利用対象者……インターネットを利用できる環境を有し、電子署名用の電子証明書を取得している者。税務代理の権限を有する税理士等。
③ 電子申告システムの運用ルール……「電子申告・納税等開始届出書」の

161

入手・作成・提出から送信データの内容確認まで、大きく5段階に分かれる。
　次に、この制度のメリットとデメリットをそれぞれ3つずつ上げるとすれば、次のように整理される。
　①　メリット
　　　⑦　申告手続などに要する手間や時間の軽減
　　　④　ペーパーレス化による印刷・保管コストの低減、e-japan構想への配慮
　　　⑨　祝日等にかかわりなく、24時間送信が可能（しばらくは9:00〜21:00)
　②　デメリット
　　　⑦　電子申告利用のための設備投資コストの負担
　　　④　セキュリティー対策の徹底
　　　⑨　電子化困難な添付書類の追加送付の手間
　いずれにしても、隣国の韓国などと比べこの制度において日本は大きく遅れをとっており、さらに平成16年6月にスタートした全国的電子申告の導入に対する利用率が低迷しているなど、問題山積である。肝心なのは、この制度を利用した者にどのようなインセンティブが与えられるかが今後制度発展の大きなキーポイントとなる。
（参考）　国税庁 e-Tax ホームページ http://www.e-tax.nta.go.jp

（鈴木雅博）

第5章　課税権の確定手続の諸問題と「法の支配」

第1節　序　論

I　租税法と法の支配

1　司法制度改革審議会の意見書

　以下は、憲法学者を座長とする**司法制度改革審議会の意見書**（以下「意見書」と記す）の抜粋であるが、ここに、租税法を扱うものにとっての基本理念とすべき核心としての「法の支配の原理」と現状との乖離が示されている。この意見書に基づき、司法制度改革推進法が制定されて（平成13年法律第19号）、数々の法律の立法や改正がなされている。まずは、これをじっくり読んでみてほしい。なお、本文の中で筆者が特に重要だと考えたところを太字にした。

司法制度改革審議会意見書（抜粋）（平成13年6月12日）

　　　I　今般の司法制度改革の基本理念と方向

第1　21世紀の我が国社会の姿

　国民は、重要な国家機能を有効に遂行するにふさわしい簡素・効率的・透明な政府を実現する中で、**自律的かつ社会的責任を負った主体として互いに協力**しながら**自由かつ公正な社会**を築き、それを基盤として**国際社会の発展に貢献**

する。

第2　21世紀の我が国社会において司法に期待される役割

1．司法の役割

　法の支配の理念に基づき、すべての当事者を対等の地位に置き、公平な第三者が適正かつ透明な手続により公正な法的ルール・原理に基づいて判断を示す**司法部門**が、政治部門と並んで、「公共性の空間」を支える柱とならなければならない。

II　国民の期待に応える司法制度

　国民が司法制度に期待するものは端的に何かと言えば、それは国民が利用者として容易に司法へアクセスすることができ、多様なニーズに応じて充実・迅速かつ実効的な**司法救済を得られるということ**、及び公正な手続を通じて犯罪の検挙・処罰が的確かつ適正・迅速に行われることにより安全な社会生活を営むことができるということであろう。民事司法、刑事司法を通じ、21世紀において我が国の置かれる時代環境を視野に入れつつ、**法の支配の理念**を機軸として、こうした国民の期待に応えうる司法の制度的基盤の整備を、後述する人的基盤の拡充（後記III「司法制度を支える法曹の在り方」）、国民的基盤の確立（後記IV）と相まって、強力に推し進める必要がある。

9．司法の行政に対するチェック機能の強化

> 　行政事件訴訟法の見直しを含めた行政に対する司法審査の在り方に関して、「**法の支配**」の基本理念の下に、司法及び行政の役割を見据えた総合的多角的な検討を行う必要がある。政府において、本格的な検討を早急に開始すべきである。

(1)　行政訴訟制度の見直しの必要性

　裁判所は、統治構造の中で三権の一翼を担い、司法権の行使を通じて、抑制・均衡システムの中で行政作用をチェックすることにより、国民の権利・自由の保障を実現するという重要な役割を有している。

　しかしながら、当審議会の議論の中で、現行の行政訴訟制度に関しては、次のような指摘があった。すなわち、(i)**現行の行政訴訟制度に内在している問題**

点として、行政庁に対する信頼と司法権の限界性の認識を基礎とした行政庁の優越的地位（政策的判断への司法の不介入、行政庁の第一次判断権の尊重、取消訴訟中心主義等）が認められており、その帰結として、抗告訴訟が制度本来の機能を十分に果たしえていない、(ii)現行の行政訴訟制度では対応が困難な新たな問題点として、行政需要の増大と行政作用の多様化に伴い、伝統的な取消訴訟の枠組みでは必ずしも対処しきれないタイプの紛争（行政計画の取消訴訟等）が出現し、これらに対する実体法及び手続法それぞれのレベルでの手当が必要である、(iii)行政事件の専門性に対応した裁判所の体制に関する問題点もある。

21世紀の我が国社会においては司法の果たすべき役割が一層重要となることを踏まえると、司法の行政に対するチェック機能を強化する方向で行政訴訟制度を見直すことは不可欠である。

このような認識に基づき、行政訴訟制度の見直しに関する当審議会における議論の中で挙げられた具体的な課題は多岐にわたった。

まず、行政訴訟手続に関する諸課題である。例えば、現行の行政事件訴訟法上の個別課題として、原告適格、処分性、訴えの利益、出訴期間、管轄、執行不停止原則等のほか、義務付け訴訟、予防的不作為訴訟、行政立法取消訴訟等の新たな訴訟類型の導入の可否も問題となる。さらに、民事訴訟をモデルとした対応とは一線を画した固有の「行政訴訟法（仮称）」制定の要否も視野に入れることが考えられる。このほか、個別法上の課題（不服審査前置主義、処分性、原告適格等）の整理・検討も併せて必要となろう。

また、行政訴訟の基盤整備上の諸課題への対応も重要である。例えば、行政訴訟に対応するための専門的裁判機関（行政裁判所ないし行政事件専門部、巡回裁判所等）の整備、**行政事件を取り扱う法曹（裁判官・弁護士）の専門性の強化方策等について、本格的な検討が必要である。また、法科大学院における行政法教育の充実も求められる。**

2　日本国憲法と司法制度改革審議会の意見書との関係

法の支配という言葉は、いろいろな意味に使われており、およそ人間社会を人ではなく法が支配する、というような意味に使われることがある。意見書抜粋の初めと2番目に使われているのは、そのような意味も含めて使われ

ていると思われる。

　日本国憲法に流れる（核心としての、あるいは英米憲法の伝統である）**法の支配の原理**にいう法とは、正しい法といわれ、法の支配の原理の制度的表現は、①（その目的としての）個人の権利の保障、②法の定める内容や手続の適正なこと、③通常の裁判所に対する尊敬といわれる（伊藤正巳『法の支配と日本国憲法』128頁～130頁（有斐閣、憲法講座１））。

　日本国憲法は最高法規の章の冒頭の第97条において、「この憲法が日本国民に保障する基本的人権は、人類の多年にわたる自由獲得の努力の成果であつて、これらの権利は、過去幾多の試錬に堪へ、現在及び将来の国民に対し、侵すことのできない永久の権利として信託されたものである」と規定する。

　続いて第98条において、「この憲法は、国の最高法規であつて、その条規に反する法律、命令、詔勅及び国務に関するその他の行為の全部又は一部は、その効力を有しない」とする。

　さらに、引き続き第99条は、「天皇又は摂政及び国務大臣、国会議員、裁判官その他の公務員は、この憲法を尊重し擁護する義務を負ふ」としているが、国民はその中に入っていない。

　これら３条を脈絡のあるものとして読めば、正しい法である日本国憲法が最高法規であり、なぜ正しいのかは、国家権力の濫用から国民の基本的人権を守る法であるからであり、であるからこそ、憲法尊重・擁護義務を負うのは権力側の者であり、国民ではないということになる（芦部信喜『憲法の基礎知識』有斐閣双書第１問参照）。

　次に司法の章では、その冒頭の第76条において、「すべて司法権は、最高裁判所及び法律の定めるところにより設置する下級裁判所に属する。

　(2)特別裁判所は、これを設置することができない。行政機関は、終審として裁判を行ふことができない」と定め、**第81条**は「最高裁判所は、一切の法律、命令、規則又は処分が憲法に適合するかしないかを決定する権限を有する終審裁判所である」として憲法の最終的解釈権を、行政権を担う内閣でもなく、立法権を担う国会でもなく、司法権に与えている。このように通常裁

判所に対する尊敬も明らかである。

　順序が逆になったが、最後に「法の定める内容や手続の適正なことの要求」であるが、31条にその根拠を求める学説、13条、14条、31条など、憲法第3章のすべてにわたって根拠を求める学説（杉村敏正『続法の支配と行政法』194頁以下、特に204頁以下参照）を併せれば、肯定説が通説である（前掲・伊藤正已136頁～137頁参照）。

　以上を見れば、日本国憲法が（核心としての）法の支配の原理を取り入れていることは明らかであろう。

　そして、意見書が、「Ⅱ　国民の期待に応える司法制度」の「9．司法の行政に対するチェック機能の強化」の冒頭において、他の部分では「法の支配の理念」というのに対して「法の支配の基本理念」と表現を変えていること、引き続き「裁判所は、統治構造の中で三権の一翼を担い、司法権の行使を通じて、抑制・均衡システムの中で行政作用をチェックすることにより、国民の権利・自由の保障を実現するという重要な役割を有している」というのは、まさに、日本国憲法の核心としての法の支配の原理を実現しようとしているのである（以下、単に「法の支配」という）。

3　法の支配と租税法律主義

　租税法の大原則としてほとんどの学者が「租税法律主義」をあげているが、租税法律主義の上に、憲法に違反する法律は無効であるという、法の支配の原理があることをあげている体系書は少ないし、租税法律主義の説明のために使った文字数に比して、「法の支配の原理」の説明のために相応の文字数を使った体系書を私は寡聞にして知らない。そのことと、意見書「9．司法の行政に対するチェック機能の強化」の「(1)　行政訴訟制度の見直しの必要性」の5行目(i)以下で指摘されている事項とは無縁ではあるまい。いまや、租税法を取り扱う者は「法の支配の基本原理」を骨身にしみて理解しなければいけない時代が到来したというべきである。

4　租税法における判例の読み方の姿勢について

　法解釈学者は、自己の法理論に基づき、判例を批判的に評釈するのが仕事である（ただし、公法学においては、冷戦構造の終わり頃から、判例批判よりも、判例の分析などに力を入れる傾向が多い）が、事件の結果に責任を持つ実務家は、判例を批判することに精力を使うよりは、事件に活用できる判例を見つけることに精力を注ぐべきだとよく言われる。

　従来の判例の傾向をいえば、①租税行政は、早期かつ安定的に税収を確保する責務がある、②租税行政税法の執行過程において納税者間の公平を図る義務がある、③租税行政は迅速に対応し効率的に租税の賦課徴収を行うべき責務がある、などの課税庁側からの特質論に追随し、租税法律主義のもとで法の解釈から、行政はその事件においていかになすべきだったかを確立することなく、課税庁の言い分がもっともだと判断すると、課税庁を勝たせてしまう、あるいは納税者の救済を拒否してしまうという傾向があったことは確かである（詳細は、田中治「租税行政と権利保護」芝池義一他編『租税行政と権利保護』27頁以下（ミネルヴァ書房）、以下「芝池編」と記す）。

　しかし、上記意見書も指摘するように、行政国家から司法国家へと大きく変貌しつつある現代においては、判例が前提とする社会情勢が変貌したといえ、社会情勢が変貌したときには、最高裁判例も変更できるのである（たとえば、尊属殺重罰違憲判決・最大判昭和48・4・4刑集27巻3号265頁）から、実務家も、納税者の権利擁護のためならば、やはり過去の判例で、冷戦構造の時代がゆえに、あるいは行政国家のゆえにと思われる点があれば、現代の視点から批判にも精力を注ぐべきであり、たとえ判例が基本的に正しいとしても、判例の要旨のみを読むのではなく、その論拠やどのようなケースについてなのかについて判決文を直接読み、現代の視点から担当事例に当てはまるかどうかを詳細に検討するべき時代になったといえよう。

5　租税手続法と法の支配

　行政法における現在の学説は、いかなる手続が適正かに関しては見解が分かれようが、適正手続を憲法が要求しているという点では広範な一致がみられるのではないだろうか。平成5年に制定された行政手続法（平成5年12月12日法律第88号）第1条が、「この法律は、処分、行政指導及び届出に関する手続に関し、共通する事項を定めることによって、行政運営における公正の確保と透明性（行政上の意思決定について、その内容及び過程が国民にとって明らかであることをいう。第38条において同じ。）の向上を図り、もって国民の権利利益の保護に資することを目的とする」と定めるのは、まさに憲法上の適正手続の要請を受けて定めたものと解されよう。そして、この条文は租税法の解釈としても指針となるのである（租税法研究第22号（有斐閣）特に1頁～12頁参照）。国税通則法にはこの規定の適用を排除する規定がないことは、特に重視するべきである。

　本章では、いくつかの最高裁判例を上記視点から問題とするが、研究者とまではとてもいえない実務家の筆者が、乏しい知識と体験から自ら考えたことであり、議論を重ねたりもしていることではないので、誤りがあったり、反論も多くあり得よう。しかし、法の支配の原理を大切にしている実務家の1人の考えがどのようなものかを体験してはいただけると思う。

　最後に、第2次大戦後、**法治主義**が法の支配と同じような考えに変わってきているといわれている（たとえば、長尾一紘『日本国憲法〔第3版〕』22頁～32頁）。しかし、「法および正義」の絶対性を中心とする**中世ゲルマン法**的伝統に基づく法の支配と、主権者の絶対性を中心とする**ローマ法**的伝統とする大陸法の法治主義との違いは歴然としていることを忘れてはならないのである（高柳賢三『司法権の優位〔増補版〕』（有斐閣）、特に英米における法の支配（著者は「法の優位」という表現をしている）の形成史に関する238頁～277頁参照）。

■コーヒー・ブレイク■

※租税法について内閣の法案提出権は憲法上あるの？

　国会に帰属とされる立法権の中に、法案提出権も含まれることについて異議を唱える学者はいないと言ってよい。なのに、現在、租税法については内閣がそのほとんどの法案を国会に提出していて、そのことに疑問を持つ者は皆無といってよい。しかし、憲法の明文で例外規定がなければ、国会以外の機関にたとえ立法作業の一部でもできるなどとは軽々に解釈するべきでないことは、当たり前である。たとえば、憲法31条は「法律に定める手続きによらなければ」と、憲法上二重に法律で定めることを求めているが、例外として77条で最高裁判所が訴訟手続について、規則を定める権利を有するとしているがごとしである。学者は議院内閣制の性格などを根拠にして、内閣の章に、法案提出権が内閣にあるなどとはどこにも定められていないのに法案提出権を認めている。日本国憲法制定関係者（特に連合軍最高司令官の下で、法案をつくった若者達）は当時までの議院内閣制を先刻承知のうえで、内閣の法案提出権の規定を置かなかったのである。憲法学者は、法律解釈の基本を無視してまで、現状追認解釈をしたといっても過言ではないのである。

　法案提出権を内閣に認める学説は日本国憲法72条をその根拠規定とするようであるが、この規定は、内閣の権限ではなく閣内における総理大臣の権限を規定しているものであることは、日本語を通常に読める者であれば誰にでもわかる規定である。

　百歩譲って、他の法案について、内閣の法案提出権があるとしても、租税法の法案提出権まであると解するのは、日本国憲法の「法の支配の原理」に照らせば無理であろう。そもそも、行政権の恣意的濫用による国民の権利侵害を防止するための法治主義に基づいて41条があるうえに、国民の財産権利侵害を伴う租税義務の賦課について、憲法41条だけでなく日本国憲法31条、84条で法律によらなければ課税できないと三重にも、法律で定めろと憲法は規定しているのに、法律を誠実に執行するべき立場（日本国憲法73条1号）の内閣に法案提出権を認めるなどと言うのは、日本国憲法の人権尊重主義を骨身にしみて理解してないとしか言いようがないのではないだろうか。皆さん、この問題についてディベートしてみてください。

II　租税確定手続の概要

　所得税を例に取り説明する。課税義務が成立するのは、たとえば期間税である所得税では12月末日である（税通15条）。しかし、それはいわば**抽象的課税義務**であり、内容を確定して具体的な債務にする手続が必要となる。所得税法では、**申告納税主義**に基づき、翌年2月16日～3月15日までに、法定の要式により納税者が申告することにより確定する（**確定申告**）ものとしている（税通17条、所税120条）。しかし、この申告も真の意味での確定ではない。納税者が申告を間違えていたと認識し、より納税額が多いと認識すれば、**更正**のあるまでは**修正申告**ができるし（税通19条）、より納税額が少なかったと認識すれば法定申告期限から1年以内であれば、減額を求める**更正の請求**ができるからである（税通23条1項）。なお、更正の請求の1年の除斥期間が経過しても、課税権の基礎となっている法律関係が違うことが裁判などで確定するなどしたときには、後発的理由による更正の請求ができるシステムになっている（税通23条2項）。

　他方、課税庁側も、更正の請求に基づいたり、あるいは独自に、任意の調査や間接強制といわれる質問検査権を行使して調査したり場合によっては強制調査（国犯2条など）をして、納税者の申告が間違っていると認識すれば更正ができる（税通24条）。また、納税者が申告義務を怠ったときは、その調査により自ら課税標準等または税額を**決定**することができる（税通25条）。更正には増額更正と減額更正がある。**更正・決定の除斥機関**はケースにより3～7年である（税通70条）。

　そして、納税者が納得をしなかったら、課税庁への異議申立てや国税不服審判所に対する審査請求の申立てができる仕組みになっている。

　それでも、納税者が納得がいかなかったときは、裁判所へ訴えることができ、その場合に判決が確定すれば、その判決により最終的に租税債務が確定する。つまり、租税債務の確定権は、最終的には裁判所（司法権）が持って

いるのである。

　ところで、講学上、異議申立ての前までに関する法を**租税手続法**と言い、異議申立て以降に関する法を**租税争訟法**という。筆者の担当はここに言う租税手続法である（一部租税争訟に触れる）。なお、租税徴収手続に関する法も、租税手続法の一部であるが、本章では、編集方針により触れない。

第2節　課税権の確定手続の諸問題と法の支配

I　申告の錯誤無効

1　事例1

● 事例1 ●

　亡父Aには、配偶者・長男であるX・養子らがいた。昭和31年7月17日、Aの所有であった山林を、Xが、Xのみを売主として代金530万円で譲渡し、その代金もXが全部これを受領した。Xは昭和32年3月12日に課税所得金額を約300万円、算出税額を約94万円とする昭和31年度所得税確定申告書をY税務署長に提出したが、税金の一部未払いにより、昭和33年に滞納処分として、差押えを受けた。

　Xは、相続分が6分の1に過ぎなかったのに、家督相続によりその全部を相続したと誤信して上記確定申告に及んだものであるから、同申告は要素の錯誤により無効であるとし、既に分納した金500万円は国において不当利得したものであると主張し、Y税務署長に対して差押処分の無効確認を、国に対して上記分納した金員の支払いを求める訴訟を提起した。

2　設　問

1　申告行為に民法総則の規定は準用されるか。
2　事例1のXの申告には錯誤があるか、申告は無効となるか。

3 基本判例

本項の問題点を理解するための基本判例は、下記のとおりである。

● 最判昭和39・10・22（民集18巻8号1762頁）（抜粋）●

　所得税法は、いわゆる申告納税制度を採用し（23条、26条参照）、且つ、納税義務者が確定申告書を提出した後において、申告書に記載した所得税額が適正に計算したときの所得税額に比し過少であることを知った場合には、更正の通知があるまで、当初の申告書に記載した内容を修正する旨の申告書を提出することができ（27条1項参照）、また確定申告書に記載した所得税額が適正に計算したときの所得税額に比し過大であることを知った場合には、確定申告書の提出期限後1カ月間を限り、当初の申告書に記載した内容の更正の請求をすることができる（同条6項参照）、と規定している。ところで、そもそも所得税法が右のごとく、申告納税制度を採用し、確定申告書記載事項の過誤の是正につき特別の規定を設けた所以は、所得税の課税標準等の決定については最もその間の事情に通じている納税義務者自身の申告に基づくものとし、その過誤の是正は法律が特に認めた場合に限る建前とすることが、租税債務を可及的速やかに確定せしむべき国家財政上の要請に応ずるものであり、納税義務者に対しても過当な不利益を強いる虞れがないと認めたからにほかならない。従って、確定申告書の記載内容の過誤の是正については、その錯誤が客観的に明白且つ重大であって、前記所得税法の定めた方法以外にその是正を許さないならば、納税義務者の利益を著しく害すると認められる特段の事情がある場合でなければ、所論のように法定の方法によらないで記載内容の錯誤主張することは、許されないものといわなければならない。

　いま本件についてこれをみるのに、上告人は、昭和31年7月17日亡父信之丈の所有であった山林の立木を他に代金5,300,000円で売却し、昭和32年3月12日被上告人税務署長に対し課税所得金額3,021,200円、算出税額943,480円とする昭和31年度所得税確定申告書を提出したが、これより先昭和27年4月4日信之丈の死亡により、右立木は、その他の財産とともに、上告人ほか2名の相続人によって共同相続され、上告人の相続分は僅かにその6分の1に過ぎなかったにもかかわらず、上告人は信之丈の長男であるところから家督相続によって同人の全財産を相続したものと誤信し、前記確定申告に及んだものであると主張するのである。しかし、本件確定申告書自体に誤記、誤算等の誤謬の存する

ことは、上告人の主張しないところであり、また、記録によれば、右立木の売買は上告人のみが売主となって行なったものであり、その代金も上告人が全部これを受領していることは、当事者間に争いのないところである。しからば、右のごとき事実関係の下においては、仮りに本件確定申告書の記載内容に上告人主張のごとき過誤があったとしても、未だこれをもって前叙のごとき決定の是正方法によらないでその無効を主張し得べき特段の事情のある場合に該当するものということはできない。

4 解　説

(1) 申告行為の性格

　申告行為は私人の行為ではあるが、納付すべき税額を確定するなど公法上の効果が発生する行為である。

　錯誤に基づく申告を法的にどのように扱うかについては、私人の行為であるから民法の錯誤理論に原則的に従うとする説と、私人の行為ではあるが公法上の行為であるから、民法の錯誤理論には従うべきでないという対立があった（この段につき、『租税法判例百選〔第3版〕』150頁（藤浦照生）参照）。

　また、申告行為の性質が申告納税制度の建前から納税者の意思の尊重を強調し、納税申告を納税者の意思の表示として捉える見解（**意思説**）、課税標準および税額が法律の定めるところにより客観的に定まっているはずのものであることを強調して、納税申告を納税者自身がこれらの要件を確認して行政庁に通知する行為であるとする見解（**通知説**）と、両面を持つとする折衷説（**複合説**）とがある。実務上、これらの問題を解決したとされるのが、基本判例であり、以後の判例は基本判例を踏襲してきているといってよい。しかし、立木の売主がX1名のみであり、代金もXがすべて受領したならばXのした確定申告は適正であり、事実関係と一般的説示との間にずれがあると指摘されており、また、「錯誤が客観的に明白」という言葉の意味が、実はいっこうに明白でなく識別の基準としては十分に機能していないように思われるという指摘もある（この段の記述につき、上記百選〔第2版〕151頁

175

（可部恒雄）参照）。

錯誤無効を認めたケースは、いずれも税務担当官の誤った見解ないし判断に基づく強い指導や関与により納税者が錯誤に陥ったという極端なケース数件のみのようである（『主要行政事件裁判例概観2〔改訂版〕・租税関係編』295頁（法曹会）、以下「概観」と記す）。いずれも、内心と表示の不一致ではなくて、動機の錯誤というべきものである。

(2) **基本判例の読み方**

基本判例の文章の中からまず注意するべきは、「租税債務を可及的速かに確定せしむべき国家財政上の要請に応ずるものであり、納税義務者に対しても過当な不利益を強いる虞れがないと認めたからにほかならない」という論拠の部分である。そうすると、租税債務を可及的速やかに確定せしむべき国家財政上の要請の具体的ケースの強弱によって結論が異なってもおかしくなく、また、その要請に実質的に反するといえないようなケースや納税者に過当な不利益を強いるおそれがあるときにはこの厳しい判例がカバーする領域ではなく、申告納税制度下の納税者の意思を尊重して、錯誤無効を原則として認めるという解釈も成り立ち得るのである。

次に、基本判例の上記論拠の後の「従って」以降の解釈の部分は論理必然的なものではない。たとえば、金子宏『租税法〔9版増補版〕』（弘文堂）（以下「金子」と記す）631頁〜632頁では、申告には原則として民法の規定が準用されるとしながらも、判例と同種の論拠で「更正の請求以外にその是正を許さないならば納税義務者の利益を著しく害すと認められなる特段の事情がある場合を除いては民法95条の適用は排除されると解すべきであろう」とし、判例の「その錯誤が客観的に明白且つ重大であって」が除かれている。

さらに、更正の請求の除斥期間経過後、修正申告に錯誤があったときは、そもそも法は更正の請求を認めていないのであるから、この判例の論拠が使えるか否かという問題もある。特に税務調査に基づかないなど、自主的な修正申告に錯誤があったときなどに、かような厳しい条件をつけるというのは、自主申告制度の円滑な運用のために資するとは思えない。次に、判例の「確

定申告書記載事項の過誤の是正につき特別の規定を設けた所以は、……」の確定申告書という文言に着目して見よう。確定申告書については所得税法2条37号に定義規定があり、修正申告書とは異なる概念である（同条38号）。確定申告書については、申告期限が定められているからからこそ、「租税債務を可及的速かに確定せしむべき国家財政上の要請に応ずるものであり」といえるのであり、修正申告は更正あるまではなせるのであり、租税債務を可及的速やかに確定させるという要請はないといえる。そうすると、この判例は、修正申告まではカバーしていないという考え方も成り立つのである。

(3) 設問の考え方

設問1であるが、自主申告制度の建前を尊重し、納税者の意思を尊重するとするのが、個人の尊重（憲法13条）にも合致するので、民法の総則が基本的には準用されるが、租税法の特殊性から、準用されない場合もあるという考え方を採用したい。

次に設問2であるが、上記(1)申告行為の性格で説明したとおりであり錯誤ではなく、したがって無効にもならない。

〔演習問題〕

〔事例〕 相続税の申告書を申告期限日（平成14年2月1日）にイ税務署に提出してから2年経過しましたが、**税務調査**はありませんでした。被相続人の経営していたB財団法人に、その帳簿に載っていない合計約10億円の3口の預金があることがわかりました。この預金が相続財産なのか、被相続人が経営してそれらの預金の資金源と思われるA社の裏資産かが問題となり、A社の代表者と財団法人の代表理事になった私は、A社に帰属すると主張し、姉は相続財産だと主張し裁判になっています。姉が預金すべてを相続財産とする修正申告書を今月2月中に提出するといってきました。たまたま、今月はA社の申告月でもあったのでA社の裏資金となっていると思われる1口の預金は、預金をA社のものとする法人税の申告をし、他の預金は相続財産に入れて相続税の申告をすることとし、準備を甲税理士としていまし

177

た。ところが、作業が大変なので、相続税の申告は甲税理士の友人の乙税理士に依頼しました。平成16年2月末日午後になって、甲、乙が申告書ができたといって持ってきたが、時間がなかったので、乙税理士が相続税の修正申告書①を、イ税務署に提出し、甲税理士が法人税の過去7年分の修正申告書をロ税務署に提出しました。

　帰って来てから、上記裁判の代理人である丙弁護士が、相続税の修正書を確認してみら、何と、預金すべてが相続財産に入っていたのです。乙税理士が間違えてしまったとのことでした。翌朝一番で、乙税理士が税務署に昨日提出した申告書に間違いがあるので差し替えたい旨電話連絡して担当官の了解を得て、急いで申告書を書き直し、同税理士と私が、イ税務署に持参したところ差し替えはできないといわれ、①の取下書を提出し、控えに収受印を押捺してもらい、引き続き新しい修正申告書②をこれが正しいものですと告げて、原本を提出しその控えに収受印を押してもらいました。取下書の効力を税務署が認めるかどうかがはっきりしなかったので、加算税などの危険防止のために、翌日修正申告書①の税額を納付しました。1週間後に税務署から、修正申告書①が有効で、したがって修正申告書②は無効だといってきました。その後、税務調査があるなど折衝を重ねましたが、結局課税庁は、修正申告書②を認めず、修正申告書①を有効として、なお申告漏れがあるということで更正処分をしてきました。なお、修正申告書と同時期に提出された、法人税の修正申告書のうち6期前の分の修正申告書は、**取下書**を提出し受理されて、問題なく終わっています。

　また、その後の調査でB財団の裏預金はすべてA社に帰属すると判断できるようになったのです。ですから、異議申立手続においても、審査請求手続においても、B裏預金すべてがA社に帰属するつまり相続財産ではないとして争ったところ、税務署長も国税不服審判所も上記裏預金すべての帰属について、判断して、相続財産であると認定しました。

〔設　問〕
1　修正申告書①は、錯誤無効といえるか。その場合、全部無効か、錯誤の部分のみ無効か。
2　しからずとも、取下書の収受によって修正申告書①の効力がなくなったと言えないか。
3　仮に修正申告書①が無効ということになると、その申告書に対する更正処分の効力はどうなるのか。
4　課税実体要件で争う場合に、修正申告①を超える分ではなく、当初申告を超える分について争うことができるか。

〔設問のヒント〕
1　（設問1について）まず第1に、本件は更正の請求の除斥期間を経過しているが、課税庁の更正権の除斥期間は過ぎていない。つまり、取下書を認めても、課税庁は調査権を駆使して、増額更正処分をすることができるというケースであることに留意してほしい。
　　次に、前掲の基本判例の「確定申告書の記載内容の過誤の是正については、その錯誤が客観的に明白且つ重大であって、前記所得税法の定めた方法以外にその是正を許さないならば、納税義務者の利益を著しく害すると認められる特段の事情がある場合でなければ、所論のように法定の方法によらないで記載内容の錯誤主張することは、許されないものといわなければならない」とする部分のみに着目すると、救済しにくいケースであると思われる。
　　しかし、その判例の「そもそも所得税法が右のごとく、申告納税制度を採用し、確定申告書記載事項の過誤の是正につき特別の規定を設けた所以は、所得税の課税標準等の決定については最もその間の事情に通じている納税義務者自身の申告に基づくものとし、その過誤の是正は法律が特に認めた場合に限る建前とすることが、租税債務を可及的速かに確定せしむべき国家財政上の要請に応ずるものであり、」という部分に着目すると、本

事例が租税債務を可及的速やかに確定せしむべき国家財政上の要請にどれだけ反するというのであろうかということである。つまり、基本判例を、本件の特殊性を考慮せずに機械的に適用するということが、憲法の基本的人権尊重主義に照らして許されるのかどうかである。基礎事例での解説も踏まえて、ディベートして欲しい。

次に全部無効か一部無効かであるが、租税債務は金銭債務であることを前提に考えてみよ。

2　（設問2について）さらに考えてほしいのは、課税庁が取下書を収受したという事実の法的意味である。本事例では、最高最判例がいう「租税債務を可及的速かに確定せしむべき国家財政上の要請」を考える立場にある課税庁が、修正申告書の取下書（上記申告書をなかったものとする書面による意思表示であり、しかも単独行為である）を収受してしまったということは、収受によって、修正申告書の効力がなくなったと解せないかである。私人による公法行為は、それに基づいて行政行為が行われるまでは、原則として、自由に、その撤回、取消しができるものである（田中二郎『行政法〔上巻〕』111頁）。また、課税庁は法人税の申告書の取下げを現実に認めている。この違いは何かも考えて見る必要があろう。ディベートしてほしい。

3　（設問3について）修正申告が無効ということは、修正申告がなかったことになるということである。金子649頁は、申告がないにもかかわらず更正をしたときは、その更正は無効原因ではなく、取消原因にとどまると解すべきであり、納税義務者はその違法を争う利益を有しないと解すべきであろう、という。本件では、修正申告にかかわる金額については、納税義務者か否かが争われている事件である。

4　（設問4について）もし、修正申告書①が有効だとすると、更正の取消争訟で争えるのは、課税要件をめぐってということになる。その場合、修正申告の金額を越えない部分についてまで争えないとする判例（たとえば、大分地判昭和62・4・15シュトイエル308号1頁）がいくつかある（概観475頁

〜477頁参照)。

　ところで、増額更正は申告を吸収するという考え方がある。相続税の課税要件は実態的には一体不可分だから、これを分断して部分ごとに認定して、部分ごとに確定させることはできない。増額更正は課税要件事実を全体的に見直し、納税義務の内容すなわち税額を総額的に確定する処分であり、申告にかかわる税額に一定額を追加するものではないのであり、その根拠規定たる国税通則法24条も、増額更正を上記のような処分として規定していることがその文理上明らかである。

　上記の考え方によれば、申告にかかわる税額の部分も含めて取消訴訟を提起することとなる（以上、『租税訴訟の審理について』45頁〜46頁より）。国税通則法24条は、「税務署長は、納税申告書の提出があつた場合において、その納税申告書に記載された課税標準等又は税額等の計算が国税に関する法律の規定に従つていなかつたとき、その他当該課税標準等又は税額等がその調査したところと異なるときは、その調査により、当該申告書に係る課税標準等又は税額等を更正する」と定める。

　さらに、事例では、課税庁も国税不服審判所も、修正申告書①の金額を超えない部分について争うこと自体を否定していない。租税訴訟になって、課税庁（国）が、これを否定することが許されるのかも問題となる。ディベートを試みよ。

----- ☕ コーヒー・ブレイク ☕ -----

※新行政事件訴訟法の義務付け訴訟について

　申告の錯誤に関して本文で納税者救済のためのいろいろな解釈論を展開しているが、このたびの新行政事件訴訟法にはそのような解釈論を不要とするかもしれない規定がある。それは、義務付け訴訟といわれるものである。同法37条の2は「第3条第6項1号に掲げる場合において、義務付けの訴えは、一定の処分がされないことにより重大な損害を生ずるおそれがあり、かつ、その損害を避けるために他に適当な方法がないときに限り、提起することができる」と定め、第3条6項は「この法律で義務付けの訴えとは、次に掲げる場合におい

て、行政庁がその処分又は裁決すべき旨を命ずることを求める訴訟をいう」と規定し、2号では、「行政庁に一定の処分又は裁決を求める旨の法令に基づく申請又は審査請求がされた場合において、当該行政庁がその処分又は裁決をすべきであるにかかわらずこれがされないとき」とし、1号は「2号に定める場合を除き、行政庁が一定の処分をすべきであるにかかわらずこれがされないとき」と規定する。法定期限内の更正の請求は2号に該当するが、現在の実務でも救済が認められている。しかし、1号は税法が救済規定を置いていない場合である。更正の請求期限が過ぎてしまった後に申告の誤りに気がついたり、上記期限が過ぎた後にした修正申告に誤りがあったときなどは、37条の2で、司法救済の道が開けたと考えるのである。

次の問題は、第37条の2第5項の「……行政庁がその処分をすべきことができあることがその処分の根拠となる法令の規定から明らかであることが認められ、……ときは、裁判所は、行政庁がその処分をすべき旨をすべき旨を命ずる判決をする」という規定である。減額更正の根拠法令は国税通則法24条である。納税者が更正の請求ができなくなっても、課税庁は減額更正をする権限を除斥期間満了までは持っている。**権限**は権利とは違い、行使すべき場合は行使しなければいけないのであり、義務とも言えるのであるから、申告よりも税額が少ないことを立証すれば、義務付け判決が出るとの解釈は成り立ち得よう。ただし、申告税額よりも真の税額が低いことの主張立証責任はこの場合は納税者が負うことになろう（本書第13章参照）。現在実務では、減額更正の嘆願という形で行っているが、それに課税庁が応じなかった場合には、37条の2の要件を満たせば、司法救済が受けられると筆者は考える。しかし、本稿執筆中現在は、いまだ改正法施行前であり、改正法をめぐる解釈論もこれからであり、どのように法が運用されるのかを待たねばなるまい。

II　質問検査権をめぐる現代的諸問題

1　事例2

●事例2●

①　私は所得税の青色申告の承認を得ている鞄小売業者ですが、ある日、

営業中に税務職員がいきなり来て、「調査に来たので、いろいろ調べさせてください」というのです。私は「申告は済ませています。理由を示してください」と言ったら、「いろいろあってね。税務調査に応じるのは、あなたの義務ですよ」と強く言われて、仕方なく調査に応じました。

② 税務調査中に、ある権利について問題になりました。その件については誤解が受けやすい事情があり、ちょっとした紛争になっていて、弁護士が私の代理人として動いていてくれて、私よりも事情をよく知っているので、彼を立ち会わせ、説明させてほしいと言いました。しかし、税務署員に、その必要はない、書類を調べれば十分だといって、断られてしまいました。

③ 調査は、ひどいもので、その辺の書類などを、勝手にがさごそと探し出し、調べて、書類を取り出し、「これをコピーしてください」と言うのです。私が「何でそんなことまでできるのですか」と言ったのですが、「おかしな点があるのだから、さあ‼」といわれ、私も怖いのでコピーをしました。とても悲しい思いをしました。この調査の後で増額更正処分を受けてしまいました。

2　設　問

1　事例の調査官の一連の行為は適法か否か。

3　関連条文と基本判例

　本項の問題点を理解するためには、下記の法令と判例を十分に理解しなければならない。

第5章　課税義務の確定手続の諸問題と「法の支配」

● 関連条文 ●

行政手続法

第1条　この法律は、処分、行政指導及び届出に関する手続に関し、共通する事項を定めることによって、行政運営における公正の確保と透明性（行政上の意思決定について、その内容及び過程が国民にとって明らかであることをいう。第38条において同じ。）の向上を図り、もって国民の権利利益の保護に資することを目的とする。

所得税法

（当該職員の**質問検査権**）

第234条　国税庁、国税局又は税務署の当該職員は、所得税に関する調査について必要があるときは、次に掲げる者に質問し、又はその者の事業に関する帳簿書類（その作成に代えて電磁的記録（電子的方式、磁気的方式その他の人の知覚によつては認識することができない方式で作られる記録であつて、電子計算機による情報処理の用に供されるものをいう。）の作成がされている場合における当該電磁的記録を含む。第242条第9号において同じ。）その他の物件を検査することができる。

　一　納税義務がある者、納税義務があると認められる者又は第123条第1項（確定損失申告）、第125条第3項（年の中途で死亡した場合の確定申告）若しくは第127条第3項（年の中途で出国をする場合の確定申告）（これらの規定を第166条（非居住者に対する準用）において準用する場合を含む。）の規定による申告書を提出した者

　二　第225条第1項（支払調書）に規定する調書又は第226条から第228条の2まで（源泉徴収票等）に規定する源泉徴収票、計算書若しくは調書を提出する義務がある者

　三　第1号に掲げる者に金銭若しくは物品の給付をする義務があつたと認められる者若しくは当該義務があると認められる者又は同号に掲げる者から金銭若しくは物品の給付を受ける権利があつたと認められる者若しくは当該権利があると認められる者

2　前項の規定による質問又は検査の権限は、犯罪捜査のために認められたものと解してはならない。

第242条　次の各号のいずれかに該当する者は、1年以下の懲役又は20万円以下の罰金に処する。ただし、第3号の規定に該当する者が同号に規定する所得税について第240条（源泉徴収に係る所得税を納付しない罪）の規定に該

当するに至つたときは、同条の例による。
八　第234条第1項（当該職員の質問検査権）の規定による当該職員の質問に対して答弁せず若しくは偽りの答弁をし、又は同項の規定による検査を拒み、妨げ若しくは忌避した者
九　前号の検査に関し偽りの記載又は記録をした帳簿書類を提示した者

● **基本判例** ●

所得税法違反被告事件［荒川民商事件上告審決定］
【事件番号】　最高裁判所第3小法廷決定／昭和45年㋐第2339号
【判決日付】　昭和48年7月10日
　理　　由
1～9省略
10　所得税法234条1項の規定の意義についての当裁判所の見解は、次のとおりである。
　所得税の終局的な賦課徴収にいたる過程においては、原判示の更正、決定の場合のみではなく、ほかにも予定納税額減額申請（所得税法113条1項）または青色申告承認申請（同法145条）の承認、却下の場合、純損失の繰戻による還付（同法142条2項）の場合、延納申請の許否（同法133条2項）の場合、繰上保全差押（国税通則法38条3項）の場合等、税務署その他の税務官署による一定の処分のなされるべきことが法令上規定され、そのための事実認定と判断が要求される事項があり、これらの事項については、その認定判断に必要な範囲内で職権による調査が行なわれることは法の当然に許容するところと解すべきものであるところ、所得税法234条1項の規定は、国税庁、国税局または税務署の調査権限を有する職員において、当該調査の目的、調査すべき事項、申請、申告の体裁内容、帳簿等の記入保存状況、相手方の事業の形態等諸般の具体的事情にかんがみ、**客観的な必要性があると判断される場合**には、前記職権調査の一方法として、同条1項各号規定の者に対し**質問**し、またはその事業に関する帳簿、書類その他当該調査事項に関連性を有する物件の**検査を行なう権限を認めた趣旨**であって、この場合の質問検査の範囲、程度、時期、場所等実**定法上特段の定めのない実施の細目については、右にいう質問検査の必要があり、かつ、これと相手方の私的利益との衡量において社会通念上相当な程度にとどまるかぎり、権限ある税務職員の合理的な選択に委ねられている**ものと解すべくまた、暦年終了前または確定申告期間経過前といえども質問検査が法律

> 上許されないものではなく、**実施の日時場所の事前通知、調査の理由および必要性の個別的、具体的な告知のごときも、質問検査を行なううえの法律上一律の要件とされているものではない。**
>
> （太字化筆者）

4 基本判例の現代的解釈

(1) 調査が合法である要件

　基本判例から調査が合法である要件を抜き出すと、第1に、調査官において、諸般の具体的事情にかんがみ、客観的な必要性があると判断されることが必要である。第2に、実定法上特段の定めのない実施の細目については、質問検査の必要性と相手方の私的利益との衡量において社会通念上相当な程度にとどまること。第3に　調査官の選択に合理性があること、となろう（鶴見祐策「質問検査権行使に関する裁判例の具体的な展開」北野弘久先生古希記念論文集刊行会編『納税者権利論の展開』（勁草書房）、以下「鶴見」と記す）。

　そして、行政が適法になされたことについての主張立証責任は基本的に行政側にあるとするのが、現在では学説・判例とも有力になっているといってよい（詳細は、第13章「裁判を受ける権利の立証責任」の項参照）。さらに平成5年に制定された上記行政手続法1条により、国家は、行政の透明性（行政上の意思決定について、その内容および過程が国民にとって明らかであることをいう）の向上を図り、もって国民の権利利益の保護に資することが要請される時代になったのであるから、調査官は被調査者から上記合法性の3つの要件に関して問われたときは、適切な説明をするということが、第4の要件として加えられなければいけないであろう。

　したがって、基本判例の「実施の日時場所の事前通知、調査の理由および必要性の個別的、具体的な告知のごときも、質問検査を行なううえの法律上一律の要件でない」としても、本事例で言えば、被調査者の私的利益との具体的な比較衡量のうえに、事前通知なくして調査することの必要性があった

こと、および調査の必要性があることについて、適切な告知することが合法性の要件となろう。(曽和俊文「質問検査権をめぐる紛争と法」(芝池編)、以下「曽和」と記す。125頁〜126頁、鶴見665頁〜666頁参照)。

(2) 調査の客観的必要性とは

「調査の客観的な必要性」については、基本判例の文理だけでは必ずしも明らかでなく、実務上も重要な2つの学説の対立があるので触れておく。

第1説は、「当該納税者に対して特に調査しなければならない個別的必要性が要求される」という見解である（**個別的必要性論**・鶴見662頁〜663頁)。第2説は、「正しい課税標準はいくらか、申告が正しいかどうかを確認する必要がある場合等広くその行使を認められている」とする見解である（**一般的必要性論**・曽和117頁)。この解釈のためにまず考慮するべきことは、申告納税制度が、納税者に不必要な負担をかけることなく、円滑に機能することであり、そのためには、納税者側が正しい申告をしたことについての最低限の担保は一般論として必要であるということである。特定の納税者の申告が正しくなされているか否かの資料をいまだほとんど持っていない税務署に、調査の個別的必要性まで求めることは酷であること、それでは、ほとんど偶然により質問検査権の必要性が起きてしまうであろう（これが公平原則に反することは明らかである）こと、申告が合法的にされていることの担保として、納税者にその根拠資料を税務署に開示することを求めることは、決して酷とはいえないことは認めるべきであろう。

しかし、第2説のように、広く質問検査権の行使を認めてしまうと、質問検査権の他の要件が、課税庁の裁量に任せられていることと相まって、質問検査権の濫用を防止しにくくなることも確かである。このように考えると、私見であるが、第1説に立ちながらも、個別的必要性を「例えば過少申告についていえば、過少申告を疑うについての相当の理由がある」などという厳しい要件を常に課すのではなく、たとえば、事業所得でいえば、事業開始後の申告について、記帳が正しくされているか否かを確認するためというだけでも、個別的必要性があるというべきである。そして、1度記帳が正しくさ

れていることが確認されて、申告が正しくなされていることの担保を提供した事業者については、過少申告を疑うについての相当の理由が必要となると解釈すべきではないか。その意味では、1回的な相続税の調査などについては、いまだ、申告が正しくなされていることの担保を納税者は提供していないのであるから、その納税者の申告が正しくされているか否かの確認をする必要が、個別的な必要性ということになるのである。

(3) 設問の考え方

(ア) 事例①について

前掲基本判例の理由1では、「前記規定の犯罪構成要件としての不明確性を主張して違憲（31条）を言う点は、右規定の文言の意義は後記理由10において示すとおりであってなんら明確性を欠くものとはいえない」という。基本判例理由10を筆者のごとく調査の必要性等の告知を合法性の要件とすると解釈してこそ、そういえるであろう。本事例のように、事前通知もなしに営業中に来て、調査の必要性を告知されないで、納税者は、どうやって、調査受忍義務があるか否か、応じなければ犯罪になるかの判断をしろというのであろうか。担当官は、事前連絡なしに営業中に来たことの理由および調査の理由を告げられない理由を少なくとも明らかにするべきであろう。したがって、本件担当官の調査には違法があるといえよう。

(イ) 事例②について

事例②であるが、誰の立会いを認めるかについても、前掲の基本判例が出てから、調査官の裁量事項であるとするものが多い（概観2・379頁〜380頁）。そうだとしても、このケースが合理的といえるであろうか。複雑な事情のある問題につき、納税者よりも事情を知っている民事問題についての代理人弁護士の立会い説明を不要として、帳簿・書類のみで判断するというのは、真実発見のための手段として偏頗と言われても仕方がないといえよう。別な視点から見るに、調査協力義務というのは、申告納税制度のもとでは、納税者の自主性を大切にするべきであって、納税者が調査官の理解を得るために自らの費用で弁護士を立ち会わせることを否定するのは、それ相応の理由が必

要であろう。

　課税庁側は第三者の立会いを拒否する根拠として税務職員の守秘義務を根拠に立会いを拒否することが多いが、税務調査の守秘義務は本来納税者保護のために認められるものであるので、納税者が立会いを求めているケースの論拠にはなり得ない。したがって、この点についても違法があるといってよい。

　なお、弁護士の立会いを拒否するときに、税理士ではないので（税理士法51条「弁護士は、所属弁護士会を経て、国税局長に通知することにより、その国税局の管轄区域内において、随時、税理士業務を行うことができる」）代理人資格がないということを根拠とするケースがあるが、この事例では、納税者の税務代理人としての立会いを求めているわけではないので、その論法は当てはまらないし、たとえば本事例で、このことを根拠に、立会いを拒否したとすると、行政裁量の基礎となった事実に誤認があったことになり違法理由になる（行政裁量の統制一般については「ケースブック行政法」（弘文堂）58頁参照、本事例については60頁参照）。本項全般については曽和126頁〜127頁、鶴見667頁〜669頁参照。

　(ｳ)　事例③の書類の探索行為について

　質問検査権の行使は、罰則が背後にあるとはいえ任意調査（被調査者の意思を尊重する）であり、強制調査（被調査者の意思を無視する）ではないので、事例の調査官の行為は納税者の意思を無視した捜索活動といってよく、捜索は裁判官の令状がなくてはできないのであるから（国犯2条1項2号）、やはり違法である。ただし、承諾は黙示でもよいとされるので、裁判においての立証レベルでは注意が必要であろう。

〔演習問題〕

1　上記事例で、調査官の行為が違法だとしたら、更正処分の**取消理由**になるか。

〔ヒント〕　筆者の体験では、手続的違法を理由に争う場合には異議申立て・不服審判はほとんど頼りにならないといってよい。不服審判所で調査の違法については管轄外とまで言われたことがある。

　次に調査の違法があったときでも、課税庁が違法な事実を認めることがまずない。さらに、手続の違法を理由に更正処分を取り消した最高裁判例は寡聞にして知らない。著しい違法性を有する場合は、更正・決定が違法なるという見解もある（金子672頁。金子は質問検査権の諸問題について、判例の紹介と、基本的にそれへの追随をしているのみで、「立法上・行政上のその手続的整備の必要性は大きいといえよう」（671頁～672頁）というにとどまる）。同見解と同趣旨の下級審判例がいくつかあるが、調査が刑罰法規に触れる場合、調査権の濫用と言えるような場合、公序良俗に触れる場合で、しかもその調査のみに基づいて更正が行われた場合に取り消されることがあるようである（概観382頁～385頁）。所得税法が求める「調査に基づいての更正」とはいえないケースのみのようである（税通24条参照）。

　したがって、事例の場合は、更正の理由にも左右されるし、今までの判例の傾向では、取消理由になるとまでは言えまい。しかし、国家賠償による救済、該当公務員に対する制裁だけに任せていてよいのだろうか。違法な行政を可及的に少なくするためには、軽微な違法を除いて取消事由になると解するべきではないか。事例3のように、違法理由がいくつもあるような場合には取消理由になると言えるのではないか。もちろん、軽微な違法とは何かについては、解釈は分かれよう。**合法性の原則**と**適正手続の保障**との調和点をどこにするかは非常に難しい問題である。後記するごとく、所得税などにおける更正の理由附記に関しては、判例の傾向が課税庁にとって厳しい解釈をしていることと比べると、質問検査権に関する過去の判例が合法性の原則に傾きすぎていることの理由はどこにあるのであろうか、を考えてほしい。

第 2 節　課税権の確定手続の諸問題と法の支配

■ コーヒー・ブレイク ■

※選択の自由について（遡及課税禁止の原則）

　憲法は自由主義を採用している。今日進められている司法改革でも行政改革でも「自由で公正な社会を目指す」って言っている。でも自由って何だろう。人間に本当の自由なんてあるの。まず、生まれてくる自由はないよね。「3つ子の魂百まで」って言うとおりで、自分の人格形成だって、育ててくれた大人たちによってほとんど決まるよね。いつまでも死なない自由もないよね。結局人間は、たとえば右へ行くか左へ行くかどうするかってときに、自分で決める自由があるって言えば自由というくらいだよね。それを哲学者は選択の自由とかいってるみたい。でもこの選択の自由についても、人間の行為は因果の法則に支配されているので自由はないという考え（決定論）と、いやそうではない、人間には自由があり、因果の法則を打ち破ることができる（非決定論）という考え方や、因果の法則に支配されつつも、限られた範囲内で自由があるという考え方（折衷説？）もある。自由を認める考え方によれば、誰が決めたのでもなく、自分の決めたことだから、その結果についても自分が責任を持つのが当たり前だし、自分がやってはいけないと思うことを、欲望に負けてしまったりして、やってしまったときに、何よりもまずもう1人の自分（自分の倫理観）がやってしまった自分を責めるということになるんだって。でも、自分の倫理観だって、自分が自由に形成したものでもないし、自分が育った環境の影響も大きいし遺伝もあるらしい。そういうことが、刑法で言えば、人格責任論と社会的責任論に分かれた理由らしいよ。正義論とかで、リベラリズムに対抗して、衰退したコミュニズム（共産主義）の代わりにコミュニタリアリズム（共同体論）がでているのもその辺の疑問が基本らしい。

　でも憲法は自由主義を基本においている。だとしたら、人間がわずかに持っている選択の自由を行使するときの基礎となる法律を、後から遡って変えられるような社会では、安心して選択できないよね。幸福追求権は自由が基本だから、幸福追求権の侵害になるのではないの？　租税法律主義に違反するという考え方の方が多いみたいだけれど。

　所得税で言えば、ある種類の所得があっても、他の種類の所得が同じ額だけマイナスだったら、トータルとしての所得がなくて税金は払えない。だから、いろいろな所得の損益を通算して課税の基準になる所得を決めるのが当然だと思うのだけれど、そうなってないことも結構あるらしいよ。しかも、平成16年

(2004年)の立法では、それまで**損益通算**ができたのに、法律ができた前の1月1日に遡って、不動産の譲渡所得の損益と他の損益とを通算しないって法律ができたんだって。損益通算できると思って譲渡したのに後になって、損益通算できなくなるなんて世の中では、安心して譲渡するかどうか決められないよね。まったく、この国の為政者は、日本国憲法をどこかの国の憲法だと思っているのかな。まあ、確かに、日本国憲法は、当時日本の統治権を持っていた連合国最高司令官が、日本の統治機構を手足として使ってつくった占領法規だという考え方が理論的には正しいと思うけれどね（衆議院憲法調査会平成12年3月23日の参考人高橋正俊氏（香川大学法学部教授）の意見参照）。

Ⅳ　更正の理由附記

1　事例3

● 事例3 ●

　私は、昨年度分の所得につき、青色申告書により、所得金額を金2,504,300円と確定申告をしていたのですが、税務署長は、同所得金額を3,504,500円と更正し、その理由として「売買差益率を検討した結果、帳簿額が低調なので、調査差益率により基本金額修正し、所得金額を更正しました」と附記した更正通知書を送ってきました。

2　設　問

1　**青色申告書**に対する更正処分に理由附記を命ずる規定の趣旨は何か。
2　たとえば、相続税法には更正処分の理由附記の規定はないが、相続税における更正処分に理由附記は不要と解するべきか否か。

3　行政手続法と国税通則法の関係

　行政手続法第3章第14条（不利益処分の理由の提示）は「行政庁は、不利益処分をする場合には、その名あて人に対し、同時に、当該不利益処分の理由を示さなければならない。ただし、当該理由を示さないで処分をすべき差し迫った必要がある場合は、この限りでない。
　行政庁は、前項ただし書の場合においては、当該名あて人の所在が判明しなくなったときその他処分後において理由を示すことが困難な事情があるときを除き、処分後相当の期間内に、同項の理由を示さなければならない。
　不利益処分を書面でするときは、前2項の理由は、書面により示さなければならない」と処分の理由開示を定めている。
　しかし、国税通則法74条の2（行政手続法の適用除外）は、

　　「行政手続法（平成5年法律第88号）第3条第1項（適用除外）に定めるもののほか、国税に関する法律に基づき行われる処分その他公権力の行使に当たる行為（酒税法（昭和28年法律第6号）第2章（酒類の製造免許及び酒類の販売業免許等）の規定に基づくものを除く。）については、行政手続法第2章（申請に対する処分）及び第3章（不利益処分）の規定は、適用しない。

　　　行政手続法第3条第1項、第4条第1項及び第35条第3項（適用除外）に定めるもののほか、国税に関する法律に基づく納税義務の適正な実現を図るために行われる行政指導（同法第2条第6号（定義）に規定する行政指導をいい、酒税法第2章及び酒税の保全及び酒類業組合等に関する法律（昭和28年法律第7号）に定める事項に関するものを除く。）については、行政手続法第35条第2項（行政指導に係る書面の交付）及び第36条（複数の者を対象とする行政指導）の規定は、適用しない。

　　　国税に関する法律に基づき国の機関以外の者が提出先とされている届出（行政手続法第2条第7号に規定する届出をいう。）については、同法第37条（届出）の規定は、適用しない」

と規定する。

つまり、理由附記を定めている条文を含む行政手続法第3章の規定を適用しないと定めていて、国税通則法28条2項の更正通知書の記載事項には「更正の理由」は入っていない。

そして、行政手続法と国税通則法は一般法と特別法の関係あること、所得税法・法人税法などで、理由附記規定を設けている反対解釈として、規定のない場合は、理由附記不要とするのが判例の傾向である。しかし現代においてそれでよいのであろうか。

4 基本判例

●最高裁昭和36年(オ)第84号所得税青色審査決定処分等取消請求事件(原判決破棄、被上告人の請求棄却)(確定)(納税者勝訴)(民集17巻4号617頁)●

判　決（昭和38年5月31日言渡）

右当事者間の所得税青色審査決定処分等取消請求事件について、東京高等裁判所が昭和35年10月27日言い渡した判決に対し、上告人から全部破棄を求める旨の上告申立があり、被上告人は上告棄却の判決を求めた。よって、当裁判所は、次のとおり判決する。

主　文

原判決を破棄する。
被上告人の控訴を棄却する。
訴訟費用は、各審を通じ被上告人の負担とする。

理　由

上告代理人霜山精一、同吉岡秀四郎、同緒方勝蔵の上告理由第1点および第2点について。

原判決の確定した事実によれば、上告人は所得税青色申告の承認を受けたものであるが、昭和31年度分の所得につき青色申告書により所得金額を309,422円と確定申告したところ、小石川税務署長は、昭和32年7月29日附をもって右所得金額を444,695円と更正した。ところが、その通知書には更正の理由として、「売買差益率検討の結果、記帳額低調につき、調査差益率により基本金額修正、所得金額更正す」と記載されていた、また、被上告人東京国税局長がし

た本件審査決定の通知書には棄却の理由として、「あなたの審査請求の趣旨、経営の状況その他を勘案して審査しますと、小石川税務署長の行った再調査決定処分には誤りがないと認められますので、審査の請求には理由がありません」と記載されており、なお、右小石川税務署長の再調査決定通知書には「再調査請求の理由として掲げられている売買差益率については実際の調査差益率により店舗の実態を反映したものであり、標準差益率によった更正ではなく、当初更正額は正当である」との理由が附記されていた、というのである。

　一般に、**法が行政処分に理由を附記すべきものとしているのは、処分庁の判断の慎重・合理性を担保してその恣意を抑制するとともに、処分の理由を相手方に知らせて不服の申立に便宜を与える趣旨に出たものであるから、その記載を欠くにおいては処分自体の取消を免れないものといわなければならない。**ところで、どの程度の記載をなすべきかは処分の性質と理由附記を命じた各法律の規定の趣旨・目的に照らしてこれを決定すべきであるが、所得税法（昭和37年法律67号による改正前のもの、以下同じ。）45条1項の規定は、申告にかかる所得の計算が法定の帳簿組織による正当な記載に基づくものである。

　以上、その帳簿の記載を無視して更正されることがない旨を納税者に保障したものであるから、同条2項が附記すべきものとしている理由には、特に帳簿書類の記載以上に信憑力のある資料を摘示して処分の具体的根拠を明らかにすることを必要とすると解するのが相当である。しかるに、本件の更正処分通知書に附記されて前示理由は、ただ、帳簿に基づく売買差益率を検討してみたところ、帳簿額低調につき実際に調査した売買差益率によって確定申告の所得金額309,422円を444,695円と更正したというにとどまり、いかなる勘定科目に幾何の脱漏があり、その金額はいかなる根拠に基づくものか、また調査差益率なるものがいかにして算定され、それによることがどうして正当なのか、右の記載自体から納税者がこれを知るに由ないものであるから、それをもって所得税法45条2項にいう理由附記の要件を満たしているものとは認め得ない。（太字化筆者）

5　基本判例の現代的意味

　上記判例は、所得税法45条2項の理由附記規定の趣旨を解釈し、それに基づいて、規定の趣旨に基づいた理由の附記がないとして更正処分を取り消し

ている。そしてその解釈は、昭和38年という、行政国家現象・イデオロギーの対立が租税訴訟においても色濃く反映されていた当時における判例としては、納税者の立場を考えた画期的なものと言えよう。指導的な判決となったものと十分理解できるのである。

　しかし問題は、昭和37年以前は相続税・贈与税など理由附記規定があったが、同年の相続税法の改正により、理由附記規定がなくなったことである。白色申告に対するものも含めて、理由附記規定のない更正処分について、理由附記を要するとしている判例はないようである（概観350～351頁参照）。

　しかし、平成5年に制定された行政手続法1条1項は、「この法律は、処分、行政指導及び届出に関する手続に関し、共通する事項を定めることによって、行政運営における公正の確保と透明性（行政上の意思決定について、その内容及び過程が国民にとって明らかであることをいう。第38条において同じ。）の向上を図り、もって国民の権利利益の保護に資することを目的とする」と規定している。この規定の、「行政上の意思決定について、その内容及び過程が国民にとって明らかであることをいう。……」によれば、国民に不利益を課する処分について、その内容および過程が明らかであるためには、理由附記は当然と言えまいか。まして、司法改革審議会の答申が出た今日においてはということになる。

　そこで、上記最高裁の判例と行政手続法1条を脈絡させて考えるに、上記判例の「法が行政処分に理由を附記すべきものとしているのは、処分庁の判断の慎重・合理性を担保してその恣意を抑制するとともに、処分の理由を相手方に知らせて不服の申立に便宜を与える趣旨に出たものであるから、その記載を欠くにおいては処分自体の取消を免れないものといわなければならない」という部分と行政訴訟法1条を総合して考えれば、理由附記規定のある所得税だけでなく、明文の規定のない相続税についても上記「　」書きの部分は当てはまるのである。上記判例は、現代では上記「　」の部分が重要な意味を持っているといえるのである。国税通則法が、行政手続法第3章の規定の適用を排除しているのは、租税に関しては別の手続規定を設けるから

という趣旨であり、行政手続法1条の基本規定まで排除しようとする趣旨であるわけはないのだから、課税手続についても、同条は尊重されるべきであり、所得税法などが理由附記規定を置いているのは、帳簿の公定力という特殊性に基づいて、特に帳簿よりも信憑性のある証拠に基づいて理由を具体的に書けという意味であり、理由附記規定を置いていない場合について、理由附記が不要とする趣旨ではないと解するべきではないか。

次に、上記判例の下から3行目の「右の記載自体から納税者がこれを知るに由ないものであるから」という文言も、理由書自体から納税者が知りえなければならないし、たとえば、税務調査などにおける担当官の説明などでたまたま理解しえるとしてもいけないし、異議決定などで補充することはできないなどの意味での指導的な判決となっている。

〔演習問題〕
〔事例〕 相続税の更正通知書の「○ この通知に係る処分の理由」欄に「本件はあなたが提出した修正申告書に、A社に対する貸付金の申告漏れ及び土地などの評価に誤りがあることから変更するものです」と書かれているのみで、通知書全体を見ても、なぜA社に対する貸付金が相続財産と認定したのか、また、どの土地の評価にどのような誤りがあるのかについても、さらに課税庁がどのような評価基準に基づいて評価したのさえ記載されていない。

〔設　問〕
1　このような更正処分に対して、上記理由記載不備を問題にしてどのように争うか。

〔ヒント〕 上記事例は筆者が担当している、更正処分取り消し訴訟事件で現実にあったことであるが、
①　事例の理由のみで、処分が慎重になされたことが担保されているか。

② かような理由のみで、納税者は争う手段を見い出せるか。
③ 相続税における課税要件事実はこのケースでは何か。
④ 行政手続法1条と照らし合わせてどうか。
⑤ なお、金子9版（650頁）は、青色申告に対する更正に関してであるが、更正の理由とは、㋐更正の原因となる事実、㋑それへの法の適用、および結論の3つを含む趣旨であると解されるとしている。

　金子は青色申告以外の理由付記について触れていない。
⑥ 以下に、この点についての、主張例を記載するので、主張例をよりベターにすることおよび、これに対する被告側の反論をどう書くかを考えてみよ。

6　理由不備についての原告の主張例

　被告は、原告が引用した最高裁昭和38年5月31日判決は、青色申告の場合の更正通知書に記載すべき理由附記について判示したものであって、白色申告の場合の更正通知書には理由の附記は必要なく、相続税の場合についての更正通知書についても理由の附記は必要ないと主張する。

　確かに、白色申告についての更正通知書や相続税についての更正通知書には理由の附記の明文の規定はない。しかし、青色申告についての更正通知書に理由の附記が求める趣旨、すなわち、①税務署の判断の慎重・合理性を担保してその恣意を抑制すること、②処分の理由を相手方に知らせて不服の申立てに便宜を与えること、は相続税の申告についての更正処分においても同様に要請されることであり、相続税法が理由の附記を規定していないとの理由だけで、理由の附記を不要とする思考には合理性はない。

　青色申告における更正通知書の理由附記によって守られる国民の利益を含め、行政手続に関する国民の権利が究極的に憲法によって基礎付けられるものであり、国民に不利益を与える処分をなすには、本来的には聴聞・弁明の機会が与えられるべきとするのが憲法の求めるところであって、不利益処分に理由を附記することは、聴聞・弁明手続に比べはるかに処分庁に与える負

担が少ないものであり、しかも理由なく不利益処分を課すこと自体がありえないことを考えれば、新たな課税をもたらす更正通知書に理由を附記することは、法律の定めを待つまでもなく、憲法上の要請と解するべきである（久保茂樹「納税者の手続き的権利と理由附記」・芝池義一他編『租税行政と権利保護』147頁〜151頁参照）。行政手続法（特にその第1条）はまさにそのような憲法上の要請を受けて平成5年に制定されたものであり、同法制定前の上記判例を機械的に引用するのは、今日では許されない。

　したがって、更正通知書に理由を附記することが相続税の申告についての更正通知書にも要求されると解するべきである。

　そして、相続税の更正通知書の理由の附記の程度は、行政手続法1条の「行政運営における公正の確保と透明性（行政上の意思決定について、その内容及び過程が国民にとって明らかであることをいう。）の向上を図り、もって国民の権利利益の保護に資することを目的とする」に照らして考えるべきである。そうすると、少なくても、まず、どのような理由でA社に対する貸付金が被相続人に帰属する（相続財産）と認定したかが示されていなければいけないはずである。本件更正通知書には、「A社に対する貸付金の記載漏れ」と記載されているだけで、「A社に対する貸付金」がいかなる理由から相続財産に含まれるかの記載はない。「借地権の計上漏れ金330万円」とのみの記載につき、当該借地権がどのようなものか、その価額がなぜ課税対象として計上されるのかなどを全く知ることができない、として理由不備とした判例がある（最二小判昭和47・3・31民集26巻2号319頁）。また、土地の評価については、被告税務署がどのような評価基準によっているのかさえ示されていないとして、理由不備とした最二小判昭和51・3・8（民集30巻2号64頁参照）がある。かかる程度の理由では、処分を受けた者にとって何をどのように不服を申し立てればよいかの判断はできないのである。

　よって、本件更正処分は、その更正通知書に記載されるべき理由附記の不備の違法があって、取り消しを免れない。

第5章　課税義務の確定手続の諸問題と「法の支配」

■コーヒー・ブレイク■

※司法制度改革激動の時代を感じさせる画期的逆転判決出る！

　賦課決定処分については取り消したものの、本税についての更正処分の取り消しを認めなかった東京地裁民事3部のいわゆる藤山判決に対して、高裁が納税者完全勝訴の逆転判決を出した（東京高裁1民平成16・9・29（タインズコード Z888-0900）・同年11月4日更正決定・同年同月15日追加判決）。

〔事実の概要〕　課税庁出身という前歴を悪用して脱税申告を繰り返していた**税理士**が、居住用資産の譲渡にかかわる特例（税特措31条の3および35条1項）に従った申告をするべく依頼した納税者の意思に反して、上記特例を適用せずに、取得価額を水増しして税額をゼロとする申告をし、納税者からは納税額名義金員を騙し取っていた。納税者も税理士をほとんど盲信して申告書記載事項などについて、税務調査を受けるまで確認を全くしなかった。その後、納税者が上記特例に従った修正申告をしたが、課税庁は確定申告で上記特例に従った申告をしなかったことにつき「やむを得ない事情」（税特措31条の3第4項および35条3項）があったとは認めずに、当初申告に対して更正処分および賦課処分をした（賦課処分について一部省略した）。

〔高裁判決の意義〕　①税理士が独立して公正な立場において納税義務の適正な実現を図る使命（税理士法1条）を負っていること。②同税理士が、長年にわたり大胆不敵な脱税を行っていたのを、税理士の監督官庁（税理士法第5章など）が放置してきたことに着目して、いわゆる**比較衡量論**により、「やむを得ない事情」があったとして、修正申告を認め、同申告を越える部分の更正処分を取り消した。この判決は、納税者勝訴判決を多く出したものの、その多くが控訴審で取り消されている東京地裁民事3部ですら、特例処置に関する法は厳格に解するべきであるとの従来の考えを基本に、納税者が税理士の選任監督不十分だった点に着目して、「やむを得ない事情」ありと認めなかった（東京地判平成15・6・27国税庁訴資 Z888-0749）のに対して、「やむを得ない事情」の解釈適用につき、納税者側の事情だけで判断するのではなく、いわゆる比較衡量論に立ち、納税者・代理人税理士・課税庁それぞれの立場・行為を比較検討して判断した高裁が、やむを得ない事情ありと認めて取り消したという意味でも画期的である。

〔ヒラメ裁判官はいらない〕　新任裁判官の辞令交付式で、町田最高裁判所長官が「上級審の動向や裁判長の顔色ばかりをうかがう『**ヒラメ裁判官**』は歓迎し

ない」と司法権内部における裁判官の独立を強く呼びかけた（朝日新聞2004年10月19日付朝刊）のが、この判決がでた約20日後であり、この判決文を注意深く読むと揺れ動いた形跡があるだけでなく、判決主文記載漏れ等で更正決定・追加判決を出すなど、本稿執筆中現在弁論再開中であることは、司法改革の激動の時代を非常に強く感じさせる。

（青木康國）

第6章　租税法律主義と租税回避

I　事　例

●事例●

　ZとX（Zの子）は、下記の図ように土地A、BおよびCを所有し、その上に建物Dを所有していた（その後、Zは死去し訴訟継承されたが、ZとXを合わせて以下「Xら」という）。

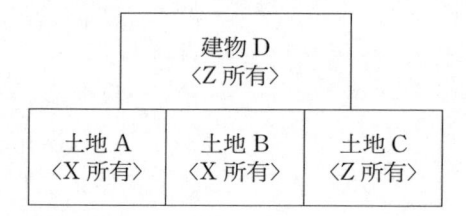

```
            建物 D
           〈Z所有〉
  土地 A    土地 B    土地 C
 〈X所有〉  〈X所有〉  〈Z所有〉
```

　不動産業者E企画は、この土地の周辺の地上げを進めており、Xらに対し、これら土地の売却購入を申し込んできた。Xらには、売却しなければならない理由はなかったが、地上げが進行し環境が悪化したこともあり、近隣にこれらの土地とほぼ等価の土地を用意しその上に建物を新築し、またそれに伴う諸経費、損失をまかなえれば売却に応じることとした。

　その結果、土地AおよびBと土地Cの借地権およびD建物を総額約7億3313万円（うち、D建物は無価値と評価した）で売買する旨合意に達した。なおこの取引は一度、8億5千万円強で出された国土法による届出が勧告を受けたので、価格をこの額に引き下げ再度届出をし、不勧告とされた金額である。

　一方、E企画は、Xら対して、土地Fおよび隣接する土地Gの借地

権およびその上に存する建物 H を合計 4 億3400万円で売却する契約をした。なおこの土地 F、土地 G 借地権および建物 H は、E 企画がこの取引の直前に約 8 億 8 千万円で購入したものであった。

また、X らはこの取引の後に土地 G の所有者であった東京都から所有権（底地）を購入した。

```
                   ┌──────────────┐
                   │   建物 H     │
                   │ ⟨E 企画所有⟩ │
         ┌─────────┴───┬──────────┴─┐
         │   土地 F    │   土地 G    │
         │ ⟨E 企画所有⟩│ ⟨東京都所有⟩│
         └─────────────┴─────────────┘
```

X らの E 企画への土地 A 等の売却契約と、土地 F 等の購入契約はともに同日締結、即時実行されたが、それぞれの契約金額は授受されず、2 つの契約の差額 2 億9913万円を小切手で X らは受領した。

X らは、土地 A および B と土地 C の借地権および D 建物を売却契約の金額である総額約 7 億3313万円で譲渡したものとして所得税確定申告をした。これを受けた税務署長は、この譲渡は一体のものであって、X らは土地の譲渡対価として土地 F と土地 G の借地権および差金を取得したものとして、土地 F と土地 G 借地権の適正な時価を 7 億7850万円と認定し、差金 2 億9913万円との合計額10億7733万円を譲渡収入金額とする更正をした。

〔参考判例〕
東京地判平成10・5・13税資232号 7 頁
東京高判平成11・6・21税資243号669頁
最判平成15・6・13（上告不受理）

II 設　問

1　納税者のした契約は 2 つの売買契約なのか、交換を含む 1 つの契約か。
2　納税者がした契約は 2 つの売買契約であるとしても課税上は 1 つの契約であるとして課税することができるか。もしそうしたことが可能であるとすると、どのような場合か。

III 租税回避

1　租税法律主義、公平原則と租税回避行為

　道路、橋のような公共財はその恩恵を受ける者を個別に特定することができないが、その社会にとっては不可欠なものである。また、治安維持、治水・防災のようにその恩恵を受ける者を特定できない社会全般に対するサービスというものも存在する。さらに義務教育や医療のように、民間の市場経済に委ねていては充分に提供されない、あるいは片寄って提供されるサービス分野というものも存在する。
　こうした財・サービスを**公共財・公共サービス**あるいは準公共財・準公共サービスというが、国・地方公共団体はこのような性格の財・サービスを提供する役割を負っている存在である。
　租税というものは、このような国・地方公共団体が提供する公共サービスの原資をまかなうためのものである。公共サービスの受益者が個別に認識できない以上、租税を負担する個々の納税者にとってみれば、租税負担は対価性のない一方的な経済的価値の移転となる。
　それゆえにこそ課税は法律に根拠をもつことが不可欠とされ、租税法律主義は、近代憲法の重要な要素である（憲84条、明治憲64条）。
　また一方、租税は納税者の手にある経済的価値を一方的・強制的に移転さ

せるものであることから、その負担は公平であることを求められる。

　国民・納税者にとって何が公平な租税負担であるかという問題は答えが難しいが、その社会での判断は、国会、議会の審議を通じて制定される法律・条例に結実していると考えられる。したがって、租税に関する法規がその趣旨に従って解釈適用されれば、おのずと租税の公平も実現するものと考えられる。

　しかし、法規範は国民一般に対する抽象的規範であるから、具体的事案においては、租税正義から考えて妥当とはいえない結論になることがある[1]。

　たとえば、次のような事例が考えられる[2]。

　幹線道路沿いにレストランや量販店といったロードサイド店を開設しようとする場合、道路に面した土地の所有者から土地を賃借し、自分の事業に合った店舗建物を建設することが通常であろう。ところが、土地賃貸借では賃借人の法的地位が強いことから、土地所有者としては土地を貸すのではなく自分自身で借り手の仕様に従った店舗建物を建設し、土地ではなく建物を賃貸することを希望することが多い。しかし、土地所有者に資金がない場合には、借り手である事業者が店舗建物の建築費全額に相当する額を提供することになる。もしこの資金が返済不要であれば、いわゆる「権利金」ないし「建設協力金」であって、受け取った土地所有者にとっては、全額がその年分の所得になり累進税率により租税負担が多くなる。一方、店舗建物を建設し賃貸する土地所有者にとっては、その事業者向けの建物仕様であるから、資金回収を待たないで賃貸借契約を解除し撤退されたときには、他に賃貸することもできず、困窮することになる。

1　想定される事例については、本章末尾の〔演習課題2〕参照。
2　金子宏教授は、租税回避として次のような事例を想定している。「土地の所有者が、もっぱら譲渡所得に対する税負担を免れるために、土地を譲渡する代わりに、その上にきわめて長期間の地上権を設定して、土地の使用・収益権を相手方に移転し、それと同時に、弁済期を地上権の終了する時期として相手方から当該土地の時価に等しい金額に融資を受け、さらに右2つの契約は当事者のいずれか一方が希望する限り更新すること、および地代と利子は同額としかつ相殺することを予約したとする」金子宏『租税法〔第9版増補版〕』125頁。

205

そこで当該店舗建物の建築資金に相当する額を全額、建物賃貸借契約の保証金として予定事業期間（たとえば15年、20年）に応じて、年々その保証金の一部を償却していく契約が締結される。保証金の償却部分は、返済不要とされるので、保証金償却の時点で賃貸人（土地所有者）にとっては課税される所得となるが、賃貸期間の経過に応じて償却額が定まっているのであれば、一時に課税されるのではなく、年をわたって分散することになる。

この事例では、経済実態的には土地の賃貸借に類似するものであり、また建物建築費相当額の授受は「権利金」「建設協力金」に近いが、契約上は保証金として授受され契約期間経過に従って漸次償却されていくことになる。

われわれの社会では、このように租税負担を考慮し契約形態が選択されることは少なくない。

2 租税回避の意義

租税法は、国民・納税者の経済活動を前提としているが、こうした経済活動は本来当事者の自由に委ねられる分野である。それゆえ経済活動を規律する私法では、契約自由の原則が認められる。したがって、当事者は同じ経済目的を実現しようとする場合であっても、複数の契約形態・法形式の選択が許されることが少なくない。

課税要件は納税者の行為とその私法上の法形式を前提としているから、当事者が選択する法形式によって課税関係が変わる。

租税回避とは、「私法上の選択可能性を利用し、私的経済取引プロパーの見地からは合理的理由がないのに、通常用いられない法形式を選択することによって、結果的には意図した経済的目的ないし経済的効果を実現しながら、通常用いられる法形式に対応する課税要件の充足を免れ、もって税負担を減少させあるいは排除すること」と定義される。[3]

収入の事実を隠すなどの「**脱税**」は、課税要件を充足する事実を秘匿し、

---

3 金子宏・前掲（注2）124頁。

租税負担を軽減ないし逃れる違法な行為であるから、契約形態の選択によって課税要件の充足自体を回避する租税回避とは異なる。

他方、住宅借入金等の特別控除制度を利用するようないわゆる「**節税**」は、本来租税法が予定しているものであって、租税回避ではない。

つまり、租税回避は形式上租税法に反して租税負担を逃れる違法な脱税ではないが、租税法が本来想定していない行為・契約で租税負担の軽減・排除を達する行為であって、租税法律主義の形式的適用では許容されるとしても、租税公平の観点からは問題となる領域なのである。

3 租税法律主義のもとでの租税回避の否認

租税回避は、形式的には租税法に違反していない。しかし、租税法が本来想定していない形式での納税者の行為であるから、租税の公平からは否認して租税負担を求める方が正当のように考えられる。

否認とは、私法上有効な行為とその効果を課税上は無視して、そうした行為・事実が存在しなかったものとして課税を決することをいう。

日本の租税法には、租税回避行為一般を否認する規定は存在しない。

一般的な否認規定の導入を望む意見もあるが、広く租税回避をカバーする一般的な否認規定は、その否認要件が抽象的、不明確にならざるを得ない。租税法は国民・納税者の財産権を侵害する規範であることを考えると、経済生活の予測可能性、また法的安定性の面から問題がある。現代社会では経済取引において租税負担の存在は大きい。租税法律主義は国家の課税権の範囲を画するとともに、国民・納税者の立場からは、租税負担の予見可能性を担保する機能がある。否認されるべき租税回避は、個別の否認規定を立法することにより対処すべきであろう。

Ⅳ 租税負担軽減行為・租税回避の類型

課税関係で問題となるのは納税義務の成否であるから、課税上の問題は事

実の認定の問題か、広い意味での租税回避に対する否認の可否の問題であるとも言える。租税回避の問題はタックスプランニングの問題と表裏の関係にある。言い換えれば否認されるタックスプランニングが租税回避行為であり、否認されない租税回避行為がタックスプランニングである。

租税回避全体を俯瞰することは困難であるが、ここではタックスプランニングと併せて租税回避行為を広くとらえて概観し、併せて租税法の個別の否認規定を検討する。

1　納税義務者の変更

たとえば不動産から賃料収入があれば、その不動産の所有者に不動産所得が生じるのが通常である。しかし、ときにその不動産の所有者は単なる名義人であって、真の所有者は別にいる場合もある。

存在する所得が誰に帰属するかについて所得税法は、「資産又は事業から生じる収益の法律上帰属するとみられる者が単なる名義人であって、その収益を享受せず、その者以外の者がその収益を享受する場合には、その収益は、これを享受する者に帰属するものとして、この法律の規定を適用する」（11条）と規定している。[4]

この条文は、課税物件の名義と実体が一致しない場合に実質帰属者課税を原則とすることを規定している。この帰属の実体について経済的に判断するのか法的に判断するのかについて争いがあるが、名義と実体の乖離を経済的利益の享受を基準として判断するのでは、恣意的な課税になり、法的安定性から問題であろう。法的実体を基準とするべきであろう。

ただし、所得の帰属を法的に判断すべきであるということは、私法上の法形式を形式的に受け入れるということではない。表面的な法的名義ではなく、法的実体における帰属が問われることになる。たとえば、法的には幼児名義の財産であっても、その原資は親が出し、その管理運用も親がやっている場

---

[4] 同旨の規定は、法人税法11条、消費税法3条、地方税法24条の2、72条の2、294条の2にある。

合には、その財産の名義は単なる名義であって、その財産の名義は単なる名義であって、真実の所有者は法的にも親であると解される場合もあるであろう。

　事業を行うとき、その主体に何を選ぶかは租税負担についての重要な影響をもつ。

　法人は納税主体とされるから、法人を設立して法人が事業を営めば、その事業からの所得に対しては法人が課税され、構成員は課税関係から外れる。一方、共同事業であっても民法上の組合、匿名組合は納税主体ではなく、所得は構成員に直接帰属する。投資目的会社、特定目的信託、証券投資法人、特定投資信託は法人税の対象であるが、利益の大部分を配当する導管型法人である。

　法人格がまったくの形骸にすぎない場合、または濫用の場合には、私法上は法人格が否認されることがある（**法人格否認の法理**）。この法人格否認の法理が課税関係においても適用があるかが問題とされるが、法人格否認の法理は取引法上の問題であり租税法に適用を認めることは困難であろう。法律上、法人が正当に存在しているときにこれを否認することは、租税法律主義が求める法的安定性、予測可能性の保障から考えても認められるべきでない。

　しかし、法人が有効に存在するとしても当該取引、ひいては所得が法人に帰属するか、それとも取引に登場する役員個人あるいは株主個人に帰属するのかは、法人格否認の法理とは別個の事実認定の問題であり、事実認定により法人格否認と同様の結論になる場合も考えられる。

2　所得の分散

　累進税率を採る所得税では、所得を分けた方が全体の租税負担は軽減される。家族経営事業では、その事業に従事する家族労働者に賃金を支払うことで所得分散を図ろうとする誘因が働く。そのため所得税法は、事業から対価を受ける親族がある場合の必要経費の特例を設け、「居住者と生計を一にする配偶者その他の親族がその居住者の営む不動産所得、事業所得又は山林所

得を生ずべき事業に従事したことその他の事由により当該事業から対価の支払を受ける場合には、その対価に相当する金額は、その居住者の当該事業に係る不動産所得の金額、事業所得の金額又は山林所得の金額の計算上、必要経費に算入しないものとし、かつ、その親族のその対価に係る各種所得の金額の計算上必要経費に算入されるべき金額は、その居住者の当該事業に係る不動産所得の金額、事業所得の金額又は山林所得の金額の計算上、必要経費に算入する。この場合において、その親族が支払を受けた対価の額及びその親族のその対価に係る各種所得の金額の計算上必要経費に算入されるべき金額は、当該各種所得の金額の計算上ないものとみなす」(所税56条) として、事実上世帯単位課税を規定している。

ただし、事業専従者には一定の控除を認め、また青色専従者には届出により青色専従者控除が認められている。

3 課税国の変更

国際的な事業展開では、どの国で課税を受けるかによって租税負担が異なる。日本国内に納税主体がなければ、原則として日本で課税を受けない。[5]

そのため、日本法人が外国で活動するとき、現地法人を設立するのか、支店とするのか、代理店とするのかによって、課税関係が変化する。

日本は、国際的租税回避行為に対応する否認規定として、移転価格税制、過少資本税制、タックス・ヘイブン税制を設けている。

(1) 移転価格税制

グループ会社間では、独立した第三者間の取引 (独立当事者間取引 arm's length transaction) において通常設定される対価 (**正常対価** arm's length price) から離れた対価で取引が行われることがある。こうした取引が国際的取引で行われると、所得が国境を越えて移動する結果になる。たとえば、日本法人である自動車会社が米国にある自社のグループ法人に正常対価より

---

[5] ただし恒久的施設 PE があれば、国内源泉所得について課税される。

安い価額で輸出すれば、日本法人の所得は減り米国のグループ会社に所得が移転することになる。これは移転価格 transfer-pricing といわれるが、こうした行為に対しては、次のような否認規定が設けられている（税特措66条の4、68条の3の5）。

　すなわち、50％以上の発行済株式を直接間接に所有する外国法人を国外関連者とし、日本の法人が国外関連者との間で**独立当事者間価格**に満たない、あるいはそれを越える対価で取引を行った場合には、独立当事者間価格で行われたものとみなしてその法人の所得の計算をすることとしている。

(2) 過少資本税制

　法人所得の計算上、支払利子は控除される損金であるのに支払配当は控除されないことをから、株主から調達する所要資金を借入金として調達することで法人所得を低くすることが可能である。この問題は国内取引でも起こるが、現在国際取引に限って否認規定が設けられている。

　日本法人と50％以上の出資その他特別の関係にある外国法人を「国外支配株主等」とし、その日本法人全体の有利子負債の平均残額が自己資本の額の3倍を越えている場合に、国外支配株主等の資本持分とこの者からの有利子負債の平均残高が3倍を越えている場合には、国外支配株主等に支払う負債利子のうちその越える部分に対応する金額は損金算入を認められない（税特措66条の5）。

(3) タックス・ヘイブン対策税制

　タックス・ヘイブンとは、法人の所得ないしある種の法人の所得に対する租税負担がないか極端に低い国・地域のことである。全世界所得課税主義のもとでは、法人が海外に支店を設けて行った事業活動の所得は本店である日本法人の所得として課税されるが、海外に現地法人を設立して行った事業かつその所得はその地で課税され、日本の課税から外れる。

　そこで、こうしたタックス・ヘイブンに子会社を設立し、海外の事業活動による所得をそこにプールしておけば、日本での課税を逃れることができる。たとえば、海外で活動する孫会社の持株会社をタックス・ヘイブンに設立し

211

ておけば、事業活動による利得をこの持株会社に集め、必要な再投資に回すこともできる。

このような租税負担軽減・回避に対処するのがタックス・ヘイブン対策税制である。日本の居住者・内国法人等が発行済株式の50％を越える株式を直接・間接に所有している外国法人を外国関係会社とし、その外国関係会社が課税を受ける国・地域の実効法人税率が25％以下であるとき、特定外国子会社と呼び、留保所得のうち、持株数に対応する部分を日本の居住者・内国法人の所得に算入して日本で課税することとしている。これによりタックス・ヘイブンを活用した租税負担の回避・軽減行為の効果が削減されることになる（税特措40条の4以下、66条の6以下）。

4　所得の性格の変更

個人事業を法人化することは、その事業で得られる所得を所得税の対象から法人税の対象に変換することになる。所得税・住民税の最高税率が法人税を上回るときには、租税負担を軽減することができる。

さらに、その法人企業の利得を役員報酬という形式で引き出せば、個人企業では事業所得であった利得を給与所得に所得分類を変えることができる。給与所得は概算経費控除である給与所得控除が法定されている（所税28条）から、法人の段階で経費を控除した後の利得からさらに減額されることになる。

そのため、法人役員に対する給与（役員報酬）については、過大と認められる部分は損金算入を認めず（法税34条）、法人所得から役員の個人所得への変換を防ぐこととしている。同じ趣旨で**過大役員退職金**も損金算入が認められない（法税36条）。

役員賞与は、利益処分と考えられており損金とされない（法税35条）が、この規定も法人所得の個人所得への変換を防ぐ機能を果たしている。

5　課税時期

　租税の負担が永久的に回避・軽減される場合のほか、課税時期が将来に移り課税の繰延になることも納税者にとって租税負担の軽減になる。

　所得税法は「収入すべき金額」を所得税の計算上の収入金額とすると規定している（所税36条）が、この「収入すべき金額」とは「収入すべき権利が確定した金額」のことと解され、いわゆる権利確定主義が採用されている。また法人税法でも権利確定主義が採られていると解されている。この権利確定主義のもとでは、譲渡所得は対象となる資産の所有権が相手に移転した時に収入すべき権利が確定する。その意味で納税者は課税時期を選択する余地がある。

　将来の事業収益に貢献する資産は固定資産として計上されるが、時の経過に従って減価するものは、費用収益を期間対応させるために会計上減価償却され、その資産の帳簿価額の一部が費用に計上される。所得税・法人税でも課税所得の計算上**減価償却費**が認められているが、恣意的な減価償却費の計上を防ぐため減価償却の方法と耐用年数が規定されている。その範囲で有利な減価償却方法を選択したり、短い耐用年数を採用できれば、当面の課税所得を減額し課税を将来に延期することができる。借入金で減価償却資産を購入すれば自己資金で得られる固定資産にかかる減価償却費以上の額の減価償却費を計上することができ、併せて支払利息を計上することができる。少ない力で大きな効果が得られるという意味でレバレッジ（leverage 挺子）効果といわれる。

　また会計では、将来予想される支出・損失であってそれが当期の収益に対応するものは引当金として計上することで、費用収益の期間的対応を図ることがされている。租税法は引当金の計上については抑制的であり、計上を認めるものは貸倒引当金など限定的であるが、引当金の計上は、課税の繰延の効果を持つ。

V　租税回避否認の理論

1　同族会社行為計算否認

　日本の租税法は租税回避行為否認の一般的な規定を設けていないが、比較的適用範囲が広い条項として同族会社の行為計算否認規定がある。

　法人税法は「税務署長は、次に掲げる法人（注：同族会社等）に係る法人税につき更正又は決定をする場合において、その法人の行為又は計算で、これを容認した場合には法人税の負担を不当に減少させる結果となると認められるものがあるときは、その行為又は計算にかかわらず、税務署長の認めるところにより、その法人に係る法人税の課税標準若しくは欠損金額又は法人税の額を計算することができる」（132条）という規定を設けている。所得税法157条、相続税法64条、事業税に関する地方税法72条の43も同趣旨である。

　つまり、①同族会社の行為計算で、②それを容認したときは株主、社員またはその同族関係者の租税負担を不当に軽減する結果となるときに、③税務署長にその行為計算を否認して税額を計算する権限を付与するものである。

　この規定にいう同族会社の行為計算で租税負担を不当に軽減すると認められるものとは何かということについては、判例上2つの傾向が認められる。

　1つは「同族会社であるがゆえに行える行為計算」と解するものであり、もう1つは「純経済人として不合理・不自然な行為計算」がこれに当たるというものである。

　この規定が、租税回避行為を否認する趣旨であるとすると同族会社ゆえの行為計算という理解より、経済的合理性を欠く行為計算で不当な租税負担軽減を招来するものと理解するべきであろう。しかし、この規定は特に同族会社等に限って税務署長に否認権限を与えるとしているのであるから、同族会社等に該当しない者の行為計算をも否認できると解釈はできないであろう。

　つまり、非同族会社の行為計算をも否認できると拡大解釈はできないと解

するのが通説である。

2 グレゴリー事件──事業目的の原理

非課税規定の解釈に関し**グレゴリー事件**という興味深い米国最高裁の判決がある。[6]

グレゴリー夫人はA株式会社の全株式を所有していたが、このA社はB社の株式を所有していた。B社の株式が値上がりしたので、譲渡し利益を出すことを意図したが、A社自体がこの株式を譲渡すればA社に法人税の負担が生じる。またA社がグレゴリー夫人に無償で移転しその後夫人が譲渡して利益を得れば、A社から夫人に移転した段階で、時価相当額の配当があったものとして夫人に多額の所得税が生じることになる。

そこでC株式会社を設立し、3日後にA社所有のB株式すべてがC社に移転され、C社の株式がA社を通じてグレゴリー夫人に発行された。C社は何ら事業を行うことなく3日後に解散清算した。グレゴリー夫人は清算の結果としてC社所有のB社株式を分配され、これを譲渡して利益を実現した。

当時の米国歳入法は、組織再編の計画遂行過程で、組織変更の当事者の株主にその他方の法人が株式を発行した場合、その株主が株式を放棄していない限り、その配分を受けた株主に利得が生じないものとするとの定めがあった。さらに組織再編にはグレゴリー夫人がした法人分割も該当し、その組織再編の一環としてC社株式を取得しているので、この条項に該当するものであった。そこでグレゴリー夫人は、この一連の取引によって得た所得はC社の解散による清算分配のみであるとして、歳入法に従って清算による分配をキャピタルゲインとして申告した。

これに対し内国歳入庁は、この一連の取引は実質を欠いているので、B社株式がA社から直接配当されたものとして更正処分をした。

---

[6] Gregory v. Helvering, 293 U.S. 465 (1935) 詳細は、金子宏「租税法と私法」租税法研究6号。

最高裁判所は、納税者が法律が許容している手段によって租税負担を軽減ないし回避する法的権利を認めたうえで、次のような見解を示している。一般に**事業目的の原理 business purpose doctrine** といわれるものである。

（歳入法のこの条項は）「ある法人から他の法人への資産の移転について述べているが、それは、法人企業の『組織変更計画の遂行において』なされる移転を意味しているのであって、本件のような、どちらの事業とも関係がない計画の遂行における法人から他の法人への資産の移転を意味しているのではない。租税に関する動機の問題はさておき、一連の行為の性格を実際に生じたことによって決定すると、何を見い出すであろうか。単に事業目的ないし会社の目的 business or corporate purpose を持たない取引を見い出すのみである。それは、その真の性格を隠ぺいするための仮装として法人の組織再編の形式をまとった計画にすぎず、その唯一の目的と成果は、事業を再編することではなく、一群の株式を原告に移転するという、あらかじめ考えられた計画の達成であった。新しい有効な法人が設立されたことは、疑問の余地がない。しかし、この法人は、上記に述べた目的のための工夫以外の何ものでもない。それは、他の目的のためにつくられたのではない。それは、最初から意図していたとおりの機能以外の機能は何ら発揮しなかった。その限定された機能が行使されたとき、それは直ちに消滅させられたのである。

これらの状況の下では、事実は、何よりも雄弁であって、1つの解釈を許すのみである。行為の全体は（この）規定に従って行われたが、実際は、法人の組織変更の仮面をかぶった、入念で遠回りの資産の移転の形式にすぎず、それ以上の何物でもない。租税回避の意図を考慮から除外するルールは、この状況には関係ない。なぜなら、取引は、明らかに、制定法の明白な意図の範囲外にあるからである」。

組織再編に関する規定の趣旨・立法目的から、事業目的が必要であると制限的に解釈し、この一連の取引は事業目的を持っていないことを理由に適用範囲外とする判断を示している。

3　ラムゼイ Ramsay 原則

英国に意図的なキャピタルロスをつくり出す一連の取引について争われたラムゼイ事件がある。[7]

ラムゼイ事件の概要をモデルで説明するというようなものであるという。

「納税者（法人）は、100の出資額をもって子会社を設立し、その株式を取得した。そして納税者はこの子会社に対して、2つの同額（それぞれ100）の貸付金債権（債権Aと債権B）を取得した。子会社との間のこの貸付金契約は次のような内容であった。すなわち、債権Aおよび債権Bの利率はそれぞれ10％であったが、納税者は一方の利率を下げる代わりにもう一方の利率を上げることが可能であった。納税者はこの契約に従って、債権Bの利率を0％に下げ、債権Aの利率を20％に上げた。納税者は利率の高い債権Aを150で売却し（ここでキャピタルゲイン50が生じた）、債権Bの弁済として100を子会社から受け取った（債権Bが消滅した）。子会社は、債権Aを納税者から譲り受けた者（新しい債権者）から、150で当該債権を買いの戻した（債権Aが消滅した）。その後、納税者は子会社を清算したが、債権Aを購入した後の子会社の残余財産は50であった。したがって納税者が所有していた子会社の株式について、キャピタルロス50が生じた」。

債権Aの譲渡によりキャピタルゲイン50を得ているが、これは証券による債務でないので非課税とされるものであった。

この事件に対し英国の最高裁である貴族院は、「全体として実行されることが意図された複合取引においては、必ずしも個々のステップを分解して考察する必要はない」として納税者の主張を排斥した。

この見解は、ラムゼイ原則といわれ、これはその後の判例によって次のように公式化された。

「次の2つの要件、すなわち①前もって準備された一連の取引（または複

---

[7] 渡辺徹也「租税回避否認原則に関する一考察—最近のイギリス判例を題材として—」民商法雑誌111巻1号65頁、111巻2号58頁。

合取引）が存在すること、②その取引の中に租税を減少させること以外の目的を持たないステップ（中間ステップ）が挿入されていること、という2つの要件が満たされた場合、課税の目的から中間ステップが無視され、そのように導かれた最終結果に制定法を適用する」。

このラムゼイ原則は限定された公式の範囲ではあるが、租税を減少させること以外の目的を持たない取引を課税上は無視することを認めるものである。これはイギリスにおいて判例とされているが、規定なく裁判所に納税者のした取引を再構成するものであるとする批判もあるようである。

VI 事例検討の視点

課税は、国民・納税者の経済活動を前提として、これに国会が定めた租税法を適用することで納税義務が成立する。この租税法の対象となる課税要件事実をどのように認識するかについては、経済的実質を中心にすべきであるとする立場（**経済的実質主義**）と法的に理解すべきという立場（**法的実質主義**）がある。2つの立場に具体的にどれほど差があるかはそれぞれの論者によって一律ではないであろうが、経済的実質を重視するいわゆる「経済的実質主義」が、経済的事実をもって私法上有効な契約を課税関係では無視することも当然とするならば、租税法律主義が担う法的安定性、予測可能性という機能を損なうもので問題であろう。

もとより課税要件事実を法的に理解し認識するといういわゆる「法的実質主義」も契約形式など当事者が採った法形式を表面的・形式的に受け入れるということではない。形式的な法形式の背後のある実質的な法的事実を明らかにしなければならない。

本章の事例では、当事者の経済的意図は所有不動産を手放して近隣の同価値の不動産の取得であるので、経済的実質をもって課税関係を決するとすれば、当事者が2つの契約をもって行った取引も課税上はこの法形式を無視して、取得不動産と金銭を対価とする譲渡と理解することもできるであろう。

218

しかし、個々の契約における当事者の意思を無視することは、ときに課税のふい打ちになる。

　課税の対象となる事実関係を法的事実であるとする立場であっても、「課税の前提となる私法上の当事者の意思を、私法上、当事者間の合意の単なる表面的・形式的な意味によってではなく、経済的実体を考慮した実質的なかたちにしたがって認定をし、課税要件へのあてはめを行えば、結果として、狭義の租税回避否認と同様の効果をもたらすことが可能であろう[8]」とする見解がある。**「私法上の法律構成による否認」**といわれる考え方であるが、本章事例もこうした考え方からすれば、裁判所が当事者の真実の意思は、取得不動産と金銭を対価とする譲渡、つまり補塡金付交換にあると認定して、私法上の法律関係を再構成して課税関係を定めることを認めれば、当事者のした有効な法律行為を課税上は無視するという否認と同様の結果になるであろう。

　しかし、真実の意思を求めるとき経済的効果を基礎に認定していけば、経済的実質主義に近づき、法的安定性・予測可能性を害する可能性があるであろう。また内心の意思が表面上の意思と異なる通謀虚偽表示であれば、その効果を否定して真実の意思に従った法律関係に引き直して課税関係を決することも妥当であろうが、その法律行為に至る動機はともかく、それぞれの法律行為における内心の意思が当事者の主張するところと違うと税務署長が主張し裁判所が認定することは事実上困難であろう。さらに本章事例のように複数の契約があるとき、どの範囲の取引を1つの取引とするのかについて明確な基準が示されないと納税者にとって課税のふい打ちになりかねない。

〔演習問題〕

1　ある経済取引が租税負担軽減の意図をもってなされたとき、租税法の解釈適用において、このことは影響をもつか。

8　中里実『タックスシェルター』（有斐閣、2004）224頁。

2 次のような取引は、租税回避か、合法的な節税行為か（否認する法的根拠、法解釈は問わない）。
  ① 日々ビールを飲んでいた者が、高いビールの酒税を逃れようと発泡酒を飲むことにする。
  ② 個人事業者が法人を設立して事業内容はそのままに法人企業として運営する（いわゆる「法人成り」）ことで、事業所得であったものを役員報酬という給与所得に変える。
  ③ 海外に生活拠点を有する者が、毎年正月には日本を離れ、1月1日の住民を対象に課税する住民税の負担を逃れる。
  ④ 子どもに毎年贈与税の基礎控除額（110万円）以内の贈与を続けることで、将来の相続税の課税対象となる財産を租税負担なく生前に移転する。
  ⑤ 篤志の気持はないのに、租税負担軽減のため所得税の寄附金控除の対象である日本赤十字社に寄付をする。
  ⑥ 1年早く配偶者控除の適用を受けるため、来春の挙式を待たず、12月中に婚姻届を提出し入籍をする。
  ⑨ 自動車税が軽減される環境適合車に買い換える。
  ⑩ 今期の法人税の税額を減らすため、すでに納品可能な状態であるにもかかわらず、あえて納品を翌期に遅らせる。
  ⑪ 妻に財産を譲るために離婚し、財産分与を行う。
3 本文で紹介したロードサイド店賃貸借契約にある漸次償却保証金条項は、租税回避行為であろうか。もし否認するとするとどのような論理構成が考えられるか。

〈参考文献〉
  ① 清水敬次『租税回避の研究』（ミネルヴァ書房、平成6年）
  ② 中里実『タックスシェルター』（有斐閣、平成14年）
  ③ 渡辺徹也『企業取引と租税回避―租税回避行為への司法上および立法上

の対応』（中央経済社、平成14年）

④　金子宏『租税法と私法』（租税法研究6号17頁）

⑤　今村隆「租税回避行為の否認と契約解釈(1)～(4)」（税理42巻14号206頁、15号262頁、43巻1号242頁、3号205頁）

⑥　谷口勢津夫「司法過程における租税回避否認の判断構造―外国税額控除金融枠利用事件を主たる素材として」（租税法研究32巻53頁）

〈本章事例の素材判例に関する評釈〉

①　小池正明「租税回避を目的とした第三者間取引に係る税務否認の可否」（税理42巻14号29頁）

②　中里実「相互売買は売買か交換か」（税研106号51頁）

③　品川芳宣「不動産の補足金付相互売買（交換）における譲渡価格」（税研15巻4号115頁）

④　増田英敏「不動産を巡る私法上の契約行為の否認と租税法律主義」（税務事例32巻11号1頁）

⑤　東亜由美「土地等の譲渡が売買でなく交換によるものであるとして課税庁がした課税処分が、右譲渡は交換でなく売買によるものであるとの理由で、違法として取り消された事例」（税理43巻3号165頁）

(菅納敏恭)

第7章 租税法律主義と国際的租税回避

I 事 例

● 事例 ●

《ステップ1》 甲社は、1991年に、当時甲社が所有していた内国法人乙社の普通株式5,000株を現物出資してX国に新たに甲社の100％子会社であるX国法人A社を設立した（乙社普通株式5,000株は乙社の発行済み株式総数の30％に相当する株式数であり、甲社における簿価は15億円、現物出資時における時価は100億円とする）。A社設立時の発行株式は普通株式200株であった。その際、この現物出資は当時の法人税法51条1項（1991年当時の法人税法51条1項を本稿では以下、「旧法人税法51条」という）に定める特定出資の形式的要件をすべて充足する形で行われ、甲社は同条に基づく圧縮記帳を行った（この特定出資制度はその後1998年（平成10年）に改正された。1991年当時の規定および1998年における改正内容並びに「圧縮記帳」については、この事例のすぐ後に【参考】として記載してある）。その後A社は1995年2月13日に、普通株式3,000株をX国通貨建てで発行することにより増資し、その増資新株全部をX国法人であるB社に割り当てる株主総会決議（以下、「本件決議」という）を行い、同年同月15日にその全額の払込みがなされた（同年4月20日に登記完了）。この増資の結果、甲社のA社に対する持株割合は100％から6.25％となり、B社がA社の93.75％の株式を保有することとなった。なお、A社は、X国法人ではあるがX国には営業所等の事務所はなく、また従業員もいない、いわゆるペーパーカンパニーである。

以上に記載した取引に関係していた甲社とB社の関係およびA社による1995年2月の新株発行時の新株発行価額についての事実関係は次のとおりであった。

(1) B社は、日本の法律に基づいて設立された財団法人である丁財団がその発行株式の全部を保有する会社として1995年2月13日（すなわち、本件決議の日）に設立された。

(2) 丁財団は、1991年より前から甲社の発行済み株式の49％を保有している甲社の主要株主である。丁財団の理事長であるM氏は、日本の居住者であって、甲社の取締役相談役兼A社の代表取締役兼B社の取締役であり、また丁財団の理事であるN氏（M氏の親族）も日本の居住者であって、甲社の代表取締役社長兼A社の代表取締役兼B社の取締役である。

(3) 本件決議の結果なされたA社による新株発行によって生じた甲社およびB社のA社に対する持株割合の変化は、甲社、A社およびB社間の合意に基づいて生じたものであった。

(4) 本件決議に基づくA社のB社に対する新株発行時直前におけるA社株式1株当たりの時価は、約1億2千万円相当額（したがって、A社株式の時価合計金額は、240億円相当額であり、この金額はA社が保有していた乙社株式の時価合計額に等しい）であったが、A社がB社に対して発行した新株は1株当たり金120万円相当額で発行された。したがって、B社は合計3億6千万円（120万円×3,000株）相当額の新株発行価額の払込みをA社に対して行ったことにより、時価総額243億6千万円であるA社の発行済株式総数の93.75％を取得したことになる。

《ステップ2》 上記の《ステップ1》に記載したA社による新株発行が行われた翌年である1996年7月に、A社はその保有する乙社株式全部を、甲社の間接的な関係会社であるX国法人バイヤー社に250億円相当額（当時の時価）で売却した。バイヤー社はその2カ月後である同年

> 　９月に同株式全部を甲社の子会社である日本法人丙社に金255億円（当時の時価）で売却し、その後丙社は、同社が購入した乙社株式全株を、甲社および丙社とは何の資本関係、役員兼任関係、取引関係のない非関連第三者であるインベスター社に260億円で売却した。

【参考】
- 1991年に甲社がA社に対して乙社株式を現物出資した当時における法人税法51条1項（旧法人税法51条）は次のように規定していた。
   第51条　内国法人（清算中のものを除く。）が、各事業年度において新たに法人（人格のない社団等を除く。）を設立するためその有する金銭以外の資産の出資（当該資産の出資その他当該設立のための出資によりその内国法人が有することとなる当該法人の株式の数又は出資の金額が当該法人の設立の時における発行済み株式の総数又は出資金額の百分の九十五以上であることその他政令で定める要件を満たすものに限る。以下この項において「特定出資」という。）をした場合において、その特定出資により取得した株式（出資を含む。）につき、当該事業年度において、その特定出資により生じた差益金の額として政令で定めるところにより計算した金額の範囲内でその帳簿価額を損金経理により減額したときは、その減額した金額に相当する金額は、当該事業年度の所得の金額の計算上、損金の額に算入する。
- 1998年（平成10年）に、上記の規定の第一文にある「その他政令で定める要件を満たすものに限る」の直前に「、当該資産が国内にある資産として政令で定める資産である場合にあっては当該資産の出資により外国法人を設立するものではないこと」を挿入する改正がなされ、同年になされた法人税法施行令の改正において、「国内にある資産として政令で定める資産」については、「国内にある不動産、国内にある不動産の上に存する権利、鉱業法の規定による鉱業権及び採石法の規定による採石権その他国内にある事業所に属する資産（その発行済株式の総数又は出資金額の25％以上を有する外国法人の株式又は出資を除く。）」と定められた（当時の法税令93条）。なお、この改正法人税法51条は、その後2001年（平成13年）に組織再編税制に関する抜本的な税制改正が行われた際に、組織再編税制中に取り込まれて再構築された（法税2条12号の14、62条の4、法税令4条の2第7項参照）ため削除された。
- 「圧縮記帳」とは、固定資産等について譲渡益または受贈益等が発生する場合に

おいて、その譲渡益等の所得が発生しているにもかかわらず、課税上は発生しなかったのと同様の効果をもたらすための税法特有の技術的手法である。この事例の場合でも、甲社による乙社株式という資産のA社への現物出資は、法人税法上は時価による譲渡とされるので、時価が簿価を上回る場合には現物出資により甲社に譲渡益が発生することになる。旧法人税法51条が適用される場合には、その現物出資によって甲社が取得したA社株式という代替資産の受入れに際し、譲渡益と同額だけA社株式の帳簿価額を減額（圧縮）し、その減額による損失を損金とすることが認められる。これによって、甲社においては、乙社株式の譲渡、すなわち現物出資によって実現した譲渡益が当該損金と相殺されることになるので、実質的には甲社はこの譲渡益について現物出資時に課税されることはなくなり、課税が繰り延べられることになるわけである。旧法人税法51条の適用を受ける場合には、現物出資を受け入れたA社側も、受け入れた資産である乙社株式について甲社における簿価を引き継ぐことになるので、A社にも受贈益は生じないことになる。

II　はじめに―オウブンシャホールディング事件判決の紹介と本章の主題

オウブンシャホールディング事件
- 第一審判決：東京地判平成13・11・9判タ1092号86頁、判時1784号45頁
- 控訴審判決：東京高判平成16・1・28訟月50巻8号2512頁（未確定、上告中）

1　オウブンシャホールディング事件判決の紹介

　この事例の《ステップ1》は、いわゆるオウブンシャホールディング事件の裁判で認定された事実関係をベースとして作成したものであるが、持株比率、金額その他の詳細については簡略化のために異なる数字等を使用しているので、同事件の事実関係と全く同じというわけではない。ただし、以下の記述では、便宜上同事件についての説明もすべて事例で使用した名称、金額

等を用いて行う。同事件の裁判においては、甲社に対し、《ステップ１》に記載した、1995年２月にＡ社からＢ社に対してなされた新株発行によって甲社からＢ社に移転した株主持分の経済的価値の適正価額が甲社の寄附金算入限度額を超過する部分に相当する課税所得があったものとしてなされた更正処分の適法性をめぐって国（課税庁）側・納税者（甲社）側それぞれの主張が展開され、判決が下されている。

　事例の《ステップ２》は本章の主題との関係で加えたものであるが、そこに記載されている内容に相当する事実関係は、オウブンシャホールディング事件の裁判で認定された事実関係には含まれていないことに注意されたい。

　第一審の東京地裁においては、国側は、①主位的主張として、本件決議を原因行為としてなされた新株発行によって生じた、Ａ社新株に含まれるプレミアム分の経済的利益の甲社からＢ社に対する移転は法人税法22条２項に規定されている「無償による資産の譲渡……その他の取引……に係る……収益」に該当するので更正処分は適法であることを、②予備的主張として、甲社が本件決議を行うことにより何らの対価を得ることなく新株プレミアム相当の経済的利益をＢ社に移転させたことは甲社の同利益にかかる法人税を不当に減少させたものとして法人税法132条（同族会社の行為計算の否認）に定める「行為」に当たるので同条の適用により更正処分は適法であることを主張した。第一審では、裁判所は、①の主位的主張につき、実質的にみて甲社の保有するＡ社株式の資産価値の一部がＡ社による新株の有利発行によって甲社からＢ社に移転したとしても、それはＡ社による新株発行という行為によってなされたものであって、甲社の行為によってなされたものと認めることはできないから、同資産価値の移転が甲社の行為によることを前提としてこれに法人税法22条２項を適用すべきであるとする主位的主張には理由がないとし、②の予備的主張についても、同じく甲社の保有するＡ社株式の資産価値がＢ社に移転したことが、甲社自らの行為によるものとは認められないから予備的主張も理由がないと判示して納税者勝訴という判決を下した。

II　はじめに―オウブンシャホールディング事件判決の紹介と本章の主題

　控訴審では、国側は主位的主張として、本件増資は、甲社、A社およびB社の合意に基づきA社株式の資産価値を分割し、対価を得ることなくその資産価値の一部を甲社からB社に移転させたものであり、これは法人税法22条2項に規定する「無償による資産の譲渡又はその他の取引」および法人税法37条2項（当時）の寄附金に該当することを主張し、予備的主張として上記②と同様の主張をしている。これに対し、裁判所は、株主持分の移転は当事者間の合意に基づいてなされたという国側の主張について、主張どおり認定評価することができるという事実認定を行い、かかる認定事実および《ステップ1》に記載してあるようなその他の認定事実のもとにおいては、A社からB社に対してなされた新株発行によるA社株式に対する甲社の持株割合の変化は、甲社、A社、B社、丁財団とその役員等が意思を相通じた結果にほかならず、甲社はB社との合意に基づき、B社から何らの対価を得ることもなく、A社の資産につき、株主として保有する持分93.75％および株主としての支配権を失い、B社がこれらを取得したと認定評価することができると判示し、これにより甲社とB社との間に無償による持分の譲渡、即ち法人税法22条2項に規定する「無償による資産の譲渡」あるいは「無償による……その他の取引」があったと認定できる（ただし、「資産の譲渡」に該当するかついては疑義を生じ得ないではないとの留保を付していること、判決文中で「取引」の解釈を示すことにより「その他の取引」に該当する理由を判示していることからすると、裁判所としては、「その他の取引」に該当するという判断をしたもののようにみえる）として課税庁側を勝訴させた。控訴審判決は、このような判断に至った理由として、法人税法22条2項にいう「取引」とは、その文言および規定における位置づけから、関係者間の意思の合致に基づいて生じた法的および経済的な結果を把握する概念として用いられていると解せられ、上記のとおり甲社とB社との合意に基づいて実現された上記持分の譲渡をも包含すると認められると判示している。

　なお、事例1の《ステップ1》の(3)に記載した合意に関する事実は、第一審裁判所が認定した事実の中には含まれていない。第一審裁判所は、「取引」

の意義について直接解釈を示したわけではないが、おそらくは「取引」である以上、私法上の法律行為でなければならないとの解釈を前提とし（ただし、裁判所は、本件はもっぱら「その他の取引」ではなく、無償による資産の譲渡に該当するか否かを争点とする事件であると捉えていたようにも思われる）、原則としては、収益が生じたとされる納税者による直接の行為（私法上の法律行為）またはそのような直接な行為と同視し得るような事情あるいはそのような行為を擬制するに足りるだけの根拠がある場合に限り、そのような直接の行為（擬制された場合を含む）によって相手方への経済的利益の移転がなされることが収益認識のために必要であり、例外的にそのような直接の行為が不要とされる場合もあるが、その場合には移転される経済的利益が独立の資産ないし権利となっている必要があると考えていたのではないかと推測される。[1]

オウブンシャホールディング事件においては、この事例でいうX国とはオランダであった。甲社によるA社への乙社株式の現物出資は旧法人税法51条に基づく特定出資として扱われ、圧縮記帳された。したがって、甲社が乙社株式の含み益に課税されることはないまま、乙社株式の所有権が甲社からA社に移転し、次にA社がB社に対する新株の有利発行を行った時点では、A社はもちろんB社も甲社も丁財団も日本で所得を認識することはなく、またオランダにおいてもどの当事者も課税を受けることはなかったようである。さらに、背景事情（ただし、実際の事件では裁判で認定された事実には含まれていないことに注意）としては、A社がバイヤー社に対して乙社株式を譲渡した時点で実現したはずの譲渡益については、オランダにおいてはいずれの当事者も課税を受けることはなく、また日本においてもその大部分（後記Ⅲ5で説明するように、我が国のタックスヘイブン対策税制に基づき、A社に生じた譲渡益のうち、甲社がその時点におけるA社に対する持株割合である6.25％分については日本で申告納税していた可能性はあるので、その部分を除く）が、いずれの当事者の課税所得にも含められることはなかったとの指摘もな

---

[1] このような見方を示すものとして、渕圭吾「オウブンシャホールディング事件に関する理論的問題」（租税法研究32号27頁、39頁）参照。

されている。以上を前提とし、上記の事例に置き換えていうと、最終的に甲社の子会社である丙社が乙社株式をインベスター社に売却したときには、丙社は、売却価格260億円と丙社における乙社株式の取得価額である255億円の差額である5億円について日本で課税を受けたはずであるが、丙社がバイヤー社から購入したときの購入価格である255億円と当初甲社が乙社株式を保有していたときの簿価である15億円の差額分240億円の大部分は日本においてもオランダにおいても課税に服することはなかったものと思われる。

2 租税法律主義

租税法律主義とは、本書第1部第2章II 1において説明されているように、「法律の根拠がなければ、国民は納税の義務を負担しない」という租税法の基本原則である。租税法律主義の主要な目的は法的安定性や予測可能性を高めることにある。特に複雑化し、多様化する現代の経済活動においては租税法律主義の目的の重要性はますます高まっているといってよい。租税法律主義の内容には、「課税要件法定主義」（課税の作用は国民の財産権への侵害であるから、課税要件は必ず法律で定められなければならないという原則）、「課税要件明確主義」（課税要件についての法令の定めはなるべく一義的で明確でなければならず、課税庁の自由裁量が排除されなければならないという原則）、「合法性原則」（租税の軽減・免除には法的根拠が必要であり、課税要件が充足されている限り、課税庁は法律で定められたとおりの税額を徴収しなければならないという原則）が含まれると理解されている（上記のほか、「手続的保障原則」、「遡及立法の禁止」、「納税者の権利保護」なども租税法律主義の内容として理解される）。

---

2 この段落で紹介したオランダにおける課税関係その他の背景事情、《ステップ2》に記載した事実関係等については、たとえば、川田剛「判例、裁決例からみた国際課税の動向」XXおよびXXVII（ともに、副題は「オランダ子会社による第三者株式割当てに係る寄附金課税の適否について」）国際税務22巻3号74頁以下および同24巻4号56頁以下参照。

3 国際的租税回避

さて、「**国際的租税回避**」という用語は通常「租税回避」と考えられるもののうち複数の国家の税制の相違を利用するものを指して使用されるようである（たとえば、金子宏『租税法〔第9版増補版〕』388頁）が、その形態は様々であり、系統立てて類型化することも難しい。[3]「国際的租税回避」であれ「租税回避」であれ、租税法においてそれ自体が課税要件を構成している概念でもなく、また確固たる定義を与えられている用語でもないが、「租税回避」は、一般的には『合理的な理由がないのに私法上は有効であるが通常は選択されないような異常な法形式を用いて結果的には通常選択される法形式で取引がなされた場合と同様の経済的効果を実現しつつ課税要件の充足を回避して租税負担の減少を図る行為』と理解されている。すなわち、「租税回避」は一方において私法上有効な法律行為でありながら、他方において課税要件の充足を回避する（租税の減免規定の要件を充足することを含む）ものである。そこで、通常の法形式によった場合には課税がなされ、異常な法形式によった場合には課税されないということになるとすれば、同一の経済的効果が生ずるような場合には同じように課税されるべきであるとする課税の公平に反する結果となることが問題とされ、そのような行為を租税法上否認して課税することが租税法律主義との関係で許されるかをめぐって、古くから多くの議論がなされてきた（金子・前掲書125頁、清永敬次『税法〔第6版〕』43頁～47頁、清永敬次『租税回避の研究』等参照）。最近では、「租税回避」の一類型である**タックスシェルター**の課税上の取扱いをめぐる議論が我が国でも盛んである（たとえば、中里実『タックスシェルター』、本庄資他編著『タックス・シェルター事例研究』）。他方で、租税法規が予定しているところに従って税負担の減少を図る行為は節税であると説明されるが、租税回避と節税の

---

[3] 宮武敏夫『国際租税法』173頁～174頁は、OECD等における国際的側面における租税回避の定義を求める努力について紹介したうえで、「許容されない国際的租税回避の明確な一般的定義は至難の技であり、個々のケースに従って判断せざるを得ない」と述べている。

境界は明確ではなく、「結局は社会通念に従ってきめざるを得ない」（金子・前掲書126頁）とも言われる。

しかしながら、社会通念というようなつかまえどころのないものが物差しになるということであるとすると、租税回避の特徴とされている、選択した法形式の「異常性」の判断基準を具体的かつ明確に示すことは極めて難しいことになろう。特に、私的自治の原則が支配する経済活動においては、複数の方法で同じ経済効果が実現できるのであれば、それぞれの税効果も考慮したうえで契約の法形式を決定することは何ら異常、不当なことではない（このような見方を正面から肯定する最近の裁判例として、最高裁判所ホームページの下級裁主要判決情報で公開されている名古屋地判平成16・10・28参照）ことを考慮すると、なおさらである。また、「租税負担の減少」という結果について考えてみても、国内のみで経済活動が行われる場合には、租税負担が減少したか否かは国内法のみの適用を前提として一義的に決することができるが、国境を越える形で取引が行われ、外国にしか拠点を持たない外国法人が当事者となるような取引がなされている場合には、日本の課税権が及ぶ範囲に限界があること、また日本と外国とでは法制も税制も異なることから、日本の国内法に基づいて課されることとなる租税負担が当然に減少することとなることもあり得るので、「租税負担が減少」したことが国際的租税回避に特有の現象と言うことはできないであろう。そうなると、どのような場合に「租税回避」と目されるべき租税負担の減少があったとされるのかについても、常に一義的に決めることができるとは言えなくなる。正常な、というよりは「異常な法形式によらない」経済活動ないし企業活動と国際的租税回避の境界が社会通念によって変化するということは、その境界は、絶え間のない経済活動、企業活動の進歩と変化（これには、新しい形態の契約を利用する取引の開発も含まれることになる）に伴って変化し得るということでもある。

4 租税回避行為の否認と租税法律主義

租税回避行為がなされた場合に、当事者が用いた法形式が私法上は有効で

あると認められるとしてもこれを租税法上は無視し、通常用いられる法形式に対応する課税要件が充足されたものとして取り扱うことを、**租税回避行為の否認**と呼び、否認される場合には当事者が用いた法形式が有効であることを前提として得られる税負担の回避や軽減の効果は否定されることになる。否認の根拠となる法律上の規定（個別的否認規定）がある場合には、もちろんその要件に従って租税回避行為を否認することができる。他方で、個別的否認規定が租税法にはない場合にも租税回避否認が認められるかは問題である。この点に関しては、租税回避を行った者が不当な利益を受け、通常の法形式を選択した納税者との間に不公平が生じることは避けるべきである等租税の公平負担などを理由として、個別的否認規定がない場合であってもこれを否認し、通常の法形式に応じた課税要件が充足されたものとして扱うことができるという考え方と、租税法律主義の下では法律の根拠なしに否認を認めることは困難であることを理由として、法律上の根拠がない限り租税回避行為の否認は認められないとする考え方がある。通説は後者であるが、この点に関する最高裁判所の判例はまだない。[4]

国際的租税回避のパターンとしては、内国法人が外国取引を利用するという内・外型のもの（オウブンシャホールディング事件はこのパターンである）と、日本に拠点を有しない外国法人が日本に対する投資等から生じる所得において内外の税制の相違を利用するという外・内型のものがあり得るが、特に外・内型への課税においては、租税法律主義が目的とする法的安定性と予測可能性を求める国際社会の要請は極めて高い。[5]

---

[4] 他方で、問題となる行為自体が仮装（たとえば虚偽表示）または不存在であると認定される場合には、かかる行為に即した法的効果は私法上生じないはずであるから、かかる行為が私法上有効であることを前提として得られる税負担の回避や軽減の効果も生じないとされることになる。これは、結果において租税回避行為の否認と同様にみえるが、租税回避行為の否認ではない（金子・前掲書129頁）。

[5] たとえば、外国投資家がオランダの会社を匿名組合員として日本の匿名組合営業者との間で匿名組合契約を締結する方法で日本に投資を行うことは、国際的な二重課税を回避するための節税か、租税条約濫用等による租税回避かという問題について、宮武敏夫「匿名組合契約と税務」ジュリ1255号106頁参照。

オウブンシャホールディング事件に現れた一連の取引（《ステップ1》の全部または一部だけを指している場合もあれば、《ステップ1》と《ステップ2》全体を指している場合もある）は、典型的な国際的租税回避型取引であると言われているが、同事件の裁判では、この事件に現れた事実関係ないし取引が国際的租税回避であることを理由とする否認の可否が真正面から争点とされたわけではないし、この事件のどの部分がどのように国際的租税回避であるということが裁判所によって認定されたということもない。逆に、控訴審判決では「本件増資は、いわゆる節税を意図して企画されたことは明らかで、納税者として、いわゆる節税を図ることは、もとより、なんら正義に反することではない」と判示されている。この事件が国際的租税回避事案であるか否か、またこの事件の一連の取引のどこをとらえて国際的租税回避であると評価できるかについてはいくつかの見方が可能であろうが、本章では、まずIIIの各設問の検討を通じて国際課税のルールが国内における課税のルールと異なることによって、国際課税が関わる場合に日本における租税負担の減少がどのように起きるかの例を、この事例を題材として見てもらいたい。次いで、IVでは、オウブンシャホールディング事件の裁判においてその適用が問題とされた法人税法22条2項を例として、国際的租税回避事案における租税法規の解釈・適用という局面で租税法律主義がどのように働くかを考えてもらいたい。

III 関連する国際課税のルールの整理

我が国においては、内国法人は全世界所得に対して課税されることとされている（法税4条1項、5条）が、世界の国々の中には、自国の法人について必ずしも我が国と同じような全世界所得課税主義をとらず、国内源泉所得についてのみ課税し国外源泉所得については非課税とするという税制や、一定の投資所得等については課税しないという税制を採用している国がある。そして、世界各国においてはそのような税制の違いがあることが1つの理由

となり、また我が国の課税権が及ぶ範囲には限界があることがもう1つの理由となって、場合により複数の国において同一の所得が二重に課税されたり、逆に日本においても日本以外のどこの国においても課税されない所得が発生することもある。二重課税の排除をその重要な目的としている**租税条約**（通常の正式名称は「所得に対する租税に関する二重課税の回避及び脱税の防止のための○○国政府と△△国政府との間の条約」）は、多国間条約ではなく2国間条約として締結されている。その内容はある程度標準化されてきているとはいえ、日本が締結している租税条約だけをみても、すべての租税条約がまったく同じ内容で締結されているというわけではないために、たとえば、内国法人と外国法人との間である取引がなされる場合であっても取引の当事者である外国法人がどこの国の居住者であるかによって（即ち、適用される租税条約の有無、その内容によって）日本における租税負担が異なる場合もある。以上についてある程度具体的に理解することを目的として、次の設問について考えてみよう。

1　設　問

1　事例中のX国が日本であると仮定して、事例に記載した取引について関係当事者が日本においてどのように課税されるかについて考えてみよ。

2　事例中のX国は日本以外の国であるが、X国の税制および租税法は日本とまったく同じであり、かつ日本とX国との間には租税条約はないと仮定して、事例に記載した取引について関係当事者が日本においてどのように課税されるかについて考えてみよ。

3　事例中のX国は日本以外の国であり、X国の税制および租税法は日本とまったく同じであるが、日本とX国との間にはOECDモデル条約と同じ内容の租税条約があると仮定して、事例に記載した取引について関係当事者が日本においてどのように課税されるかについて考えてみよ。

4　事例中のX国は日本以外の国であり、かつX国の税制および租税法は日本と異なっており、X国の税法上は、A社もB社も上記のA社新株発

行、A社による乙社株式のバイヤー社への売却に際してはいかなる所得に対してもX国で課税がなされることはないと仮定し、かつ日本とX国との間にはOECDモデル条約と同じ内容の租税条約があると仮定して、事例に記載した取引について関係当事者が日本においてどのように課税されるかについて考えてみよ。

《設問を検討するにあたっての前提》

なお、以上の設問の検討にあたっては、事例および設問に登場するすべての法人当事者は、それぞれその設立準拠法国に本店を有しており、設立準拠法国以外の国には事務所、支店その他の事業を行う場所は有していないものとして考えよ。また、X国の会社法制は、実質的に日本の商法に定める会社法制と同じであると仮定する[6]。また、設問の検討においては、売買、譲渡等にかかる売却手数料等の費用はないものとみなす。

2 設問1について——国内取引の場合の課税取扱い

X国が日本であると仮定するということは、事例に記載してあるすべての行為が日本においてなされ、かつ事例に登場するすべてのX国法人は日本法人(すなわち、法税2条3号に定義される内国法人)であると仮定せよということを意味する。要するに、事例に記載されている取引がすべて日本国内において内国法人だけを当事者として行われた場合に、日本ではどのような課税がなされることになるか、が設問1である。

まずA社の設立時になされた甲社による乙社株式の現物出資がどのような課税に服するかについてであるが、甲社はこの現物出資を当時存在していた旧法人税法51条に定める特定出資の形式的要件を充足する形で行ったということであるから、甲社は、この特定出資によって取得したA社株式につ

---

[6] 実際には、外国の会社法制その他の関係する私法上のルールが日本と全く同じであるということはないであろう。我が国の租税法を、外国法を準拠法としてなされた私法上の行為に適用する場合には、そのような私法の法制の違いをどのように考えるかは、それ自体重要な論点であるが、本稿では取り上げない。

いて同条に基づく圧縮記帳を行うことにより、譲渡益課税を繰り延べる形で（つまり、実際には譲渡益分について現物出資時点ではまったく課税を受けることなく）この現物出資を行ったものと考えられる。また、上記【参考】欄で説明したとおり、旧法人税法51条の適用を受けた以上は現物出資を受けたA社側も現物出資された財産である乙社株式を甲社の簿価と同額で受け入れたはずであるから、A社にも法人税課税の対象となる受贈益は生じなかったことになる。

次に、A社による1995年の新株発行時における課税問題について考えると、この新株発行直前時点におけるA社株式の時価総額は金240億円、1株当たりの金額は金1億2千万円ということであるから、A社新株の発行価額（金120万円）はこの時価の1％相当という微々たる金額であったわけである。日本の商法上は、このような新株発行は「特に有利な価格による」第三者割り当て発行（いわゆる「有利発行」）に該当することになるが、そのような有利発行がなされた場合には、我が国の税実務上、新株の割り当てを受けた第三者（本事例のB社）が、取得した新株の時価（払込み後のA社の総株式3,200株のうち3,000株分の時価）と新株に対して払い込んだ金額総額、すなわち有利な発行価格3,000株分との差額について受贈益を認識するべきであると取り扱われることになると理解されてきた（たとえば、占部＝櫨元「判例分析ファイルその42　第三者割当増資における有利発行と課税」税経通信58巻7号193頁参照）。したがって、この実務上の理解に従うと、B社には、この時点でかかる差額（この事例では224億7,750万円相当額）の受贈益が発生し、その全額がB社の課税所得として課税されることになる。他方、有利発行がなされた時点における旧株主（本事例の甲社）側には、有利発行がなされたとしても課税所得は発生しないと実務上は理解されていたようである（オウブンシャホールディング事件の第一審判決も、第三者に対する新株の有利発行の場合には、決議に賛成した株主について含み益が顕在化したものとして収益を認定し、これに対する課税をするというような広汎な課税が行われていることはうかがわれない、と判示して上記のような実務上の理解を肯定している）。

上記に述べたようなこれまでの実務上の理解に従うとすると、上記に述べたとおり有利発行の時点でB社に対して受贈益課税がなされるのに加えて、1996年にA社が乙社株式をバイヤー社に売却したことにより、A社は、売却額である250億円とA社における乙社株式の簿価である15億円の差額である235億円の株式譲渡益を認識するべきこととなり、ここで甲社がA社に対して乙社株式を現物出資したときに繰り延べられていた含み益分相当額の譲渡益も実現し、その部分も含めた譲渡益全額がA社の所得とされ、A社の他の所得と合算されて、A社の所在地国であるX国（すなわち、設問1では日本）で課税されることになる。

以上に対し、オウブンシャホールディング事件の控訴審判決は、すでに紹介したように甲社とB社との間にA社の資産に係る株主持分の移転に関する合意があったと認定し、本件決議を介してなされた株主持分の譲渡は、同事件で認定された事実関係の下では、両社の合意に基づいてなされたものと認定できるので、甲社も法人税法22条2項に基づく課税を免れないという考え方を示した（この事例に示された金額で計算すると、224億7,750万円が同条同項にいう甲社の収益とされる一方で、当該収益と同額が法人税法37条7項に基づいて甲社からB社に対する寄附金と認定されることとなる。結果的に、甲社は、寄附金とされる金額については、その寄附金算入限度額を超える部分について損金算入することができない（法税37条1項・3項）ことから、甲社はこの収益の全部または相当部分について課税されることになる）。この控訴審判決においては、甲社、A社、B社および丁財団の役員の兼任関係、B社が本件決議の日に設立されたとの事実、A社がペーパーカンパニーであったとの事実等からA社既存株主甲社（旧株主）とA社から新株割当を受けた第三者たるB社（新株主）との間にA社株主持分を移転する合意があったという認定がなされていることを考慮すると、東京高裁が立てた基準によったとしても、有利発行がなされた場合に旧株主から新株主に対して発行会社持分の無償供与があったと認定されるか否かは、関連する事実関係如何によることになるものと思われる。なお、この東京高裁の判断においては、この事件における

有利発行によって新株の割当を受けた第三者（新株主）が日本の課税権に服する場合か服さない場合かが特に問題とされているわけではないので、実質的に同様の事実関係がある限り、純粋に国内の有利発行の場合であっても旧株主が課税を受けることになるはずであるが、その場合には、旧株主である甲社は、B社への無償供与により失った株主持分の適正な価値相当額の収益額が寄附金の損金算入限度額を超える限度で課税を受けることになり、かつB社においてもA社株式の含み益分として取得した金額（この事例で示された金額で計算すると、224億7,750万円）相当額の受贈益を益金に算入するべきことになろう。さらに、そのような無償供与があった場合には、かように無償供与の当事者のいずれもが課税されるのに加えて、A社も、その後にバイヤー社に対して乙社株式を譲渡した際に実現する譲渡益（乙社株式の売却価格である250億円と簿価である15億円の差額である235億円）に対して課税されることになろう。

　バイヤー社による丙社への乙社株式売却によりバイヤー社は取得価額である250億円と売却価額である255億円の差額相当額の譲渡益を所得として認識するべきことになり、バイヤー社はかかる差額の5億円について、他の所得と合算のうえ、同社の居住地国であるX国（すなわち、設問1では日本）で課税を受けることになる。そして、最後に、丙社によるインベスター社への乙社株式売却により丙社は取得価額である255億円と売却価額である260億円の差額等総額の譲渡益を所得として認識するべきことになり、丙社はかかる差額の5億円について、他の所得と合算のうえ、日本で課税を受けることになる。

　結局、設問1のように、すべての関係当事者が内国法人であり、事例に記載したすべての取引が日本国内のみで行われる場合には、いったん旧法人税法51条に基づく課税の繰り延べがなされたとしても、また、有利発行の時点では、これまでの実務上の理解に従ってB社のみが課税され甲社には課税されないとしても、A社が甲社から引き継いだ乙社株式を処分した際に、特定出資時までに甲社の手許において生じていた乙社株式の含み益およびそ

の後に生じた乙社株式の含み益の全額が日本において課税されることになる。言い換えると、仮に甲社が事例のような迂遠な道をたどることなく、1996年9月まで乙社株式を保有し続けたうえでそのときの時価である金255億円でこれを丙社に売却した場合には甲社自身が255億円と15億円の差額相当額である240億円の譲渡益を1996年に認識すべきことになり、この全額が日本で課税されることになるはずであるが、その場合と、この設問1の場合とを比較すると、①課税を受ける者と、②課税が起きる時期（年度）に違いはあるものの、日本が譲渡益の課税所得として課税できる金額の総額は同じであることがわかる。他方、控訴審判決に示された考え方による場合には、すでに述べたとおり、A社からB社への新株発行時点で甲社に対する課税が追加的になされることになるものと思われる。

3　設問2について──外国法人に対する日本の課税権

　設問2が設問1の場合と異なるのは、A社、B社およびバイヤー社が法人税法上「内国法人」ではなく「外国法人」に該当することになる点である。我が国の法人税法上「内国法人」は全世界所得に対して課税されることとされているのに対し、「外国法人」の場合には、**国内源泉所得**についてのみ日本で課税されることとされている（法税4条2項、141条4号）。国内源泉所得の範囲は所得の源泉の所在地を定めるルールによって決められるがそのルールを**ソース・ルール**と呼ぶ。法人税法138条および所得税法161条が国内法上のソース・ルールを定めている。したがって、設問2では、A社、B社およびバイヤー社が外国法人になったために日本で課税を受けるべき所得の範囲が設問1の場合とは異なることになる。この点に注意して日本が課税できる所得金額が設問1の場合と比べてどのように異なることとなるかを考えてみよう。

　まず甲社がA社に対して行った現物出資が当時の旧法人税法51条に定める特定出資の要件を満たしていたかについてであるが、当時の旧法人税法51条では、現物出資先会社を内国法人に限定するとの規定はなく（1998年改正

後の条文と対比してみよ)、同条は現物出資先会社が内国法人であることを特に要求するようには規定されていなかった。したがって、旧法人税法51条を文理解釈して適用する限り、設問1の場合と同じく、甲社には現物出資時に何ら課税所得は生じないこととなる。また、X国の税制および租税法は日本とまったく同じという前提であるので、A社にも何ら課税所得は生じないことになるはずである。

次に、A社がB社に対して新株発行をした時点では、X国の租税法は日本の租税法と同じであるという前提なので、有利発行に関するX国の実務が日本と同じであるとすると、B社にはX国の租税法上は設問1で述べたのと同様の課税所得が生じることになるはずである。他方、日本においては、外国法人たるB社が得たこの所得が日本の法人税法上B社の国内源泉所得に該当するか否かが検討されなければならない(この設問2では日本とX国間には租税条約がないという前提なので、X国法人たる外国法人が日本で課税されることとなる国内源泉所得の範囲は日本の国内税法によって決定されることになる。本稿ではこれ以上立ち入らないが、法税138条、141条4号および法税令187条等参照)が、日本の国内税法上は、B社が有利発行によって得たとされる所得は、X国法人であるA社の株式という資産に関して供与を受けた経済的利益に係る所得であることから、日本国内に所在する資産に直接かかわるものと考えるのは難しいことを考えると、国内源泉所得に該当する可能性は低い(法税141条4号および法税令187条に定めるいずれの所得にも当たらない)と思われる。

他方、オウブンシャホールディング事件の控訴審判決によれば、この事例においてB社が受けた経済的利益は、甲社からB社に対して無償で供与されたものであるとされることになるが、その場合には、甲社は設問1の場合と同様に日本で課税を受けることとなる。次に、その場合のB社についてであるが、そのような経済的利益はX国法人であるB社にとって日本で課税を受けるべき国内源泉所得に該当するかについて検討する必要がある。無償供与されたのはX国法人であるA社の株主持分ないしかかる株主持分類

似のものであるという理解を前提とすると、B社の所得は日本で課税を受けるべき国内源泉所得に該当する可能性は低い（法税141条4号および法税令187条に定めるいずれの所得にも当たらない）と思われるが、そのように解する場合にはB社が日本で課税を受けることはない。

以上のとおり、設問2のようにB社が外国法人であって日本に事務所等を有していない法人（すなわち、法税141条4号に該当する外国法人）である場合（上記の《設問を検討するにあたっての前提》参照）には、設問1の場合と異なり、日本としては国内源泉所得として我が国の法人税法に規定されている所得についてのみしか課税できないことになることから、同じような取引が国内のみにおいて行われるのか（設問1の場合）、それとも海を越えて外国を巻き込んで行われるのかで、我が国の課税権が及ぶ範囲が異なることになる。

次に、1996年のA社による乙社株式のバイヤー社への売却についてであるが、外国法人が内国法人の株式を売却して得た譲渡益は、法人税法上、原則としては国内源泉所得には該当しない。しかしながら、一定の場合には例外的に国内源泉所得とされる。例外の1つがいわゆる事業譲渡類似の株式譲渡と呼ばれる場合である。外国法人が内国法人の発行済み株式の25％以上を、譲渡の日の属する事業年度終了日以前の3年内のいずれかの時において保有（25％以上保有していたか否かの判断にあたっては、当該外国法人の一定範囲の関連者が保有しているものも合算される）しており、かつ一事業年度内に5％以上売却（5％以上売却したか否かの判断にあたっても、当該外国法人の一定範囲の関連者が売却したものも合算される）した場合がこれに該当することとされている（法税141条4号イ、法税令187条1項3号ロ・5項参照）。したがって、A社による乙社株式の売却から得られた譲渡益は、この事例ではA社が保有する乙社株式が乙社の発行済み株式総数の30％であることから、A社が仮にその保有する乙社株式全部を1回でバイヤー社に売却した場合には、事業譲渡類似の株式譲渡として国内源泉所得に該当することになるので、A社には国内源泉所得として日本で課税されるべき課税所得が生じることにな

る。しかしながら、もしA社が何年かにわたり少しずつ乙社株式を処分していく等、あくまでも事業譲渡類似の株式譲渡に該当しないような方法で乙社株式を譲渡した場合（ただし、バイヤー社がA社の関係会社として上記の25％および5％の計算上合算される対象となる者ではないことが前提であるが、この点は、事例の記載内容からは明確にはわからない）には、そのような株式譲渡から得られる譲渡益は、国内源泉所得に該当しないので、A社がその譲渡益に我が国で課税されることはない。ここでも、設問1の場合と比べると、A社が外国法人であって日本に事務所等を有していない法人である場合には、同じような取引であっても我が国の課税権が及ばないことがあることがわかる。

　バイヤー社による丙社への乙社株式売却も、我が国の税法上は、上記に述べたのと同じ事業譲渡類似の株式譲渡の規定の適用を受けることになるので、もしバイヤー社が乙社株式全部（発行済株式総数の30％）を一度に売却したという場合には、譲渡益の5億円について日本の国内源泉所得として日本の課税に服することになる。

4　設問3について―租税条約と国内法の関係

　設問3と設問2の違いは、日本とX国との間に租税条約があるか否かという点にある。**租税条約**には、当事国間において適用すべきソース・ルールや、当事国間で課税権をどのように配分するか（たとえば、特定の種類の所得について納税者の源泉地国と居住地国の双方で課税することができるとするか、あるいは居住地国のみで課税することができるとするか）等当事国が相手方当事国の居住者に対してどのような範囲で課税権を行使できることとするか、を中心とする様々な規定が盛り込まれる。租税条約の内容は、厳密にいうと個々の租税条約ごとに異なっているのであるが、国際的な課税のルールについて標準化を促進するために1966年に**OECDモデル条約**が作成され（以後随時改訂されている）、以後先進国間ではこのOECDモデル条約に沿った条約が多数締結されてきている。また先進国と発展途上国との間のモデル租税

条約も1980年に国際連合によって作成されている。我が国は、ごく初期に締結したいくつかの租税条約を除いては、原則としてOECDモデル条約に準拠した条約を締結してきた。ただし、個別の租税条約ごとに特徴のある条項が入れられているものもある。また2003年11月に調印され、従来の日米租税条約を約30年ぶりに全面改訂した新日米租税条約は、日本の租税条約政策の転換を示す内容を多数含んでおり、今後先進国との間の租税条約についてはこの新日米租税条約をモデルとして改訂が進められることになると思われる。

我が国は45を超える国々との間で租税条約を締結しているが、これらの租税条約と国内の租税法令とがどのような関係に立つかという問題がある。諸外国の中には条約と国内法とが同列に置かれるとされている国（たとえば、米国）もあるが、我が国では憲法98条2項に**条約順守義務**が規定されていることから条約が国内の租税法規よりも優位に立つと解されている。また、それとは別の問題として、租税条約の諸規定がそのまま国内法と同様に直接適用されるという効力を持つかという問題があるが、諸外国の立法例は分かれているようである。我が国では、「租税条約の実施に伴う所得税法税人税法及び地方税法の特例に関する法律」（以下、「実施特例法」という）という、租税条約実施に関する一般的な特例法が制定されており、租税条約の適用を受けるための手続等が定められているが、実施特例法の内容をみる限り、我が国においては、租税条約が内国法を介さずに自動的に適用されると解することが否定しているわけではなく、基本的には租税条約は直接適用可能であると解するのが原則であると考えてよい。[7]

さて、設問2においてA社、B社およびバイヤー社が外国法人（すなわちX国の法人）であっても日本において課税されることとなる場合があることについて述べた。次の問題は、租税条約が適用される場合に、その結論がど

---

[7] ただし、実際にはさらに細かい考察が必要になる。この問題に関する参考文献として、水野忠常『国際課税の制度と理論』81頁以下、井上・仲谷「租税条約と国内税法の交錯〔2〕」国際商事法務 Vol. 30, No. 8、1111頁以下およびそこであげられている文献、本庄資『租税条約』（国際課税の理論と実務第3巻）41頁以下参照。

のように変更されることになるか、である。具体的には、①適用ある租税条約中のソース・ルールの変更規定の有無（適用ある租税条約において国内法が定めるソース・ルールと異なるソース・ルールが規定されている場合には租税条約に定めるソース・ルールが適用されることになることにつき、法税139条、所税162条を見よ）、②適用ある租税条約中の日本の課税権制限規定の有無、すなわち、租税条約がない場合には日本が課税できることとされていた所得が租税条約の規定によって日本では課税を減免することとされている場合があるが、そのような規定はないか、という2点が（他にも検討すべき点はあるが）[8]一般的には特に重要である。設問3ではX国と日本との間にOECDモデル条約と同じ内容の租税条約が締結されているという前提が置かれているのでその前提のもとで考える場合、OECDモデル条約の下では、この事例の検討に影響を及ぼすようなソース・ルール変更規定はない（上記①の点）が、A社からバイヤー社への乙社株式の譲渡から生じる譲渡益およびバイヤー社から丙社への乙社株式の譲渡から生じる譲渡益に対する源泉地国（設問3の場合においては、日本）の課税権を制限する規定がある（上記②の点）ことに注意する必要がある。

　A社による乙社株式のバイヤー社への売却によりA社に生じる所得は、日本・X国間租税条約（OECDモデル条約と同じという前提である）上、譲渡所得に関する規定の適用を受ける所得であるが、同条約上はこの譲渡所得に

---

[8] 租税条約は、2国間における二重課税の防止という観点から、あるいは源泉地国における課税権を認めない（免税）とし、あるいは源泉地国において課税される場合でもその税率を一定限度に制限するという形等で様々な特典を当事国の「居住者」に与えている。上記②はこのような特典条項が適用ある租税条約に含まれていないか、という問題である。なお、第二国の居住者がいわば中間会社を経由して直接は適用を受ける資格がないはずの租税条約の特典を享受するという結果を生じさせている場合がある。これは、一般に**条約漁り**（または、**トリーティー・ショッピング**）と呼ばれ、本稿では詳しく論じないが、国際的租税回避の1つの態様として古くから議論されてきた。国際的租税回避という本章のテーマとの関係ではいろいろな論点を提供する問題である（条約漁りにつき、たとえば宮武・前掲書（注3）93頁以下およびそこであげられている文献参照）。第三国の居住者による租税条約の特典享受を防止するために、かなり詳細な**特典制限条項**（リミテーション・オブ・ベネフィットの頭文字をとってLOB条項と呼ばれることもある）を租税条約に盛り込むのが最近の傾向である（たとえば、日米租税条約22条および後記注9の文献参照）。

については、乙社株式の価値の50％超が直接または間接に日本内に存在する不動産からなる株式でない限り、居住地国（すなわち、X国）においてのみ課税できると定められている（OECDモデル条約13条5項参照）。すなわち、日本とX国との間の租税条約において株式譲渡益について各当事国の課税権を制限することが合意されていることになる。日本を含め、各国は自国と相手国との間の経済的な関係等（たとえば、そのカテゴリーに属する所得がある国との間では、だいたい均衡を保つような程度であると考えられる場合には、その国との間では互いに源泉地国が課税権を持たないという合意をしても、租税収入に大きなインパクトはなく、かつ源泉地国における課税権がないこととすることによって二重課税の防止という目的が最も簡便に達成されることになる）を考慮したうえで、かつ各国の租税条約政策に従って、2国間条約においてどの範囲でどのような条件のもとにおいて自国の課税権の制約を受け入れることとするかを決めている[9]。この事例についていえば、日本・X国間に租税条約がある結果、X国の居住者であるA社が一度に乙社株式全部（乙社の発行済株式総数の30％）を売却したとしても源泉地国である日本において課税を受けることはないことになる（ただし、乙社株式の価値の50％超が直接または間接に日本内に存在する不動産からなる株式である場合には、反対の結論になる）。バイヤー社による乙社株式の丙社への売却によりバイヤー社に生じる所得についても同様である（設問3の前提の下では、X国の租税法は日本とまったく同じということなので、A社およびバイヤー社はX国においてそれぞれの譲渡益について課税を受けるはずであるから、もしこの譲渡益に対して日本でも課税されるということになる場合には、同一の所得に対して2カ国で二重に課税を受けることになる。その場合には、OECDモデル条約23条にあるように、A社およびバイヤー社の居住地国であるX国において免除方式または税額控除方式で二重課税を排除することが通常租税条約上合意される。我が国は税額控除方式を採用しているので、日本と同じ租税法を有するX国においても、A社およびバイヤー社が

---

[9] 水野忠恒編著『改訂版国際課税の理論と課題〔二訂版〕』（21世紀を支える税制の論理第4巻）（浅川雅嗣・我が国の租税条約締結ポリシー）35頁参照。

日本において課された法人税について外国税額控除を認めるという方法で二重課税が排除されることになるはずである。ただし、現実には、我が国を含めて外国税額控除方式を採用している国においては、外国税額控除に様々な条件をつけていることが通常であり、租税条約においても、それぞれの国の国内法に従って外国税額控除を認めると合意することが多い。そのため、外国税額控除方式によっては完全に二重課税が排除されない場合もある）。

　以上のとおり、仮に日本とX国とがまったく同じ租税法を持っていたとしても、この事例のような取引が国内において内国法人間でなされた場合（設問1の場合）に比べて国境を跨いで外国法人を巻き込んで行われた場合には、日本による外国法人である当事者に対する課税権が非常に大きく影響を受ける。この設問3の場合には、結局甲社が簿価15億円で保有していた乙社株式30％分は時価100億円の時点でいったん甲社の手を離れるものの、その後時価が255億円まで上がったところで日本法人丙社の保有となったこと、そして、日本においては乙社株式が甲社からA社に現物出資された際のA社における乙社株式の簿価である15億円と当該株式が再び日本法人丙社の保有に帰することとなったときの時価である255億円の差額はA社およびバイヤー社による乙社株式譲渡が、先に述べた事業譲渡類似の株式譲渡に該当する場合であり、かつ乙社株式の価値の50％超が直接または間接に日本内に存在する不動産からなる株式である場合に限り、日本で課税されるべき国内源泉所得とされるが、それ以外の場合には、日本ではまったく課税されることはない。X国においては、B社がA社から新株発行を受けた時点で224億7,750万円の受贈益について課税され、その後A社は、250億円で乙社株式をバイヤー社に売却した時点で簿価15億円との差額である235億円の譲渡益に対して課税され、さらにバイヤー社が255億円と250億円の差額の5億円について課税されるということになるはずである。X国でA社が課税されることとなる235億円のうち、甲社がA社に現物出資をした時点までに生じた含み益分、すなわち100億円と15億円の差額である85億円分は、甲社が乙社株式を現物出資した時点で実現していたものの圧縮記帳によって課税が繰り

延べられていた部分であるが、その部分については、乙社株式の価値の50％超が直接または間接に日本内に存在する不動産からなる株式である場合を除き、日本は、（現物出資の際に課税の繰り延べを認めただけであって課税を免除したわけではなかったはずであったにもかかわらず）永久に課税の機会を失ったことがわかる。ただし、この設問3の場合には、乙社株式について生じたすべての含み益は最終的には日本かX国またはその双方で課税を受けることとなる。

5 設問4について──各国の税制の相違と租税条約によって生じる課税権と租税負担の変化

さて、現実には日本とまったく同じ租税法を持っている国というものは存在しない。世界各国の租税法はそれぞれ異なる歴史を経て、異なる形で発展してきたのであって、国ごとに様々であると言ってよい。設問4は、そのような現実の世界により近い前提をおいている。すなわち、設問3の検討の最後に記載したようなX国による課税は一切なされない（唯一の例外として、バイヤー社は、X国において5億円の譲渡益課税を受ける可能性は排除されていない）というのが設問4の前提である。

日本の租税法には、本事例におけるA社のようにその所在地国で課税を受けないかあるいは低い税率（法人の所得に対する税が所得の25％以下となる場合がこれに該当することとされている）で課税を受けるような特定外国子会社等が稼得した所得であって、当該特定外国子会社等に内部留保されている金額として法令に基づいて計算される金額については、一定の条件の下にかかる所得を当該特定外国子会社等の株式を保有している日本の親会社の所得に合算して日本で課税することを定める、いわゆるタックスヘイブン対策税制（税特措66条の6）が導入されている（本書第1部第3章、第2部第6章参照）。この事例では、A社は乙社株式以外には実質的にみるべき資産を有していないものと推測されること、A社は事務所も従業員も持たないペーパーカンパニーであることから乙社株式の譲渡益以外にはみるべき所得が実質

的にはない可能性が高いことを考えると、この設問4の前提の下でのA社の所得に対するX国での実質的な税率は25％以下であると推測される。そうであるとすると、仮にA社がB社への新株発行をしないまま（すなわち、甲社がA社の株式を100％保有している状態のまま）乙社株式を海外でバイヤー社に譲渡した場合に、その譲渡によってA社において実現した譲渡益は、仮にA社に内部留保されたままであったとしても、このタックスヘイブン対策税制の適用対象となり、甲社の所得に合算されて日本で課税されることになったはずであるから、その時点で旧法人税法51条に基づいて繰り延べられていた譲渡益の課税が日本においても甲社に対してなされたはずである。ところが、この事例では、A社が乙社株式をバイヤー社へ譲渡する前年度にB社への新株発行を行い、もって甲社の持株比率が下げられたため、甲社がタックスヘイブン対策税制上合算課税されることとなるはずであった金額が、A社の譲渡益の6.25％（A社が譲渡益を得た年度における甲社のA社に対する株式持株比率）のみに縮減されている（A社の93.75％の株式を保有していたB社の留保利益に対してタックスヘイブン対策税制が適用されることとなったとしても、B社の100％株主は丁財団であり、同財団は公共法人であるため法人税を納める義務がない（法税4条3項）からである）。その結果、設問4の前提の下では、甲社がタックスヘイブン対策税制に基づいてA社の留保利益について合算課税を受けることとされていた場合には、A社の得た譲渡益235億円の6.25％相当額は日本で課税されることになるが、それ以外は、乙社株式の所有者が1991年から1996年にかけて甲社、A社、バイヤー社、丙社と転々譲渡されたにもかかわらず、その間に生じた乙社株式の譲渡益については原則として日本で1円も課税されることのないまま、乙社株式の簿価が15億円から255億円にステップアップされて甲社の関連会社である丙社の手に収まることになる。言い換えると、有利発行における従来の実務上の取扱い、すなわち有利発行がなされた場合であっても既存の株主（旧株主）に対する課税はなされないというこれまでの実務を前提とすると、甲社および丙社を含む甲社グループ内では（タックスヘイブン対策税制の適用を受けることとな

る金額部分を除き)、日本において課税を受けることなしに乙社株式の簿価が15億円から255億円までかさ上げできたことになる。このようなことはまさに国際的な取引と外国法人を介在させることによって可能になったものといわなければならない。

　他方、オウブンシャホールディング事件控訴審判決で示された法解釈と事実認定に基づいて甲社とＢ社との合意に基づくＡ社持分譲渡があったとされる場合には、甲社はＡ社がＢ社に対して有利発行を行った時点で譲渡益を認識したうえで、同額をＢ社に寄附したものとされることになるが、寄附金については損金算入が制限されていることから、甲社は、設問１で説明したとおり224億7,750万円が甲社の寄附金算入限度額を超える部分について日本で課税を受けることになるはずである。甲社は内国法人なので、この課税が租税条約の影響を受けることはない。したがって、その場合には、日本としては、甲社がＡ社に対して特定出資を行った時までに生じた乙社株式の含み益分のみならず、その後乙社株式がＡ社に保有されている間に生じた含み益分についても日本で課税されることになる。

　以上、ざっくりとした概観ではあるが、事例のように国内にあった財産(すなわち、甲社所有の乙社株式)が外国に持ち出された場合には、それによって、同じ取引が国内のみでなされた場合と比較すると、日本の課税権が及ぶ範囲が限定されることがわかるであろう。日本と外国とでは税制が異なるのは当然であるから、そのように異なる税制を有する国との間で取引が行われた場合には、日本国内のみで取引が行われた場合と比べて異なる税務効果が生じるのはむしろ当然である。そこで生じた税務効果が納税者に有利であったことのみを理由として、かかる取引が国際的租税回避行為であると断ずることはできないのである。

Ⅳ 租税法律主義と租税法規の解釈

1 設 問

　オウブンシャホールディング事件の第一審判決と控訴審判決を題材として、国際的租税回避事案に法律（法税22条2項）を適用するプロセスでなされる法律解釈において、租税法律主義がどのように働くかについて考えてみよ。

2 序論——法律適用のプロセスと国際的租税回避事案

　実際の事案に租税法を適用する場面では、事実認定が行われ、そこで認定された事実に適用されるべき法令の規定が選択され、その解釈が行われたうえで、具体的に認定された事実関係に対するその法令の適用がなされるはずであるが、実際の事件処理においては事実認定と法令解釈の作業がこのような順番で整然と進められるわけではなく、事実認定と法令解釈が同時並行的に進められ、この2つの間を行きつ戻りつしながら課税要件充足の有無の判断（すなわち、法の適用）がなされていくのが通常である。特に国際的取引を絡めたタックス・プラニングを行う場合や節税か租税回避かの判断が難しいきわどい事案の場合には、課税要件事実に係る事実認定、課税要件を定める法令の解釈、そして租税回避か否かの判断という3つの局面が分かち難く境界を接しているような様相を呈することが多い。そして、そのような場合には、事実認定においても法令解釈においても、節税と租税回避を分けるぎりぎりの境界線上の判断が要求されることになるためか、租税法律主義がそれぞれの局面においてどのような規律として働くべきかが直接的に議論の中心になることが多い。オウブンシャホールディング事件はまさにそのような事件の1つであった。

　租税法規の解釈は原則として**文理解釈**によるべきであり、みだりに拡張解釈や類推解釈をすることは許されないというべきであるが、これは租税法律

主義の目的を考えると当然のことといえる。ただし、文理解釈によって複数の解釈可能性が残るような規定については、租税法律主義の下でも**目的論的解釈**が許されると考えられる。そして、租税法の解釈にあたって、「その中に立法趣旨を読み込むことによってその規定を限定的に解釈するという解釈技術」を用いることによってかかる否認を認めたのと同じ結果を導くというアプローチを認める余地があることが指摘されていた（金子宏「租税法と私法」租税法研究第6号24頁）。この手法を用いて否認と同様の結果を導いた近時の大阪高裁の判決（大阪高判平成14・6・14・上告中、判タ1099号182頁）があるが、これは、法人税法69条に定める外国税額控除に関する規定にある「外国法人税を納付することとなる場合」の解釈が問題となった事案に関するものである。

　大阪高裁は、「租税法律主義の見地からすると、租税法規は、納税者の有利・不利にかかわらず、みだりに拡張解釈したり縮小解釈することは許されないと解される。しかし、税額控除の規定を含む課税減免規定は、通常、政策的判断から設けられた規定であり、その趣旨・目的に合致しない場合を除外するとの解釈をとる余地もあり、また、これらの規定については、租税負担公平の原則（租税公平主義）から不公平の拡大を防止するため、解釈の狭義性が要請されるものということができる。したがって、租税法律主義の下でも、かかる場合に課税減免規定を限定解釈することが全く禁止されるものではないと解するのが相当である」と判示し、**限定解釈**が租税法律主義のもとで許される理由として、①法の趣旨・目的に合致しない場合を除外することと、②課税の不公平の拡大防止のための解釈の狭義性という2点をあげている。この判決に対し、上記のうち②は制定法外在的な論理であるからこれを限定解釈が許されることの理由とすることは租税法律主義の点からは問題であり、また①は制定法内在的な論理であるからこれを理由として限定解釈をすることは広い意味での目的論的解釈として許されるが、その場合であっても「そもそも租税法律主義の下では特に予測可能性・法的安定性の確保の見地から、目的論的制限による限定解釈は、租税法内在的な目的論が文言に

251

よる表現に匹敵するほどの明確性をもって一般に認識可能なものである場合に限って許容されると考えるべきである」（谷口勢津夫「司法過程における租税否認の判断構造」租税法研究32号53頁、55頁）との指摘がある。ただし、この判決は、具体的な限定解釈のあり方については「具体的にどのような限定解釈が可能であるかは、各課税減免規定を通じて一般化することはできず、各法規の文言、関連規定の定め方、制度の趣旨・目的等から、当該課税減免規定から要請される解釈を探るべきである」と判示しており、結果的には限定解釈をもっぱら①を理由とする「制定法内在的法形成として認めたもの」（谷口・前掲論文54頁）のようにみえる。

　そして、各租税法規が定める課税要件について、そのような租税法規の解釈を経たうえで、法令の解釈によって明らかにされた課税要件が充足されたか否かの判断作業が行われるわけであるが、これが課税要件事実の認定である。租税法は経済活動とその成果を対象として適用される法規であるが、課税要件事実の認定においては、我が国の租税法は、私法上の法律関係とそれによって生じる私法上の法的効果によって経済活動とその成果を把握することを原則としていると考えられる（谷口・前掲論文61頁）。この事実認定の局面において、近時事実認定による『否認』あるいは私法上の法律構成による否認という議論がなされているが、ここでの『否認』や否認は次に述べる租税回避行為の否認と同じ意味ではないので、注意を要する（なお、この事実認定と租税回避の問題については、本書第2部第6章で論じられているので、そちらを参照されたい）。

　次いで、課税要件事実にかかる事実認定の結果、法令の解釈によって明らかにされた課税要件が充足されず、あるいは減免規定の適用を否定できず、かつ問題とされる取引が租税回避（国際的租税回避か否かにかかわらない）であるとみられる場合（ただし、何が租税回避であるかの判断は容易ではないことについてはすでに述べたとおりである）には、納税者の私法上の行為およびその法的効果を租税法上否認し、課税要件が充足されたのと同様に取り扱うことができるかという問題が検討されることになる。これが租税回避行為の否

認の問題である。もちろん租税法に法人税法132条のような個別的否認規定がある場合にはそこで定められた否認の要件が充足されているかを検討することになる。個別的否認規定がない場合でも否認できるか、という問題についてはすでに述べたとおり租税法律主義の下においてはこれを否定するべきであろう（通説）。

以上が国際的租税回避事案における通常の法律適用のプロセスであるが、ここでは、このうち本章の事例においてその適用が問題となる1つの条文（法税22条2項）がオウブンシャホールディング事件の判決においてどのように解釈されたかを例としてとりあげることにより、課税要件を定める租税法規の解釈とその国際的租税回避事案への適用において、租税法律主義がどのように働くかを考えてもらいたい（法人税法132条については本書第2部第6章を参照されたい）。

3　有利発行の場合の既存株主への課税の可能性──法人税法22条2項の適用範囲・解釈論

(1)　法人税法22条2項の紹介──課税所得の基本規定

法人税法22条2項は、「内国法人の各事業年度の所得の金額の計算上当該事業年度の益金の額に算入すべき金額は、別段の定めがあるものを除き、資産の販売、有償又は無償による資産の譲渡又は役務の提供、無償による資産の譲受けその他の取引で資本等取引以外のものに係る当該事業年度の収益の額とする」という、極めて簡素な文面の規定である。この規定は、税法における課税所得金額の計算上益金の額に算入すべき収益に関する規定として、昭和40年の法人税法の全文改正時に制定された。所得概念を正面から定義せず、「法人の各事業年度の所得の金額は、当該事業年度の益金の額から当該事業年度の損金の額を控除した金額とする」（法税22条1項）と定めることによって所得の範囲を規定している法人税法においては、この22条2項は、法人税法上の所得概念の意義に迫る最も基本的な規定の1つであると理解されている。ただし、企業会計上は無償取引からは収益は生じないとされている

のに対し、法人税法がなぜこの規定において無償取引からも益金に算入すべき収益が生ずると定めたのかという根本的な問題、無償取引から収益が生ずるとされる場合の収益はどのように決定・算出するのか、確認的規定か創設的規定か、法人税法37条の寄附金の損金不算入規定との関係等を含めて、この規定の趣旨、目的、根拠、適用範囲等については、この規定の制定以来実に様々な見解が唱えられてきた。この規定をめぐる論文・先例は極めて多いのであるが、この規定が法人税法上この規定に負わされていると考えられている重い役割に比して簡略にすぎる規定ぶりであること、また立法時の資料が不足していることなどから、解釈論上学説が分かれている問題や解決されていない問題は多く、オウブンシャホールディング事件で争点となった問題もその1つであったと言うことができる。この条文全体に関する議論をすることは本稿の目的ではないので、ここでは設問の主題に関連する点のみについて簡単に紹介することとする。[10]

　法人税法22条2項の「資産の販売、有償又は無償による資産の譲渡又は役務の提供、無償による資産の譲受け」は例示であると解されているが、これまでの学説および判例・裁判例では、もっぱら例示されている取引である無償による資産の譲渡、無償による役務の提供、そして無償による資産の譲り受けという形態の取引についての解釈論が展開されてきていた。特に、資産の無償譲渡（低額譲渡の場合を含む）については、同条同項では無償譲渡から生じる収益は適正な価額（通常は時価相当額。低額譲渡の場合には、適正な価額との差額）であるべきことを規定していると解するのが通説・判例の認めるところとなっている。

　この関係で、特に重要な先例的意義を有する判例としては、無償による資産の譲渡が問題となり、未計上の資産である新株プレミアムを移転させる行為も法人税法22条2項に定める無償による「資産」の譲渡に含まれ、その時

10　法人税法22条2項およびこれに関連して問題となる同法37条をめぐる解釈論の限界、司法府による対応の限界、立法論の現状について、増井良啓『結合企業課税の理論』第1章11頁以下参照。

価相当額が収益とされるべきことを明らかにした**相互タクシー事件**（最判昭和41・6・24民集20巻5号1146頁）、低額譲渡が有償による資産の譲渡に含まれるかが問題となった**南西通商株式会社事件**（最判平成7・12・19民集49巻10号3121頁）などがある。このうち、オウブンシャホールディング事件の第一審判決でも取り上げられた相互タクシー事件は、未計上の資産の無償の譲渡からも益金が生ずることを認めた最初の最高裁判決として重要な意義を有すると理解されている。また、平成7年の南西通商株式会社事件の最判は、資産の低額譲渡の場合にも譲渡時における資産の適正な価額に相当する収益があると認識すべきものであることを明らかにした判例である。一般にこの最判は、法人税法22条2項の趣旨、目的について、通常の対価で取引を行った者と無償で取引を行った者との間で税負担の公平を確保して法人の適正な所得を算出する必要があるため、無償取引からも収益が生ずることを法律によって擬制したものであるとする適正所得算出説をとったものと理解されている。[12] 他方で、この最判が示した解釈は、「資産の保有利益（含み益）に対する課税に関して、資産移転を全て課税機会として課税繰延べをできる限り防止しようという政策」を「暗黙の前提」とするものであったとの指摘がなされている。[13]

　また、高裁判決ではあるが、無償による役務の提供の1類型である無利息融資の貸主は通常生ずべき利息相当額の収益を認識すべきかが争われた**清水**

11　ここで紹介している判例・裁判例については、相互タクシー事件につき、植松守雄「未計上資産の無償譲渡の益金」租税判例百選〔第2版〕86頁、南西通商株式会社事件につき、増井良啓「資産の低額譲渡と法人税法22条2項にいう収益の額」税研106号（〔最新〕租税基本判例80）84頁、清水惣事件につき、増井良啓「親子会社間の無利息貸付」租税判例百選〔第3版〕74頁およびそれぞれの引用・掲載文献参照。

12　適正所得算出説について、金子宏「無償取引と法人税―法人税法22条2項を中心として」法学協会百周年記念論文集第2巻135頁。法人税法22条2項の趣旨等をめぐる学説の概況等については、増井・前掲書（注11）の他、南西通商株式会社事件の最高裁判所調査官による判例解説（川神裕「資産の低額譲渡と法人税法22条2項にいう収益の額」最高裁判所民事判例解説集平成7年1070頁）、など参照。

13　岡村忠生「資産の低額譲渡と法人税法22条2項にいう収益の額」（判批）民商116巻3号86頁、105～106頁。増井良啓「資産の低額譲渡と法人税法22条2項にいう収益の額」税研106号84頁、86頁も参照。

惣事件（大阪高判昭和53・3・30（確定）高裁民集31巻1号63頁）も重要な先例である。清水惣事件で問題となった無利息融資は「節税と租税回避の灰色領域を形成する」（金子宏編『所得課税の研究』（増井良啓・無利息融資と経済的価値の移転・73頁）とも言われる取引である。清水惣事件の第一審では、租税回避行為の否認を理由として利息相当額を益金に算入できるかが争われ、第一審裁判所はこれを消極に解したが、控訴審である大阪高裁では、同条同項は、役務の無償提供も実質的にみた場合にはそれによって得た代償を無償で給付したのと同じであるところから担税力を示すものとみてこれを収益発生事由として規定したものであるとしつつ、金銭の無利息貸付の場合についても、貸主は他人に貸し付けた場合には通常の果実相当額の利益を享受しうるのであるからここに貸主から借主への利益の移転があったものと考えられるとして、法人税法22条2項に基づいて無利息融資の貸主は通常生ずべき利息相当額を益金に算入するべきであるとの結論を出したものである。大阪高裁判決は、法人税法22条2項は「私法上有効に成立した法律行為の結果として生じたものであるか否かにかかわらず、また、金銭の型態をとっているか其の他の経済的利益の形をとっているかの別なく、資本等取引以外において資産の増加の原因となるべき一切の取引によって生じた収益の額を益金に算入すべきものとする趣旨と解される」との解釈を示したうえで、「無償で利息相当額の利益を手放すことを首肯させるに足る合理的理由」のある場合には利息相当額の収益は生じないと判示した。

　法人税法22条2項は租税回避行為の否認を目的として立法されたことを示す資料は見当たらず、むしろ通説はこの条文は課税所得についての基本規定であると解していることはすでに述べたとおりである。そうであるとすると、同条同項の適用範囲は租税回避事案に限定されないものと解するのが論理的であるということになろう。そして、このような通説的立場から、清水惣事件の高裁判決が、合理的理由があれば収益が発生しないと判示した部分に対しては、そのような限定（つまり、合理的理由があれば収益が発生しないという限定）は、法人税法22条2項に基づいて収益を認識すべきとされる無償取

引の範囲の解釈に租税回避の否認の要件に関する考え方を取り込んだものであり、同条同項のように第一次的に租税回避否認を目的とするものではない規定の解釈としては正当でないという批判がなされている（金子・前掲論文（注12）169頁）。

なお、オウブンシャホールディング事件の控訴審判決のように、同条同項の「取引」の意義についての一般的な解釈を直接的に示した判例・裁判例は見当たらない。学説上は、簿記上の取引をあくまでも基底において考えようとする見解、法人税の解釈・適用上、資産の増加を認識・測定して収益を計上すべき場合に取引があるのであって法律行為的なものに限定されないという見解、私法上の概念としての取引の意義に依存して決められるという見解等があるようであるが、取引の概念は私法に依存していると言う見解を含めて、オウブンシャホールディング事件で問題となったような未実現のキャピタルゲインを含む経済的価値の流出、あるいは経済的価値の喪失の場合における「取引」の外延、ないし取引に「係る」収益の意義については、これまでの判例・裁判例ではあまり具体的には焦点が当てられていなかったように思われる。

(2)　2つの判決に示された22条2項の解釈と事実認定の相違点

オウブンシャホールディング事件の第一審判決と控訴審判決で焦点となった問題は、A社による有利発行によって、甲社が保有していたA社株式によって表象される株主持分に係る経済的利益の一部（甲社の手許においては未実現のキャピタルゲイン）を喪失し、同時にこの経済的利益がA社の新株を取得したB社に帰属することとなったにもかかわらず甲社はこの喪失に対して何らの対価を受領していなかったという場合に、甲社には法人税法22

14　「取引」の意義について、たとえば、中里実「『租税法と私法』論再々考」税研115号79頁、82頁（「『取引』の概念は基本的に私法に依存しているという考え方が成立しうるであろう」とする）およびそこで引用されている武田昌輔「課税所得の基本問題（上）—法人税法22条を中心として—」判時949号4頁（『取引』の概念は簿記上の取引概念を基底に置きながら税法上独特のない湯をもっているとする）、渡辺＝山本『法人税法の考え方・読み方〔三訂版〕』80頁～81頁（会計上の取引の意であって商取引を意味するものではないとする）等参照。

条2項に基づいて認識すべき収益が生じたのかである。そして、このために
まず同条同項に定められている課税要件を解釈によって明らかにする作業が
必要になったわけである。この点に関する第一審判決と控訴審判決の概要は、[15]
上記Ⅱ1に紹介したとおりである。

　第一審判決と控訴審判決とではこの課税要件に関する法解釈において実質
的な違いがあると理解したうえで、①ⓐ第一審判決は文理解釈を徹底してお
り、その意味で租税法律主義を尊重するものであって法的安定性に資するの
に対して①ⓑ控訴審判決は文理解釈を明らかに逸脱するものであって租税法
律主義違反であるという見方がある。ところが、同じように第一審判決と控
訴審判決とではこの課税要件に関する法解釈において実質的な違いがあると
理解したうえで、②ⓐ現実には私法上の行為以外によっても収益が生じると
される場合があることを考えると第一審判決が立てた22条2項の収益が認識
されるためには直接の行為を要するという基準は厳しすぎたが、②ⓑ控訴審
判決は、法人税法22条2項が課税所得に関する基本規定であることを踏まえ、
所得概念や実現主義が本件のような事象においてどのように考えられるべき
かに迫る解釈を示そうとしたものであり、多少不備な点はあるものの、「取
引」の解釈を一定の絞りをかけたうえで示すことにより経済的価値の喪失の
場合について、22条2項が防止しようとした未実現利益の課税繰延べを防止
できるような解釈を示したことは評価できるという見方もある。他方、おそ
らくは、第一審判決と控訴審判決では課税要件の解釈においては実質的な大
きな差はないと評価したうえで、③ⓐ第一審判決は事実認定を誤っているの
に対し、③ⓑ控訴審判決は妥当な事実認定を行ったという見方もある。

　現在上告中の事件であるので、最高裁がどのような判断を下すかが待たれ

15　渕・前掲論文（注1）39頁では、「未実現のキャピタル・ゲインの喪失に際して、法22条2
項と37条（寄附金の損金不算入）……が働くのか、それとも、単なるキャピタル・ゲインの減
少として、課税所得には反映されないのか、という区別が問題となる。そして、これを明示的
に取り上げたのがオウブンシャホールディング事件……」であるという分析を示し、「これま
で必ずしも意識されてこなかったこの論点を取り上げている点に、判決の意義がある」として
いる。

るところであるが、以下では、第一審判決と控訴審判決という具体例をみながら、①のように租税法律主義をめぐって正反対の評価を受けるという見方がある一方で、②のような見方が示されることを、租税法律主義の観点からどのように理解することができるか、また、①、②と③のようにこの２つの判決の違いが法解釈にあるか事実認定にあるかについて理解が分かれる理由は何か、③のような見方と本件が租税回避であるか否かの判断とはどのような関係にあるのか、という点を中心に考えてみたい。[16]

(3) ２つの判決における解釈手法の違いと租税法律主義

　控訴審判決は、法人税法22条２項の「取引」の意義について第一審判決から推測される内容とは一見すると異なる（少なくとも判決文に示された文言上は異なる）解釈を示しているようにみえる。上記(2)の①と②はともにこの理解を前提としている。とりあえずその前提を受け入れたうえで、法解釈の方法という観点からみてみると、両判決の違いは租税法律主義の下でどのような場合にどのような理由で文理解釈を補う解釈が許されるかについてのアプローチの違いによるものとみることができるように思われる。すなわち、第一審判決は、「取引」について一般的な解釈を示したものではないが、背後に透けて見える内容を勘案すると法人税法22条２項に基づいて収益が計上されるべき場合にはその収益は原則としては当事者の行為（おそらくは法律行為）によって生じることが要求されると解しているのではないかと推測される。言い換えると、第一審判決は、文理解釈により「取引」（あるいは、「資産の譲渡」）を私法上の法律行為を要素とする私法上の取引と解したものと推測され、かつ資産の譲渡については当事者間の直接の行為（直接の行為と擬制しうる事情がある場合を含む）が必要であるとしたものであるが、それは

16　オウプンシャホールディング事件の第一審判決および控訴審判決については多数の判例評釈や解説が書かれているが、それぞれの評釈がすべて本文に記載した①、②、③のような見方に分類できるというわけではなく、これは、「Ⅳ１　設問」の主題との関係であえて議論のために簡略化するとこのような分類ができるという意味で示したものである。既に述べたように法人税法22条２項をめぐっては多数の論点があり、それぞれの評釈ではこれらの論点が絡み合って論じられていることも多いことに注意してほしい。

まさに租税法律主義に適い、法的安定性に資する（①ⓐ）との評価につながる（もちろん、予測可能性にも資する）。そして、このような文理解釈を支持する立場からは、控訴審判決が示した「関係者間の意思の合致に基づいて生じた法的及び経済的な結果を把握する概念」という「取引」の解釈は、（あるいはその表現が法律行為の一種である契約よりも広い内容を含んでいるようにみえることを理由とし、あるいは簿記上の取引にも該当しないものを含む概念であることを理由として）私法上の法律行為をはみ出すものであり、かつ簿記上の行為でもないものを何の根拠を示すことなく「取引」に取り込んだものであることを理由として、租税法律主義の下で許された解釈の範囲を超えており租税法律主義に反するとの批判（①ⓑ）がなされるわけである。

他方、法人税法22条2項が課税所得に関する基本規定であることを踏まえ、資産の含み益（即ち、未実現のキャピタル・ゲイン）の課税繰延べを防止することはまさにこの規定の目的とするところであること、直接の私法上の取引の存在がない限り所得が実現しないとするとその目的に反する結果が生じる場合があること（すなわち、22条2項が防止しようとしていることを防げない場合があること、言い換えると、直接の私法上の取引がなくとも現実に未実現のキャピタル・ゲインが法人間で移転してしまうことがあることを認めざるを得なくなること―オウブンシャホールディング事件はまさにその事案であった）、現に私法上の取引の存在がなくても益金・損金計上がされる場合があること等を理由として、直接の私法上の取引が存在していない限り経済的価値の喪失が22条2項に定める取引に係る収益とはされないという第一審判決の基準はかなり厳格な基準を採用したものというべきであり、この規定の趣旨・目的に照らして解釈するならば第一審判決は22条2項の取引をもう少し緩やかに解すべきではなかったか、逆に控訴審判決が立てた、合意に基づく経済的価値の移転がある場合には22条2項が適用されるという基準は、同条同項の趣旨を踏まえつつも無限定な適用を避けているように読める点で評価できるという見方がある。[17] これが②である。

控訴審判決の解釈はかように目的論的解釈を持ち込んだものと評価する立

IV 租税法律主義と租税法規の解釈

場からは、その目的論的解釈の内容について疑問が呈されることはあっても、控訴審裁判所が文理解釈のみにとどまらず目的論的解釈を行ったこと自体が租税法律主義の観点から問題であるとはされない。確かに、法人税法22条2項が所得に関する基本規定であることを考慮し、かつ22条2項自身は文理解釈だけで一義的に意味が決められる規定とは言い難い規定であること、課税所得の基本規定としてこれまでにも判例により趣旨・目的を反映したと思われる解釈がなされてきていることを考えると（控訴審判決が、この規定の「文言及び規定における位置付けから」取引の解釈を導いたと判示していることはそのことを意識しているという見方もできるかもしれない）、法人税法が何を所得と考え、何をもって所得の実現であると考えているかという法の趣旨に照らして解釈すること自体は租税法律主義の下でも許容されてよいし、場合によってはそのような法の趣旨に適う目的論的解釈を行うことが要請される場合もあろう。ただし、問題は、法人税法22条2項の場合、そのような法の趣旨・目的自体がそれほど明確であるのか、という点にあるように思われる。上記IV 2で述べた課税減免規定の限定解釈の局面では「そもそも租税法律主義の下では特に予測可能性・法的安定性の確保の見地から、目的論的制限による限定解釈は、租税法内在的な目的論が文言による表現に匹敵するほどの明確性をもって一般に認識可能なものである場合に限って許容されると考えるべきである」という指摘があることを紹介したが、法人税法22条2項のような所得に関する基本規定ともいうべき規定の目的論的解釈の局面においては、所得（収益）の意義を明らかにしていくことこそが解釈に課せられた課題であるから、減免規定の限定解釈の局面とは異なる考慮が働くということは言えるであろう。現に、南西通商株式会社事件の最判のように、含み益の課税繰延べは許さないという（規定には現れていない）租税政策を前提とする解釈を示したと理解される判例さえあることからすると、裁判所は、そのような考え方に基づいて、法人税法22条2項の簡素で簡略な文面の中に埋も

17　渕・前掲論文（注1）46頁。

れている内容を目的論的解釈により1つひとつ示してきていると理解することもできる。ただし、あまりに多くの内容を解釈に委ねるという立法は、それ自体租税法律主義が目的とする法的安定性や予測可能性の観点からは問題が多いと言うべきであろう。

(4) 2つの判決における事実認定の違いとその理由

上記(3)に述べた見方とは異なり、2つの判決の間に上記(3)に述べたような解釈アプローチの差はないという見方もできるかもしれない。すなわち、控訴審判決にいう「関係者間の意思の合致に基づいて生じた法的及び経済的な結果を把握する概念」という「取引」の解釈においては、「取引」の要件として法的当事者の意思の存在を要求し、さらにその意思の合致の存在が要求されていることの意味を考えてみるに、ここでは法的および経済的な結果がかかる意思の合致に基づいて生じることが予定されているわけであるから、この「意思」はそのような法的および経済的な結果を欲する意思である必要があると理解することができよう。そうであるとすると、そのような意思の合致は、たとえば、法律行為の1つである契約というものを「或る法的効果の発生を意欲する旨の一当事者の意思表示が存在することを前提として、他の当事者がこれと同一内容の法的効果の発生を意欲する旨の意思表示をなし、その合致によって法的効果（訴権による保護）を生ずる法的要件」（川島武宜「法律行為」法学セミナー9号157頁）と定義しようとする考え方と比べてみてもそれほどの距離を感じさせない内容であるようにも見える。さらに言えば、控訴審判決が示したこの解釈は、①単なる事実行為（一定の行為をすれば行為者の意思の如何を問わず、当然に一定の法律効果を生じさせる行為）までは含まないようにも見えるという意味においては、私法上の法律行為（すなわち、法律効果を欲する効果意思および意思表示の存在と当事者間の意思の合致によって成立する合意）に含まれるものこそが「取引」であるという枠からぎりぎりのところではみ出してはおらず、また②第一審判決のように経済的価値の移動が起きた当事者間での直接の行為によって収益が発生したことまでは要求していないという点も、取引に「よる」ではなく取引に「係る」収益とい

う22条2項の文言の文理解釈の域を超えるものではない、と理解することもできそうにみえる（控訴審判決は何らかの合意がなければ「取引」があったとはいえないということを示した点において意義があるという理解もできるという見方について、中里実「『租税法と私法』論再々考」税研115号79頁参照）。

　控訴審判決の法解釈をこのように理解できるとすると、控訴審判決の法解釈も文理解釈の域を出ていないと評価することができるであろうから、解釈手法という意味で租税法律主義との関係を問題とされる理由はないと考えられることになる。言い換えると、このような見方によれば、第一審判決にいう当事者間の直接の行為と控訴審判決が示す「取引」はともに私法上の法律行為と同義であるかまたは私法上取引として理解される概念の範囲内に収まると理解できることになる。そうなると、第一審と控訴審の結論の違いは主として事実認定の違いに起因しているということになりそうである（控訴審判決は事実関係を巨視的に観察して「当事者の『合意』を認定ないし擬制しようという態度」ではないかという見方を示唆するものとして、中里実「『租税法と私法』論再考」税研114号74頁参照）。

　確かに、控訴審判決が、第一審判決に関して、甲社とB社との間に何らの行為もないことを理由に法22条2項の適用を否定するのは「裁判所としての事実認定の責務を果たしておらず、判決の理由としても、不備がある」と断じていること、「原審は、関係当事者の意思及びその結果生じた事実を全体として見ず、一部を恣意的に切り取って結論を導いた誹りを免れず、争点について判断し、紛争を完結に導くべき裁判所の責任を疎かにするものと評せざるを得ない」と表現している部分は、控訴審裁判所が、一連の認定された事実および当事者に争いのない事実を巨視的に観察した結果、あるいは詳細に観察した結果そのような合意による資産の移転と「評価」できるとの判断に至ったので、これをもって課税要件事実としての取引ないし資産の譲渡があったという事実認定をしたということを示していると見ることもできそうである。

(5) 控訴審判決にみる法解釈と事実認定の境界

　控訴審判決が示した「取引」の解釈は、一見すると第一審判決と結論を分けた理由が法解釈の違いによって生じているかのように思わせるものであるが、その一方で、同判決は、上記(4)で引用したように、第一審判決と結論を分けた理由は事実認定の違いにあったかのような判示をも行っている。残念なことに、控訴審判決は、どのような考え方、解釈手法によって「取引」および「取引にかかる収益」の解釈を行ったか、法人税法22条2項の趣旨をどのように解し、どのように勘案したのか、あるいはしなかったのかについて明示的な判示を必ずしも行っていないために、第一審判決との違いが、果たして上記(3)に示したように目的論的解釈を持ち込んだための法解釈の違いに起因しているのか、それとも上記(4)に示したような事実認定の違いに起因しているのかがわかりにくい。

　仮に前者である場合には、目的論的解釈を持ち込んだこと自体は租税法律主義の観点からも許されるとしても、そこで示された「取引」の解釈が必ずしも実際の適用において明確な要件を示せておらず、かえって租税法律主義の目的であるところの予測可能性に反する結果になっているのではないかという疑問が残る。控訴審判決が、A社による「本件増資は、いわゆる節税を意図して企画されたことは明らかで、納税者として、いわゆる節税を図ることは、もとより、なんら正義に反することではない」と判示していることからすると、裁判所としては、判決で示した「取引」の解釈が租税回避の否認の要件を意識してなされるべきであるとか、あるいは法人税法22条2項が租税回避行為に限って適用されると解するべきであるというような考え方をことさらに示してはいないものと考えられる。むしろ控訴審判決が示す「取引」の解釈は、租税回避的か否かということとは無関係であるようにみえ、法人税法22条2項は租税回避の場合に限定されるのではなく無償取引に対して一般的に適用されるべき規定であることを意識してなされたもの（言い換えると、清水惣事件の高裁判決がいう「合理的な理由」がない場合に限って適用されるという考え方は示されていない）のように思われる。そうであるとする

と、22条2項の解釈としてこの「取引」の解釈は国際取引事案にも国内取引事案にも等しく適用されることが意識されていたはずである。課税当局としては課税要件事実が充足されたということになれば課税をしない自由はないのである（合法性の原則）。

しかしながら、有利発行の課税取扱いに関する限り、控訴審判決が示す「取引」の解釈（すなわち、「関係者間の意思の合致に基づいて生じた法的及び経済的な結果を把握する概念」）を前提とすると、これまでになされてきた有利発行における国内の実務上の課税取扱いが何の変更も受けないと言えるのかそれとも変更されるべきであるのかが疑問として残る。企業買収などの局面では旧株主と新株主との間で事前の交渉を経て有利発行がなされることも皆無ではない。旧株主としては新株主が株主となることによって、場合によっては役員を受け入れ、また場合によっては新たな技術をライセンスしてもらったり、新たな商取引を開始してもらうことによって、また場合によっては、特別に新たな取引関係が生じるわけではないが、新株主が資本参加してくれることで信用が増すことが期待できるということによって、将来の会社の成長力が増し、それによって持株の価値増加が見込まれることを考慮して有利発行に同意することもあるであろう（そして、そのような同意は、旧株主が、新株主に対して、その時点で支配している発行会社をして、ある条件で新株主を割当先とする新株発行を「させる」ことを約束する直接の合意としてなされることもあり得るであろう）。仮にそのような場合には旧株主と新株主との間に合意があっても旧株主としては課税所得を認識するべき理由はないということであるとすると、控訴審判決が示した「取引」の解釈だけではこのような場合に収益が認識されないことの理由を説明しきれないのではないか、それともそのような場合も旧株主は収益を認識すべきではあるが、通常は適正対価はゼロと考えられるということになるのか、いずれにしても控訴審判決が示した解釈では、有利発行の場合に旧株主が実際に収益を認識しなければならない場合とそうではない場合を峻別する基準が非常に見えにくい。言い換えると、控訴審判決の解釈は、有利発行の場合に法的安定性や予測可能性を低

265

下させる結果を生じさせているように思われるのである。

　逆に、控訴審判決と第一審判決の違いが事実認定にあったのだとすると、仮にB社が内国法人であった場合には、裁判所は同様の事実認定をしてまで甲社が収益を認識すべきであるとの結論を出したであろうかという疑問が生じる。上記Ⅲの設問1で検討したように、そのような場合にはB社は受贈益相当額について日本の課税に服することになるのである。仮にB社が内国法人であった場合には同じような事実認定にはならない可能性があるということであれば、それは問題である。本件が国際的租税回避事案であることが事実認定に影響を与えているのではないかとの疑念を感じるからである（この点については、下記(6)で述べる）。

　上記の疑念に加えて、第一審裁判所が、甲社とB社との間に直接的な行為があったと同視し得る事情は見当たらないことを、この事件において甲社がB社に対して資産譲渡を行ったと認定することができない1つの理由としてあげていることも考えると、それとは正反対の事実認定である控訴審裁判所による「合意」認定は事実認定として合理性があったのか、あるいは本件は非常に特殊な例外的場合であることを考慮した事実認定がなされたのではないかとの疑問が残る。控訴審判決でなされた、合意による経済的価値の移転に関する事実認定が具体的にどのように「評価認定」されたのかを判決文から読み取ることは難しい。また、租税回避行為というのは既に述べたように適法有効な法律行為の積み重ねによって構成されるところに特徴があるのであるから、租税回避であることと事実認定によって法形式上当事者としては行わなかったはずの「合意」が認定されることには整合性がないようにみえる。控訴審判決がいうように、本件が節税であったとすればなおさら整合性がない。ここまで考えてくると、そもそもこの問題は事実認定の問題として処理されてよい問題であったのかという疑問も起きる。本来は、未実現のキャピタル・ゲインの喪失の場合に収益が実現したとされるべき基準をもっと法解釈として精緻に示すべきであったところを事実認定で処理したのではないか、しかも国際的租税回避であるという判断が先行し、それに影響を

受けたのではないか、という疑問である。

　他方で、仮にB社が内国法人であった場合でも控訴審判決と同じ事実認定になるというのであれば、その限りでは論理の筋は通る。特に、合意に関する事実認定としても無理はなく、本件は特殊なものではないということであればなおさらであろう。しかしながら、その場合には、控訴審判決が立てた「取引」の解釈を多くの有利発行に適用した場合に生じる結果とこれまでの国内における実務上の理解とのギャップをどのように説明できるのかという上記で述べたのと同様の難問に逢着するはずである（適正な対価がゼロである場合には収益認識は不要であるということで解決する方法はあるのかもしれないが、それだけで説明し切れるかは疑問であるうえ、適正対価をどのように決定、算出するのかについての規定を欠いている状態ではかえって泥沼に陥りかねない）。ここでも、やはり本来は、未実現のキャピタル・ゲインの喪失の場合に収益が実現したとされるべき基準をもっと法解釈のレベルで精緻に示すべきであったところを事実認定で処理したのではないか、という疑問が残る。[18]

　いずれも疑問の域を出るものではないが、仮に控訴審判決のような「合意」の認定は極めて特殊なものであるというのであれば、「特殊」というのは何を意味するのか、それは実質的には租税回避行為の否認の要件を事実認

---

[18] 伊藤滋夫『事実認定の基礎〔初版補訂〕』269頁は、「どの法解釈を採るかによって結論が異なってくるような場合に、どの法解釈を採るかを事実認定の名の下に行うことは、実は、誤っているかもしれない法律的見解に基づいて妥当と考える結論を先に出しておいて、本来事実の認定の問題としてはできない場合であるのに、この結論に沿うような事実認定をするということを意味するものであって、そうすることは許されないであろう」と説いている。この記述は、もっぱら民事訴訟を念頭においたものではあるが、租税法の解釈と事実認定の関係にもこれと同じことが言える。特に租税回避事案における法解釈と事実認定の場面では、この問題について意識して細心の注意を払う必要がある。さもないと、租税回避行為に対して潜在的に否定的評価がある場合に、そのような行為は否認規定がなくとも租税負担公平の見地から否認すべきであるという結論をいわば無意識に先に出しておいて、この結論に沿うような事実認定をするということが半ば無意識のうちに行われてしまう可能性が高いからである。谷口・前掲論文64頁〜65頁は、契約解釈の過程で租税回避の否認に関する租税法独自の観点が、もしかすると無意識のうちに、裁判官による契約解釈の中に混入してくるおそれを「租税回避目的混入論」と名づけ、租税回避目的混入論を租税法上の事実認定において採用することは許されないとしている。

定で処理しようとすることに他ならないのではないか、もしそうであるとすると、それは法人税法22条2項の課税要件の中に否認の要件を持ち込むことと同じことに帰着すると思われるから、上記Ⅳ3(1)で引用した清水惣事件の大阪高裁判決に対するのと同じ批判（金子・前掲論文（注13）169頁）を受けるべきではないか、という点が疑問として残ることになるのである。

(6) 法人税法22条2項が有する否認効果と国際的租税回避事案への適用

ところで、通常の租税法上の課税要件事実の認定にあたっては、私法上なされた法律行為の法的効果を前提として認定がなされるのであるが、上記で引用した清水惣事件の高裁判決にもあるように法人税法22条2項は取引の私法上の効力の如何にかかわらず適用される（言い換えると私法上有効な取引として無償供与がなされていたとしても、税務上は当該取引から収益が生じたものと擬制するということになる）。したがって、同条同項は、私法上有効な行為を積み重ねて課税要件の充足を回避するという租税回避行為がこの条文の適用を受ける「取引」類型に含まれる限りにおいて、効果的な否認効果を発揮することになる（この効果については学説上も指摘されてきていた）。ただし、この適用の結果として課税所得ありとされる場合には、それは否認ではなく、まさに税法上の課税要件が充足された結果として課税されるということになる。ただし、否認の効果と法人税法22条2項の適用の効果は同じではないことに注意する必要がある。[19]

確かに法人税法22条2項の適用ができる「取引」の場合には、同条同項の適用が租税回避行為の否認と実質的に同様の効果を有することがある。しかも租税回避か否かという微妙な判断を経ることなく、かつ適用可能な個別的否認根拠規定が存在しないような場合でも租税法律主義に反することなく、

---

[19] 本稿ではどのように異なるかという点については立ち入らないが、無償取引について法人税法22条2項が適用される場合には、場合により両当事者とも課税され、あるいは両当事者とも課税されないという不統一な結果を生じるという問題がある。その問題については、金子・前掲論文（注12）173頁以下、増井・前掲書（注11）の第Ⅰ部第1章、岡村忠生『法人税法講義』467頁～470頁などを参照。この関係では、法人税法22条2項と国際課税において適用されている移転価格税制（租特措66条の4）との関係も検討する必要がある。

否認効果を発生させることができるのである。とはいえ、国際的な租税回避事案において、一方当事者は日本の課税権に服するが、他方当事者は日本の課税権に服さないような取引がこの法人税法22条2項の「取引」に該当することとなる場合には、(特に無償譲渡、無償譲受のパターンの場合には)「取引」の両当事者に課税を生じさせるという効果を有する法人税法22条2項と同法37条7項の組合わせ適用は、国内的には必ず1回の課税(一方当事者のみの課税)を可能にすることになるため、日本の課税権を必ず確保する方向に働くという意味で日本の課税当局には甚だ都合のよい結果をもたらす。

　このことを勘案すると、(深読みかもしれないが)課税の公平という問題、さらにはそれに加えて日本の課税権の喪失という問題を提起するこの事件のような国際的租税回避事案について法人税法22条2項による解決、しかも事実認定による解決を妥当とした判断の中に、法人税法22条2項であれば国内事案への影響が少ないという潜在的な考慮(もともと同条同項には租税回避否認効果があることが指摘されている。金子・前掲論文(注13) 171頁～173頁)が控訴審判決になかったと言い切れるのかという疑問も残らないではない。いずれにしても、事実認定、法解釈をめぐって、上記のようないくつかの見方ができること自体、この事件のような国際的租税回避事案における事実認定および法解釈のそれぞれのプロセス相互およびそれぞれのプロセスと国際的租税回避であるか否かの判断が、いかに境界を接する近い関係にあるかを示していると言ってよいであろう。しかし、いかに近く境界線を接するものであっても、法自体が租税回避を目的とする規定であることが明確である場合を除き、法解釈に租税回避か否かの判断を入れ込むことは租税法律主義の観点から許されないし、事実認定に租税回避か否かの判断を入れ込むことも、実質的に租税法律主義を骨抜きにするものであって許されない。

　オウブンシャホールディング事件で焦点となった未実現のキャピタル・ゲインの喪失と収益認識という論点が国際的租税回避事案と言われている本件のような事案で初めて本格的に司法の土俵に持ち込まれることになったことは偶然ではなく、国際的租税回避事案の場合にこそ、この問題が顕在化する

環境があったということもできる。ところが、皮肉なことには、法人税法22条2項が租税回避を目的とし、租税回避に対してのみ適用される条文であると解するのでない限り、この国際的租税回避事案において示される法解釈が国内の案件に対しても、それが租税回避的か否かを問わず適用されることになるのである。控訴審判決の解釈がどのような展開をみせていくのか、立法論を含めて今後の展開を注視したい。

〔演習問題〕

1　事例に記載した事実関係と比較しながら、次のような事実関係の事案〔比較事案〕をみてもらいたい。上記Ⅲの設問4について説明したところからわかるように、A社がバイヤー社に乙社株式をすべて売却した時点で、X国がその売却益に課税しないような税制を有している場合には、我が国の課税権も及ばず、かつ外国の税制上も課税されない所得が生じることになるはずであるが、比較事案は事例とはいくつかの点で異なって見える。どのような点が異なっているのか。

〔比較事案〕　事例の《ステップ1》に記載した取引が、《ステップ1》の(1)ないし(4)に記載したような事実関係ではなく、次の①から③に記載したような異なる事実関係の下で行われた。

① B社は、X国で事業展開をしている企業グループの一員であり、甲社とも、また甲社の役員とも何の資本関係、役員兼任関係もない。

② A社はその設立時である1991年に、甲社から、乙社株式に加えて、当時甲社が保有していたX国法人であるC社、Y国法人であるD社、Z国法人であるE社の株式の現物出資を受けたが、乙社、C社、D社、E社はいずれもそれぞれの国において同種ないしは関連する事業を営んでいたことから、A社はかかる事業の統括会社として爾後この4社を統括し、主として4社のための資金調達やキャッシュ・マネジメントの要としての活動を行ってきた。ところがその後3年のうちに、甲社は日

本における多角化経営の失敗し、Ａ社が統括する事業グループの経営にも問題が生じていたため、ここで実質的には企業再生ファンドとして知られるＢ社グループ（Ａ社とは資本関係も、役員兼任関係もない）の支援のもとにＡ社事業の再生を図るためにある程度有利な価格で新株を引き受けてもらうことにより実質的にはＢ社グループにＡ社の経営権を売却するしかないとの結論に至り、甲社とＢ社との間で交渉した結果1995年に甲社はＡ社をしてＢ社に対してＡ社保有財産である株式の時価を株数で除した金額を15％ほど下回る金額でＡ社株式の51％をＢ社が保有することになるような新株発行を行わせることとし、かつ甲社とＢ社はＡ社の株主としてＡ社の運営等に関する株主間契約を締結した。

③　その後Ａ社はＢ社グループの経営指導に従って再生計画を実行し、その一環としてＡ社が保有する乙社株式は非関連のバイヤー社に売却された。

2　仮に1991年時点で甲社が企図している乙社株式のＡ社への現物出資に旧法人税法51条が適用されるかについて現物出資実行直前に意見を求められた場合、同条の限定解釈によりその適用が否定されると考える余地はあるかについて、事例の場合と上記の〔比較事案〕の場合の双方について考えてみよ。

3　オウブンシャホールディング事件では課税庁側は甲社からＡ社に対して1991年に行われた乙社株式の現物出資に旧法人税法51条が適用されることについては争っていないようであるが、これは更正の期間制限を考慮したためではないかと想像することもできる。仮にそうであるとして、租税回避行為に国税通則法70条1項の「偽りその他の不正の行為」に関する更正の期間制限が適用される可能性の有無、および同法68条1項の「隠ぺい又は仮装」に該当するとして重加算税を課される可能性の有無について考えてみよ。

〈参考文献〉

① 金子宏『租税法〔第9版増補版〕』(弘文堂、2004年)
② 清永敬次『租税回避の研究』(ミネルヴァ書房、1995年)
③ 宮武敏夫『国際租税法』(有斐閣、1993年)
④ 水野忠恒編著『国際課税の理論と課題〔二訂版〕』(税務経理協会、2005年)
⑤ 岡村忠生『法人税法講義』(成文堂、2004年)
⑥ 中里実『タックスシェルター』(有斐閣、2002年)
⑦ 増井良啓『結合企業課税の理論』(東京大学出版会、2002年)
⑧ 金子宏「無償取引と法人税―法人税法22条2項を中心として」『法学協会百周年記念論文集第2巻』(有斐閣、2002年)
⑨ 谷口勢津夫「司法過程における租税回避否認の判断構造―外国税控除余裕枠利用事件を主たる素材として―」(租税法研究第32号、2004年)

(宮崎裕子)

第8章　租税法律主義と合法性原則・所得分類

I　事　例

●事例●

　Xは、米国法人A社の日本子会社であるa社に勤務する者である。A社は、同社の役員および従業員並びに子会社・関連会社の役員および従業員等を対象としてストック・オプション（一定の期間内に予め定められた権利行使価格でストック・オプション発行会社の株式を購入することができる権利）を付与する制度を採用している。Xは、A社から平成2年7月31日付けで、A社株式5000株につき1株当たり66.5USドルで購入することができるストック・オプションの付与を受けた。A社とXとの間の同ストック・オプションの付与に関する契約の内容は概略以下のとおりである。

① 　ストック・オプションは、付与契約締結した日（ここではストック・オプション付与日としておく）以後2年経過後、権利行使が可能となる。

② 　退職等によって従業員としての地位を失った場合には、当該地位を失った日において行使可能なストック・オプションに限り権利行使をすることはできる。当該権利行使は、従業員としての地位を失った日から3カ月以内になされなければならず、同期間内に行使されない場合には当該ストック・オプションは失効する。

③ 　ストック・オプションは相続による承継のほか譲渡することはできない。

Xは、平成9年7月14日に付与された権利行使株数の全部である5000株につき、ストック・オプションの権利行使をし、A社株式を購入した。同日におけるA社の株価は1株当たり166.5ドルであったため、権利行使価額と売却価額の差額である57,600,000円（円換算115.2円）の利益を得た（計算式は表1-1のとおり）。

　同利益（以下「本件権利行使利益」という）につき、Xは平成9年分の所得税の確定申告にあたり、「一時所得」として所轄の税務署に法定納期限までに税務申告し、同申告どおり納税した。なお、その確定申告にあたり、Xは所轄の税務署に税務相談に行っており、係官から「一時所得として申告してください」との指導を受けていた。東京国税局担当官の著作である本にもその旨記載されていた。

　ところが、平成13年になって、Xの所轄の税務署は、本件権利行使利益につき、「給与所得に該当する」として更正処分および過少申告加算税の付加決定を行い、その旨がXに通知された。なお、権利行使利益を一時所得として計算した場合と給与所得として計算した場合とでは表1-2のとおり課税される所得金額に相違が出る。

〔表1-1〕
　　5000株×(166.5USドル－66.5USドル)×115.2円 ＝ 57,600,000円

〔表1-2〕
　　〈一時所得の場合〉
　　　(57,600,000円－500,000円)×1/2 ＝ 28,550,000円
　　　※収入を得るために直接要した支出はないことを前提とする。
　　〈給与所得の場合〉
　　　57,600,000円－｛(57,600,000円－10,000,000円)
　　　　　×0.05＋2,200,000円｝ ＝ 53,020,000円
　　　※特定支出についてはとりあえず考慮しない。

II 設問

1 一時所得と給与所得とでは所得税の税額の計算上、どのような相違があるのだろうか。
2 所得税法上、所得区分が設けられているのはどのような根拠に基づくのか。
3 ストック・オプションの権利行使利益の所得区分につきどう考えるか、給与所得が一時所得またはその他の所得か。
4 事例における課税庁の行為につき、租税法律主義上、問題となる点はないか。
5 課税庁が長年採用し、納税者に対し指導してきた見解を変更し、遡って同変更に基づき更正処分を行った場合、その行為に対し信義則違反を主張することはできるか。

III 問題意識

本件は、平成13年頃から同種の事件につき多数の訴訟提起がなされ、平成14年11月26日に東京地方裁判所において判決が出されて以来、地裁・高裁判決が相次いで出されているストック・オプション事件を題材にとった。同事件の主要な争点は**ストック・オプション**の権利行使利益が給与所得に該当するのか一時所得に該当するのか、という点であるが、ストック・オプションの権利行使利益が、どの所得区分に該当するのか法令上明らかにされていないうえ、通達においても解釈指針が出されていなかったこと、課税庁側自身、長年にわたり、「ストック・オプションの権利行使利益は一時所得である」旨公刊物において見解を示していたり[1]、税務署等において一時所得を前提に

---

[1] 東京国税局課税第一課長監修・東京国税局所得税課長編『回答事例による所得税質疑応答集』(大蔵財務協会発行、昭和60年版ないし平成6年版) 等。

納税者に指導していたことから、多数の納税者が一時所得であるとして申告し納税してきた（なお、平成7年の新規事業法の改正により日本国内の会社においても一定範囲でストック・オプション制度の導入が可能となったことに伴い、租税特別措置法29条の2が規定され、日本国内の会社に関しては規定が設けられるようになった。その詳細については後記Ⅳ2(1)参照）。そのような状況の中で、課税庁側が「給与所得である」と見解を変更し、平成12年頃から過去に遡って更正処分を行ったため争いになり、新聞にも取り上げられるような事件となった。

Ⅳ 前提知識として──ストック・オプション制度とそれをめぐる日本における法制・税制

1 ストック・オプション制度

(1) 制度の内容

ストック・オプションとは、会社が自社または子会社の役員、従業員等を対象として付与する、一定の権利行使期間に予め定められた権利行使価格で所定の株式を会社から買い取ることのできる権利である。ストック・オプションを付与した会社の株価が上昇して権利行使価格を上回れば上回るほどストック・オプションの権利保有者の利益は増加し、逆に、株価が権利行使価格を下回るような状況では権利行使しても損失が出るが、権利行使しなければ被付与者には損失は生じない。[2]

ストック・オプションの特徴としては、①ストック・オプションそのものの付与は役員、従業員といった地位に着目して行われること、②付与されたストック・オプションは譲渡が禁止されているのが一般であること、③被付与者が現実に利益を得るためには、ストック・オプションの権利行使の意思

---

[2] ストック・オプションに関する参考書としては、内藤良祐・藤原祥二『ストック・オプションの実務』（商事法務）がある。

表示をすること、④権利行使価額に相当する金員を支払って付与会社の株式を購入すること、といった被付与者の行為ないし投資判断が必要であること、かつ、⑤権利行使において付与会社の株価が権利行使価額を上回っているということが必要になることがあげられている。ただ、本件事例のように海外親会社から付与されたストック・オプションの場合、被付与者は付与者の役員・従業員ではなく、被付与者においては付与者に対する人的役務の提供はない、という点で特殊性がある。

ストック・オプションには、自己株方式と新株引受権方式がある。

(2) 自己株式方式

自己株式方式によるストック・オプションとは、取締役または使用人（付与対象者）に予め定められた価額（権利行使価格）で、将来の一定期間（権利行使期間）にわたり、会社が保有している自己株式を譲渡してもらう権利を与える方法である。付与対象者は将来株価が上がれば当初定められた権利行使価格で取得（権利行使）し、その株式を売却することで、キャピタルゲインが得られることになる。この方式の場合、付与会社はストック・オプションに充てるために、すでに発行している自社の株式を、予め市場等から購入しておくことになる。

(3) 新株引受権方式

新株引受権方式によるストック・オプションとは、取締役または使用人（付与対象者）に予め定められた価額（権利行使価格）で、将来の一定期間（権利行使期間）にわたり、新株を発行する権利を与える方法である。付与対象者は将来株価が上がれば当初定められた権利行使価格で取得（権利行使）し、その株式を売却することで、キャピタルゲインが得られることになる。つまり、この方式は、自己株式方式のようにすでに発行された株式を使うのではなく、被付与者のストック・オプションの権利行使に際して、新たに株式を発行する方法によることになる。

2 我が国におけるストック・オプション制度に関する法制・税制

(1) 法制度

商法をはじめとするストック・オプションをめぐる我が国の法制度は、次のような推移をたどってきた。

(ア) 新規事業法以前

我が国の商法の下では、ストック・オプション制度を導入するために必要な自社株式を手当てする方法として、新株の有利発行および自社株式の取得があったが、新株の有利発行については、株主総会の特別決議の効力が6カ月に制限されており、自社株式の取得についても、自己株式の償却期間が6カ月に制限されていたことから、ストック・オプション制度を導入することは実質的に困難な状況にあり、そのような制約を受けない米国企業等が、我が国の現地子会社の従業員等のためにストック・オプション制度を設けているのにとどまっていた。

(イ) 平成7年11月新規事業法の改正

特定新規事業実施円滑化臨時措置法（平成元年法律第59号。ただし、平成11年法律第223号により廃止。以下「新規事業法」という）の改正（平成7年法律第128号）により商法の特例措置として、特定の株式未公開企業に限り、新株の有利発行に関する株主総会の特別決議の効力を10年に延長することが認められ、これらの企業について新株引受権方式によるストック・オプションの付与が可能となった。

(ウ) 平成9年商法改正（平成9年法律第56号）

新株引受権方式のストック・オプション制度が新設される（平成12年法律第90号による改正前の同法280条ノ19）とともに、使用人に譲渡するための自己株式取得について、償却期間が10年に延長された（平成13年法律第79号による改正前の同法210条ノ2）ことから、自己株式を取得する方法によるストック・オプションの導入が可能となった。ただし、子会社の従業員など、自

社従業員等以外の者に対するストック・オプションについて規定は設けられなかった。

　㈐　平成13年商法改正（同年法律第79号、同第128号）

　平成13年商法改正により新株予約権制度が導入された（同年法律第128号による改正後の同法280条ノ19）。これにより、ストック・オプションは、新株予約権の有利発行という形で一本化されるとともに、ストック・オプションの付与株式数の制限の撤廃や付与対象者の制限の撤廃、権利行使期間の制限撤廃等により、ストック・オプションの要件は大幅に緩和されるに至っている。

　(2)　税制の推移

　以上のような法制度の推移に対し税制は以下のような推移をたどった。

　㈏　平成7年の新規事業法改正以前

　ストック・オプションに対する課税について定めた法令および通達は存在しなかった。

　もっとも、自社従業員等に対し、株主総会決議後6カ月に限って有利な発行価額による新株引受権を付与した場合の課税について、所得税法施行令（昭和40年政令第96号。ただし、平成10年政令第104号による改正前のもの）84条は、「上記権利に係る収入金額を原則として当該権利に基づく払い込みに係る期日における新株等の価額から当該新株等の発行価額を控除した金額によること」とし、所得税基本通達（昭和45年7月1日付け直審（所）第30号。ただし、平成8年6月18日付け課法8－2による改正前のもの）23～35共一6は、「発行法人から有利な発行価額により新株等を取得する権利を与えられた場合には、当該権利を行使して新株等についての申込みをしたときに、上記発行価額と権利行使時の新株等の価額との差額に対し、一時所得として課税すること」としつつ、当該権利が従業員等に対し支給すべきであった給与等または退職手当等に代えて与えられたと認められる場合には、給与所得または退職所得とする旨定めていた。

　㈐　平成7年の新規事業法の改正

　同改正によるストック・オプション制度が一定の範囲で導入されたことか

ら、租税特別措置法（昭和32年法律第26号。以下「措置法」という）29条の2（ただし、平成10年法律第23号による改正前のもの）において、新規事業法に基づくストック・オプションについて、権利行使によって取得した株式を譲渡した時点で・譲渡価格と権利行使価格との差額に対し、譲渡所得として課税することが規定された。

　また、所得税基本通達23〜35共ー6においても、新株等を取得する権利を与えられた場合の所得について、当該発行法人の役員または使用人に対しその地位または職務等に関して当該新株等を取得する権利を与えたと認められる場合には給与所得とし、これらの者の退職に基因して当該新株等を取得する権利を与えられたと認められる場合には退職所得とし、これら以外の場合には一時所得とする旨の改正が行われた（平成8年6月18日付け課法8−2）。

　　㈦　**平成9年5月の商法改正に伴う租税特別措置法29条の2の改正**（平成10年法律第23号）

　平成9年商法改正に伴って、租税特別措置法29条の2も改正され、商法に基づくストック・オプションについても、一定の限度において、その付与時や権利行使時に所得税を課税せず、権利行使によって取得した株式を譲渡した時点で、譲渡価格と権利行使価格との差額に対し、譲渡所得として課税する旨規定された（税制適格ストック・オプション）。また、所得税法施行令84条も改正され（平成10年政令第104号）、ストック・オプションにかかる収入金額を、権利行使の日の当該株式の価額から権利行使価格を控除した額とする旨定められた（税制適格ストック・オプション以外の商法上のストック・オプション、即ち税制非適格ストック・オプションについては、権利行使時において課税されることとなる）。ただし、海外親会社から日本国内子会社役員・従業員に付与されたストック・オプションを含め、上記以外のストック・オプションによる所得課税については、法令上の規定は設けられなかった。

　また、所得税基本通達23〜35共ー6においても、上記各法令の改正に対応する定めが設けられた（平成10年10月1日付け課法8−2）ものの、上記以外のストック・オプションによる所得に対する課税についての定めは設けられ

なかった。

㈢ **平成13年における商法改正を受けての租税特別措置法29条の2および所得税法施行令84条の改正**（措置法改正につき平成14年法律第15号、所得税法施行令改正につき同年政令第103号）

　平成13年における商法改正（新株予約権に関する改正）に伴って措置法29条の2および所得税法施行令84条も改正されたほか、同各改正によって所得税基本通達23～35共―6においても、平成13年法律第79号による改正前の商法210条ノ2第2項（取締役または使用人に譲渡するための自己株式の取得）の決議に基づき与えられた同項3号に規定する権利（所得税法施行令84条1号）および同年法律第128号による改正前の商法280条ノ19第2項（取締役または使用人に対する新株引受権の付与）の決議に基づき同項に規定する新株引受権（所税令84条2号）を与えられた取締役または使用人がこれを行使した場合は、原則として給与所得とし、職務の遂行と関連を有しない場合は雑所得とすることとされた。

　また、有利発行による新株予約権（同条3号）を与えられた者がこれを行使した場合に、雇用契約またはこれに類する関係に基因して当該権利を与えられたと認められるときは、同条1号および2号に掲げる権利を与えられた場合に準じた扱いをすることとされ（ただし、その場合の新株予約権は譲渡が禁止され、権利行使によらなければ利益を享受できない場合に限る。譲渡が可能で、市場等で売買される新株予約権の場合については、これを市場価格等よりも低い発行価額で付与されたとき、その経済的利益は、所得税法36条2項により、付与時に課税されることになる）、さらに、発行法人が外国法人の場合でも同様の扱いとする旨の通達が設けられた（平成14年6月24日付け課個2―5ほか3課共同）。

　(3) **本件事例の位置づけ**

　以上のとおりの法制・税制の客観的推移からみると、本件事例のような海外親会社から付与されたストック・オプションについては、その付与時（平成2年当時）、権利行使時（平成9年当時）のいずれにおいても、課税上の取

扱いは法律上明確にされていなかったし、これに言及した通達もなかったことになる。

V 所得税法における所得区分

1 所得区分

所得税は、個人の所得に対する租税である。

所得税法は、譲渡所得・山林所得・一時所得等の所得類型を設けて、一時的・偶発的利得を一般的に課税の対象とする一方、雑所得という類型を設けて、利子所得ないし一時所得に含まれない所得をすべて雑所得として課税の対象とする旨を定めている。これは、すべての所得を課税の対象とする趣旨を示すものである。[3]

所得税法は、所得をその源泉ないし性質によって下記のとおり10種類に分類している（所税23条ないし35条）。

記
利 子 所 得：公社債および預貯金の利子ならびに合同運用信託、公社債投資信託および公募公社債等運用投資信託の収益の分配にかかる所得
　　　　　　（所税23条1項）
配 当 所 得：法人から受ける利益の配当、剰余金の分配、基金利息（保険業法

---

[3] **所得概念**に関しては、制限的所得概念（所得につき、財貨生産の継続的源泉からの収益として一定期間内に納税者に流入した財貨の総体と定義し、この考え方によれば、安定的な所得源泉の存在と所得流入の回帰性が所得の前提となるため、預金利子や給与、事業収益などが所得とされ、資産の譲渡益や一時所得に該当する偶発的収入は所得に該当しないものとされる）と包括的所得概念（所得を一定期間内における納税者の純資産の増加および効用の費消と定義し、その利益の発生原因を問わない。この考え方を貫けば、保有資産の単なる値上がりによる未実現の含み益（未実現のキャピタルゲイン）のみならず自己保有資産の利用や自身に向けられた自己労働から得られる経済的価値も所得とされてしまう）がある。我が国の所得税法においては、一時所得・雑所得も課税される所得とされることから包括的所得概念を基礎とするが、未実現のキャピタルゲインや外部からの価値の価値の流入でない内部価値の増加は所得の範囲から除外されているといった具合に修正されるものであると言われている。

	第55条1項に規定する基金利息）ならびに投資信託および特定目的信託の収益の分配にかかる所得（所税24条1項）
不動産所得	：不動産、不動産の上に存する権利、船舶または航空機の貸付による所得（事業所得又は譲渡所得に該当するものを除く）（所税26条1項）
事 業 所 得	：農業、漁業、製造業、卸売業、小売業、サービス業その他の事業で政令で定めるものから生ずる所得（山林所得又は譲渡所得に該当するものを除く）（所税27条1項）
給 与 所 得	：俸給・給料・賃金・歳費および賞与ならびにこれらの性質を有する給与にかかる所得（所税28条1項）
退 職 所 得	：退職手当・一時恩給その他の退職により一時に受ける給与およびこれらの性質を有する給与に係る所得（所税30条1項）
山 林 所 得	：山林の伐採または譲渡による所得（所税32条1項2項）
譲 渡 所 得	：資産の譲渡（建物又は構築物の所有を目的とする地上権又は賃借権の設定その他契約により他人に土地を長期間使用させる行為で政令で定めるものを含む）による所得（所税33条1項）
一 時 所 得	：利子所得ないし譲渡所得以外の所得のうち、営利を目的とする継続的行為から生じた所得以外の一時の所得で、労務その他の役務または資産の譲渡の対価としての性質をもたないもの（所税34条1項）
雑 所 得	：利子所得、配当所得、不動産所得、事業所得、給与所得、退職所得、山林所得、譲渡所得及び一時所得のいずれにも該当しない所得（所税35条1項）

このように所得税法が10種類の所得区分を設けているのは、所得はその性質や発生の態様によって担税力が異なるという前提に立って、公平負担の観点から、各種の所得について、それぞれの担税力の相違に応じた計算方法を定め、また、それぞれの態様に応じた課税方法を定めるためであるといわれている。[4]

---

4 金子宏『租税法〔第9版増補版〕』195頁以下。

以上の各所得の計算方法については概略、表2のとおり整理できる。[5]

〔表2〕 各種所得の計算方法

```
    （所得の種類）                                    （各種所得の金額）
①  利子所得＝収入金額‥‥‥‥‥‥‥‥‥‥‥‥‥‥‥‥‥利子所得の金額
②  配当所得＝収入金額－負債利子‥‥‥‥‥‥‥‥‥‥‥‥配当所得の金額
③  不動産所得＝総収入金額－必要経費‥‥‥‥‥‥‥‥‥‥不動産所得の金額
④  事業所得＝総収入金額－必要経費‥‥‥‥‥‥‥‥‥‥‥事業所得の金額
⑤  給与所得＝収入金額－給与所得控除額‥‥‥‥‥‥‥‥‥給与所得の金額
⑥  退職所得＝(収入金額－退職所得控除額)×1/2‥‥‥‥‥退職所得の金額
⑦  山林所得＝総収入金額
           －(必要経費＋山林所得の特別控除額)‥‥‥‥‥山林所得の金額
⑧  譲渡所得＝総収入金額
           －(取得費＋譲渡経費＋譲渡所得の特別控除額)‥譲渡所得の金額
⑨  一時所得＝総収入金額－(収入を得るために
           支出した金額＋一時所得の特別控除額)‥‥‥‥一時所得の金額
⑩  雑所得＝ (公的年金)収入金額－公的年金等控除額
           (その他)総収入金額－必要経費          ‥‥‥雑所得の金額
```

　所得は、勤労性所得（給与・退職所得等）、資産性所得（利子・配当・不動産・山林・譲渡所得等）、資産勤労結合所得（事業所得）の3種類に大別することができるが、このうちでは、資産性所得が最も担税力が大きく、勤労性所得が最も担税力が小さいといわれている。なお、一時所得は、総合課税の対象とされるが、担税力が低いとの考慮から、その2分の1のみが課税の対[6]

5　北野弘久編『現代税法講義〔三訂版〕』三木義一「第2章　所得税」40頁。
6　そのため、「所得税法は、資産所得重課＝勤労所得軽課の考え方をとっている（給与所得控除は、その表現である。昭和63年の改正で廃止された資産合算制度も同じ）。しかし、資産所得および資産勤労結合所得は各種の租税特別措置によって優遇されており、また勤労所得の把握率は一般に資産所得および資産勤労結合所得よりも高いため、実際には資産所得軽課＝勤労所得重課の結果となりがちである」といわれている（金子宏『租税法〔第9版増補版〕』195頁以下）。

象とされている（所税22条2項2号)[7]。

このように、所得は、その種類によって、計算方法および税負担が異なり、あるいは課税方法が異なるから、ある所得がどの種類の所得に該当するか、という所得分類の問題は、納税者の利害に密接な関係をもつ。

本件事例におけるストック・オプションの権利行使利益の場合、所得区分の問題としては、同権利行使利益が一時所得なのか、それとも給与所得なのかが争点となる。また、給与所得としての性質が認められないとしても、一時所得にも該当しないものであれば、雑所得に該当するのではないか、という問題も生ずる。

2　給与所得・一時所得・雑所得

(1)　給与所得

給与所得の意義については、所得税法は、「給与所得とは、俸給、給料、賃金、歳費及び賞与並びにこれらの性質を有する給与（以下、この条において「給与等」という。）に係る所得をいう」と規定している（所税28条1項）。給与所得の性質については、「それは勤労性所得（人的役務からの所得）のうち、雇用関係またそれに類する関係において使用者の指揮・命令のもとに提供される労務の対価を広く含む観念である」、とか「給与所得の源泉である労務の提供が、所得者自身の計算と危険によらず、他人の指揮監督に服し、非独立的になされる点にその特徴が認められる（いわゆる他人の計算と危険において行われる活動）との説明がなされている。

---

[7] 東京地判平成14・11・26（判時1803号3頁）は、「所得税法上、給与所得は、一時取得よりも担税力のある所得として位置付けられているのであるが、それは、給与所得は、一時的、偶発的な所得である一時所得とは異なり（括弧書き略―注8参照）、一定の労務を提供している限り、それに対しては相応の対価が支払われる関係にあり、ある程度継続的、安定的な所得であると評価することができるからであると解されるところ、このような継続的、安定的な所得であるとの評価が成り立つためには、労務の提供とその対価である給付との間に、経済的合理性に基づいた対価関係がなければならず、提供された労務の質及び量との間に何らの相関関係も認められない偶発的、偶然的な所得は、担税力のある継続的、安定的な所得と評価することはできないものと考えられるからである」と述べる。

給与所得該当性のメルクマールについては、最判昭和56・4・24（民集35巻3号672頁）に言及があり、以後の下級審判決のリーディングケースとなっている。同最高裁判例によれば、給与所得とは「雇傭契約又はこれに類する原因に基づき使用者の指揮命令に服して提供した労務の対価として使用者から受ける給付をいう。なお、給与所得については、とりわけ、給与支給者との関係において何らかの空間的、時間的な拘束を受け、継続的ないし断続的に労務又は役務の提供があり、その対価として支給されるものであるかどうかが重視されなければならない」とされている。

　給与所得の例としては、所得税法上例示されているもの以外にも法人の役員が法人から受ける報酬、役員賞与もこれに該当し、研究費・手当・車料等の名目で勤務先から支給される金員も給与所得に当たるとされている（最判昭和54・12・20訟月26巻35号534頁）。大学の非常勤講師料（大阪高判昭和57・11・18行集33巻11号2316頁）や楽団所属のバイオリニストが当該楽団から受ける報酬（最判昭和53・8・29訟月24巻11号2430頁）も給与所得とする判例が出ている。また、民法上の組合の組合員が、組合の労務に従事したことに対して支給される給付についても最高裁判所は、労務が従属的立場で非独立的に提供された場合は、組合の利益の分配ではなく、給与所得に当たるとする（最判平成13・7・13訟月48巻7号1831頁）。

　また、給与は金銭の形をとる必要はなく、金銭以外の資産ないし経済的利益も、勤務の対価としての性質をもっている限り、広く給与所得に含まれると解されている。たとえば、無利息貸付の場合の利息相当額（最判昭和37・6・9税資36号690頁）、増資払込資金の立替金（東京高判昭和27・2・21行集3巻1号175頁）、通勤用に支給したタクシー会社の乗車券（大阪地判昭和43・4・26訟月14巻7号826頁）、従業員の大学入学に伴う授業料等の負担（東京地判昭和44・12・25行集20巻12号1757頁）、資産の低額譲渡の場合の時価相当額との差額（名古屋地判平成4・4・6行集43巻4号589頁、東京地判平成12・7・13訟月47巻9号2785頁）等も給与所得とする判決が出されている。

(2) 一時所得

　これに対し、一時所得の意義について、所得税法は「利子所得、配当所得、不動産所得、事業所得、給与所得、退職所得、山林所得及び譲渡所得以外の所得のうち、営利を目的とする継続的行為から生じた所得以外の一時の所得で、労務その他の役務または資産の譲渡の対価としての性質をもたないものをいう」としている（所税34条1項）。その特色は一時的・偶発的利得であることにあるとされる。一時所得に該当する例としては、懸賞金、競馬の払戻金、解雇予告手当、生命保険契約に基づく一時金、一時払養老保険の満期受取金、損害保険契約に基づく満期返戻金、保険契約者が取得した死亡保険金（最判平成2・7・17判時1357号46頁）、法人からの贈与、借家の立退料、遺失物拾得者の受ける謝礼金、組合の解散に伴う清算金（静岡地判昭和51・11・25訟月22巻12号2898頁）、マンション建設の承諾料（大阪高判昭和55・2・29行集31巻2号316頁）、委託検針契約の解除により受領した解約慰労金および厚生手当金（福岡地判昭和62・7・21訟月34巻1号187頁）、時効による資産の取得（東京地判平成4・3・10訟月39巻1号139頁、静岡地判平成8・7・18行集47巻7＝8号632頁）等があげられる。これらの利得は、制限的所得概念のもとでは、所得の範囲から除かれるのが普通であるが、所得税法は、包括的所得概念の考え方の影響のもとに、これを課税の対象としている。

(3) 雑所得

　雑所得の意義について、所得税法は、「利子所得、配当所得、不動産所得、事業所得、給与所得、退職所得、山林所得、譲渡所得、一時所得のいずれにも該当しない所得をいう」（所税35条1項）と規定している。雑所得は、公的年金等およびその他の雑所得からなる（同条2項）。

　その他の雑所得とは、利子所得から公的年金等までのいずれにも当たらない所得で、他の種類の所得のような統一的なメルクマールがない。雑所得の

8　東京地判平成14・11・26（判時1803号3頁）は、一時所得の要件につき、「被告は、一時所得の性質として、一時的、偶発的なことのほかに恩恵的なものであることを指摘しているが、この点は、一時所得としての必須の要件ではないと解すべきである」とする。

例としては、事業に該当しない場合の動産の貸付による所得、著作権・特許権等の使用料、原稿料、講演料、金銭の貸付による利息、営利を目的として行われる不動産・有価証券等の継続的売買から生ずる所得、政治献金収入、地方団体から交付される緑地保存奨励金（横浜地判昭和61・3・5訟月32号10号2424頁）、金融機関の不動産営業部門の職員が不動産仲介業者に情報を提供し利益を得させた見返りとして受け取った金員（東京高判平成3・10・14判時1406号122頁）、会社の役員が販売事業本部長等からその手数料収入の一部を毎月受領していたことによる所得（東京地判平成4・3・18判時1421号60頁）、インパクトローンにかかる為替差益（松山地判平成7・2・24訟月42巻10号2533頁）等があげられる。

　雑所得のうち、公的年金等の金額は、その年中の収入金額から公的年金等控除額を控除した残額である（所税35条2項1号）。

　その他の雑所得の金額は、その年中の総収入金額から必要経費を控除した金額である（同法35条2項1号）。総合課税の対象とされるが、その計算上マイナスが出ても他の所得と通算することはできない（同法69条）。

　このように雑所得の計算上の損失は、他の所得と通算することができないため、雑所得と他の所得との分類が問題となることが少なくない。

VI　海外親会社から付与されたストック・オプションの権利行使利益の所得区分に関する考え方

1　検討の筋道

　まず、所得税法の条文の記載上、一時所得については、「給与所得等以外の……」と規定しており、たとえば、給与所得に該当すると判断されれば、必然的に「一時所得」ではなくなる。したがって、ストック・オプションの権利行使利益の所得区分について一時所得か、給与所得かを判断するにあたっては、まず、給与所得に該当するかどうかを先に判断する必要がある。仮

に給与所得でない場合においても一時所得性が認められなければ最終的には雑所得[9]となる。

　給与所得に該当するか否かに関しては、もともとストック・オプションの権利行使利益には、株価の変動という偶然性、および「権利行使するか否か」「権利行使をするとしてもいつどのくらいの数量につき権利行使をするのか」といった点につきストック・オプションを付与された者の判断という要素が入ってくるため、まずそのような要素があってもなお、<u>権利行使利益は、付与者から労務の対価として付与されたものとみられるのか</u>―対価性の問題―という問題がある。そして本件事例におけるように、ストック・オプションは米国親会社から付与されたものであるが、<u>ストック・オプションを付与された従業員は、日本子会社と雇用契約をし、日本子会社の指揮命令受けているのであって米国親会社との間では雇用関係はなく、指揮命令も受けていない。そのようにストック・オプション付与者と指揮命令者が乖離していてもなお、ストック・オプションの権利行使利益は、給与所得と評価できるのか</u>―付与者と指揮命令者の乖離といった２つの問題点の検討が必要になってくる。

2　給与所得該当性・一時所得該当性

　この点に関しては、ストック・オプションの権利行使利益を一時所得と捉える見解と給与所得の捉える見解とでは、それぞれの見解の中でも結論に至る論理構成に関しては、後述３で列挙した各下級審判決を含め、見解が微妙に異なっている。ただ、ストック・オプションの権利行使利益を一時所得と捉える見解（ここでは便宜的に「一時所得説」という）、給与所得と捉える見解（同じく便宜的に「給与所得説」という）の概要は以下のとおりとなろう。

　一時所得説は、権利行使、権利行使時期、権利行使する数量といった点は

---

[9]　権利行使利益につき、株式譲渡益（値上がり益）と捉え、「譲渡所得である」とする見解もある（福家俊朗「いわゆるストック・オプションの権利行使による利益が一時所得とされた事例」判時1828号177頁。東京地判平成14・11・26の評釈）。

もっぱらストック・オプションを付与された者の判断に大きく基因するものであって、付与会社から与えられた利得ではない点、株価は変動しそれは当該付与会社の業績や従業員等の精勤とは必ずしも連動するものではなく偶発的に生じる利得であるとして一時所得とする。また、付与者と指揮命令者が乖離する点については、そのこと自体を給与所得該当性を否定する根拠の1つとしてあげる考え方もあるが、付与者と指揮命令者が乖離すること自体は給与所得該当性を否定する根拠とはならないとする見解もある（ただし、このように考えた場合であっても、権利行使利益はストック・オプションそのものとは別個のものと捉え、権利行使利益そのものは就労の対価ではなく、株価の動向や被付与者の投資判断に基づく資産運用によって得られたに過ぎないと考える）。

これに対し、給与所得説は、優秀な人材の確保、職務への精励と勤務の継続といった付与にあたっての付与者の動機・意図を重視し、従業員がストック・オプションを行使して、現実に権利行使利益を取得することは、既にストック・オプション付与契約の内容が現実化したものにすぎず、含み益の移転によるものとする。[10] 付与者と指揮命令者が乖離する点に関しては、付与者と被付与者との間には雇用関係に類似する関係があると説明するものと、付与者と指揮命令者が乖離することを前提としたうえで、付与者と指揮命令者の乖離は給与所得該当性を否定する根拠にならないとすると説明するものとがある。

3　裁判例の推移

海外親会社から付与されたストック・オプションの権利行使益の所得区分が争われたケースにおいて出された判決は、筆者の得た情報の限りでは以下のとおりである。

(1) **下級審判決**

① 　東京地判平成14・11・26（判時1803号3頁）

---

[10] ④判決（東京地判平成16・1・30）は「賞与」の性質を有すると明言している。

② 東京地判平成15・8・26（判時1838号52頁）
③ 横浜地判平成16・1・21（金判1184号4頁）
④ 東京地判平成16・1・30（判例集未登載）
⑤ 東京高判平成16・2・19（②判決の控訴審）（金判1190号16頁）
⑥ 東京高判平成16・2・25（①判決の控訴審）（判例集未登載）
⑦ 東京地判平成16・3・16（判タ1166号135頁）
⑧ 東京高判平成16・6・30（④判決の控訴審）（判例集未登載）
⑨ 東京高判平成16・8・4（判決の控訴審）（判例集未登載）
⑩ 東京高判平成16・8・31（判決の控訴審）（判例集未登載）

①、②、⑦判決は一時所得とし、それ以外は給与所得としている。各判決の論理構成は微妙に異なるので、公表されている判決について比較・分析をしてみるとよい。

(2) 最高裁判決

上記(1)⑥の高裁判決に対しては、上告がなされており、平成17年1月25日に最高裁判所で上告審判決が出された（最高裁判所ホームページに掲載中）。

同最高裁判決は、結論として、ストック・オプションの権利行使利益に関する所得区分は給与所得に該当するとし、「(1) 上告人は、平成7年1月から同9年1月まで、A株式会社（以下「A社」という。）の代表取締役を務めていた。A社は、米国法人であるB社（以下「B社」という。）の日本法人として設立されたものであり、B社は、A社の発行済み株式の100％を有している。

(2) B社は、同社及びその子会社（以下、併せて「B社グループ」という。）の一定の執行役員及び主要な従業員に対する精勤の動機付けとすることなどを企図して、これらの者にB社のストックオプション（株式をあらかじめ定められた権利行使価格で取得することができる権利）を付与する制度（以下「本件ストックオプション制度」という。）を有している。本件ストックオプション制度に基づき付与されたストックオプションについては、被付与者の生存中は、その者のみがこれを行使することができ、その権利を譲渡し、又は移

転することはできないものとされている。上記ストックオプションの権利行使期間は付与日から10年間とされているが、被付与者とＢ社グループとの雇用関係が終了した場合には、原則として、その終了の日から15日間に限りこれを行使することができるものとされている。また、上記ストックオプションの被付与者は、付与日から６カ月間はその勤務を継続することに同意するものとされている。

　(3)　上告人は、Ａ社在職中に、本件ストックオプション制度に基づき、Ｂ社との間で、ストックオプション付与契約（以下「本件付与契約」という。）を締結し、ストックオプション（以下「本件ストックオプション」という。）を付与された。その際、上告人は、Ｂ社との間で、本件ストックオプションについて、その付与日から１年を経過した後に初めてその一部につき権利を行使することが可能となり、その後も一定期間を経た後に順次追加的に権利を行使することが可能となる旨の合意をした。

　(4)　上告人は、平成８年から同10年までに、本件ストックオプションを行使し、それぞれの権利行使時点におけるＢ社の株価と所定の権利行使価格との差額に相当する経済的利益として、同８年中に4059万4875円、同９年中に１億5522万8062円、同10年中に１億6372万0875円の権利行使益（以下、併せて「本件権利行使益」という。）を得た」という原審認定事実のもと、以下のとおり判示した。

　「前記事実関係によれば、本件ストックオプション制度に基づき付与されたストックオプションについては、被付与者の生存中は、その者のみがこれを行使することができ、その権利を譲渡し、又は移転することはできないものとされているというのであり、被付与者は、これを行使することによって、初めて経済的な利益を受けることができるものとされているということができる。そうであるとすれば、Ｂ社は、上告人に対し、本件付与契約により本件ストックオプションを付与し、その約定に従って所定の権利行使価格で株式を取得させたことによって、本件権利行使益を得させたものであるということができるから、本件権利行使益は、Ｂ社から上告人に与えられた給付に

当たるものというべきである。本件権利行使益の発生及びその金額がB社の株価の動向と権利行使時期に関する上告人の判断に左右されたものであるとしても、そのことを理由として、本件権利行使益がB社から上告人に与えられた給付に当たることを否定することはできない。

ところで、本件権利行使益は、上告人が代表取締役であったA社からではなく、B社から与えられたものである。しかしながら、前記事実関係によれば、B社は、A社の発行済み株式の100％を有している親会社であるというのであるから、B社は、A社の役員の人事権等の実権を握ってこれを支配しているものとみることができるのであって、上告人は、B社の統括の下にA社の代表取締役としての職務を遂行していたものということができる。そして、前記事実関係によれば、本件ストックオプション制度は、B社グループの一定の執行役員及び主要な従業員に対する精勤の動機付けとすることなどを企図して設けられているものであり、B社は、上告人が上記のとおり職務を遂行しているからこそ、本件ストックオプション制度に基づき上告人との間で本件付与契約を締結して上告人に対して本件ストックオプションを付与したものであって、本件権利行使益が上告人が上記のとおり職務を遂行したことに対する対価としての性質を有する経済的利益であることは明らかというべきである。そうであるとすれば、本件権利行使益は、雇用契約又はこれに類する原因に基づき提供された非独立的な労務の対価として給付されたものとして、所得税法28条1項所定の給与所得に当たるというべきである。所論引用の判例は本件に適切でない。

そうすると、本件権利行使益が給与所得に当たるとしてされた本件各更正は、適法というべきである」（以上、最高裁判所ホームページ、「最近の最高裁判決」より）。[11]

4　最高裁判所昭和56年判決との関係

給与所得該当性の基準については、リーディングケースとして前述した最判昭和56・4・24がある。海外親会社から日本国内子会社従業員に付与され

たストック・オプションの権利行使利益の所得区分を検討する場合、最高裁昭和56年判決はどのように理解すべきか。

この点一時所得説を採用する②判決は、最高裁昭和56年判決を引用したうえで、その当てはめにおいて、「原告が子会社等に一定期間勤務することが本件ストク・オプションに係る権利行使の条件とされているものと認められる」と認定したうえで、「このような条件は、被付与者である従業員等に対して子会社等に勤続するインセンティブを与え、もって優秀な人材を確保する趣旨から付されたものと解され、それによって、親会社との間で何らかの空間的、時間的拘束に服することや継続的ないし断続的な労務の提供を義務付けるものとは解されない」とし、さらに「親会社が子会社に対する経営支配を通じて子会社の労働力を利用し、子会社従業員等の勤労の成果を得る関係にあるとしても、原告の子会社に対する労務の提供は、原告と子会社との契約に基づくものであり、また、上記の労務の提供とアメリカ合衆国の企業である親会社の業績との関連が著しく間接的で希薄なことからすれば、原告の子会社に対する労務の提供をもって、親会社に対する労務の提供と同視することも相当とはいえない。……ちなみに、親会社・子会社という関係が存在することのみをもって、直ちに親会社による子会社従業員等への権利行使益の供与が、実質的に子会社がその従業員等に対して支払うべき報酬の一部

---

11 この最高裁平成17年判決の前提となる事実関係としては、子会社代表者に対して付与されたストック・オプションのケースである。これを、子会社代表者ではなく、単なる子会社一従業員に付与されたストック・オプションに対しても普遍化できるものなのかどうか。また、同最高裁判決は、給与所得該当性に対する一般的指針（特に利益の給付者と指揮命令者が乖離している場合に、それでもなおかつ給与所得該当性が認められるとする場合の考え方）を明確にしておらず、昭和56年判決についても「所論引用の判例は本件に適切でない」と一蹴するのみであり、フラストレーションが残る判決なのではないかとの印象を受ける。仮に、上記最高裁判決の「B社の統括の下にA社の代表取締役としての職務を遂行していた」というくだりから、そもそも同裁判所は、当該事案において「上告人はA社というよりはむしろB社の指揮命令に属していた、もしくはB社の支配を受け従属していた」と評価し、「本件は給付者と指揮命令者が乖離しているケースではない」との前提に立っているのではないかとの推測も働く。

いずれにしても、各地裁判決・高裁判決と最高裁平成17年判決を比較するなら、同最高裁判決は、その理由中の判断内容が簡潔すぎることもあるが、結論に至るまでの論理が最もわかりにくい判決なのではないかと考えられる。

であるということも困難である」と述べている。

これに対し、②判決の控訴審であり、給与所得説を採用する⑤判決は、「最高裁昭和56年判決は、指揮命令者と経済的利益の支給者とが一致する事実関係を前提として、事業所得と給与所得の区分について判断したものというべきであるから、最高裁昭和56年判決が指揮命令者と支給者とが一致することが給与所得該当性の不可欠の要件であるということまでも判示したものであると解するのは、相当でない」と述べる。

最高裁56年判決は確かに、指揮命令者と給与支給者とが一致していた事案について、事業所得か給与所得かが争点となっていた事案である。しかしながら、同判決は給与所得該当性についての基準を示す中で、給与所得とは「雇傭契約又はこれに類する原因に基づき使用者の指揮命令に服して提供した労務の対価として使用者から受ける給付」と定義付けたうえで、明確に「とりわけ、給与支給者との関係において何らかの空間的、時間的な拘束を受け、継続的ないし断続的に労務又は役務の提供があり……」と述べているのであって、はたして⑤の判決でいうように、指揮命令者と給与支給者とが一致しない事例は同最高裁判決の射程範囲外であるとまではいえるか、最高裁平成17年1月25日判決でいうように「所論引用の判例は本件に適切でない」といえるか、疑問である。

5 租税特別措置法29条の2および所得税法施行令84条1号ないし3号の規定の位置づけ

日本国内の株式会社に関する租税特別措置法29条の2、所得税法施行令84条1号ないし3号の規定の存在は、海外親会社から付与されたストック・オプションの権利行使利益の所得区分の議論に影響するのであろうか。それとも影響しないのか。

これらの規定に関し、給与所得説は、租税特別措置法29条の2が同法2章「所得税法の特例」第3節「給与所得及び退職所得」の中に置かれていること、同条が付与会社がその発行株式の総数の100分の50を超える数の株式を

直接または間接に保有する関係にある法人の取締役または使用人等に付与されたストック・オプションについても適用対象としていることから、ストック・オプションの権利行使利益は給与所得として扱うことが当然の前提とされているとする（たとえば前記⑤判決）。

一方、一時所得説は、租税特別措置法の規定は、同法上のストック・オプションについての課税のあり方について定めを置いているにすぎず、ストック・オプション一般について、ストック・オプションそのものを給与所得とみるのか権利行使利益を給与所得とみるのか、ストック・オプションそのものを給与所得としてみるとして、その価格を何に基づいて算定するのかを規定しているものではない。とりあえず、租税特別措置法上のストック・オプションに限って給与所得としての位置づけを与えたうえで、課税の特例を定めたと解することができるとし、所得税法施行令84条1号ないし3号についても税制適格ストック・オプションに関する規定なのだから、これによってストック・オプション一般の課税のあり方について定められている解することに疑問があるとする（たとえば①、⑦判決）。

このように、両説ありうるところからすると、これらの条文の存在によって、海外親会社が日本国内子会社従業員等に付与したストック・オプションの課税上の取り扱いが論理必然的に決定できるものではないと考えられる（むしろ同各条文ができる前から、ストック・オプション制度が存在していたことからすれば、同各条項を根拠に持ち出すことには無理があるように思われる）。

VII 租税法律主義

1 問題の所在

海外親会社から付与されたストック・オプションの権利行使利益が給与所得に該当するのかどうかについては、所得税法28条1項の条文そのものを見ても明らかでない。そのため、条文上読みとれず、また当該収入に関する所

得を給与所得であるとする解釈令規、通達もない中で、給与所得に該当すると解釈して更正処分を行うことが租税法律主義に違反しないかという疑問が呈せられる。

2　租税法律主義の内容

　租税法律主義とは、租税の賦課・徴収は必ず法律の根拠に基づいて行われなければならないとする原則である。換言すれば、法律の根拠に基づくことなしには、国家は租税を賦課・徴収することはできず、国民は租税の納付を要求されることはないことになる。日本国憲法は、第83条において、国の財政作用の一切は、国会の議決に基づいて行わなければならないとする財政立憲主義のもと、その収入面での具体化として憲法84条において、租税法律主義が定められているのである。

　租税法律主義の内容としては、「**課税要件法定主義**」、「**課税要件明確主義**」、「**合法性原則**」および「**手続的保障原則**」の4つをあげることができるとされている。[12]

　課税要件法定主義とは、課税の作用は国民の財産権への侵害であるから、課税要件のすべてと租税の賦課・徴収の手続は法律によって規定されなければならないとする原則である。刑法における罪刑法定主義になぞらえてつくられたものである。

　課税要件明確主義とは、法律またはその委任のもとに政令や省令において課税要件および租税の賦課・徴収の手続に関する定めをなす場合に、その定めはなるべく一義的で明確でなければならないとする原則である。みだりに不明確な定めをなすと、結局は行政庁に一般的・白紙的委任をするのと同じ結果になりかねないからである。

　合法性の原則とは、租税法は強行法であるから、課税要件が充足されている限り、租税行政庁には租税の減免の自由はなく、また租税を徴収しない自

12　金子宏『租税法〔第9版増補版〕』80頁以下。

由もなく、法律で定められたとおりの税額を徴収しなければならないとする原則である。その根拠は、このように解さなければ、租税法の執行にあたって不正が介在するおそれがあるのみでなく、納税者によって取扱いが区々になり、税負担の公平が維持できなくなる、ということにある。

　手続的保障原則とは、租税の賦課・徴収は公権力の行使であるから、それは適正な手続が行わなければならず、またそれに対する争訟は公正な手続で解決されなければならないとする原則である。

3　本事例の問題点

　本件事例のような場合、問題とされるストック・オプションの権利行使利益につき、所得税法上課税対象とされること自体に争いはなく、ただ、当該権利行使利益である収入がどの所得区分に該当するのか、即ち、既に所得税法上規定のある条文の解釈の問題であるから、そもそも租税法律主義の問題ではないという見解もありうる。[13]

　しかしながら、納税者の予測可能性という観点からみれば課税要件明確主義に反する課税処分なのではないか。租税法律主義の原則は租税法の解釈にも及ぶと考えるのであれば、納税者の予測を超えた拡張解釈、類推解釈を行って課税することは租税法律主義に反し、そのような違法な解釈に基づく行政処分は無効もしくは取消しの対象とされるべきなのではないか。

　租税法律主義と租税法規の解釈について検討されたい。

13　③判決（横浜地判平成16・1・21）および④判決（東京地判平成16・1・30）は、あくまでも所得税法28条の解釈に基づき給与所得とされるのであるから租税法律主義違反にはならない旨述べる。ただし、両判決とも、親会社から付与されたストック・オプションの権利行使利益の課税上の取扱いについては直接明文をもって定めた法令の規定や通達の定めはなかったこと、およびその所得区分については見解の分かれるところであったことは判決文の中で認めている（なお、③判決は「一時所得とする見解にも一応の根拠があるということができる」と述べており、④判決においてはストック・オプションの権利行使益に対する「課税については、あらかじめ租税法規上の明文をもって、その取り扱いを明確化し、納税者にこれを予見できるようにしておくことが望ましかった」と述べている）。

Ⅷ　信義則・合法性の原則

1　問題の所在

　所得区分の帰属につき法律上明確でなく、通達による解釈指針もない中で、公刊物に対する掲載も含め、課税庁が長期にわたり指導してきた解釈内容から全く別の解釈内容に変更したうえで、過去に遡って更正処分をすることの当否をどのように考えるか。私法上の信義則における禁反言の法理を適用することによって、当該更正処分を取り消すことは可能か。この問題は、前提として本件ストック・オプションの権利行使利益を給与所得であるとした場合に検討対象となる事項である。

2　検　討

　租税法律関係における信義則の法理の適用については、租税法律主義における**合法性の原則**との関係が問題となる。
　この点に関しては、最判昭和62・10・30（判時1262号91頁）がある。同判決によれば、「租税法規に適合する課税処分について、法の一般原理である信義則の法理の適用により、右課税処分を違法なものとして取り消すことができる場合があるとしても、法律による行政の原理なかんずく租税法律主義の原則が貫かれるべき租税法律関係においては、右法理の適用については慎重でなければならず、租税法規の適用における納税者間の平等、公平という要請を犠牲にしてもなお当該課税処分に係る課税を免れしめて納税者の信頼を保護しなければ正義に反するといえるような特別の事情が存する場合に、初めて右法理の適用の是非を考えるべきものである」として、信義則の法理が租税法律関係に適用される可能性のあること自体は肯定しつつも、合法性の原則との調和を図り、その適用場面を限定している。
　そして、「右特別の事情が存するかどうかの判断に当たっては、少なくと

も、税務官庁が納税者に対し信頼の対象となる公的見解を表示したことにより、納税者がその表示を信頼しその信頼に基づいて行動したところ、のちに右表示に反する課税処分が行われ、そのために納税者が経済的不利益を受けることになったものであるかどうか、また、納税者が税務官庁の右表示を信頼しその信頼に基づいて行動したことについて納税者の責めに帰すべき事由がないかどうかという点の考慮は不可欠のものであるといわなければならない」として信義則の適用がある場合の要件として、下記の4項目を明示した。

① 税務官庁が納税者に対し信頼の対象となる公的見解を表示したこと
② 納税者がその表示を信頼しその信頼に基づいて行動したこと
③ 右表示に反する課税処分が行われ、そのために納税者が経済的不利益を受けたこと
④ 右表示を信頼しその信頼に基づいて行動したことについて納税者の責めに帰すべき事由がないこと

　この最高裁62年判決を前提にすれば、租税法規の適用における納税者間の平等、公平という要請を犠牲にしてもなお当該課税処分に係る課税を免れしめて、納税者の信頼を保護しなければ正義に反するといえるような特別の事情がなければならない。またこの点については、「本来あるべきであった正しい税額計算に引き直して行われた課税は経済的不利益ではない」という考え方をとれば、納税者に対して経済的不利益は認められない以上、信義則の法理の適用はないことになる。

　ただ、本件のように、複数の所得に該当する可能性のあるケースにおいて「本来あるべきであった正しい税額計算」と決めつけることが妥当かどうか。たとえば、租税特別措置法等の法令を改正する等して、海外親会社から付与されたストック・オプションの権利行使利益の課税の取扱いを決定したり解釈通達を出すこともできたはずにもかかわらず、長年放置されていた状態の中、「個別的に税務署で税務署員によって指導がなされ、それが誤っていた」というだけでなく、公刊物においても見解が公表されていたような場合にも合法性の原則を持ち出して信義則の適用が否定されるのははたして妥当であ

ろうか。法令自体あいまいな状態であり、解釈令規もない、通達も出されていないような状況下で納税者が、課税当局の指導に従って税務申告し納税したにもかかわらず、結果としてその指導が誤っていたという事実を捨象して、数年もの過去に遡って更正処分を行い、課税したという点にはたして納税者経済的不利益がなかったといえるのであろうか。

〔演習問題〕
1 ストック・オプションの権利行使利益につき譲渡所得であると考える余地はあるか。
2 ストック・オプションそのものに対する課税を考える余地はあるか。
3 本件事例のような事案において、過少申告加算税の賦課決定がなされることには問題はないか（税通65条4項）。
4 現行のストック・オプションの権利行使と課税についてその考え方の筋道をまとめよ。

〈参考文献〉
① 内藤良祐・藤原祥二『ストック・オプションの実務』（商事法務）
② 岩崎政明『ハイポセティカル・スタディ租税法』（弘文堂、2004）
③ 金子宏『租税法〔第9版増補版〕』（弘文堂）
④ 北野弘久編『現代税法講義〔三訂版〕』（第2章 所得税、三木義一著）40頁
⑤ 『租税判例百選』（有斐閣、1968）
⑥ 『租税判例百選〔第二版〕』（有斐閣、1983）
⑦ 『租税判例百選〔第三版〕』（有斐閣、1992）
他

コラム 弁護士の顧問料収入に関する所得は給与所得か──給与所得と事業所得

本文でも引用されている最判昭和56・4・24は、主たる争点の1つとして、弁護士の顧問料収入の所得区分につき給与所得か事業所得かが争われた事例である。

同事件において原告（控訴人・上告人）である弁護士は、顧問料収入の所得区分につき、顧問先各社との間で締結された各顧問契約（以下「本件顧問契約」という）は、「その業務内容（法律相談等）の特殊性から、労務の提供の方法が場所的、時間的に使用者に拘束されない点で一般の労働者と異なるにすぎず、右各社から求められた相談、鑑定等を理由なく拒否できない点で拘束されており、その拘束に対する対価として、実際に労務の提供がなくても定時に定額の顧問料を受けるのであるから本件顧問料収入は給与所得である」として争った。

これに対し最高裁判所は、弁護士の顧問料につき、「一般的抽象的に事業所得又は給与所得のいずれかに分類すべきものではなく、その顧問業務の具体的対応に応じて、その法的性格を判断しなければならない……」としつつ、判断の一応の基準として、給与所得該当性の基準としては本文に引用したとおりの基準を示し、これに対し事業所得については、「自己の計算と危険において独立して営まれ、営利性、有償性を有し、かつ反覆継続して遂行する意志と社会的地位とが客観的に認められる業務から生ずる所得」との基準を示した。そして、結論として、原審で認定した「本件各顧問契約はいずれも口頭によってなされ、この契約において上告人は右各会社の法律相談等に応じて法律家としての意見をのべる業務をなすことが義務づけられているが、この業務は本来の弁護士の業務と別異のものではない。右各顧問契約には勤務時間、勤務場所についての定めがなく、この契約はその頃常時数社との間で締結されており、特定の会社の業務に定時専従する等格別の拘束を受けるものではなく、この契約の実施状況は、前記各社において多くの場合電話により、時には右各社の担当者が上告人の事務所を訪れて随時法律問題等につき意見を求め、上告人においてその都度その事務所において多くは電話により、時には同事務所を訪れた右担当者に対し専ら口頭で右の法律相談等に応じて意見をのべるというものであって、上告人の方から右各社に出向くことは全くなく、右の相談回数は会社によって異なり、月に2、3回というところや半年に1回、1年に1回というところもある。右各社はいずれも本件顧問料を弁護士の業務に関する報酬にあたる

ものとして毎月定時に定額をその10％の所得税を源泉徴収したうえ上告人に支払っており、右顧問料から、健康保険法、厚生年金保険法等による保険料を源泉控除しておらず、上告人に対し、夏期手当、年末手当、賞与の類のものを一切支給しておらず、したがって、雇傭契約を前提とする給与として扱っていない」といった事実に基づき、「本件顧問契約に基づき上告人が行う業務の態様は、上告人が自己の計算と危険において独立して継続的に営む弁護士業務の一態様にすぎないものというべき」として、上記態様による弁護士の顧問料収入の給与所得性を否定し事業所得とした。

なお、同判例は、給与所得・事業所得に関するそれぞれの該当性のメルクマールに関するリーディングケースとされるが、それ以外にも、同判決では減額再更正処分に関して原告は取消しを求めており、その訴えの利益の存否が本案前の問題として争われていた。本最高裁判決は減額再更正処分は、「当初の更正処分の変更であり、それによって、税額の一部取消という納税者に有利な効果をもたらす処分と解するのを相当とする。そうすると、納税者は右更正処分に対してその救済を求める訴の利益はなく、もっぱら減額された当初の更正処分の取消しをもって足りるというべきである」とした点でも重要な判決である。

（菅原万里子）

第9章　加算税と二重処罰禁止

Ⅰ　事　例

● 事例1 ●

　A株式会社の元代表取締役Bは、代表取締役退任後も会社の経営の実権を有していたところ、新設備増設等の資金を捻出するため、経理担当者に命じて、架空仕入を計上してその仕入金額を簿外の預金としたうえで簿外の新設備購入代金に充当し、虚偽の法人税確定申告を行って法人税を脱税した。A社は、所轄税務署長の更正処分等に従って本税のほか重加算税を納付したが、A社とBは法人税法違反容疑で起訴され、一審、二審は、いずれも、A社に罰金刑を、Bに執行猶予付き懲役刑を言い渡した。そこで、A社とBは上告し、憲法39条によって二重処罰が禁止されているから、同一の事案につき加算税と刑罰とを併科することは憲法違反であるなどと主張した。

● 事例2 ●

　Pは、機器製造等を事業目的とするQ株式会社の代表取締役と、有価証券の保有、運用等を事業目的とするR有限会社の取締役を兼ねており、Q社の発行済株式の70％に相当する株式およびR社の資本金のうち98％に相当する出資持分を有していた。
　Pは、平成元年、安定株主対策の一環として、その保有するQ社の株式をR社に譲渡するに際し、株式の取得資金10億円を無利息かつ無期限でR社に貸し付けた。Pは、その貸し付けに際し、税務官庁の担

当者が書いた数冊の書籍に、個人から法人への無利息貸し付けは一般に課税対象とならない旨の記載があることを参考にし、課税されないものと信じて貸し付けを行った。

　税務署長は、Pの平成元年分所得税につき、上記無利息貸し付けについて所得税法157条（同族会社等の行為または計算の否認）を適用し、Pに利息相当分の雑所得があるものとして所得税について更正し、過少申告加算税の賦課決定処分を行った。

II 設　問

1 **加算税**の性格をどのように理解すべきか。
2 同一の事案につき加算税と刑罰とを併科することは憲法39条後段の**二重処罰禁止**に違反するか。
3 「**正当な理由**」による加算税の免除はどのような場合に認められるか。

III 加算税制度の概要と性格

1 追徴税制度

　昭和22年の税制改正において、所得税、法人税、相続税等の直接国税について、従前の賦課課税方式に代えて申告納税方式が採用され、併せて、加算税制度の前身である追徴税制度が採用された。追徴税制度は、納税義務者が更正決定を受けた場合または修正申告書を提出して国税を納付する場合において、当初の申告が過少であったことまたは無申告であったことについて、やむを得ない事由がある場合を除いて、その更正決定または修正申告により増加した税額の一定割合を徴収する制度であった。

2 「加算税額」制度と加算税制度への変更

　昭和22年4月、追徴税制度が廃止され、加算税額制度が設けられ、「過少申告加算税額」、「無申告加算税額」、「源泉徴収加算税額」、「重加算税額」等が設けられた。

　その後、昭和37年に制定された国税通則法において、「加算税額」の名称が「加算税」に変更され、加算税制度の整備が行われて現行の加算税制度、すなわち、過少申告加算税、無申告加算税、不納付加算税、重加算税の体系が整備された。

3　現行の加算税制度

　加算税の種類としては、**過少申告加算税、無申告加算税、不納付加算税、重加算税**がある。

　過少申告加算税は、期限内申告書・還付申告書が提出された場合などに、修正申告書の提出または更正があったときは、修正申告または更正による納付税額の10％を課税するものである（税通65条）。ただし、「**正当な理由**」がある場合や、修正申告書の提出が、調査があったことにより更正があるべきことを予知しないでなされたときは過少申告加算税は課税されない。過少申告加算税が課される場合に、修正申告または更正により納付すべき税額が、期限内申告税額相当額または50万円のいずれか多い金額を超えるときは、その超える部分の税額についての過少申告加算税は、10％ではなく15％になる。

　無申告加算税は、期限後申告、決定、期限後申告または決定後の修正申告または更正があった場合に、その申告、更正または決定による納付税額の15％を課税するものである（税通66条）。ただし、「正当な理由」がある場合は課税されない。また、期限後申告書や修正申告書の提出が、調査があったことにより更正・決定があるべきことを予知しないでなされたときは、15％ではなく5％になる。

　不納付加算税は、源泉徴収等による国税を法定納期限までに完納しなかっ

た場合に、その税額の10％を課税するものである（税通67条）。ただし、「正当な理由」がある場合は課税されない。また、法定納期限後に、納税告知があるべきことを予知しないで納付したときは、10％でなく５％になる。

重加算税は、過少申告、無申告、不納付の場合で、課税標準等や税額等の基礎となるべき事実の全部または一部を隠ぺいまたは仮装していたときに、過少申告加算税等に代えて課税するものである（税通68条）。税率は、過少申告加算税・不納付加算税が課される場合は35％、無申告加算税が課される場合は40％である。

4　加算税制度の目的と性格

加算税制度は、申告納税制度および徴収納付制度の定着と発展を図るため、申告義務および徴収納付義務が適正に履行されない場合に課される附帯税であり、申告義務および徴収納付義務の違反に対して特別の経済的負担を課すことによって、それらの義務の履行の確保を図り、ひいてはこれらの制度の定着を促進しようとした制度である、とするのが通説的見解であり、処罰ないし制裁の要素は少ないと説明されている（金子宏『租税法〔第９版増補版〕』595～597頁）。

しかし、昭和62年の改正により、過少申告加算税、無申告加算税および重加算税の割合がそれぞれ５％引き上げられ、納付すべき税額に対して、原則として、過少申告加算税が10％（一定の部分は15％）に、無申告加算税が15％（一定の場合は５％）に、重加算税が35％または40％になったことなどを考えれば、制裁としての要素も少なからずあると言わざるを得ないように思われる。

5　加算税制度の性格に関する裁判例

最大判昭和33・4・30（民集12巻6号938頁）は、加算税の前身である追徴税について、「追徴税は、申告納税の実を挙げるために、本来の租税に附加して租税の形式により賦課せられるものであつて、これを課することが申告

納税を怠つたものに対し制裁的意義を有することは否定し得ないところであるが……追徴税は、単に過少申告・不申告による納税義務違反の事実があれば、同条所定の己むを得ない事由のない限り、その違反の法人に対し課せられるものであり、これによって、過少申告・不申告による納税義務違反の発生を防止し、以つて納税の実を挙げんとする趣旨に出でた行政上の措置であると解すべきである」と判示している。

最判昭和45・9・11（刑集24巻10号1333頁）は、重加算税について、「国税通則法68条に規定する重加算税は、同法65条ないし67条に規定する各種加算税を課すべき納税義務違反が課税要件事実を隠ぺいし、または仮装する方法によつて行なわれた場合に、行政機関の手続により違反者に課せられるもので、これによつてかかる方法による納税義務違反の発生を防止し、もつて徴税の実を挙げようとする趣旨に出た行政上の措置であ（る）」と判示している。

この点については多数の下級審裁判例が言及している。たとえば、神戸地判平成5・3・29（民集49巻4号1261頁）は、「所得税は、いわゆる申告納税方式による国税であり、納税義務の確定を第一次的には納税者の自主的な申告に委ねる原則をとっている……。そして、納税者の自主的な申告に委ねた法の趣旨に反して、納税者が適正な申告をしない場合には、自主的な申告納税方式を維持するために、各種の加算税を課するものとしている（法65条、66条、68条）。このうち、法68条に規定する重加算税は、法65条ないし67条に規定する各種の加算税を課すべき納税義務の違反が行われた場合に、その違反行為が、課税要件事実を隠ぺいし、又は仮装するという申告納税方式の趣旨を没却するような不正な手段を用いて行われた場合に、行政機関の行政手続によって、違反者に対して、各種の加算税におけるよりも重い一定比率を乗じて得られる金額の制裁を課することとしたもので、これによってこのような方法による納税義務違反の発生を防止し、もって自主的な申告納税方式による徴税の実を挙げようとする趣旨に出た行政上の措置である」と判示している。

Ⅳ 加算税と刑罰の併科と二重処罰禁止

1 問題の所在

　重加算税が課される事案は多数存在するが、そのうちのごく一部については、重加算税の他に、各税法に基づいて刑罰が科されている。

　他方、憲法39条後段は、「同一の犯罪について、重ねて刑事上の責任を問はれない」と定め、いわゆる二重処罰を禁止している。

　そこで、重加算税を課したうえで刑罰まで科すことが**二重処罰の禁止**に違反しないか否かが問題となる。

2 最大判昭和33・4・30

　加算税の前身である追徴税に関する最高裁大法廷昭和33年4月30日判決（前掲）の事案は次のとおりである。X株式会社は、昭和23年度分の法人税の申告について、H税務署長から決定および更正を受け、昭和24年8月31日、法人税のほかに追徴税470万7500円を納付した。他方、大阪国税局は、X社が法人税1321万3800円を逋脱したとしてX社および同社総務部長を法人税法違反で告発し、両名は起訴され、大阪地方裁判所は、昭和24年8月27日、X社に罰金3000万円、同社総務部長に懲役8月、執行猶予3年の判決を言い渡し、同判決が確定した

　この事案について、同判決は、「法人税法……43条の追徴税は、申告納税の実を挙げるために、本来の租税に附加して租税の形式により賦課せられるものであつて、これを課することが申告納税を怠つたものに対し制裁的意義を有することは否定し得ないところであるが、詐欺その他不正の行為により法人税を免れた場合に、その違反行為者および法人に科せられる同法48条1項および51条の罰金とは、その性質を異にするものと解すべきである。すなわち、法48条1項の逋脱犯に対する刑罰が『詐欺その他不正の行為により

云々』の文字からも窺われるように、脱税者の不正行為の反社会性ないし反道徳性に着目し、これに対する制裁として科せられるものであるに反し、法43条の追徴税は、単に過少申告・不申告による納税義務違反の事実があれば、同条所定の已むを得ない事由のない限り、その違反の法人に対し課せられるものであり、これによって、過少申告・不申告による納税義務違反の発生を防止し、以つて納税の実を挙げんとする趣旨に出でた行政上の措置であると解すべきである。法が追徴税を行政機関の行政手続により租税の形式により課すべきものとしたことは追徴税を課せらるべき納税義務違反者の行為を犯罪とし、これに対する刑罰として、これを課する趣旨でないこと明らかである。追徴税のかような性質にかんがみれば、憲法39条の規定は、刑罰たる罰金と追徴税とを併科することを禁止する趣旨を含むものでないと解するのが相当であるから所論違憲の主張は採用し得ない」と述べ、刑罰たる罰金と追徴税とを併科することは憲法39条の二重処罰禁止に違反しない旨の判断をした。

3　最判昭和45・9・11

最判昭和45・9・11（前掲）は、「国税通則法68条に規定する重加算税は、同法65条ないし67条に規定する各種加算税を課すべき納税義務違反が課税要件事実を隠ぺいし、または仮装する方法によつて行なわれた場合に、行政機関の手続により違反者に課せられるもので、これによつてかかる方法による納税義務違反の発生を防止し、もつて徴税の実を挙げようとする趣旨に出た行政上の措置であり、違反者の不正行為の反社会性ないし反道徳性に着目してこれに対する制裁として科せられる刑罰とは趣旨、性質を異にするものと解すべきであつて、それゆえ、同一の租税ほ脱行為について重加算税のほかに刑罰を科しても憲法39条に違反するものでないことは、当裁判所大法廷判決の趣旨とするところである（昭和33年4月30日大法廷判決……）。そして、現在これを変更すべきものとは認められない」と述べ、前記最高裁大法廷昭和33年判決を援用して、重加算税のほかに刑罰を科しても憲法39条に違反す

るものでないと判断した。

4 まとめ

以上のとおり、1つの行為について一方で加算税を課し、他方で刑罰を科すことは憲法39条の二重処罰禁止に違反しないとするのが判例であり、通説であるが（金子宏『租税法〔第9版増補版〕』597頁）、現行法の趣旨によれば相当であろう。

V 「正当な理由」による加算税の免除

1 問題の所在

過少申告加算税、無申告加算税、不納付加算税および重加算税は、過少申告、無申告または不納付について、「正当な理由」がある場合には賦課されない（税通65条4項、66条1項ただし書、同条2項、67条1項ただし書、68条2項および3項）。

しかし、どのような場合に「正当な理由」があると言えるのかについては、確立した解釈があるとはいえない状況である。また、文言は同じ「正当な理由」であっても、過少申告加算税の場合は、「納付すべき税額の計算の基礎となった事実のうちにその修正申告又は更正前の税額……の計算の基礎とされていなかったことについて」の「正当な理由」であり、無申告加算税、不納付加算税の場合は、「期限内申告書の提出がなかったことについて」の「正当な理由」であり、不納付加算税の場合は、「法定納期限までに納付しなかったことについて」の「正当な理由」であって、「正当な理由」の有無を検討する対象が異なっており、一律に考えることはできない。

以下においては、「正当な理由」による加算税の免除がどのような場合に認められるか、課税実務の取扱い、裁判例、学説等を参照して検討する。

2 課税実務の取扱い

かつての所得税基本通達（昭和26年1月1日直所1-1）「696」は、過少申告加算税を課さない「正当な事由」（「正当な理由」と同趣旨）とは、次のような場合を指すとしていた。

① 税法の解釈に関して、申告当時に公表されていた見解がその後改変されたため、修正申告をなし、または更正を受けるに至った場合
② 災害または盗難等に関し、申告当時損失とするを相当としたものが、その後予期しなかった保険金、損害賠償金等の支払いを受け、または盗難品の返還を受けた等のため、修正申告をなしまたは更正を受けるに至った場合
③ その他真にやむを得ない事由があると認められる場合

また、同通達「518」は、無申告加算税を課さない「正当な事由」とは、次のような場合を指すとしていた。

① 交通、通信のと絶により期限内に申告書を提出することができなかった場合
② 通常であれば期限内に到達すべき期間前に発送したと認められるにかかわらず、通信機関の事故により期限内に到達しなかった場合
③ 納税義務者が、申告時に重患その他の事由により意識または身体の自由を失っていたため申告書を作成できず、かつ、他人をしてもこれを作成提出せしめることができない特別の事情があった場合
④ その他期限内に申告書を提出しなかったことについて、①から③までに準ずるゆうじょすべき特別の事情があった場合

課税当局の「正当な理由」の解釈は、近時においても、基本的に、「正当な事由」の解釈に関する上記の通達と変わっておらず、石倉文雄教授の分類によれば、不可抗力またはそれに準ずるような事情がある場合であると解していると考えられる（石倉文雄「過少申告加算税・無申告加算税・不納付加算税」日税研論集13号23頁以下）。

石倉教授は、上記論文において、「正当な理由」の解釈基準を、次の6つに分類している。この分類については異論がありうるが、以下においては、便宜、この分類を使用する。

　　ア　不可抗力説

これは、「正当な理由」とは、不可抗力あるいはそれに準ずるものをいうとする説である。

　　イ　不当・苛酷（過酷）事情説

これは、「正当な理由」とは、納税者に加算税を賦課することを不当もしくは苛酷ならしめる事情であるとする説である。

　　ウ　帰責事由不存在説

これは、納税者またはその履行補助者である従業員等が、故意、過失すなわち帰責事由なくして、過少申告、無申告であった場合には、「正当な理由」があるとする説である。

　　エ　故意・過失不存在説

これは、納税者が故意、過失すなわち帰責事由なくして、過少申告、無申告であった場合には、「正当な理由」があるとする説であり、履行補助者について故意・過失がないことを証明しなくてよいとするものである。

　　オ　故意・過失必要立証説

これは、「正当な理由」が存在しないことまで税務当局が証明する必要があるとする説である。

　　カ　比較衡量説

納税者と税務当局の帰責事由の大小を比較衡量して「正当な理由」の有無を判断する説であり、アないしオ説のいずれかと併存するところに特徴がある。

3　裁判例における判断

(1)　不可抗力説ないし不当・苛酷事情説と見られるもの

裁判例において、「正当な理由」の意義について述べたものは、不可抗力

説ないし不当・苛酷事情説に立つと見られる表現をとるものが多い。

過少申告加算税について、たとえば、東京地判平成9・4・25（判時1625号23頁）は、国税通則法65条4項の「正当な理由があるとは、納税者のした申告が真にやむを得ない理由によるものであり、かかる納税者に過少申告加算税を課すことが不当もしくは酷になる場合を指すものであ（る）」と述べている（同旨・東京地判平6・1・28税資200号430頁、大阪地判平成5・5・26税資195号544頁等）。

また、無申告加算税についても、同様な見解に立つと見られる表現をとる裁判例が多いようである。たとえば、広島地判平成2・2・28（税資175号943頁）は、「無申告加算税は、租税債権確定のため納税義務者に課せられる税法上の義務の不履行に対する一種の行政上の制裁であることからすると、右法条にいう正当の理由とは、加算税を課すことが納税者にとつて不当又は酷となるような真にやむを得ない事情をいう」と述べている（同旨・宇都宮地判平成元・3・23訟月35巻8号1646頁等）。

名古屋高判平成4・4・30（税資189号428頁）は、「国税通則法65条4項所定の『正当な理由がある場合』とは、例えば、税法の解釈に関して申告時に公表されていた見解がその後改変されたことに伴い、修正申告をし、又は更正を受けるに至った場合とか、災害又は盗難等に関し、申告時に損失とすることを相当としたものが、その後予期しなかった保険金、損害賠償金等の支払を受け、又は盗難品の返還を受ける等のため修正申告をし、又は更正を受けるに至った場合等のように、申告時においてはその当時の諸状況に徴して適法と認められるべきであった申告が、その後の事情の変更等により、納税者の故意過失に基づかないで当該申告が過少となった場合のように、当該申告が真にやむをえない理由によると認められる場合をいうものと解される」と述べており、かつての所得税基本通達（昭和26年1月1日直所1-1）「696」に近似した見解をとっている。

(2)　**帰責事由不存在説ないし類似説と見られるもの**

しかし、近年、帰責事由不存在説に近い見解に立つと見られる表現をとる

裁判例が現れている。

　大阪高判平成5・11・19（行集44巻11・12号1000頁）は、期限内申告書を提出しなかったことに無申告としての制裁が課されないのは、平均的な通常の納税者を基準として、当該状況下において納税者が相続税を申告することが期待できず、法定申告期限内に申告しなかったことが真にやむをえない事情がある場合に限られる旨を述べている。この判決は、「平均的な通常の納税者を基準として、当該状況下において納税者が相続税を申告することが期待できず……」と述べ、期待可能性の有無という観点から判断しており、帰責事由不存在説に近い内容の解釈基準であると考えられる。

　東京地判平成3・6・26（判時1400号18頁）および東京地判平成6・2・1（税資200号505頁）は、国税通則法66条1項ただし書の「正当な理由」とは、「期限内に申告ができなかったことについて納税者に責められる事由がなく、このような制裁を課することが不当と考えられる事情のある場合をいう」ものと解すべきであると述べており、帰責事由不存在説と不当・苛酷事情説を合わせたような表現をとっている。

　学説においては、課税実務および裁判例の「正当な理由」の解釈は狭すぎるとして批判し、帰責事由不存在説によるべきであるとする旨の主張も有力であり（前掲・石倉、三木義一「加算税における『正当な理由』の再検討」税理30巻14号8頁、同「税理士の合理的会計処理と加算税の関係」税理39巻16号16頁、佐藤英明「過少申告加算税を免除する『正当な理由』に関する一考察」総合税制研究（No.2）91頁）、近時の裁判例にはその影響がうかがわれる。

　(3)　裁判例における「正当な理由」の類型

　石倉教授（前掲）は、「正当な理由」の有無が争われた裁判例について、①事実あるいは法令の誤解ないし不知等、②法令解釈上の見解の対立等、③税務職員の誤指導等の3つの類型に分類して検討している。

　　㋐　事実あるいは法令の誤解ないし不知等の類型

　裁判例は、事実あるいは法令の誤解ないし不知等に基づく場合は、「正当な理由」に当たらないとしたものが多い。

たとえば、東京高判平成2・2・20（訟月37巻4号47頁）は、「国税通則法66条1項但し書きに規定する『正当な理由』とは、無申告加算税が租税債権確定のために納税義務者に課せられた税法上の義務の不履行に対する一種の租税行政上の制裁であることに鑑み、このような制裁を課すことが不当若しくは酷になるような事情を指すものと解され、納税者の税法上の不知若しくは誤解に基づくというのみでは『正当な理由』があるものとはいい得ない」と判断した宇都宮地判平成元・3・23（前掲）を支持し、いわゆるセーリングボード（商品名ウインドサーフィン）は物品税法に定める課税物品に該当すると述べている。

　　(ｲ)　法令解釈上の見解の対立等の類型

　この類型において、「正当な理由」があると判断した裁判例はほとんどない。

　過少申告加算税の事案について、名古屋地判昭和37・12・8（行集13巻12号2229頁）は、「正当な理由」の存在を認めたものである。同判決は、株主相互金融を営む株式会社の株主優待金を法人税法上損金とすべきか否かについて、当該申告の直前まで税務当局としても取り扱いが確定せず、一般的にもこれを損金と解する傾向にあった場合には、納税者が右優待金を損金に計上し、それに基づく法人税額を確定したことについて「正当な理由」があると判断したものである。

　　(ｳ)　税務職員の誤指導等の類型

　この類型においては、若干の裁判例が「正当な理由」の存在を認めている。

　　(A)　大阪地判昭和43・4・22（行集19巻4号691頁）

　この判決は、「本件土地建物が原告より訴外Aに譲渡された事実を察知して原告をB税務署に呼出した被告もしくは同税務署の担当係員が、原告が居住用財産の買換の特例の適用を受けたい旨の意向を示したのに対して、買換財産の取得価額の見積額等を記載すべき前記申請書の提出事務のみを代行したにとどまり、これとともに確定申告書用紙を原告に交付もしくは送付し、所定の記載をなして右承認書とともにこれを期限内に提出するよう指導し説

明することはもちろん、確定申告書の提出についてなんら言及するところがなかったのは、担当係員として行き届いた態度であったとはとうてい認めることができず、また、原告が前記…において認定したように思い込んで、期限内に確定申告書を提出しなかったのは誠に無理からぬところであるといわざるをえないのであって、したがって、右確定申告書の提出がなかったことを理由に、これが税法上の義務の不履行にあたるものとして行政上の制裁を課することは原告にとってきわめて酷であるといわなければならない。このように考えてくると、原告が本件譲渡所得に関して確定申告書を提出しなかったことについては正当な理由があったというべきであ（る）」と判断したものである。

　この判決は、帰責事由の有無を問題にするのではなく、税務職員の不充分な指導の下において、無申告が「誠に無理からぬところ」であり、「行政上の制裁を課することは原告にとってきわめて酷である」という理由で、「正当な理由」を肯定したものである。

　(B)　長崎地判昭和44・2・5（訟月15巻3号366頁）

　この判決は、「原告は原告において取得した本件土地を全部他に売却する予定であつたところ、昭和36年中に売却できたのは、前記A不動産株式会社とBに売却した部分のみであつたことと、原告がその所有権を取得するまでの経緯ならびにその後右売却に至るまでの権利関係が極めて複雑であつたため、その経費の計算や課税所得の計算が複雑となつていたのと、また本件土地の残りの部分の売却も早い時期にできるであろうことが見込まれていたため、右訴外C（税務署員）において、右の如き事情を考慮の上、原告に対し本件土地の残部が全部他に売却されてしまつてからその所得全部をまとめて計算して所得税の申告をすればよい旨説明して、原告より預つていた前記関係書類を原告に返還した。そこで、原告は同訴外人の指示どおり本件土地が全部他に売却されてからその所得税の申告をすればよいものと信じ、昭和36年度分の確定申告書の提出期限である昭和37年3月15日を経過しても本件土地の残部が売却できなかつたので、昭和38年9月13日本件無申告加算税

等の賦課決定の通知を受けるまで、昭和36年度分の確定申告をしなかつたものであること、の各事実が認められ……以上認定した事実と申告納税制度は本来納税者が税法の仕組についてある程度の理解を前提とするものであるが、税法の内容が複雑であるため、多くの納税者は税務係員の指示に頼つている実状を併わせて考えると、原告が期限内に確定申告書を提出しなかつたのは誠に無理からぬところである……そうすると、原告が昭和36年度分の所得に関して確定申告書を提出しなかつたことについては正当な理由があつたというべきであ（る）」と認定・判断した。

この判決は、帰責事由の有無を問題にするのではなく、税務職員の明らかな誤指導の下において、無申告が「誠に無理からぬところである」という理由で、「正当な理由」を肯定したものである。

　(C)　東京地判昭和46・5・10（行集22巻5号638頁）

この判決は、「本件不動産が非課税財産であるかどうかの法解釈に関し、原告の側に速断のそしりを免れない点があつたにもせよ、原告側から被告に宛て提出された書面によれば、被告係官の説明が原告側に十分伝達、了解されていないことが明白であるにもかかわらず、被告および被告の所部係官が原告らの誤解をとき、申告書の提出を促す等の措置を講ずることなく、納税相談における面接日より3箇月余り経過した後、突如として本件賦課決定処分をなしたことは、贈与税が申告納税制度であるとはいえ、被告側のとつた右措置は納税者たる原告側の被告に対する期待を著しく裏切るものと評するほかはない。……本件において原告が贈与税の申告書を法定期限である昭和43年3月15日までに提出しなかつたことについては、前記認定の経緯のもとでは、これを原告だけの責に帰することは妥当でなく、むしろ徴税者側である被告自身の責に帰すべき事由によることの方がより大であるとみるべきであるから、このような場合には、原告が本件贈与税について所定の期限までに申告書を提出しなかつたことについては、国税通則法66条1項ただし書にいう『正当の理由があると認められる場合』に当ると解するのが相当である」と判断した。

この判決は、納税者側の過失と課税庁側の過失を比較し、「徴税者側である被告自身の責に帰すべき事由によることの方がより大である」であることを理由として「正当の理由」を肯定したものである。

　(D)　大阪地判平成元・1・26（判タ707号135頁）

　この判決は、ダイヤモンド・フアンドおよびダイヤモンド・プランと称するダイヤモンド販売契約による売買が、物品税法所定の「小売」に該当する実態を有しない場合には、その戻入れを理由とする同法28条の還付請求は理由がないと判断するとともに、「原告（注：破産管財人）が誤つた本件還付請求申告をするに至つたのは、被告が本件各申告に係る物品の小売がないのにもかかわらず、これがあるとの誤つた見解をもとにして、原告がした本件各申告についての更正の請求に対して前記更正をしないことの通知の処分をしたことにその原因が存するのであつて、原告は、破産会社のダイヤモンドの販売が形式だけのもので、もともと小売にはあたらないと判断していたけれども……右ダイヤモンドの販売をあくまで小売であると仮定する以上、ダイヤモンドの現実の占有状況からみて原告の右法律構成も十分可能であると考えられるところから、当時の状況下では無理からぬ行為であったということができる。そして右申告は、被告が原告の更正の請求に対して、破産会社のしたダイヤモンド販売の小売該当性を否定して、少なくとも右請求の期間内になされた分につき減額更正していれば、なされることもなかつたものと思われる。以上の事実に鑑みると、原告の本件還付請求申告に対し、適正な申告秩序を維持するための行政制裁である過少申告加算税を賦課することは相当でなく、本件更正処分で納付すべき税額とされた金額について通則法65条4項の『正当な理由』があるというべきである」と判断した。

　この判決は、帰責事由の有無を問題にするのではなく、税務職員の誤った見解に基づく不更正に起因して本件還付請求申告がなされたことから、それが「無理からぬ行為であった」という理由で、「正当な理由」を肯定したものである。

(4) 事例2の類似事案の裁判例

事例2に類似した事案について、東京地判平成9・4・25（前掲）がある。同判決の事案は、原告が、その保有に係る株式を原告が大半の出資持分を有する有限会社に譲渡するに際し、上記株式の取得資金3455億円余を無利息かつ無期限で上記会社に貸し付けたところ、被告税務署長から、上記無利息貸付けについて所得税法157条（同族会社等の行為または計算の否認）を適用され、利息相当分の雑所得（平成元年分141億円余、平成2年分・同3年分各177億円余）があるものとして所得税についての更正および過少申告加算税（平成元年分10億円余、平成2年分・同3年分各13億円余）の賦課決定を受け、その後上記会社を解散したため貸付金が一部回収できなくなったとして更正の請求を行ったが、その理由がない旨の通知処分を受けたことから、更正および通知処分に対する異議、審査請求を申し立てたが、審査請求についても一部棄却する旨の裁決を受けたために、更正、通知処分および裁決の取消しを求めて出訴した事案である。

同判決は、基本的に税務署長の主張を認め、「正当な理由」があるとの原告の主張については、「原告は、個人から法人への無利息貸付けについて課税されることはあり得ないとする見解が公表されていたことからみて、本件認定利息が本件各更正前の税額の計算の基礎とされていなかったことにつき、同法65条4項所定の正当な理由があると主張する。しかし、正当な理由があるとは、納税者のした申告が真にやむを得ない理由によるものであり、かかる納税者に過少申告加算税を課すことが不当もしくは酷になる場合を指すものであって、納税者が税法を誤解したことに基づく場合は原則としてこれに当たらないものと解されるところ……原告が右のような見解の記載があるとして引用する各文献は、いずれも税務官庁による公的見解の表示とは同視することのできない私的な著作物である上、個人から法人への無利息貸付けには常に本件規定の適用がないと解される記載はないものと認められるから、仮に右文献内の記述によって原告が本件消費貸借に本件規定の適用がないものと誤解したとしても、それをもって右にいう正当な理由があると認めるこ

とはできない」と判断した。

　しかし、その控訴審である東京高判平成11・5・31（税資243号127頁）は、基本的には一審判決を維持したものの、国税通則法65条4項の「正当の理由」の有無について、「甲9ないし11号証（以下「本件解説書」という。）は、個人から法人に対する無利息貸付については課税されないとの見解が記載されている解説書であるが、いずれも編者及び推薦者又は監修者として東京国税局勤務者が官職名を付して表示されており、財団法人大蔵財務協会が発行したものである……。本件解説書は……各巻頭の「推薦のことば」、「監修のことば」等において、東京国税局税務相談室その他の税務当局に寄せられた相談事例及び職務の執行の際に生じた疑義について回答と解説を示す形式がとられていることが記載されており、税務当局の業務ないし編者等の税務当局勤務者の職務との密接な関連性を窺わせるものである。したがって、税務関係者がその編者等や発行者から判断して、その記載内容が税務当局の見解を反映したものと認識し、すなわち、税務当局が個人から法人に対する無利息貸付については課税しないとの見解であると解することは無理からぬところである。……控訴人の税務関係のスタッフも本件消費貸借をするに際し税務当局が個人から法人に対する無利息貸付については課税しないとの見解であると解していたことが認められ、これを単なる法解釈についての不知、誤解ということはできない。以上を総合すると、控訴人には本件各更正……によって新たに納付すべき所得税があるが、過少申告加算税を課することが酷と思料される事情があり、国税通則法65条4項の正当の理由があるというべきである」と判断し、国税通則法65条4項の正当の理由を肯定した。

　ところが、上告審である最判平成16・7・20（最高裁ホームページ掲載）は、国税通則法65条4項の「正当の理由」の有無について、「本件各解説書は、その体裁等からすれば、税務に携わる者においてその記述に税務当局の見解が反映されていると受け取られても仕方がない面がある。しかしながら、その内容は、代表者個人から会社に対する運転資金の無利息貸付け一般について別段の定めのあるものを除きという留保を付した上で、又は業績悪化のた

め資金繰りに窮した会社のために代表者個人が運転資金500万円を無利息で貸し付けたという設例について、いずれも、代表者個人に所得税法36条1項にいう収入すべき金額がない旨を解説するものであって、代表者の経営責任の観点から当該無利息貸付けに社会的、経済的に相当な理由があることを前提とする記述であるということができるから、不合理、不自然な経済的活動として本件規定の適用が肯定される本件貸付けとは事案を異にするというべきである。そして、当時の裁判例等に照らせば、被上告人の顧問税理士等の税務担当者においても、本件貸付けに本件規定が適用される可能性があることを疑ってしかるべきであったということができる。そうすると、前記利息相当分が更正前の税額の計算の基礎とされていなかったことについて国税通則法65条4項にいう正当な理由があったとは認めることができない」と述べ、過少申告加算税の賦課決定を肯定した。

　しかしながら、「正当な理由」の有無については、控訴審判決の方が説得力があると考える。法令・通達のみによって申告実務を行うことは不可能であり、法令・通達に書かれていない部分については、課税庁の担当官が書いた書籍を参考にせざるを得ないのが実情である。であるからこそ、課税庁の担当官が書いた書籍が多数出版され、多くの実務家がこれを参考にして申告実務を行っているのである。上記最高裁判決はこのような実情を無視するものであり相当でないと考える。

4　裁決例における判断

　裁決例において、「正当な理由」が存在すると判断したものは、極めて少ない。

　平成9年3月27日裁決（裁集53・88頁）は、事業者Xが、税理士に作成を依頼した確定申告書に押印し、これを従業員Bに渡して、税務署に提出しておくよう指示したところ、Bは、確定申告書の提出期限である3月15日の午後5時30分ころ、ポストに投函したが、このポストの同日の取り集め業務はすでに終わった後であったため、Xの申告書については、翌3月16日に

取り集め業務が行われ、封筒に同日の消印が押された事案について、「本件各申告書が期限後申告書となった事情は、請求人が本件各申告書を提出するに当たり当然払うべき注意義務を怠ったことによって生じたものであると認められ、請求人の責めに帰すことのできない災害等、真にやむを得ない事情があったとは認められない」として、「正当な理由があると認められる場合には該当しない」と判断した。

　しかし、上記と類似した事案について、期限内申告であると認めた裁決例がある。すなわち、昭和46年2月24日裁決（東京国税不服審判所裁決例集 No. 3-2）は、昭和44年分所得税の確定申告書を申告期限である昭和45年3月16日（3月15日は日曜日）の夕刻にポストに投函し、郵便局の日付印が翌3月17日になり、無申告加算税を課された事案について、請求人が3月16日早く投函するつもりでいたこと、請求人が投函したポストが居住地のＨ市を離れたＩ市のポストであったこと（梅見に出かけていたとのこと）、請求人がＨ市内まで帰って投函すれば同日中の日付になったであろうこと、3月16日には税務署で午後12時まで受付を行っていたという事実のもとに、「請求人がこれらの事情を知らなかったことを責めるのは酷に過ぎ、むしろおどろいて現地のＩポストに所持していた申告書を投函したことは無理からぬ事情が認められる」として、「本件申告書は3月16日に提出されたものと認め」て原処分を取り消した。

　また、平成元年6月8日裁決（裁集37・1頁）は、受遺者が遺贈の一部を放棄したことによって初めて取得したと認められる部分については、当該部分を申告期限内に申告すべき義務はなかったというべきであるから、期限内申告書の提出がなかったことについて正当な理由があると認められる場合に該当すると判断した。この事情の下では、期限内申告書を提出することは期待できず、納税者は無過失であるから、「正当な理由」を肯定したことは当然である。

5　学　説

　前述したとおり、課税実務および裁判例は、不可抗力説ないし不当・苛酷事情説に立つものが多いのに対し、学説は、帰責事由不存在説ないし類似説によるものが有力であると考えられる。

6　私　見

　納税者に過失がない場合にまで、加算税を課すことは相当でないと考えられるから、基本的には、帰責事由不存在説により、納税者および**履行補助者**に故意・過失がなければ「正当な理由」があるとすべきものであると考える。ただし、納税者または履行補助者に過失がある場合であっても、課税庁の側にも過失があり、それが主要な要因となって過少申告ないし無申告に至った場合には、「正当な理由」があるとすべきであり、そのような場合には比較衡量説も用いることになろう。

　しかし、納税者に過失はあるものの、加算税まで課することはいかにも酷であると考えられる場合が想定できる。このような場合には、むしろ、苛酷事情説の考え方を取り入れて救済すべきである。

　すなわち、基本的には、帰責事由（故意・過失）がない場合に「正当な理由」を肯定し、帰責事由が存在する場合であっても、加算税を課すことが過酷であるという事情がある場合には「正当な理由」を肯定するのが相当である。

　また、過少申告加算税に関し、十分な情報を開示して真摯に課税庁の法解釈を争う場合は「正当な事由」に当たりうるとの説（佐藤・前掲。同旨・三木・前掲税理39巻16号20頁）も、考慮に値すると考える。

〔演習問題〕

1　Aは、B税理士を紹介されて、土地の譲渡に関する所得税について相談したところ、B税理士は、事情を聴取し、本来なら約1200万円の税額を

800万円で済ませることができ、400万円も税額を減少させて得をすることができる旨の説明をした。B税理士は、税務署を退職後税理士を開業していたが、長年にわたり、受任した納税者の不動産の譲渡所得に関する課税資料を税務署員に廃棄させたうえその譲渡所得を申告しないという方法で脱税行為を実行し、納税者から受領した納税資金を領得していた。そして、B税理士は、同様の方法で、Aから受領した800万円を領得した。Aは重加算税を課されるか（最判平成17・1・17最高裁ホームページ参照）。

2　被相続人が公正証書遺言で相続人の1人であるCに対して不動産を相続させる旨の遺言をした後、第三者であるD社に対して所有権移転登記がされたため、被相続人がD社を被告として自己の所有権を主張して訴訟を提起し、その訴訟の係属中に相続が開始した。Cは、所有権に争いのあるその不動産を除外して期限内に相続税の申告を行った。Cは過少申告加算税を課されるか（最判平成11・6・10判時1686号50頁参照）。

3　相続税Eは、遺産分割について相続人間でもめていたため、申告期限内に税務署に出向いて相談したところ、税務署の担当官から、遺産分割について係争中でも法定相続分に従って相続したものとして申告するよう指導を受け、その場で、相続税の申告書の第1表の用紙に「家庭裁判所にて家事審判中のため価額の計算はできませんので、後日、申告いたします」と記入して、家庭裁判所からの期日呼出状を添付して提出した。そして、申告期限が過ぎてから、Eは、相続財産が未分割である旨の相続税の申告書を提出した。Eは無申告加算税を課されるか（横浜地判平成11・6・21税資243号639頁参照）。

（牛嶋　勉）

第10章　租税法における課税要件

I　事例

●事例●

　X株式会社（以下X社という）は、主として医家向医薬品の製造販売を事業内容としているが、その医薬品を販売している大学病院の医師等から、その発表をする医学論文が海外の雑誌に掲載されるようにするための英訳文につき、英文添削の依頼を受け、これをアメリカの添削業者2社に外注していた。

　X社は医師等から国内添削業の平均的な英文添削料金を収受していたが、X社がアメリカの添削業者に支払っていた添削料金はその3倍以上で、その差額は次のようになっていた。

年　　度	差　　額
平成X年3月期	1億4,513万円余
平成X＋1年3月期	1億1,169万円余
平成X＋2年3月期	1億7,506万円

　結局、上記の差額金額はX社が負担していたことになる。

　これに対して国側は、英文添削を依頼した医師等はX社の「事業に関係ある者」に該当し、添削料の差額負担分は、支出の目的が医師等に対する接待等のためであって交際費等に該当するとして更正処分（平成6年3月期）をした。

　本件は、国税不服審判所の裁決および第一審の判決（東京地裁）では

国側勝訴、第二審の判決（東京高裁）では納税者の逆転勝訴となり、国側は上告を断念したため控訴審判決が確定している。

II 設 問

1 交際費等の**課税要件**である「**支出の相手方**」「**支出の目的**」「**行為の態様**」は具備しているか。
2 交際費等の支出先は事業に関係があるものであることが必要である。この場合に国側が主張するように法人に対して利害関係がある者をすべて「事業に関係がある者」と該当するという考え方は危険である。

　事例の場合に添削料の差額負担が「当社の薬を買ってください」という趣旨を持っていたとすれば、「事業に関係ある者」は薬の購入権限を持っている者また薬の購入等に関して間接的に影響を持っている者と解する必要がある。
3 課税要件の1つである「支出の目的」は、事業関係者との間の親睦の度を密にし、取引関係の円滑な進行を図ることにあるが、X社が添削料差額負担の事実を相手方に明らかにしていなければ、「支出の目的」がこのようなものであったとは考えられないのではないか。

　また、差額負担をした相手先をどのように選択していたかも支出の目的がどこにあったかを判定する要素になる。
4 第3の課税要件は「接待、供応、慰安、贈答その他これらに類する行為」という態様を持っていることが必要となる。

　添削料の差額負担が「その他これらに類する行為」に該当するか否かを判定しなければならないが、「その他…」は租税方上の不確定概念に該当し、租税法律主義の立場からは、意味なく広く解することは許されない。

　また、接待等の行為によって相手方が利益を得ていると認識できることが必要であるか否かを検討されなければならない。接待等の行為は、それ

によって相手方の個人的歓心をかうという効果を期待したものではなければならない。

Ⅲ　課税要件の解明

租税法（租税特別措置法）では、損金不算入計算の対象となる交際費等の範囲については、「(交際費等)とは、交際費、接待費、機密費その他の費用で、法人が、その得意先・仕入先その他事業に関係のある者等に対する接待、供応、慰安、贈答その他これらに類する行為のために支出するもの（もっぱら従業員の慰安のために行われる運動会、演芸会、旅行等のために通常要する費用その他政令で定める費用を除く。）をいう」（税特措61の4第3項）と定義されている。

この定義を文理的に分析し、交際費となるための要件（課税要件）を列挙してみると「**支出の目的**」「**支出の相手方**」「**行為の態様**」と区分できるが、それぞれの内容は次のようになる。

【図1】　交際費の成立（課税）要件

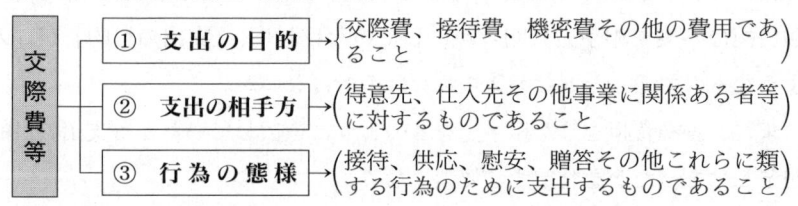

交際費等
- ① 支出の目的 →（交際費、接待費、機密費その他の費用であること）
- ② 支出の相手方 →（得意先、仕入先その他事業に関係ある者等に対するものであること）
- ③ 行為の態様 →（接待、供応、慰安、贈答その他これらに類する行為のために支出するものであること）

Ⅳ　裁判例における交際費の課税要件

現実に裁判例で示された要件は、次のように「**旧二要件説**」「**新二要件説**」「**三要件説**」に区分することができる。

IV 裁判例における交際費の課税要件

【図２】　判決例による交際費成立要件

判決例
- ① 旧二要件説 → 「支出の相手方」が、事業に関係のある者等であり、かつ、「支出の目的」が、これらの者に対する接待、供応、慰安、贈答その他これらに類する行為のためであること
- ② 新二要件説 → 「支出の相手方」が、事業に関係のある者等であり、かつ、「支出の目的」が、接待等の行為により事業関係者等との間の親睦の度を密にして取引関係の円滑な進行を図るためであること
- ③ 三要件説 → 「支出の相手方」が事業に関係のある者等であり、「支出の目的」が事業関係者との間の親睦の度を密にして取引関係の円滑な進行を図ることであるとともに、「行為の態様」が、接待、供応、慰安、贈答その他これらに類する行為であること

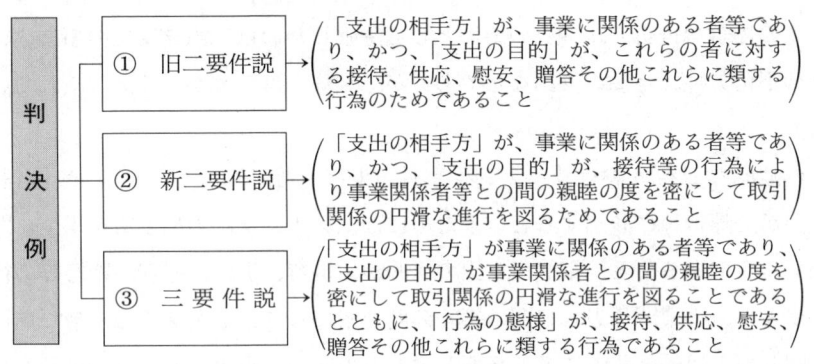

　比較的古い判決では①の旧二要件説によっているが、最近では②の新二要件説または三要件説によることが多いようである。三要件説は支出の目的と行為に態様を区分しており、一般的に優れていると考えられよう。

　②と③を中心とした三要件説に該当するものとして「双葉観光事件（東京地判昭和50・6・24）」があり、ここでは「当該支出が交際費等に該当するかどうかについては、第１に、支出の相手方が事業に関係あるものであること、第２に、支出の目的が接待、供応、慰安、贈答その他これらに類する行為を目的とすることを必要とするのであるが、支出の目的が接待等を意図しているかどうかについては、さらに支出の動機、金額、態様、効果等具体的事情を総合的に判断しなければならないことはいうまでもない」と判示されている。

　二要件説の中でも、②支出の相手方、③行為の態様を前面に出したものに前記事件の控訴審（東京高判昭和52・11・30）があり、「法人の支出が法第63条第５項（現61条の４第３項）に定める交際費等に当たるとされるためには、同条項の規定の文理上明らかなように、その要件として、第１に支出の相手方が事業に関係ある者であること、第２に当該支出が接待、供応、慰安、贈答その他これらに類する行為のために支出するものであることを必要であるとするが、それ以外には格別、控訴人主張のようなことを独立の要件とすべ

329

きものとは解されない」としている。

　この控訴で控訴人が独立の要件として主張したのは、当該支出の事業遂行上の不可欠性、定額の支出などであるが、判決ではこれがしりぞけられている。

　典型的な三要件説は「ハナシン事件（東京地判昭和53・1・26）」で「当該支出が交際費等に該当するというためには、第1に支出の相手方が事業に関係ある者であること、第2に支出の目的が、接待、供応、慰安、贈答等の行為により、事業関係者との間の親睦の度を密にして、取引関係の円滑な進行を図るのを目的とすることを必要とするものというべきであり、……」としている。ここでは支出の態様が接待、供応、慰安、贈答等というだけではなく、支出の目的が事業関係者との間との親睦の度を密にして取引関係の円滑な進行を図ることを必要とするとしている。

　要件の順序を変えてはいるが、内容的には三要件説となるのは「荒井商事事件（横浜地判平成4・9・30）」で、「交際費等が、一般的にその支出の相手方及び支出の目的からみて、得意先との親睦の度を密にして取引関係の円滑な進行を図るために支出するものと理解されているから、その要件は、第1に支出の相手方が事業に関係ある者であること、第2に支出の目的がかかる相手方に対する接待、供応、慰安、贈答その他これらに類する行為のためであること、にあるというべきである」と明確に述べている。

　注目したいのは、交際費とされるためには、それを支出する側の意図だけではなく、接待を受ける側がそれによって利益を受けるような客観的状況がなければならないとする次のような判決があることである。

　「会社からの金員の支出が交際費と認められるためには、会社が取引関係の円滑な進行を図るために支出するという意図を有したことを要するのは当然であるが、そればかりではなく、その支出によって接待費の利益を受ける者が会社からの支出によってその利益を受けていると認識できるような客観的状況の下に右接待等が行われたものであることを要する」（大阪地判昭和52・3・18）。

たとえば、来客に昼食等を供与したとしても、それが社会通念上通常の程度のもので、相手方の個人的歓心を買うような利益を与えているという認識がなければ交際費等に該当しないと解すべきであろう。

①〜③の要件（支出の目的、支出の相手方、行為の態様）のほか、④比較的高額支出、⑤冗費、濫費性の5要件を主張したり（高梨克彦「税法学」300号、税法研究所）、①支出の目的、②支出の相手方、③支出の金額の多寡、④支出形態、⑤支出の効果を基準としたうえで総合判断すべきであるとする説（広瀬正著『判例から見た税法上の諸問題』新日本法規出版）もあるが、訴訟等においてこれが容認され定着するには至っていない。

また、訴訟における原告主張では3要件のほかに、⑦冗費濫費性、④事業不可欠性、⑨非定額性などがあるが、双葉観光事件控訴審で見られるようにその多くは判決によってしりぞけられているようである。

V 税理士と課税要件の考え方

交際費課税をめぐる争いは数多くあるが、交際費における**課税要件**（成立要件）を真正面から検証し、その**課税要件**（①支出の相手方、②支出の目的、③行為の態様）について、いわゆる**三要件説**の立場から法的基準に基づく判示を行っている点がX株式会社事件の注目されるゆえんである。

とかく税理士等の実務家は交際費等の判定に関し、租税特別措置法関係通達やその解説書、質疑応答集等の記述を拠り所にする傾向があるが、税理士がいわゆる職業会計人でなく、租税法に関する専門家であると考えると法的基準である課税要件を重視した実務を行うべきであるという教訓を与えてくれたものとして注目される。

特に、税理士法の改正により税理士に**出廷陳述権**が与えられたことからも、会計実務を超えた法律家としての素養が税理士に求められているように思われる。

また、法人を合理的経済人と決めつけて、営利を追求する行為を基準に課

税要件を判断する課税庁に対して、法人の社会的存在のあり方を示した点でも評価できる判決であるといえよう。

VI　裁決と東京地裁の考え方

1　裁決の考え方

　X社は本件支出を交際費等とする課税処分を不服として国税不服審判所に審査請求をしたが、この場合の会社側の主張は、医師等から依頼された英文添削に係る受注金額（医師等から収受した額）と外注費（アメリカの添削業者に支払った額）との差額負担金額は、①依頼者が事業に関係ある者等に該当しないこと、②接待等に該当するには接待等の支出の相手方が利益の提供を受けているとの認識が必要であるところ、依頼者は、利益の提供を受けているとの認識がないこと、③本件差額負担金額の支出目的は、接待等を意図したものではないことから、交際費等には該当しないというものであった。

　しかし、国税不服審判所では、次の理由により交際費等に該当すると裁決した。
① 　本件添削業務の依頼者は、取引先である病院等の医師等に限定されており、これらのものは事業に関係のあるもの等に該当する。
② 　交際費等に該当するかどうかは、支出者側に接待等の行為を行ったという具体的な事実があれば足りるのであり、その支出の相手方に接待等を受けたことの認識は必要ないので本件添削業務について本件差額負担金額を支出する行為は、接待、供応、慰安、贈答その他これらに類する行為に該当する。
③ 　本件添削業務を通じて医師等の歓心を買い、取引の円滑な進行および将来の取引先の獲得を図るものとして本件添削業務を行ったものである。

　つまり、添削料の差額を負担することで相手側の個人的歓心を買い、医薬品を買ってもらおうとしたのであるから、その行為のための負担は交際費等

に該当するというのである。

ここで注意したいのは、接待等に際して、相手方は受益を受けたという認識は必要ないとしていることである。

2 第一審の考え方

(1) 事業に関係ある者

第一審では次の理由によって英文添削の対象者を「**事業に関係ある者**」と認定した。

① 対象者の所属する付属病院がすべてX社の製造、販売に係る医薬品の取引先であること

② X社は英文添削について取引先や一般の病院等に宣伝したことはなく、添削依頼も主にX社のMR（医薬情報担当者）が取引先を訪問した際に、取引先の研究者から英文を預かるなどして受けていたこと

③ 英文添削の依頼者は、X社の取引先である医師等やその他の研究者に限られていたこと

(2) 支出の目的

支出の目的については、第一審では、次の理由により「医薬品販売に係る取引関係を円滑にするための接待等を目的」として行われたものと判断した（注＝三要件説における行為の態様についての検証が行われていないことに注意したい）。

① X社は英文添削の依頼をMRを通じて受けることにより、医療機関に所属するものとの間に親密な関係を築くことができる。

② ①によりX社の医薬品販売に係る取引関係を円滑にする効果を有する。

③ 英文添削を国内業者と同水準の料金でそのサービスを受けられるから、取引先の医師等の個人的歓心をかうことにより取引関係を円滑にすることができる。

第一審では、おおよそ上記①～③のような理由をあげて、「X社は、本件

英文添削を、添削の依頼者である研究者の所属する取引先との間において、医薬品の販売に係る取引関係を円滑に進行するために接待等を目的として行われたものであるというべきである」とした。

(3) 受益の認識に関する考え方

この事件で重要なことは、X社は添削料の差額負担の事実を医師等や研究者に知らせていなかったということである。

このため、X社は「交際費等に該当するためには、その相手方が、接待等により利益を受けていると認識できるような客観的状況の下に行われることが必要である」という解釈基準を示し、この基準に立脚して「本件負担額については、本件英文添削が、その依頼者において、原告による本件負担額の支出によって利益を受けていると認識できるような客観的状況の下に行われていないことから、交際費等に該当しない」と主張したのである。

これに対して、第一審の判決では、「金員の支出が交際費等に該当するためには、当該支出が事業に関係ある者のためにするものであること、及び、支出の目的が接待等を意図するものであることを満たせば足りるというべきであって、接待等の相手方において、当該支出によって利益を受けることが必要であるとはいえないから、当該支出が交際費等に該当するための要件として、接待等が、その相手方において、当該支出によって利益を受けていると認識できるような客観的状況の下に行われることが必要であるということはできない」としてX社の主張をしりぞけている。

(4) 交際費等の意義

第一審では、交際費等の判定基準について、「『交際費等』が、一般的に、支出の相手方及び目的に照らして、取引関係の相手方との親睦を密にして取引関係の円滑な進行を図るために支出するものと理解されていることからすれば、当該支出が『交際費等』に該当するか否かを判断するためには支出が『事業に関係ある者』のためにするものであるか否か及び支出の目的が接待等を意図するものであるか否かが検討されるべきこととなる」とした。

そのような基準を示したうえで、「支出の目的が接待等のためであるか否

かについては、当該支出の動機、金額、態様、効果等の具体的事情を総合的に判断すべきであって、当該支出の目的は、支出者の主観的事情だけではなく、外部から認識し得る客観的事情も総合して認定すべきである」と判示した。

VII 第二審の考え方

1 交際費の成立要件

本件における二審の判断では、「交際費等」が一般的に支出の相手方および目的に照らして、取引関係の相手方との親睦を密にして取引関係の円滑な進行を図るために支出するものと理解されていることを前提として、交際費等の**課税要件**（成立要件）を「『交際費等』に該当するというためには、①『支出の相手方』が事業に関係ある者等であり、②『支出の目的』が事業関係者等との間の親睦の度を密にして取引関係の円滑な進行を図ることであるとともに、③『行為の形態』が接待、供応、慰安、贈答その他これらに類する行為であること、の3要件を満たすことが必要であると解される」としている。

これは、明らかに**三要件説**によっているといえる。

2 支出の相手先

支出の相手先が「事業に関係ある者」であるか否かについて、X社は英文添削の依頼者の中には基礎医学の研究者、研修医、大学院生などの薬品の処分、選択等に権限を有しない者も含まれていたことで「事業に関係ある者」といえないと主張していたが、判決ではX社の主張の事実を認定したうえで「大学の医学部やその付属病院の教授、助教授等、控訴人の直接の取引先である医療機関の中枢的地位にあり、医薬品の購入や処方権限を有する者も含まれていたことからすれば、全体としてみて、その依頼者である研

者らが、『事業に関係のある者』に該当する可能性は否定できない」とした。

つまり、この点について X 社の主張をしりぞけたのである。

国側の主張のように法人の利害関係があるものをすべて「事業に関係ある者」と考えるような単純な判別はともかくとして、交際費課税においては、薬の処分権限を持つ者、持たざる者を区分しないで添削料の差額を負担し、しかも、その差額負担の事実を相手方に明示しなかったという事実に着目して「事業に関係ある者」を判断すべきであり、「支出の目的」から独立して「事業に関係ある者」を判別すべきではなかろう。

本件の主たる問題点が本件英文添削の差額負担の支出の目的およびその行為の態様が「接待、供応、慰安、贈答その他これらに類する行為」に当たるか否かであると考えられるのであれば「事業に関係ある者」についても、支出の目的および行為の態様との有機的な結び付けの中で判断すべきではなかったかと考える。

3　支出の目的

交際費等の成立要件の１つである「支出の目的」については、「事業関係者との間の親睦の度を密にして取引関係の円滑な進行を図ること」にあるが、本件の場合は、英文添削がなされるようになった動機や経緯からすれば「主として海外の雑誌に研究論文を発表したいと考えている若手研究者らへの研究発表の便宜を図り、その支援をするということにあったと認められる。それに付随してその研究者らあるいはその付属する医療機関との取引関係を円滑にするという意図、目的があったとしても、それが主たる動機であったとは認めがたい」と判示している。

もともと、英文添削は若手研究者の研究発表を支援する目的で始まったものであり、「本件英文添削の依頼者は、主として若手の講師や助手であり、控訴人との取引との結びつきは決して強いものではないこと、この態様も学術論文の英文添削の費用の一部の補助であるし、それが功を奏して雑誌掲載という成果を得られるものはその中のごく一部であることなどからすれば、

本件英文添削の差額負担は、その支出の動機、金額、態様、効果等からして、事業関係者との親睦の度を密にし、取引関係の円滑な進行を図るという接待等の目的でなされたと認めることは困難である」と判示している。

なお、添削料の差額をX社が負担することになったが、次のような事実からすれば、差額負担の事実を研究者等またはその属する医療機関との取引関係のうえで積極的に利用しようとしたとはいえないと判断された。

① 差額が生じていた事実を研究者に明らかにしていなかったこと
② 差額が生じている事実を研究者は認識していなかったこと

また、X社は全国9,000余の病院のほとんどと取引していたが、英文添削の依頼を受けていたのは約95の機関であり、いずれも高度、かつ先端的な研究をする医療機関であるが、必ずしもX社の大口取引先というわけではなかったという事情もある。

4 行為の態様

交際費の第3の成立（課税）要件は、行為の態様として「接待、供応、慰安、贈答その他これらに類する行為」であることが必要であるとされている。

ところで、注目すべきことは、判決では、交際行為（接待等に該当する行為）を「一般的に見て、相手方の快楽追求欲、金銭や物品の所有欲などを満足させる行為をいうと解される」としていることである。

この点は、国側の主張である「支出の目的がかかる相手方に対する接待、供応、慰安、贈答その他これらに類する行為のためであれば足り、接待等が、その相手方において、当該支出によって利益を受けていると認識できるような客観的状況の下に行われることは必要でない。交際費等に該当する接待等の行為は、相手方の欲望を満たすものである必要はない」とするのは大いに異なるところである。

ここでは、「交際費等に該当する接待等の行為は、相手方の欲望を満たすものである必要はない」という認識を示し、その事例として「飲酒の嗜好のまったくない事業関係者に対して、そのことをまったく知らずに飲酒の接待

を行った場合、相手方の欲望は満たされないが、接待等の行為に該当する」ことをあげている。

これに対して、事件の判決では、交際行為（接待等に該当する行為）を「一般的に見て、相手方の快楽追求欲、金銭や物品の所有欲などを満足させる行為をいうと解される」としている。

また、過去の判決では、交際費とされるためには、それを支出する側の意図だけではなく、接待を受ける側がそれによって利益を受けるような客観的状況がなければならないとする次のような判決がある。

「会社からの金員の支出が交際費と認められるためには、会社が取引関係の円滑な進行を図るために支出するという意図を有したことを要するのは当然であるが、そればかりではなく、その支出によって接待費の利益を受ける者が会社からの支出によってその利益を受けていると認識できるような客観的状況の下に右接待等が行われたものであることを要する」（大阪地判昭和52・3・18）。

本件訴訟においても国側は、「その他これらに類する行為」とは、接待、供応、慰安、贈答とは性格が類似しつつも、行為形態の異なるもの、すなわち、その名目いかんを問わず、取引関係の円滑な進行を図るためにする利益や便宜の供与を広く含むものであると主張した。

これに対して判決では、「**課税の要件は法律で定めるとする租税法律主義**（憲法84条）の観点からすると『その他これらに類する行為』を国側主張のように幅を広げて解釈できるか否か問題である。そして、ある程度幅を広げて解釈することが許されるとしても、本件英文添削のようにそれ自体が直接相手方の歓心を買うような行為ではなく、むしろ、学術研究に対する支援、学術奨励といった性格のものまでがその中に含まれると解することは、その字義からして無理があることは否定できない」としている。

結局、行為の態様からみると、「本件英文添削の差額負担は、通常の接待、供応、慰安、贈答などとは異なり、それ自体が直接相手方の歓心を買えるというような性質の行為ではなく、むしろ学術奨励という意味合いが強いこと、

その具体的態様等からしても、金銭の贈答と同視できるような性質のものではなく、また、研究者らの名誉欲等の充足に結びつく面も希薄なものであることなどからすれば、交際費等に該当要件である『接待、供応、慰安、贈答その他これらに類する行為』をある程度幅を広げて解釈したとしても、本件英文添削の差額負担がそれに当たるとすることは困難である」として交際費課税を取り消したのである。

Ⅷ　交際費課税の概要

　法人の昭和57年4月1日から平成18年3月31日までの間に開始する各事業年度（清算中の事業年度を除く）に支出する交際費等の額は、当該事業年度の所得の金額の計算上損金の額に算入しない（注＝上記のように交際費課税は時限措置になっているが、昭和29年以降、期限の到来の都度延長されて今日に至っている）。

　つまり、交際費課税の原則は、支出した金額の全額が損金不算入ということである。

　ただし、中小法人（期末資本金1億円以下）の損金不算入額は次の①と②の合計額となる（税特措61条の4第1項）。

① 　当期の支出交際費等の額のうち、400万円に当期の月数を乗じ12で除した金額（**定額控除限度額**）の10％相当額
② 　当期の支出交際費等の額のうち、年400万円（**定額控除限度額**）を超える金額

交際費等の損金不算入額をまとめると次のようになる。

㋐ 　法人の支出した交際費等の額は、原則として全額損金不算入となる。
㋑ 　中小法人では、**定額控除限度額**内の金額は10％相当額が損金不算入となるが、限度超過額は全額損金不算入となる。
㋒ 　**定額控除限度額**は、期末資本金額1億円以下の法人は年400万円となる。

損金不算入額が生ずる2つのケースについて具体的に計算してみよう。いずれも事業年度が1年であるものとする。

【図3】 損金不算入額

資　本　金	1億円以下		1億円超
交　際　費	400万円以下の分	400万円超の分	金　　額
損金不算入	10％相当額	全　　額	全　　額

【図4】 例示による損金不算入額

〈ケース1…支出交際費額1,000万円の場合〉

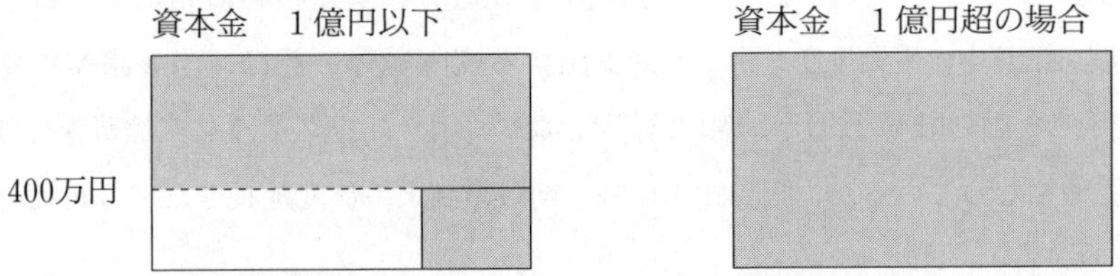

資本金　1億円以下
400万円
(400万円×10％)
＋(1,000万円－400万円)
＝損金不算入額　640万円

資本金　1億円超の場合
損金不算入額　1,000万円

〈ケース2…支出交際費額400万円の場合〉

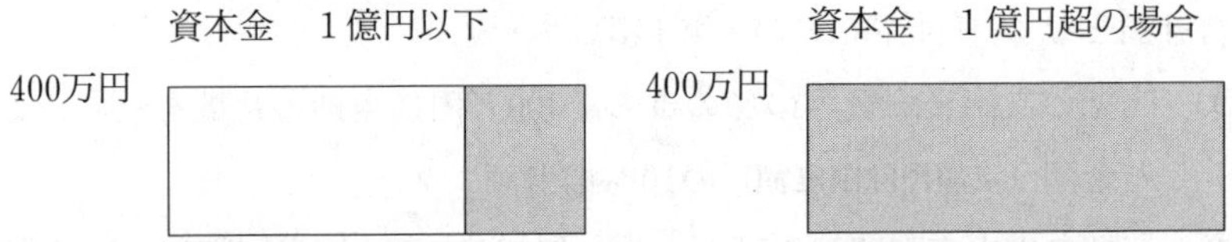

資本金　1億円以下
400万円
(400万円×10％)
＝損金不算入額　40万円

資本金　1億円超の場合
400万円
損金不算入額　400万円

期末資本金額1億円以下の法人について、**定額控除限度額**以下の部分についても10％相当額が損金不算入とされているが、平成10年4月改正ではこれが20％となっており、その理由については、「……中小企業については、一定額（**定額控除限度額**）以下の支出交際費はその全額を損金に算入することとしているため、法人が支出する全交際費の半分近くがなお経費として控除

される結果となっている。こうした状況は前述のような交際費課税の考え方から見て問題があるほか、この**定額控除限度額**が商取引において真に必要とされる以上の交際費を支出する誘因となっている面も否定できない」[1]と説明されていた。

この考え方に基づいて、平成10年度改正により**定額控除限度額**内の交際費等の損金不算入割合を10％から20％にした。しかし、平成15年度の改正では不況対策として損金不算入割合を10％とするとともに、定額控除限度額の適用法人を資本金5,000万円以下から、1億円以下とした。

このように、政策税制として制度が猫の目のように変わっており、制度自体の理論はほとんど問題とされていない。

交際費等の損金不算入計算は、法人の期末資本金額によって異なってくるが、この場合の「期末資本金額」は、あくまで税法上の金額であるから、払込否認金がある場合は、これを控除して計算する。

IX 交際費課税の背景と趣旨

1 課税の趣旨

交際費課税の創設の趣旨を考えるにあたっては、当時の我が国の置かれた経済事情を無視するわけにはいかない。

昭和28年当時は、重要産業や基幹産業の設備投資に支えられた内需拡大で好況を続けており、交際費の濫費もかなりあったようである（注＝ちなみに「社用族」という流行語は当時生まれたものである）。

一方では、輸入の増加による国際収支の悪化は徐々に深刻化しており、朝鮮動乱による特需景気は終わりを告げ、経済基盤の強化と国際収支の健全化が求められていたといえよう。

---

[1] 大蔵省主税局税制第一課係長（当時、瀧沢正樹稿）『税経通信』vol. 49, no. 8, 1994。

つまり、設備投資に支えられた表面的景気の中で交際費等の支出が増加していたが、経済基盤は脆弱で、国際収支も悪化している中では、企業の資本を貯蓄することによる国際競争力の強化が求められるのは当然といえよう。

　そこで、交際費の濫費を抑制し、資本の充実のための税制上の措置が必要となったのである。

　この間の事情については、次のような臨時税制調査会の答申が参考になる。「戦後資本貯蓄の促進に資するため、各種の税法上の特別措置がとられたが、昭和29年、企業資本充実のため資産再評価の強制等が行われた機会に、いわゆる交際費の損金算入否認の制度が設けられた。この措置は、他の資本貯蓄策と並んで、法人の交際費等の濫費を抑制し、経済の発展に資するねらいをもっている」[2]。

　日本経済の復興のための自己資本の充実策としては、昭和25年の資産再評価、昭和26年以降法人の積立金に対する課税の停止、固定資産の耐用年数の短縮改訂、各種特別償却制度の導入、各種引当金準備金制度の創設等の措置が講ぜられたが、昭和29年以降も強制再評価の実施、増資配当免税、積立金に対する法人課税の廃止、価格変動準備金の積立額の増加など、次々と税法上の施策がなされた。

　しかし、法人の内部留保の充実を図るためには、法人自らもその意識を持つべきものであり、当時とにかく批判のあった冗費の節約を図る必要があるという考え方に基づき、法人の支出する交際費の支出を抑制する税法上の措置を講ずる必要があるとして、その支出額の一定額を損金不算入とする特別措置が規定されたのである。

　ただ、交際費課税については相当の反対があるであろうことは、これを提案する大蔵省も予想はしていたが、企業の資本貯蓄という国の政策からあえて交際費課税創設に踏み切ったのである。

　この間の事情については、「所得税・法人税制度史稿」において次のよう

2　政府税制調査会、昭和31年12月。

に説明されている。

「法人の交際費等についてはその濫費を抑制することは企業の資本貯蓄を促進する上に必要であることはいうまでもないところであり、戦時中は経理統制令よって統制を行った事例はあるが、戦後においては法令による規制は全く行われなかった。しかし、法人の遊興飲食費の支出が多額に上り、社用族というような用語も生まれるに至って法人の交際費等を抑制するべきであるという主張が強くなされるに至ったので、相当の反対にあうことは予想されたが、交際費、接待費等の損金算入について一定の制限を設けることを考慮することとされたものである」[3]。

このように検討してみると、創設時から数年間の課税の趣旨は、①企業資本の充実策、②交際費の濫費の抑制と割り切ることができる。

昭和29年に創設された損金不算入制度は、時限的措置であり、内容は次のようなものであった。

① 適用の対象となる法人は、資本金500万円以上の法人に限る。

② 交際費等の支出額のうち、下記の㋐または㋑のいずれか多い方の金額を越える部分の50％相当額は、法人税の課税所得の計算上損金に算入されない。

　㋐ 前１年の交際費等の支出実態（年２回決算法人においては、その半額）の70％に相当する金額

　㋑ 法人の営む主たる事業の区分に応じ、取引金額に一定の割合を乗じて得た金額（たとえば、製造業にあっては、製品の売上金額に1,000分の8を乗じて得た金額）

3　大蔵省主税局『所得税・法人税制度史稿』。

第10章　租税法における課税要件

【図５】　創設時交際費課税の仕組み（昭和29年）

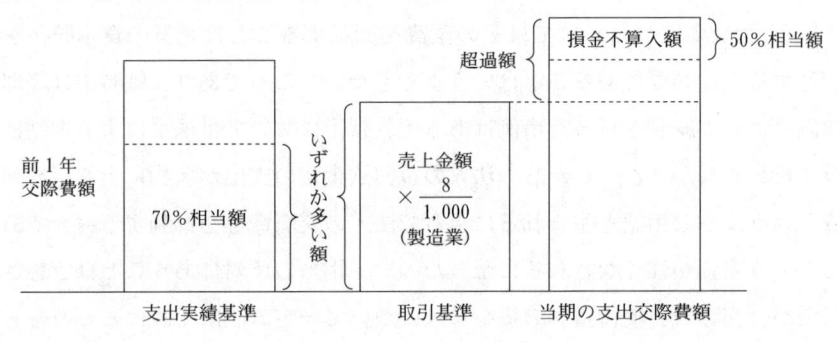

```
                                         ┌損金不算入額┐
                              ┌超過額┐   ┊          ┊ 50％相当額
                              ┊    ┊   ┊----------┊
前１年              い         ┊    ┊   ┊          ┊
交際費額            ず         ┊売上金額┊   ┊          ┊
          70％相当額 れ         ┊ ×   8 ┊   ┊          ┊
                   か         ┊  1,000 ┊   ┊          ┊
                   多         ┊ (製造業)┊   ┊          ┊
                   い         ┊         ┊   ┊          ┊
                   額         └         ┘   └          ┘
     支出実績基準         取引基準         当期の支出交際費額
```

　①で期末資本金額を500万円以上としたのは、当時の国税局調査課所管法人が資本金500万円以上であったこともあり、「大法人のみの措置」という意味を持っていたようである。したがって、現在に換算すると資本金１億円以上の法人ということになろう。

　中小法人を適用除外とした理由について「期末の資本金額が500万円に満たない法人は、同族会社が多く、資本主が経営者であって徒らに社用族的な経費を支出することは少ないと考えられ、その支出額も少額なものが多いから徴税の手数等を考慮して適用除外とされたのである[4]」と説明されている。

　また、基準年度の交際費額の70％相当額を基準とし、限度超過額の50％を損金不算入とする理由については「（交際費額）の30％節約を期待したものであり、超過額の２分の１を損金不算入としたのは、その支出額が全く不要なものばかりでなく、また、社外流出のものであるから負担能力が乏しいこと等を考慮したものである[5]」とされている。

　②の㋑における一定割合は次のように定められていた。

4　市丸吉ヱ門『戦後法人税制史』。
5　同上書。

〔表1〕 業種目別からみた交際費額割合（昭和29年）

業　　　　種	一定割合
証券業および商品取引業	1,000分の0.4
貿　易　業	1,000分の1.5
貿易業以外の卸売業および小売業	1,000分の2.5
電気供給業	1,000分の3
銀行および信託業（相互銀行、農林中央金庫および商工組合中央金庫の行う事業を含む）	1,000分の5
農業、林業、漁業および水産養殖業、鉱業ならびにガス供給業	1,000分の6
製造業（出版業を除く）、運輸業および通信業（放送業を除く）ならびに映画業	1,000分の8
出版業（新聞業を除く）および不動産貸付業	1,000分の10
建設業および保険業	1,000分の12
新聞業、放送業、ニュース供給業、広告業および倉庫業	1,000分の15
その他の事業	1,000分の8

　上記のように業種別に定められた取引高基準を支出実績高（70％）とともに基礎控除として定め、これを超える部分の50％を損金不算入としたのは、同種の他企業に比し、過大となる交際費額の一定部分を損金不算入とするのであるから「濫費抑制」の考え方が貫かれていたことが理解できる。

　また、大企業だけを適用対象としたのは、「中小企業には社用族的な支出はない」とする考え方であり、これもうなずける理論である。もとより、中小企業経営者の個人的費用の会社経費への「付け込み」がないと言えないが、これは、別途役員給与として論ずべき問題であろう。

　交際費課税の背景には、当時役員や使用人に対する給与が、交際費等の形で支給される傾向があったことも指摘されている。昭和32年から交際費課税を強化することを勧告した臨時税制調査会の答申では、この点を次のように述べている。

　「もとより交際費の相当部分は、営業上の必要に基づくものがあり、ただちにその全部を冗費とすることはできない。しかし、戦後経済理論のし緩等

によって企業の経理が乱れ、このため、一方では役員及び従業員に対する給与が、遊興費、交際費等の形で支給される傾向が生ずるとともに、他方では、役員、従業員の私的関係者に会社の経費で接待するとか、事業関係者に対しても、事業場の必要をこえた接待をする傾向が生じている。このため企業の資本貯蓄が阻害されていることは争えない事実である。今回、個人所得税について大幅に累進税率の緩和が行われれば、このような弊害も次第になくなることが期待されるが、その積極的防止策としては、仮装の給与等の支給に対しては、これを給与所得としては握し、所得税課税の適正化を図るとともに、交際費の濫費については、この制度によってこれを抑制することが必要である」。[6]

ここでは、個人所得税の累進税率は緩和するが、交際費の形で支給される仮装給与については給与所得として所得税の課税適正化を図り、交際費の濫費については法人の側で交際費課税を行ってその支出を抑制するというのである。

この考え方では、仮装給与や**フリンジ・ベネフィット**に対する所得税の課税と交際費課税は車の車輪のようにワークするべきだというのである。

ただ、残念なことに、交際費課税は累年強化されているのに、**フリンジ・ベネフィット**課税の適正化が放置されたため、法人と個人との所得格差が生じ、社用族がますますはびこるという歪んだ状態になっている。

税制調査会の法人課税小委員会報告（平成8・11）では、**フリンジ・ベネフィット**課税の適正化を放棄し、過大な福利厚生費の損金不算入を志向しているが、課税理論を持たない考え方だとして批判されよう。

2　代替課税論とその問題点

売上割戻しと交際費等との区分については、取扱通達で次に該当するものは売上割戻しとして損金の額に算入し、交際費等とはしないことになってい

6　税制調査会、昭和31年12月。

る。
① 相手方事業者そのものに対する交付であること（相手方事業者の役員または使用人ではない）
② 金銭または事業用資産の交付であること
③ 事業用資産以外の資産の交付の場合は、購入単価がおおむね3,000円以下であること

【図6】 売上割戻しの取扱い

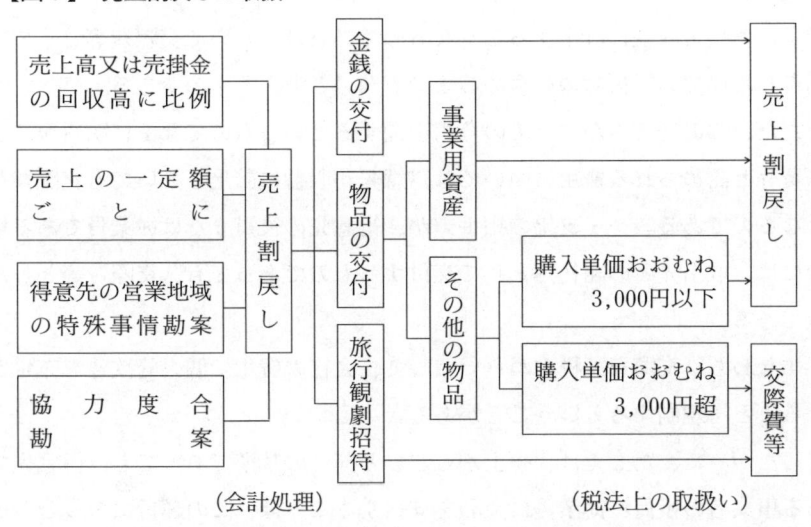

```
売上高又は売掛金
の回収高に比例      ┐                ┌─ 金銭の交付 ─────────────────→ ┐
                    │                │                                 │
売上の一定額         │  売            │  事業用資産 ─────────────────→ │ 売
ごとに              ├─ 上 ─ 物品の ─┤                                 ├ 上
                    │  割    交付    │  その他  ┌ 購入単価おおむね ─→ │ 割
得意先の営業地域    │  戻            │  の物品  │ 3,000円以下         │ 戻
の特殊事情勘案      │  し            │          │                     │ し
                    │                │          │ 購入単価おおむね ─→ ┐
協力度合            │                │          └ 3,000円超           │ 交
勘案                ┘                └─ 旅行観劇招待 ───────────────→ │ 際
                                                                         │ 費
                                                                         │ 等
         （会計処理）                              （税法上の取扱い）
```

①で相手方事業者に対して金銭または事業用資産を交付する場合に交際費等としないのは、これらは、相手方事業者において収益に計上され、課税が確保されるものであるから、支払法人においてあえて交際費等とする必要はないという考え方が背景にあるように思われる。

これに対して、相手方事業者の役員または使用人に交付された場合には、相手方である役員、使用人に雑所得として課税される場合もあろうが、給与所得および退職所得以外の所得が一定額（20万円）以下であるときは、確定申告を要しないなど、必ずしも課税が確保されないばかりでなく、相手方の

個人的歓心を買う支出であるから交際費等として認識しようという考え方であろう。

これを「**代替課税の思想**」というが、この通達が発遣されていた当時は、相手方に課税が確保されるものは支出側で交際費課税をする必要はないが、相手方に課税が確保されないものは支出法人で交際費課税を行うという考え方に基づいて売上割戻しと交際費等の区分の基準としようとするものであったようである。

現に、当時の専門誌には次のような解説があった。「……得意先である事業者において収益に計上するようなものであれば、しいて交際費等として支出をした側での課税対象に含めるまでもないと考えたものである。

ただ、この考え方がすべての費用に通ずるというものでなく、明らかに交際費等と認められる費用については得意先が収益に計上していても交際費等となるのである。……支出の相手方が、得意先の役員または従業員である場合には、取引先との謝礼等として交付するものであっても、交際費等とした点である。

すなわち、交際費課税のねらいとして、会社の費用で個人的欲望を充足させることを規制するということがある。

したがって、たとえば、売上割もどしと同一の基準であっても、得意先である事業者の役員、従業員に金品を支給することは、この趣旨にのっとって交際費課税の対象とするということである。なお、その交付を受けた者においては雑所得か、場合によっては一時所得として所得税の課税を受けることになるが、雑所得にあっては、給与所得および退職所得以外の所得が5万円以下であれば確定申告を要せず（筆者注・当時は5万円以下基準であった）、また一時所得とされるものであれば特別控除額が30万円（同・当時の特別控除額が30万円であった）であるから、そのほとんどが課税されないことを思慮した代替課税的なねらいもあると考えられる」[7]。

7　国税審理室（当時）桜井巳津男・税務弘報 Vol. 18, No. 12。

しかし、これは行政庁（課税庁）の便宜的解釈に過ぎない。租税法のあり方と考える場合は、Aに課税すべきであるが都合によってはBに課税するという**代替課税**を行う場合には、租税法に別段の定めを置かなければならないという租税法の基礎理論が忘れられている。

X　諸外国の交際費課税制度

1　アメリカ

アメリカの場合は次のようになっている。

【図7】　アメリカの交際費課税

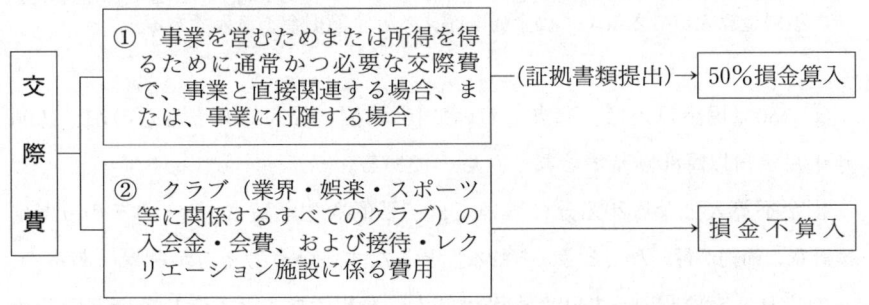

```
          ┌─① 事業を営むためまたは所得を得
          │   るために通常かつ必要な交際費        ─(証拠書類提出)→ 50％損金算入
交        │   で、事業と直接関連する場合、ま
際        │   たは、事業に付随する場合
費        │
          └─② クラブ（業界・娯楽・スポーツ
              等に関係するすべてのクラブ）の    ─────────→ 損金不算入
              入会金・会費、および接待・レク
              リエーション施設に係る費用
```

（注）　贈答費用は受贈者1人当たり年間25ドル（2,775円）までは損金算入できる。

①の50％損金算入は、1986年のレーガン税制改革では、80％の損金算入であったものが、1993年のクリントン税制改革で課税強化されたものである。

アメリカにおいて、所得を得るために通常必要とされる交際費の場合は、「事業と直接関連するもの又は事業に付随するもの」については証拠書類を提出することを条件に50％損金算入が認められているのは、アメリカの経費控除の要件が通常性、必要性となっているためであるが、我が国のように社会通念上当然の支出（少額の香典等）も、売上割戻しとして事業用資産以外の資産（1個3,000円超のもの）を供与した場合も損金算入を規制するという

質的区分を無視したものとは基本的に異なっている。

2 ドイツ

ドイツの交際費課税は次のようになっている。

【図8】 ドイツの交際費課税

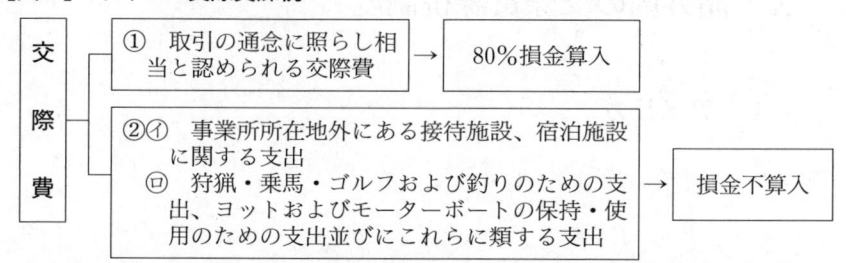

| 交際費 | ① 取引の通念に照らし相当と認められる交際費 | → | 80％損金算入 |
| | ②㋑ 事業所所在地外にある接待施設、宿泊施設に関する支出
㋺ 狩猟・乗馬・ゴルフおよび釣りのための支出、ヨットおよびモーターボートの保持・使用のための支出並びにこれらに類する支出 | → | 損金不算入 |

（注） 贈答費用については1人当たり年間40ユーロ（5,480円）を超えなければ全額損金算入ができる。この金額を超えると全額損金不算入である。

①の80％損金算入は、過去において100％損金算入であったものが、1990年1月1日以降80％基準となったものである。

損金不算入となる20％分については、私的な生活費（すなわちその分だけ家計費の節約が行われたと考えられる）とみなすという考え方が背景にある。

つまり、交際費のうち20％程度は個人的費用であるとみなしているのである。

3 フランス

フランスの場合は、交際費は基本的には損金算入となっている。ただ、特別のものについては、事業目的上必要であることを証明したり、明細書の提出を義務付け、これが行われないときは損金不算入とされている。

【図9】 フランスの交際費課税

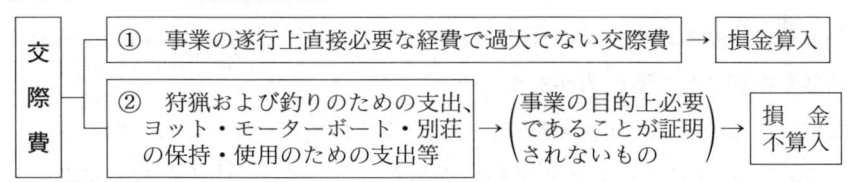

```
交際費 ─┬─ ① 事業の遂行上直接必要な経費で過大でない交際費 → 損金算入
        │
        └─ ② 狩猟および釣りのための支出、         ┐事業の目的上必要
             ヨット・モーターボート・別荘      →  ├であることが証明 → 損金不算入
             の保持・使用のための支出等         ┘されないもの
```

（注）贈答費用については1人当たり年間3,000ユーロ（411,000円）を超えた場合は申告時に明細書の提出が義務付けられる。

4　イギリス

　イギリスでは、交際費は損金の額に算入されない。我が国の場合は、交際費についてこれを経費として容認した場合には濫費の支出を助長するという理由から原則として全額が損金不算入となっている。

　広告宣伝用の少額贈答品（飲食物、たばこ、商品券を除く）については1人当たり年間50ポンド（10,150円）までは損金算入できる。

　しかし、イギリスでは、税務上費用が損金の額に算入されるためには、その費用が主たる事業目的に直結したものでなければならないことになっているが、交際費は一般的にこの要件を満たしていないと判断されていることから損金不算入となる。

　1988年以前は、海外の顧客に対する交際費については損金に算入できることとされていたが、現在ではこの規定は廃止されており、すべて事業上の交際費は損金不算入となっている（注＝本項の為替換算は1ドル＝110円、1ユーロ＝137円、1ポンド＝203円によっている）。

5　我が国との主要な差異

　交際費の全額が損金不算入となっているイギリスを除いて、他の主要国は、交際費につき質的区分をしており、その性質に応じた取扱いをしている。

　これに対して我が国では、交際費の質的区分を行わず、事業目的上の必要

性や質的如何にかかわりなく損金不算入とするなど制度自体が粗っぽく、しかもその判断基準の多くが通達で定められている。税制やその執行体制の後進性を指摘されても仕方がなかろう。

気になるのは、政府税制調査会で次のように指摘していることである。

「現行の中小法人に対する定額控除制度については、中小企業の交際費支出の相当部分が依然として損金の額に算入されているのは交際費課税の趣旨にそぐわないとの問題が指摘されている。また、経営者が私的な交際費を法人の経費として控除したり定額控除額を利用するための会社分割が行われているといった問題の指摘もある。このような問題に対処するためには、現行の定額控除額内の支出交際費の損金不算入割合を更に引き上げることも必要ではないかと考える[8]」。

ともすれば資本金１億円超の法人は全額損金不算入としているのに、中小法人に定額控除限度額を設けているのは逆転現象であるといった考え方が税制調査会の中にあるようである。

しかし、交際費課税は、もともと社用族的な支出が行われがちな大法人の交際費を規制しようという考え方から出発していることを忘れてはならない。

中小企業のオーナー経営者が個人的費用を会社に付け込むという行為を行うことがあるといわれる。ただ、これは「役員賞与」として対応すべきであり、交際費等の損金不算入という制度の中で解決する問題ではない。定額控除限度を利用するための会社分割は、執行上の問題として処理すべきであり、中小企業者の定額控除限度内の損金不算入割合の引上げによって解決はできまい。

〔演習問題〕

1　ドライブインを経営する法人ができるだけ多くの観光バスを駐車させ、客を誘致できるように駐車した観光バスの運転手等に交付したチップは交

---

[8] 政府税制調査会『法人税課税小委員会報告』平成８年11月。

際費等に該当する（東京地判昭和50・6・24訟月21巻8号1742頁）が、旅行業者がバスの運転手等に交付したチップは旅行業者の交際費等となるか。

2　法人が従業員等の慰安のために忘年会の費用を負担した場合、それが社員の福利厚生のために相当であるとし、通常一般的に行われている程度を超えるときはその費用は交際費等に該当する（東京地判昭和55・4・21訟月26巻7号1265頁）が「通常一般的とされる費用」をどのように判断するか。

3　交際費名目で支出した代表者とその同伴者のゴルフプレー費用は賞与に該当する（東京地判昭和57・5・20訟月28巻8号1675頁）としたものがあるが、賞与と交際費などはどのように区分するか。

4　役員や従業員は「その他の事業に関係ある者」に含まれる旨の判示（最判昭和60・9・27税資146号760頁）があるが、「その他…」は不確定概念であり、租税法律主義の立場からどのように解すべきか。

5　祝賀パーティーに係る交際費等の額の計算上、接待客から受領した祝い金収入分を控除することはできない（東京地判平成元・12・18判時1338号106頁）としたものがあるが、パーティーを会費制で行う場合に受領した回避は控除できるのか。

◨ コーヒー・ブレイク ◨

※「行為のために」「支出するもの」

　損金不算入計算の対象となる交際費等の範囲については、「（交際費等）とは、交際費、接待費、機密費その他の費用で、法人が、その得意先・仕入先その他の事業に関係のあるもの等に対する接待、供応、慰安、贈答その他これらに類する行為のために支出するものをいう」（税特措61条の4第3項）と定義されている。

　この場合の「支出するもの」とは「金銭を支払うこと」または「金銭、物品その他の財産上の利益を供与または交付すること」と解すべきである。

　交際費等を「支出するもの」と定義している以上は、企業が接待専用の建物（迎賓館の要素をもつもの）を建築し、そこで得意先等の接待を行う場合に、

接待に要した費用は交際費等とはなっても、その建物の減価償却費は「支出するもの」ではないので交際費等となる余地はない。

また、企業が顧客接待のためにゴルフ場の会員権を所有しており、これを譲渡したところ損失が生じたという場合の「譲渡損」についても、「支出するもの」に該当しないから交際費等とはならない。

また、「行為のために支出するもの」とされているのは、接待、交際等のために直接支出するものだけではなく、これらに伴って支出したものを一切含むという意味である。

したがって、得意先を接待した際に支出するタクシー代は、「相手方を迎えに行くもの」「相手方と同乗して接待場所（たとえば料亭）に行くもの」「接待後に相手方を自宅に送るもの」「接待をした側が帰宅するもの」すべてが交際費等となるのである。

税務調査において、タクシーチケットの使用状況を念査するのは、これらのうち損金不算入となる交際費等に該当するものを抽出するためのもであると理解すべきであろう。

☕ コーヒー・ブレイク ☕

※広告宣伝費用

交際費等とはしない物品の贈与について、租税特別措置法施行令37条の5第1号では、「カレンダー、手帳、扇子、うちわ、手ぬぐいその他これらに類する物品を贈与するために通常要する費用」を例示している。

これらの費用を交際費等から除外したのは、これらの贈与が慣習的で、かつ、少額であることと多数の者に配布するために広告宣伝的効果を意図したものと考えられる。

国税庁OBの著作による解説書では、「その他こられに類する物品」について、「たとえば、社名入りのライター、社名入りのゴルフボール（1箇所または2箇所程度を配布する場合に限る）、価額が少額なシャープペンシルまたはボールペン、社名入り煙草等のようなものである」としている。

ここでは「広告宣伝的意図」が軽視され、カレンダー、手帳などのようにその物品の属性が広告宣伝的なものに限定されているが、このように属性に着目した判断は危険である。

A社は、ドイツ語、フランス語、英語等のテキスト出版を業としていたが、

A社の出版物は大学等における独、仏、英語関係教材用テキストであり、そのテキストは各大学等の担当教師等が教材として採用することに伴い販売されるもので、販売の成否は担当教師等がA社の出版物を教材として採用するかどうかの判断決定にかかっていた。

　そこで、全国の大学等教職員録から把握した語学担当教授等にダイレクトメール等を送付したが、その中に狭山茶（300円程度）を同封した。

　これに対して原処分庁は、ダイレクトメールに同封したお茶の費用は次の理由によって交際費等に該当するという判断で原処分をした。

　① お茶はカレンダー、手帳のように広告宣伝用物品ではない。
　② 物品の贈与は交際費等に該当する。
　③ 配布先は不特定多数ではなく、大学の教員に限定されている。

　最近のようにダイレクトメールが多数送付されると、これを受け取った者が封を開かないまま捨ててしまうということが考えられる。一方、これを送付する側では、相手側に開封させるために様々な工夫をするであろう。お茶を同封したのも開封をさせるための手段と考えられる。

　確かに、物品の属性という側面から観察すれば、お茶は広告宣伝物とはいえないかもしれない。しかし、機能という面から考えれば、相手方にダイレクトメールを開封させるという広告宣伝的効果を持っている。国税不服審判所ではこのような「交付の意図」を考慮して課税処分を取り消した。

（山本守之）

第11章　固定資産の評価と租税法律主義・財産権の保障

I　事例

● 事例 ●

　Xは、Y市内に宅地である甲地を所有し（甲地の登記名義人もXである）、これを敷地とする家屋で居住し生活している。

　Y市長は、固定資産評価基準に基づき、平成15年度における甲地の固定資産評価額を、地価公示価格1億円の7割である7000万円と決定し、土地課税台帳に登録した。

　しかし、Xが別途平成15年1月1日時点の甲地の価格の鑑定を不動産鑑定士に依頼したところ、当該価格は5000万円と評価された。

II　設問

1　地方税法388条1項は、「固定資産の評価の基準並びに評価の実施の方法及び手続（固定資産評価基準）」を、総務大臣が定めて告示するものとし、市町村長に対しこの固定資産評価基準によって固定資産の価格を決定しなければならないとしている（同法403条1項）。

　このように、固定資産評価基準を総務大臣が定めて告示すべきものとすることは、憲法30条・84条の租税法律主義（ないし租税条例主義）に違反しないか。

2　固定資産評価基準は、宅地の評価に関して、地価公示価格および不動産

鑑定士または不動産鑑定士補による鑑定評価から求められた価格等の7割程度を目途とすると定めている。

　これらの価格はいずれも宅地の取引を前提とした価格であるが、Xは、甲地をそのまま住宅の敷地として利用することを望んでおり、甲地を処分する意思はない。このようなXに対しても取引価格を前提として固定資産の価格を評価することは、Xの財産権を侵害し憲法29条に違反しないか。

3　Xが依頼して求めた甲地の鑑定評価額は、固定資産評価基準による評価額を下回っているが、この場合、固定資産評価基準によるY市長の甲地の価格の決定は、地方税法に反し違法か。

4　Y市長が決定した甲地の価格に不服がある場合、Xはどのような方法でその違法性を争うことができるか。また、争訟の方法によって「違法」の内容が異なるか。

III　固定資産税の課税標準と租税法律主義・租税条例主義

1　固定資産税の課税要件

　固定資産税は、固定資産（土地・家屋および償却資産）を課税物件として課される租税で（地税342条1項、341条1号）、市町村が課す市町村税である（地税5条2項2号）。

　固定資産税は、固定資産の所有者を納税義務者として課される（地税343条1項）。固定資産の所有者とは、賦課期日において登記簿または固定資産台帳（地税341条9号）に所有者として登記または登録されている者をいう（同条2項・3項、台帳課税主義）。固定資産税の賦課期日は、当該年度の初日の属する年の1月1日である（地税359条）。

　固定資産のうち土地および建物に対する固定資産税の課税標準は、当該土

357

地または建物の賦課期日における「価格」であって固定資産台帳に登録されたものであるが、この「価格」は、原則的には「基準年度」における「価格」とされている（地税349条1項ないし3項）。「基準年度」とは、「昭和31年度及び昭和33年度並びに昭和33年度から起算して3年度または3の倍数の年度を経過したごとの年度」をいう（地税341条6号）。一例を挙げると、平成6年度（基準年度）における当該土地または建物の「価格」は、平成6年度における当該土地または建物の「価格」となるだけでなく、原則的に、平成7年度および平成8年度における当該土地または建物の「価格」ともなるのである。このように原則として3年ごとに「価格」の評価決定が行われるのは、税負担の安定と行政事務の簡素化を図ることが理由とされている。ここにいう「価格」とは**適正な時価**をさす（地税341条7号）。

本問の場合、平成15年1月1日時点で甲地の登記名義人がXであれば、平成15年度における甲地の固定資産税の納税義務者はXである。そして、平成15年度は基準年度に当たるから、甲地に対する平成15年度の固定資産税の課税標準は、平成15年1月1日における甲地の適正な時価ということになり、これに税率を乗じて得られた金額が、平成15年度における甲地の固定資産税の税額になる。

このように、納税者がその所有する土地について負担する固定資産税の額は、その土地の価格すなわち適正な時価の評価によって左右されるのであるから、この評価の基準のあり方は納税者にとって非常に重要な問題である。

2　固定資産評価基準

固定資産の価格は、固定資産評価員が作成した評価調書に基づいて市町村長が決定し（地税410条1項）、これを固定資産課税台帳に登録するが（地税

1　金子宏『租税法〔第9版増補版〕』492頁他。これに対して、償却資産の場合は、時間の経過によって比較的急速に価値が減少するから、毎年評価をしないと適正な時価に即した課税を行うことができないという事情と、企業からの申告（地税383条）によって比較的容易に評価を行うことができることから、毎年評価を行ってその「価格」を決定するものとされている（同法349条の2、409条3項）。金子・前掲書496頁他参照。

411条1項)、地方税法は、総務大臣が「固定資産の評価の基準並びに評価の実施の方法及び手続」すなわち「**固定資産評価基準**」を定めて「告示」するものとし(地税388条1項)、市町村長がこの固定資産評価基準によって固定資産の価格を決定しなければならないとしている(地税403条1項)。

このように、固定資産税の課税標準を決するための固定資産の評価の基準は、直接法律で定めるのではなく、総務大臣の「告示」に委ねられている。

3　租税法律主義・租税条例主義と委任立法の可否

(1)　租税法律主義・租税条例主義

憲法84条は、「あらたに租税を課し、又は現行の租税を変更するには、法律又は法律の定める条件によることを必要とする」として**租税法律主義**を定め、また憲法30条も「国民は、法律の定めるところにより、納税の義務を負う」として、国民の義務という側面から同様に租税法律主義を定めている。

租税法律主義は、国の課税権を国会の同意にかからしめ、民主的統制を及ぼすことを目的としたものであり[2]、また、現在の取引社会においては、国民の経済生活に法的安定性と予測可能性を与えるという機能を有する[3]。このような租税法律主義の目的・機能から、その内容として、すべての課税要件と租税の賦課・徴収の手続は法律に規定されなければならないとする「**課税要件法定主義**」が導かれる[4]。

一方、地方税法3条1項は、地方団体(都道府県および市町村。地税1条1項)が地方税の賦課徴収について定めをするには条例によらなければならないと定めている。これは、租税法律主義と同様の趣旨に基づき、地方税の課税要件や賦課徴収手続についてはその地方団体の住民(納税者)を代表する地方議会により決定させようとするものであり、**租税条例主義**と呼ばれる。

この地方税法3条1項の規定(租税条例主義)と憲法84条、30条の租税法

2　樋口陽一他『注釈日本国憲法〔下巻〕』1311頁他参照。
3　金子宏『租税法〔第9版増補版〕』77〜80頁他参照。
4　金子・前掲書80頁、81頁他参照。

律主義との関係については、一般に、憲法84条等の「法律」には「条例」が含まれると解されている。その理由としては、地方公共団体の「行政を執行」する権限（憲94条）には財政高権も含まれていることや、租税法律主義は行政権による専断的な課税を防止することを目的とするのであるから、民主的な手続によって制定された条例は「法律」に準ずるものと解してよいことなどがあげられている。この見解からは、租税条例主義は租税法律主義と同様に憲法84条、30条を根拠とするものであって、地方税法3条1項の規定は、これを確認的に明らかにしたものということになる。

このような、租税法律主義・租税条例主義に照らせば、固定資産税における固定資産の評価の基準も、それが固定資産税の課税標準を決するものである以上、法律または条例のいずれかで定められなければならないはずである。ところが、地方税法388条1項は、前述のとおり固定資産評価基準を総務大臣が定めて告示すべきものとしている。この地方税法388条1項は、租税法律主義・租税条例主義に反しないのであろうか。

(2) 委任立法の可否

憲法は、国の立法権を国会に独占させているが（憲41条）、法律で下位の法規範（政令、省令など）に立法権を授権することを許容している。このような下位の法規範による立法（**委任立法**）が必要とされる根拠としては、①専門的・技術的事項に関する立法の要求が著しく増大したこと、②事情の変化に即応する機敏な適応性が要求される事項についての立法分野が大きくなったこと、③法律の一般的規定では地方的特殊事情を律することが困難な場合が多いこと、④客観的公正が特に望まれる事項についての立法など、国会が全面的に処理するのは必ずしも適切でない分野も存することなどが指摘されている。このような実際上の必要性から、委任立法は条理上当然に認められるものと一般に解されている。憲法73条6号但書が内閣が定める政令につ

---

5 樋口陽一他『注釈日本国憲法〔下巻〕』1420頁他参照。なお、憲法84条の「法律」には地方税についての条例を含むとした裁判例として、仙台高裁秋田支判昭和57・7・23行集33巻7号1616頁参照。

いて委任立法が可能であることを前提とした規定であることからも、憲法上委任立法そのものは許容されていると解される。[6]

　もっとも、委任立法における委任の範囲は具体的・個別的でなければならず、一般的・包括的な白紙委任は許されないと解されている。[7]一般的・包括的な白紙委任は、国会が行使すべき立法権を行政府に委ねることになり、憲法41条に違反するからである。

　委任立法の可否および限界についての以上の考え方は、租税に関する立法においても同じく妥当する。すなわち、委任立法そのものは否定されないが、それが一般的・抽象的委任である場合には、憲法41条のみならず、より直接的には憲法84条の租税法律主義に違反することになるのである。本問の事例のモデルとなった大阪地判平成11・2・26（訟月47巻5号977頁、判タ1026号114頁）は、租税法規について委任立法が許容される根拠と委任立法の限界につき、次のように述べている。

「租税法においては多分に専門的技術的かつ細目的な事項が存在し、例えば固定資産税の場合、それぞれ立地条件、使用状況等が異なる個々の課税客体について、公平に課税するとともに、課税標準算出の手続等を明確にするためには、専門的で複雑な規定を要するものであることは明らかであって、租税法については、課税の公平化、課税要件の明確化を期する観点からも、個々の事案ごとに税額を決する基準を詳細に定めることが要請されるところである。しかしながら、これらの課税要件のすべてを法律又は条例で規定することを求めることは実際上困難であり、憲法は、租税法においても、複雑多岐にわたり急速に推移変遷する経済状況に有効適切に対処し、課税の公平と評価の均衡を達成するため、一定の範囲で課税要件及び租税の賦課徴収に関する手続を法律又は条例から下位の法形式に委任することも許容しているというべきである。

　もっとも、委任が認められるといっても、それは具体的個別的な委任に限

6　樋口陽一他『注釈日本国憲法〔下巻〕』1101頁他参照。
7　最判昭和27・5・13刑集6巻5号744頁。

られ、概括的白地的な委任は許されないと解されるところ、具体的個別的な委任であるといい得るためには、委任を認める法律自体から委任の目的、内容、程度などが明確にされていることが必要というべきであり、また、租税法律主義（課税要件法定主義）の趣旨及び右委任が必要とされる根拠に照らせば、課税要件のうち基本的事項は法律で定めることが求められ、委任の対象は専門的技術的かつ細目的な事項であることを要するというべきである」。

したがって、本問の場合、地方税法388条1項が総務大臣に一般的・包括的な白紙委任をしていると解されれば、租税法律主義に反することになる。[8]

4　裁判所の判断

前掲大阪地判平成11・2・26は、固定資産評価基準の制定を総務大臣に委ねる地方税法388条1項が個別的・具体的委任であって、租税法律主義に反しないと判示した（同判決の事案の当時は、自治大臣が固定資産評価基準を定めるものとされていた）。その内容は次のとおりである（この判断は、控訴審である大阪高判平成13・2・26（訟月48巻8号1859頁、判タ1081号181頁）においても維持されている）。

「地方税法は、課税客体を固定資産すなわち土地、家屋及び償却資産（地方税法342条1項、341条1号）、課税標準を賦課期日における適正な時価で固定資産課税台帳に登録されたもの（地方税法349条、349条の2、341条5号）、標準税率を100分の1.4（地方税法350条1項本文）と各定めた上で、地方税法388条1項において、固定資産の評価の基準並びに評価の実施の方法及び手続（固定資産評価基準）について、自治大臣の告示に委ねている（なお、自治

---

[8] 固定資産評価基準の場合、地方税法が「命令」に委任するのではなく、総務大臣が定めて「告示」することを求めており、「告示」が「命令」と同様に委任立法の対象となるのかは一応問題となる。この点、「告示」そのものは、「公示を必要とする行政措置の公示の形式」であるとされ、命令と異なり、その法的拘束力の有無は、もっぱら告示とされた行政措置の内容の関係法制上の位置付けによって決まり、一般的に論定しえないといわれる（兼子仁「学習指導要領の法的性質」ジュリスト増刊『行政法の争点〔新版〕』312頁）。固定資産評価基準に関して、前掲大阪地判平成11・2・26は、次頁本文で引用しているとおり、「告示」が法律の下位の法規範であり委任立法の一種である旨判示している。

大臣は告示を発することができ（国家行政組織法14条1項）、右告示が法律に対する下位の法形式として委任の対象になり得ることは明らかである）のであって、地方税法は、課税要件のうち、課税客体、課税標準及び標準税率といった基本的事項を定めた上で、固定資産の評価の基準、評価の実施方法、さらにその手続といった専門的技術的かつ細目的な事項を自治大臣の告示に委任し、また、右委任は、固定資産の評価の基準等を明確にし、全国的な固定資産の評価の統一を図り、市町村間の均衡を維持するという見地から委任したものであり、委任の目的、内容、程度なども地方税法388条1項の規定上、明確であるということができる。

結局、固定資産評価基準を自治大臣の定める告示に委任した地方税法388条1項は憲法84条に違反するものではなく、原告らの主張は採用できない」。

5 検 討

確かに、固定資産の価格評価を実施する方法・手続は、専門的かつ細則的な事項といえるだろうし、価格評価の基準も細目的な部分については同様のことがいえるであろう。しかし、固定資産評価基準は、固定資産の価格すなわち「適正な時価」（地税341条5号）を定める基準となるものであるところ、後述（Ⅳ）のとおり、この「適正な時価」をいかなる価格と解するか（正常売買価格か収益還元価格か）という基本的な点から見解が分かれているのであるから、評価基準の中でもこのような基本的な事項については、地方税法で定めるべきではないかと思われる。その点で、前掲大阪地判がいうように、委任事項が専門的・細則的事項にとどまっているといえるかについては、なお疑問が残るところである。

6 設問1に対する解答

疑問の残るところではあるが、前掲大阪地判の判示によれば、地方税法388条1項が総務大臣に固定資産評価基準の制定を委任していることは、憲法84条、30条の租税法律主義・租税条例主義に違反しないということになる。

Ⅳ　固定資産の「価格」と憲法29条

1　問題の所在

　固定資産の「価格」の評価に関して、固定資産評価基準第1章第12節一は、設問に示したとおり、地価公示法による地価公示価格および不動産鑑定士または不動産鑑定士補による鑑定価格を活用し、その7割程度を目途とすることを定めている。

　地価公示価格とは、地価公示法の規定に基づき公示される「正常な価格」、すなわち「自由な取引が行なわれるとした場合におけるその取引……において通常成立すると認められる価格」である（地価公示法2条、6条、8条参照）。固定資産評価基準は、このような正常な取引を前提とした価格（正常売買価格）を基礎として固定資産の価格を評価すべきであるとしている。

　しかし、たとえば本問の甲地は居住用資産であり、所有者であるXはその処分を予定していないのが通常であろう。このような資産に対しても、正常売買価格をもとに固定資産の価格を評価し、これによって固定資産税額を定めることに問題はないのであろうか。固定資産の処分を前提としないのであれば、むしろ、固定資産から生み出されるであろう収益に着目してその固定資産の価格を決すべきであるという考え方も成り立ちうるし、さらには、居住用資産に限らず固定資産一般についても同様の考え方が当てはまりそうである。仮に、固定資産税の額がその固定資産から得られるべき収益の額を超える場合には、納税者は、自己の他の収益や資産から固定資産税を納税せ

9　わが国の場合、資産の値上り益に対する期待や投機的目的などの要素により、取引価格に比して収益還元価格が安価になると指摘されており（この点につき、佐々木潤子「固定資産評価基準にかかるいわゆる7割評価通達を適用してされた土地の価格の決定のうち賦課期日における客観的な交換価値を越える部分が違法とされた事例」判例評論544号9頁（判時1852号171頁））、収益還元価格を基礎に固定資産の価格を評価すれば、結果として固定資産税の額も安価になるという関係がある。

ざるを得ないことになるが、これは、国民の**財産権**を保障した憲法29条との関係で問題となろう。

このように考えると、固定資産の価格を一律に正常売買価格により評価すべきものとしている固定資産評価基準は、その内容において憲法29条に違反するのではなかろうか。[10]

2 固定資産税の性格と評価方法

固定資産の価格をどのような方法で評価すべきかについては、固定資産税の性格をどのように解するか、すなわち、固定資産税が何に着目して課される租税であるのかという問題と結び付けて考えられている。この固定資産税の性格については、収益税と解する見解と財産税と解する見解とが対立している。

収益税説は、固定資産税をその固定資産の収益に着目して課せられる租税と解する見解であり、固定資産の価格（地税341条5号の「適正な時価」）は収益還元価格により評価すべきであるとする。この見解によれば、固定資産の価格を正常売買価格により評価すべきであるとする固定資産評価基準は、地方税法341条5号に違反するものということになろう。

これに対し、**財産税**説は、固定資産税を固定資産の所有の事実に着目して課せられる租税と解する見解であり、固定資産の価格は正常売買価格により評価すべきであるとする。この見解によれば、固定資産評価基準はまさに地方税法341条5号の「適正な時価」を算定する方法として合致しており、地方税法違反の問題は生じないことになろう。

地方税法が固定資産税の課税標準を「価格」すなわち「適正な時価」とし、収益を現実に上げているか否かを問わないことからすれば、固定資産税の性

---

[10] 本問の甲地のような住宅用地その他国民が日常生活を営むのに必要不可欠な土地を「生存権的土地」とし、これとその余の土地とを区別し、憲法25条を根拠として生存権的土地の価格の評価については収益還元価値に基づいて行われるべきであるとする見解もある。北野弘久「固定資産税にたいする憲法論的検討」租税法研究12号101頁参照。

格としては財産税と解することになろう。裁判例においても、最三小判昭和47・1・25（民集26巻1号1頁）が固定資産税の性格について「土地、家屋、償却資産の資産価値に着目して課せられる物税である」と述べ、財産税説に立つことを明らかにし、その後の裁判例においてもこの見解が踏襲されている。

前掲大阪地判平成11・2・26も、以下のとおり判示して固定資産税を財産税であると解し、そのことから地方税法341条5号の「適正な時価」を正常売買価格であると判示している[11]（その後、最高裁判所も同様の判断を示している。最一小判平成15・6・26民集57巻6号723頁）。

「地方税法は、基準年度に係る賦課期日における価格で土地課税台帳又は土地補充課税台帳に登録されたものを固定資産税の課税標準とし、現実に当該固定資産が収益を挙げているかに関わりなく右固定資産の所有者…に固定資産税を課している以上、固定資産税は、資産の客観的な価値に注目し、右客観的な価値のある資産を所有する者に対して課税する財産税というべきである。このような固定資産税の性格からすれば、地方税法341条5号に言う適正な時価とは資産の客観的価値をいうというべきであって、右資産の客観的価値は当該固定資産又は条件の類似する固定資産の取引事例の集積により取引価格によって判断せざるを得ない性質のものである以上、右取引価格を基礎として非正常な要素を排除して判断すべきであり、地方税法341条5号にいう適正な時価とは、社会通念上正常な取引において成立する当該土地の取引価格すなわち客観的な交換価値をいうものと解するべきである」。

---

[11] ただし、固定資産税の性格が財産税であり固定資産の価格である「適正な時価」がその客観的価値であると解するとしても、この客観的価値（適正な時価）をいかなる評価方法により評価するかは、実は論理的には別の問題であることに注意すべきである。財産税説に立てば「適正な時価」を正常売買価格と考えなければならないという論理的必然性はない。さらに、不動産鑑定評価理論からすれば、不動産である固定資産の客観的交換価値は、正常売買価格のみによって求めるべきではなく、収益還元法に基づく収益価格等を関連付けて決定すべきであり、両者が対立するとの考え方は誤りであるとの指摘もあることにも注意すべきである。佐々木・前掲（注9）9頁、澤野順彦「固定資産税評価の違法判決とその問題点〔下〕」NBL610号42頁参照。

3 財産権保障との関係

(1) 財産権を制約する立法の合憲性判断基準

　固定資産評価基準の内容が地方税法341条5号に違反しないとしても、1で述べたような問題点からすれば、固定資産評価基準の内容が憲法29条の財産権保障に違反する可能性がある。では、国民の財産権を制約する租税立法の合憲性をどのような基準で判断すべきであろうか。この点について、前掲大阪地判平成11・2・26は、次のように判示している。

　「固定資産税は、固定資産を所有する事実に着目し、その適正な時価を課税標準とする財産税であるところ、既に見たとおり、課税要件（納税義務者、課税物件、課税標準、税率等）及び租税の賦課徴収の手続は法律によって定められる必要があるが、右は、同時に、いかなる課税要件を定めるかは憲法上法律に委ねられていることをも意味している。そして、課税要件等を定めるについては、極めて専門的技術的な判断を必要とすることは明らかであって、租税法の定立については、国家財政、社会経済、国民所得、国民生活等の実体についての正確な資料を基礎とする立法府の政策的、技術的な判断に委ねるほかはなく、裁判所は、基本的にはその裁量的判断を尊重せざるを得ないものというべきであり（最高裁昭和60年3月27日大法廷判決・民集39巻2号247頁参照）、結局、固定資産の評価の基準を定めるに当たり、固定資産の利用の形態と状況、その所有者の経済的状態の相違等をどのように、どこまで勘案すべきかは、立法府の広範な裁量に委ねられる性質のものであると解される。

　したがって、固定資産の評価の方法を規定した法律は、著しく不合理と認められない限り違憲の問題は生ぜず、さらに、固定資産の評価の方法が法律により適法に自治大臣の定める告示に委任されている固定資産評価基準においては、同様に、告示において定められた固定資産の評価方法である売買実例方式が著しく不合理と認められない限り違憲の問題は生じないというべきである」。

この判決の中で引用されている最大判昭和60・3・27は、給与所得者について必要経費の実額控除が認められないこと等が、給与所得者を事業所得者に比して差別するものであり憲法14条に違反するとして争われたいわゆる大島訴訟の判決である（本書第2章参照）。同判決は、「国民の租税負担を定めるについて、財政・経済・社会政策等の国政全般からの総合的な政策判断を必要とするばかりでなく、課税要件等を定めるについて極めて専門技術的な判断を必要とすることも明らかである」との考え方の下に、憲法14条との関係で緩やかな合憲性判断基準を示したが、前掲大阪地判も、憲法29条に関する租税法規の合憲性判断基準に関して同様の考え方によっていることになる。

(2) 取引価格（売買事例価格）による評価の合憲性

前掲大阪地判平成11・2・26は、上記のとおりの枠組みを示した後、固定資産評価基準の合憲性について次のように述べ、憲法29条（および25条、14条）に違反しないと判示した（この判断は、控訴審である前掲大阪高判平成13・2・2でも維持されている）。[12]

「固定資産税を課税するに当たっては、全国に存在する大量の固定資産を、3年に1度の基準年度ごとに評価することが求められ、しかも、課税標準は賦課期日における適正な時価とされている以上、賦課期日に可能な限り近接した時点において固定資産の評価をすることが求められており、大量迅速に評価するために、すべての土地について一律の評価方式を採用する必要性を否定することはできない。また、売買実例方式であれば、原告らの主張するように、売買を予定していない住宅用地についても、周辺の土地価格の高騰によって課税標準が高騰することは否めないものの、右高騰が合理的なものであれば、当該土地もその実質的な価格は上昇しているのであり（仮に不合理なものであれば、前記説示のとおり、正常と認められない要素として修正され

---

[12] この事件で原告らは、生存権的土地と非生存権的土地とを区別すべきである旨主張したが、これについて同判決は、①このような区別をすることが憲法上の要請であるかは大いに疑問である、②ある人の生存にとっていかなる種類の財産が重要であるかは容易に答えを見い出せるものではなく区別が困難である、と指摘している。

ることになっている)、住宅用地といえども土地の実質的な価格が上昇する以上、それによる潜在的な利益を受け、右土地を売却することにより右潜在的利益を具体的に取得することも可能なのであるから、右上昇に応じて課税標準が上昇することをもって直ちに不合理ということもできない。さらに、既に見たとおり、地方税法において、住宅用地等については、課税標準の特例措置等が設けられるなど立法上軽減措置が講じられており、この点において住居用地等には一定の配慮がなされているところである。

　以上のとおりであり、これらの諸事情に鑑みれば、原告らの主張する生存権的土地についても一律に売買実例方式を採用して評価することが不合理ということはできず、固定資産評価基準が憲法25条、29条及び14条に違反するとの原告らの主張は採用できない」。

4　検　討

　裁判所が租税法規の合憲性について前記のような非常に緩やかな基準によっているのは、租税法規の定立には政策的、技術的判断を要するため、基本的に訴訟当事者が提出する証拠によってのみ判断を行う裁判所においては、このような政策的、技術的判断を適切になしえないという考慮があるものと思われる。また、より根本的には、民主的基盤の弱い裁判所としては、国民の代表機関である国会の判断を尊重すべきであるという考慮もあるのかもしれない。

　そして、このような緩やかな基準に従えば、前掲大阪地判のような判断になるものと思われる。

　しかし、「著しく不合理でなければ違憲の問題は生じない」というのでは、その当てはめは極めて形式的、一般的な合理性の有無の問題にとどまってしまう。たとえば、前掲大阪地判の場合、固定資産の売買事例価格が上がればその所有者は潜在的利益を受ける関係にあり、固定資産を処分してこれを現実に得る機会があるから不合理でない旨判示しているが、このような抽象的な合理性さえ認められればよいとするのでは、租税法規の合憲性の判断を事

実上放棄しているといわれてもやむを得ないであろう。

さらに、そもそも租税は、担税力のあるところにその範囲で課されるべきであって、担税力を超えるような課税は、財産権侵害の問題を免れえないと考えられる。問題の所在で述べたように、固定資産税の額がその固定資産から得られるべき収益の額を超える場合、納税者は、自己の他の収益や資産から固定資産税を納税せざるをえないことになるが、これは担税力を超えた課税であって、国民の財産権を侵害するものというべきであろう。この点について、前掲大阪地判は、住宅用地については課税標準の特例が設けられており、同事件の原告らのいう「生存権的土地」のうち住宅用地については配慮がされている旨指摘するものの、その余の固定資産については特段考慮をしていないように思われる。

5 設問2に対する解答

疑問の残るところではあるが、前掲大阪地判の判示によれば、固定資産評価基準の内容は、憲法29条の財産権保障規定に違反しないということになる。

V 「適正な時価」

1 問題の所在

固定資産の課税標準は、賦課期日におけるその固定資産の価格すなわち「適正な時価」であるから、本来的には、賦課期日時点でのその固定資産の取引価格を評価して決すべきである。ところが実際には、賦課期日の前の時点を価格調査時点としてこの時点における価格を評価し、この評価額に評価時から賦課期日までの間における地価の変動を考慮して修正を加えた金額を固定資産の価格とする取扱いがされる。これは、各市町村において多数の固定資産の価格を評価しなければならないことに加え、都道府県間および各都道府県内の市町村間の評価の均衡を図るための調整が必要となる場合がある

など（固定資産評価基準第1章第3節参照）、一連の評価事務に相当の期間を要することから行われているものであるが、このように価格評価の時点が異なるため、別に鑑定評価により賦課期日時点での価格を求めてみると、この鑑定評価による時価よりも、固定資産評価基準に基づいて評価決定された固定資産の価格が高い場合がある。[14]

　本問でXが依頼して得られた鑑定手法に問題がなく、この鑑定評価による価格が固定資産の客観的時価であるといえるとした場合、この固定資産評価基準に基づき評価決定された固定資産の時価は客観的時価を超えることになるが、そのような価格で固定資産税を課すことは、地方税法341条5号に反しないのであろうか。

2　判　決

　地方税法は、市町村長に対し固定資産評価基準によって固定資産の価格を決定することを求めているのであるから（地税403条1項）、固定資産評価基準に基づいて決定された価格が固定資産税の「適正な時価」であり、これが別途鑑定により評価された客観的時価を上回っていても違法の問題は生じないとも考えられそうである。

　しかし、前掲大阪高判平成13年2月2日は次のように述べ、「適正な時価」を固定資産評価基準による方法と別の方法で算定しうるものと判示したうえ、

---

[13]　前掲大阪地判平成11・2・26の事案では、平成4年11月26日付自治省税務局資産評価室長通達「平成6年度評価替え（土地）に伴う取扱いについて」（自治評第28号）に基づき、平成6年度の評価替えについて、平成4年7月1日時点における地下公示価格を求めたうえで、これらの価格に平成5年1月1日までの地価下落の変動率を乗じた価格の7割を目途として実施された。

[14]　反対に、固定資産評価額が客観的時価を下回る場合も、租税法律主義から導かれる合法性の原則（課税要件が充足されている限り、租税行政庁には租税の減免の自由はなく、また租税を徴収しない自由もなく、法律で定められたとおりの税額を徴収しなければならないとする原則）からすれば、「適正な時価」による課税がされていない点で問題となりうるが、前掲大阪高判平成13・2・2は、「課税処分の謙抑性の見地から、適正な時価を一定の範囲で下回った評価をしたとしても地方税法の趣旨に反するものではない」としている。合法性の原則については金子宏『租税法〔第9版増補版〕』83頁。

固定資産税評価基準に基づく評価額であっても客観的時価を上回る場合には、当該固定資産評価が地方税法341条5号に違反すると判示した。

「地方税法にいう適正な時価（341条5号）とは、前記説示のとおり、社会通念上正常な取引において成立する当該土地の取引価格をいうものと解すべきである。固定資産評価基準は、公示価格の算定と同様の方法で評価した標準宅地の価格のおよそ7割をもって適正な時価として扱うこととしているが、そのことから逆に、地方税法にいう適正な時価が、地価公示価格そのものであるとか地価公示価格の7割であるとかいうことはできない。適正な時価であるかどうかは、固定資産評価基準や通達等による評価方法とは別途、鑑定その他のより適切かつ合理的な評価方法によりこれを算定することを妨げないものというべきである」。

その後、最高裁判所も同様に、賦課期日における固定資産の価格が客観的交換価値を上回る場合には、当該価格決定が違法になると判示している（前掲最一小判平成15・6・26）。

固定資産評価基準は、あくまで固定資産の「価格」すなわち「適正な時価」を算定するための基準にすぎないのであって、客観的時価を上回る課税を許すものではないということである。

3　設問3に対する解答

本問では、Xが不動産鑑定士に依頼して求めた甲地の不動産鑑定評価額5000万円について、鑑定手法に不合理な点がなく信用できるものである限り、この評価額が賦課期日である平成15年1月1日における甲地の「適正な時価」であるということになるから、Y市長が固定資産評価基準に基づいて行った甲地の価格を7000万円とする決定は、不動産鑑定評価額5000万円を超える限度で地方税法341条5号に反し違法となる。

VI　争訟の方法

1　固定資産の価格に対する不服申立て・訴訟

　固定資産の価格は、固定資産課税台帳に登録されるが、この登録された価格に不服がある納税者は、各市町村に設置されている**固定資産評価審査委員会**に対して**審査の申出**をすることができる（地税432条）。この審査の申出に基づき、固定資産評価審査委員会が価格を変更（減額）する決定をすれば、市町村長はこの決定を受けて固定資産課税台帳に登録した価格を修正し、すでに固定資産税について賦課決定をしている場合には、この修正に基づき更正をする（地税435条）。一方、固定資産評価審査委員会が納税者の審査の申出を棄却し、または変更の決定がされても変更後の価格に不服があるときは、納税者は、この審査決定の取消しを求める訴訟を起こすことができる（地税434条1項）。

　固定資産課税台帳に登録された価格についての不服は、この固定資産評価審査委員会に対する審査の申出と、同委員会の決定の取消訴訟の方法でしか争うことができず（地税434条2項）[15]、固定資産税の賦課決定に対する不服申立てにおいて、この審査の申出により争う対象となる固定資産課税台帳に登録された価格についての不服を理由とすることができない（地税432条3項）[16]。地方税法が固定資産課税台帳に登録された価格について、このように争訟の方法を限定したのは、固定資産の価格を早期に確定させるためであるとされる[17]。したがって、納税者としては、その争訟方法の選択を誤らないよう注意する必要がある。

15　裁決主義が採用されている一例である。原処分主義・裁決主義については、本書第13章VI参照。

16　固定資産税賦課決定の取消しを求める訴えにおいても、固定資産税課税台帳に登録された価格についての不服を理由とすることはできない（大阪高判昭59・4・23行集35巻4号504頁）。

17　金子宏『租税法〔第9版増補版〕』483頁。

2　不服申立てによらない場合—国家賠償請求

　1で述べた方法とは別に、Y市長が「適正な時価」を超える価格を決定しこれに基づいて課税をしたことが違法行為に当たるとして、Y市に対し、国家賠償法1条1項に基づき損害賠償請求をすることが考えられる。この場合、前述の審査の申出を経る必要はないから、たとえば所定の期間経過により審査の申出をすることができなくなった場合の争訟方法としてこれを選択することが考えられる。しかし、固定資産の価格を「適正な時価」を超える価格とした場合にその価格決定が地方税法341条5号に反し違法であるとしても、直ちにこの決定をした市長が国家賠償法1条1項の「違法」な公権力の行使をしたと評価されるのであろうか。

　この問題についての結論は、行政処分の取消訴訟における違法性と国家賠償請求訴訟における違法性とを同一のものと考えるのか（**違法性一元論**）、異なるものと考えるのか（**違法性相対論**）によって異なることになる。

　違法性一元論は、国家賠償法における違法を客観的な法令違反に求める見解であり（**結果違法説**）、「法律による行政」の原理を国家賠償法の適用場面にも及ぼそうとする考え方である。この見解によれば本問のY市長の行為は、地方税法に違反する内容の決定をしている以上、損害賠償請求との関係でも違法であって、Y市長に故意過失があればXのY市長に対する損害賠償請求は認められることになる。

　一方、違法性相対論は、国家賠償法における違法を公務員の職務上の任務違背に求める見解であり（**職務行為違法説**）、国家賠償法1条1項に関する立法者意思が、国家賠償法1条1項の違法を民法の不法行為と同じく侵害行為と被侵害利益との相関関係によって決定されるものとし、行政処分の根拠法令違反が直ちに国家賠償法上の違法を意味するものと考えていなかったことを根拠としている。これによれば、本問においてもY市長の行為は、損害賠償請求との関係では直ちに違法とは評価されないことになる。[18]

　この点について、最一小判平成5・3・11（民集47巻4号2863頁）は、税務

署長による所得税の更正処分が所得金額を過大に認定したもので違法であるとされた事案において、次のとおり述べ、違法性相対論に立つことを明らかにした。

「税務署長のする所得税の更正は、所得金額を過大に認定していたとしても、そのことから直ちに国家賠償法1条1項にいう違法があつたとの評価を受けるものではなく、税務署長が資料を収集し、これに基づき課税要件事実を認定、判断する上において、職務上通常尽くすべき注意義務を尽くすことなく漫然と更正をしたと認め得るような事情がある場合に限り、右の評価を受けるものと解するのが相当である」。

学説上、違法性一元論もなお有力に主張されているが、実務上は、前掲最判平成5・3・11がある以上、違法性相対論・職務行為違法説に立つことになる。

前掲大阪高判平成13・2・2の事案も国家賠償請求訴訟であったが、同判決は、大阪市長が控訴人3名所有の各土地について行った評価が「適正な時価」を上回り違法であるとしながら、次のように述べて、大阪市長がこのような評価をしたことは国家賠償法における違法行為に当たらないとの結論を示した。

「控訴人らは、被控訴人大阪市の長は、本件通達に従い平成5年1月1日における地価公示価格の7割をもって賦課期日である平成6年1月1日における固定資産評価額とした場合には、固定資産評価額が地方税法にいう適正な時価を上回る事態（いわゆる逆転現象）に至ることを認識し又は認識し得たのに、漫然と本件通達に従った固定資産の評価をしたことにより、控訴人小森、同河邉及び同安田の固定資産評価において逆転現象を発生させたものであるから、被控訴人大阪市の長の右行為は、国家賠償法上の違法行為に該当すると主張する。

しかし、本件通達の内容に不合理とすべき点は認められないことは前記説

---

18 違法性一元論・違法性相対論については、喜多村勝「行政処分取消訴訟における違法性と国家賠償請求事件における違法性との異同」藤山雅行編『行政争訟』472頁以下参照。

示のとおりであって、被控訴人大阪市の長は、本件通達の内容を合理的なものと判断して、固定資産評価基準をこれに従って解釈した上、同評価基準に従い控訴人小森、同河邊及び同安田に対する本件評価替えを実施したものであって、そこに職務上通常尽くすべき注意義務を尽くすことなく漫然と本件評価替えを行ったものと認め得るような事情は見い出し難い。また、前記説示のとおり、控訴人小森、同河邊及び同安田において逆転現象が発生したのは、控訴人ら主張のように地価下落のみに起因するものではなく、固定資産評価と不動産鑑定評価における技術的手法の相違や、不動産鑑定評価人の主観的判断に基づく個人差に起因するものと推認されるから、被控訴人大阪市の長において、固定資産評価額が地方税法にいう適正な時価を上回る事態を認識し又は認識し得たというにも無理がある」。

3　設問4に対する解答

XがY市長のした甲地の価格決定に不服がある場合には、Y市の固定資産評価審査委員会に対する審査の申出をし、同委員会の決定になお不服があるときはさらにこの決定の取消訴訟を提起すべきである。これに対して、Y市に対する国家賠償請求の方法によるのであれば、Y市長の価格決定が違法な公権力の行使に当たるというためには、決定された価格が甲地の客観的時価を上回ったという結果だけでは足りず、具体的にY市長の職務違背を主張立証しなければならないことを注意すべきである。

〔演習問題〕

1　固定資産の価格の決定について、その評価方法が地方税法の趣旨に反する違法なものであったが、決定された価格がこの固定資産の賦課期日における客観的時価を上回っていない場合、この価格決定は違法か（大阪地判平成9・5・14判タ960号106頁参照）。

〈参考文献〉

本稿中にあげたものの他

① 新井隆一「固定資産評価基準と租税法律主義」ジュリ1172号136頁
② 石島弘「固定資産税における土地の『適正な時価』の意義」民商法雑誌129巻6号909頁
③ 税金オンブズマン・固定資産税国賠訴訟を支援する会編『税の民主化をもとめて―国家賠償請求訴訟の記録―』(せせらぎ出版、平成14年)

(水野武夫・末崎　衛)

第12章　婚姻・両性の平等と課税単位

I　事　例

●事例1●

　A^1・A^2夫婦は、夫A^1のみが弁護士として働き、妻A^2は、専業主婦である。A^1は、平成15年に依頼主から弁護士報酬として1500万円を受け取り、必要経費として500万円を支出した。A^1は、同年分の所得税の申告にあたり、A^1の単独の所得として計算すると、下表1-1のとおりとなるが、A^1は、自分が得た事業所得1000万円を妻A^2が家庭にあってその協力により得ることができた所得であるとして、妻A^2と折半し、下表1-2のとおり申告した。

　なお、所得控除は、考慮しないこととする。

【表1-1】
　　　事業所得金額：　　1000万円
　　　課税総所得金額：1000万円
　　　所 得 税 額：　　1000万円×30％－123万円＝177万円

【表1-2】
　（A^1）
　　　事業所得金額：　　500万円
　　　課税総所得金額：500万円
　　　所 得 税 額：　　500万円×20％－33万円＝67万円
　（A^2）
　　　事業所得金額：　　500万円

課税総所得金額：500万円
　　　所 得 税 額：　　500万円×20％－33万円＝67万円
（合計）
　　　$A^1＋A^2＝134万円$

なお、所得税額の計算の速算表は下表のとおりである。

（速算表）

課税所得金額①	税率②	控除③	①×②－③
330万円以下	10％	—	①×10％
330万円超900万円以下	20％	33万円	①×20％－33万円
900万円超1800万円以下	30％	123万円	①×30％－123万円
1800万円超	37％	249万円	①×37％－249万円

● 事例 2 ●

　設問 2 の B^1 夫婦の例で、夫 B^1 の必要経費250万円のうち50万円は、妻 B^2 との間の顧問税理士契約に基づく B^1 の弁護士業務に係る所得税等の申告業務等の代行に対する対価として支払ったものであるとする。B^1 は、その申告にあたり、この50万円を必要経費として算入し、妻 B^2 も税理士収入として算入して、表 1 - 2 と同様の申告をした。

● 事例 3 ●

　事例 1 の A^1 夫婦と設問 2 の B^1 夫婦に対する所得税の計算にあたり、所得控除として、基礎控除38万円、配偶者控除38万円を考慮して、A^1 の単独の所得として計算すると、A^1 の場合には、配偶者控除が適用となり、次表 2 - 1 のとおり、A^1 の所得税は、154.2万円となる。一方、B^1 夫婦の場合には、配偶者控除が適用とならず、表 2 - 2 のとおり、B^1 と B^2 の所得税は、合計で118.8万円となる。

【表2-1】

　　事業所得金額：　　1000万円
　　基礎控除：　　　　38万円
　　配偶者控除：　　　38万円
　　課税総所得金額：　924万円
　　所得税額：　　　　924万円×30％－123万円＝154.2万円

【表2-2】
　(B^1)
　　事業所得金額：　　500万円
　　基礎控除：　　　　38万円
　　所得税額：　　　　462万円×20％－33万円＝59.4万円
　(B^2)
　　事業所得金額：　　500万円
　　基礎控除：　　　　38万円
　　所得税額：　　　　462万円×20％－33万円＝59.4万円
　（合計）
　　$B^1＋B^2＝118.8$万円

● 事例4 ●

　事例1の A^1・A^2 夫婦は、結婚する前に、「夫及び妻がその婚姻届出の日以降に得る財産は、……夫および妻の共有持分を2分の1あてとする共有財産とする」との夫婦財産契約を締結して、その登記を経ていたとする。A^1 は、この夫婦財産契約に基づき、平成15年分の所得税の申告にあたり、A^1 が得た事業所得金額を妻 A^2 と折半し、事例1の表1-2と同様の申告をした。

II 設 問

1 （事例1）A^1 と A^2 が、A^1 の得た所得を A^2 と共同で得たものとして、所得金額2分の1ずつに分割して申告をすることが認められるか。認められないとすると、妻 A^2 の家事労働等のいわゆる内助の功を無視するものであり、夫婦の平等を保障した憲法24条に反するのではないか。

2 （事例1）一方、B^1・B^2 夫婦は、夫 B^1 が弁護士、妻 B^2 が税理士としてそれぞれ独立して働き、夫 B^1 が依頼者から弁護士報酬として750万円を受け取り、必要経費250万を差し引いて、500万円の所得を得ている。B^2 も同様に依頼者等から税理士報酬として750万円を受け取り、必要経費250万を差し引いて、500万円の所得を得ている。なお、B^1・B^2 夫婦は、家事は共同で行っている。B^1 と B^2 は、平成15年分の申告として、表1-2と同様の申告した。A^1 と A^2 のような申告を認めると、B^1 と B^2 のような共稼ぎの夫婦と所得税が同額となるが所得金額が同一の片稼ぎ夫婦と共稼ぎ夫婦の場合に、所得税額を同額とするのが公平といえるか。

3 （事例2）B^1 は、その営む弁護士業の税務代理を委任して、その対価として B^2 に50万円を支払ったのであるが、所得税法56条が適用されて、必要経費として算入されないのではないか。

4 （事例3）同一所得金額の片稼ぎ夫婦と共稼ぎ夫婦とを比較した場合に、片稼ぎ夫婦に配偶者控除を認めるのは公平といえるか。

5 （事例4）夫婦財産契約で夫婦の財産を共有制と定めていた場合に、夫婦の一方の所得を共同で得たものとして、所得金額を2分の1ずつに分割して申告をすることが認められるか。

III 憲法24条と課税単位

1 問題の所在

　所得税の税額を算定する人的単位を「**課税単位**」という。どのような単位に対して課税するかによって、①個人を単位とする**個人単位課税方式**、②夫婦を単位とする**夫婦単位課税方式**、③家族を単位とする**家族単位課税方式**がある。我が国は、戦前は、家族単位課税方式を採っていたが、憲法24条により戦前の家制度が否定され、また、昭和24年のシャウプ勧告により家族単位課税方式を廃止することが勧告されたことから、昭和25年の所得税法の改正で、我が国の所得税は、個人単位課税方式を採ることとなり、現在に至っている。

　一方、先進諸国はいずれも所得税制度を採っているが、課税単位については、個人単位課税方式を採る国（イギリス、カナダ、オーストラリア、ニュージランド）、夫婦単位課税方式を採る国（スペイン）、家族単位課税方式を採る国（フランス）のほかに2分2乗制度と個人単位課税方式との選択制を採る国もある（アメリカ[1]、ドイツ[2]）。**2分2乗制度**とは、夫婦が所得を合算し、その半額にそれぞれ累進税率を適用して、夫および妻の所得として税額を計算し、そのうえで税額を2倍するという課税する方式である。

　ところで、憲法24条は、1項で婚姻の自由と夫婦の「同等の権利」をうた

---

1 アメリカでは、1930年のシーボン事件についての連邦最高裁判決（Poe v. Seaborn, 282 U.S. 101（1930））がワシントン州の夫婦共有財産制の下においては、夫婦がそれぞれ2分の1ずつを申告する資格があるとし、そうすると、各州で地域間格差が生ずることから、1948年に2分2乗制度が選択的に採用された。なお、アメリカでは、南北戦争期には、夫は妻と子の所得の所有者であるというコモン・ロー（夫婦財産吸収制）を反映して世帯が課税単位とされていた。しかし、1913年には、コモン・ローを遵守しているアングロ・サクソン系の州は、妻の権利を認め、夫婦別産制をとるようになった。一方、ワシントン州などラテン系の9つの州は、夫婦財産共有制をとり、夫に財産を管理する特権が与えられてはいたが、結婚後に取得した財産は、配偶者間で均等に所有するものとされ、夫婦財産関係の扱いにおいて、各州で異なる取扱いがなされていたのである。

い、また2項で、家族に関する法律は「個人の尊厳と両性の本質的平等に立脚して」制定されるべきことを要求している。これは、憲法13条、14条からも当然に導かれることともいえるが、特に24条を設けて家族生活における両性の平等がうたわれているのは、かつての明治憲法時代の男尊女卑思想に貫かれた「家」制度の解体と、新しい近代的な家族制度の構築を指示したものと考えられる。そこで、このような憲法24条の趣旨に照らし、所得税法が2分2乗方式を採っていないのが妻の内助の功を評価しないものとして、夫婦の実質的平等を保障した憲法24条に反しないかが問題となる。

2　最大判昭和36・9・6

　この点は、最高裁昭和36年9月6日大法廷判決（民集15巻8号2047頁）で争われた問題である。この最高裁判決の事案の概要と判旨は、下記のとおりである。

　〔事案の概要〕　Xは、昭和32年分の所得税の確定申告にあたり、自分名義の給与所得16万円と事業所得46万円を妻Aが家庭にあってその協力により得ることができた所得であるとして、妻と折半し、X固有の配当所得12万円との合計額43万円をXの総所得金額として申告するとともに、上記給与所得と事業所得の各半額31万円を妻の所得として申告した。これに対し、税務署長がXの所得金額を74万円とする更正処分をし、Xがこの取消訴訟を提起した。

　〔判旨〕　上記最高判決は、まず、「憲法24条の法意を考えてみるに、同条は……民主主義の基本原理である個人の尊厳と両性の本質的平等の原則を婚姻および家族の関係について定めたものであり、男女両性は本質

2　ドイツでは、連邦憲法裁判所1957年1月17日決定（BVerfGE 6, 55）が、ボン基本法6条1項が「婚姻と家族は国家秩序の特別の保護の下に置かれる」と定めているが、これは、国家が婚姻を妨害することを禁止しているとし、世帯単位課税を定めた1951年の所得税法26条は、税額表が累進的となっており、世帯単位課税をすると、既婚者に不利に作用し、婚姻を妨害するもので、ボン基本法6条に反し無効であるとしたのを受け、1958年に、2分2乗制度が採用されたものである。なお、同決定の詳細については、小林博志「夫婦合算加税と婚姻・家族の保護」『ドイツの憲法判例〔第2版〕』209頁以下を参照されたい。

的に平等であるから、夫と妻との間に、夫たり妻たるの故をもって権利の享有に不平等な取扱いをすることを禁じたものであって、結局、継続的な夫婦関係を全体として観察した上で、婚姻関係における夫と妻とが実質上同等の権利を享有することを期待した趣旨の規定と解すべく、個々具体の法律関係において、常に必ず同一の権利を有すべきものであるというまでの要請を包含するものではないと解するを相当とする」とし、次いで、「民法762条1項の規定をみると、夫婦の一方が婚姻中自己の名で得た財産はその特有財産とすると定められ、この規定は夫と妻の双方に平等に適用されるものであるばかりでなく、所論のいうように夫婦は一心同体であり一の協力体であって、配偶者の一方の財産取得に対しては他方が常に協力寄与するものであるとしても、民法には、別に財産分与請求権、相続権ないし扶養請求権等の権利が規定されており、右夫婦相互の協力、寄与に対しては、これらの権利を行使することにより、結局において夫婦間に実質上の不平等が生じないよう立法上の配慮がなされているということができる。しからば、民法762条1項の規定は、前記のような憲法24条の法意に照らし、憲法の右条項に違反するものということができない」とし、「それ故、本件に適用された所得税法が、生計を一にする夫婦の所得の計算について、民法762条1項によるいわゆる別産主義に依拠しているものであるとしても、同条項が憲法24条に違反するものといえないことは、前記のとおりであるから、所得税法もまた違憲ということはできない」として、2分2乗の申告を認めないのは、憲法24条に反しないとした。

上記最高裁判決は、所得税法の個人単位課税方式について、「所得税法が生計を一にする夫婦の所得の計算について、民法762条1項によるいわゆる別産主義に依拠しているものであるとしても」として、民法の別産主義に依拠しているか否かの断定を避けている。この点はおくとして、上記最高裁判決は、①民法761条の別産主義は、憲法24条に違反しない（大前提）、②夫婦における稼得者個人単位課税方式は、民法761条の別産主義に依拠している

（小前提）、③故に夫婦における稼得者個人単位課税方式は、憲法24条に違反しない（結論）との三段論法を採ったものである。しかし、上記最高裁判法の論理は極めて形式的な三段論法であり、大前提の①はそのとおりであるとしても、②の小前提がこのように言えるかが問題となる。

　一方、シャウプ勧告は、戦前の家族単位課税方式は、形式的には家制度に従うものであるとしながらも、①所得を合算すると、合算しない場合に生活水準と担税力とが同じである納税者に適用される税率よりも高い税率で課税されることとなり、税負担の配分が不公平となること、②合算による税負担の増加は、大世帯を小世帯に分解する人為的誘因となること、③2以上の納税者が現実に同居の関係にあるか否かの判定は困難なことが多く、また基準の適用が統一性を欠いていること、④税額を決定して、これを世帯員に按分する手続は複雑で時間がかかることといった弊害があると指摘して、個人単位課税方式を採ることを勧告したものである（福田幸弘監修『シャウプの税制勧告』98頁ないし99頁）。このようにシャウプ勧告も、家族単位課税方式の弊害を実質的に検討して個人単位課税方式を採るよう勧告したものであり、個人単位課税方式が憲法24条に反しないか否かは、夫婦に対する課税方式が税法の仕組みの中でどのような意味をもつかをより実質的に検討する必要があろう。

3　個人単位課税、夫婦単位課税および2分2乗方式

　先進諸国は、いずれも所得税制度において累進税率制度を採っている。これは、包括的所得概念と深く結びついている。すなわち、**包括的所得概念**を採用することにより、納税者の担税力をより把握できることになるが、それにより担税力の大きな者にはより多く負担してもらうという垂直的公平を図ることが可能となるのである。このように累進税率は、所得税のおいて本質的な要請であり、これを議論の出発点とすべきである。

　一方、夫婦は、経済学的な視点でみると、「家計」として1個の経済単位と考えられ、いわば「財布は1つ」であり、1個の消費単位であると考えら

れる。そうすると、夫婦の形態が片稼ぎ、共稼ぎというように世帯類型が異なっても、夫婦全体でみると、所得金額が同一である場合には、夫婦全体の所得税が同一となるのが望ましく、「合計所得の等しい夫婦には等しい税負担を」という水平的公平を図ることが要請されることになる。

　しかし、他方で、男女が夫婦になる前後で所得税の合計の負担が同一となるか否かが問題となる。このような観点で見ると、たとえば、結婚の前後で所得税の合計の負担額が異なることになると、所得税が結婚を奨励したり、あるいは逆に抑制することになりかねない。このように所得税が結婚の前後で異ならないことを、所得税が結婚に対して中立的であるという意味で、**婚姻中立性**（marriage neutrality）という。租税は本来は国家税制をまかなう収入を確保することが目的である。それにもかかわらず、所得税が婚姻に対し影響を及ぼすことを承認すると、租税を政策目的で使うことを意味し、様々な弊害が生ずることとなる。したがって、課税単位を考えるにあたっては、婚姻中立性を確保することも要請されることとなる。

　このように考えると、課税単位の問題は、累進税率を採ることを前提にして、所得金額の同一の夫婦の場合には同一の所得税額を課すべきであるとする水平的公平と婚姻中立性を確保するには、どのような課税方式とすべきかとの問題に置き換えることができる。

　このように考え、それぞれの課税方式を比較して、表にすると次頁の表のとおりとなる。

　すなわち、個人単位課税方式は、結婚の前後で所得税の合計額は異ならず、婚姻中立性に優れた方式である。しかし、所得税が累進税率を採っているために、片稼ぎ夫婦と共稼ぎ夫婦とを比較すると、夫婦としての所得金額が同一であっても、片稼ぎ夫婦の方が共稼ぎ夫婦よりも所得税額が多くなり、水平的公平を害することになる。

III 憲法24条と課税単位

課税方式	長　所	短　所
個人単位課税方式	①婚姻中立性を確保できる。	①「合計所得の等しい夫婦ないし家族には等しい税負担を」という水平的公平の要請を満たさない。 ②高い累進課税率の適用を免れるために家族間の租税回避を招きやすい。
夫婦単位課税方式	①「合計所得の等しい夫婦ないし家族には等しい税負担を」という水平的公平の要請を満たす。 ②家族間の租税回避は意味がなくなる。	①婚姻中立性を害する。個人で課税されるより、夫婦単位で合算されて課税されると高い累進税率が適用されることになり、税が重くなることから、婚姻に対するペナルティーとなる。
2分2乗方式	①妻の内助の功を評価することに役立つ。	①婚姻中立性を害する。独身者より結婚した方が2分2乗により所得税が少なくなり、結婚に対するギフトとなる。 ②共稼ぎ夫婦よりも片稼ぎ夫婦に有利に働き、水平的公平を害する。 ③高額所得者により大きな利益を与えることになり、垂直的公平を害する。

　一方、夫婦単位課税方式は、水平的公平の要請は満たすが、結婚後の所得税額が重くなり、婚姻中立性を害すことになる。2分2乗方式は、片稼ぎ夫婦の場合に専業主婦の内助の功を評価することには役に立つが、一方で、結婚後の所得税額が軽くなり、婚姻中立性を害するばかりか、共稼ぎ夫婦よりも片稼ぎ夫婦に有利に働き水平的公平も害すばかりか、高額所得者により大きな利益を与えることとなり垂直的公平も害することとなる（金子宏『租税

法〔第9版〕』187頁)。なお、2分2乗方式が共稼ぎ夫婦と片稼ぎ夫婦の間の水平的公平を害するか否かは設問2で検討することとする。

　結局、いずれの課税方式も一長一短であり、所得税が累進税率をとっている以上、水平的公平と婚姻中立性を両方の要請を満たす課税方式をとることは不可能であると考えられる。この点は、アメリカの租税法学者であるボーリス・ビトカーが1975年に公表した論文(Boris I. Bittker. "Federa Income Taxation and the Family" 27 Stanford L. Rev. 1389 (1975))で詳細に論じたところである(金子宏「ボーリス・ビトカーの課税単位論」『課税単位及び譲渡所得の研究』49頁以下参照)。

4　設問1の検討

　このように考えていくと、課税単位の問題は、所得税において累進税率を採ることを前提にして、水平的公平と婚姻中立性のいずれを重視すべきかの問題であり、必ずしも憲法24条の保障する家制度の否定といった思想的な問題とは結びつかないことが明らかである。そうすると、民法で夫婦別産制の下で、水平的公平を重視して、夫婦単位課税方式を採用したとしても、直ちに憲法24条違反に結びつくことにはならないと考えられる。

　一方、2分2乗方式は、専業主婦の内助の功を評価するのには優れているが、前記3のとおり、婚姻中立性を害し、共稼ぎ夫婦よりも片稼ぎ夫婦に有利に働き、水平的公平を害することから、必ずしも最善の課税方式というわけではない。

　また、個人単位課税方式を採ったとしても、設問4で検討する配偶者控除を妻の内助の功を評価するものとして考えることもでき、2分2乗方式が内助の功を評価する唯一の方法ではない。

　さらに、ここで「**内助の功**」についても検討されなければならない。A[1]夫婦は、2分2乗方式の長所として、妻の内助の功を評価するのに役立つ旨主張する。そもそも「内助の功」とは、妻の家事労働だけではなく、夫の得た所得の節約や夫が所得を得るための妻の精神的支援などをも含む広いもの

である。すなわち、妻の家事労働は、帰属所得として、経済的に評価できるとしても、その他の精神的支援などは、経済的評価になじまない性質のものである。内助の功の評価は、離婚の際の財産分与の場合にも問題となり、財産分与の性質の１つとして、妻の内助の功により形成された妻の潜在的持分の顕在化による夫婦財産の清算であると言われる。しかし、このような「内助の功」の考え方は、どのような夫婦であっても妻の内助の功があるとするものであり、その意味でかなり擬制的なものであるうえ、そもそも「内助の功」の結婚観が夫が外で働き妻が家事に従事するという片稼ぎの夫婦を前提とするものであり、妻も働くのが当然とする共稼ぎ夫婦を支持する結婚観において妥当とするものとは考えられない（内田貴『民法Ⅳ〔補訂版〕』38頁ないし39頁）。

　一方で、個人単位課税方式は、水平的公平という点では問題があるが、婚姻中立性には優れている。前記２のとおり、シャウプ勧告は、家族単位方式の弊害をいくつかあげたが、そのうちの最初の①は、現在の目で見ると、婚姻中立性と言い換えることができよう。このように個人単位課税方式が婚姻中立性を重視した税制であるとすると、このような立法目的は、共稼ぎ夫婦の方が増えている現在においては、憲法24条の趣旨にむしろ合致することになろう。

　このように考えていくと、所得税法が２分２乗制度を採っていないからといって、直ちに憲法24条に反することにはならないであろう。

Ⅳ　世帯類型間の税の公平

1　問題の所在

　２分２乗方式は、片稼ぎ夫婦に有利に働き、共稼ぎ夫婦には不利となり、水平的公平を害すると言われている。設問２はこれを問うものである。すなわち、片稼ぎ、共稼ぎといった世帯類型間の公平を考えるうえで、単に所得

金額が同一であるか否かで比較するのではなく、世帯類型ごとの特性を考えたうえで比較すべきではないかが問題となる。そこで、このような世帯類型ごとの特性を考えたうえでの水平的公平の基準として、オルドマン＝テンプルの原則について検討し、設問2について考えることとしよう。

2 オルドマン＝テンプルの原則

　オルドマン＝テンプルの原則とは、アメリカの租税法学者のオリバー・オルドマンとラルフ・テンプルが1960年に公表した論文（O. Oldmann & R. Temple. "Comparative Analysis of the Taxation of Married Persons", 12 Stanford L. Rev. 585（1960））で主張したものである。**オルドマン＝テンプルの原則**は、以下のとおりである（水野忠恒『租税法』278頁以下参照）。

① 片稼ぎ夫婦は、同じ所得の共稼ぎ夫婦よりも多くの税を負担するのが公平である（片稼ぎ夫婦には帰属所得がより多くあるのに対し、共稼ぎ夫婦には育児費等のコストや時間の犠牲があるから）。

　　片稼ぎ（1000,0）＞共稼ぎ（500,500）

※片稼ぎで夫婦の一方が1000万円の所得があり、他方が所得がなく、共稼ぎ夫婦でそれぞれ500万円ずつの所得を得ている場合、担税力を比較すると、前者の方が大であるとの意味である。以下同じ。

② 共稼ぎ夫婦は、合算して同じ所得の独身者2人よりも多くの税を負担するのが公平である（夫婦世帯は共同生活による規模の利益があるから）。

　　共稼ぎ（500,500）＞独身（500）＋独身（500）

③ 独身者は、同じ所得をもつ片稼ぎ夫婦と同じかそれ以上税を負担するのが公平である（夫婦世帯にかかる生活のためのコストよりも、独身者の生活によるコストの方が低いから）。

　　独身者（1000）≧片稼ぎ（1000,0）

したがって、これらの原則をまとめると、

　　独身者（1000）≧片稼ぎ（1000,0）＞共稼ぎ（500,500）
　　　　＞独身（500）＋独身（500）

となるのが公平となる。

　この原則を補足的に説明すると、第1の原則において、片稼ぎ夫婦に帰属所得があるというのは、専業主婦の場合に家庭の構成員に対し家事労働を提供し、農家の主婦の場合にはさらに農作業に従事し、商店の主婦の場合には店員としての労働を提供しているが、このような妻による家庭内の労働によって、家庭の構成員に対し、家事サービスや農業や商店での事業に対する労働などの経済的価値の増加のことである。包括的所得概念の考え方に立つと、このような経済的価値の増加も所得として考えられており、このような自己の財産の利用および自家労働から得られる経済的利益のことを「**帰属所得（imputed income）**」という。ただし、このような帰属所得は、原則として、「収入」がないことから、現行法上は、所得税法39条の場合などを除いて、原則として課税の対象とはされていない。片稼ぎ夫婦の場合には、主婦による家事サービスの提供があり、このような帰属所得が発生していると考えられるが、「収入」として実現しているのではなく、課税の対象となる所得とされているのではない。[3] なお、家事労働などを帰属所得といっているのは、経済的利得と認識できるようなものであり、精神的支援まで含む「内助の功」よりは狭いとらえ方である。

　また、第2原則において、夫婦世帯は共同生活による規模の利益があるというのは、世俗で「1人口では食べられないが、2人口だと食べられる」と言われていることであり、夫婦による共同生活を営むことにより生活費を節約できるということである。

　これらの原則は、各国の課税単位を比較検討する際に考え出されたものであるが、世帯類型ごとの特性を的確に捉えたものであり、現在でも妥当性を

3　このような家事労働を帰属所得として金銭的に評価するのは困難ではあるものの、平成3年の時点で当時の経済企画庁が、機会費用法（無償労働している時間を外で労働したとするといくら稼ぐことができたかと考え、その額を計算する方法）で計算すると、専業主婦（有配偶・無業）の場合には1人当たり平均で276万円であり、外で働く主婦（有配偶・有業）の場合には、1人当たり平均で177万円であるとされているのは参考となる（経済企画庁経済研究所国民経済計算部編『あなたの家事の値段はおいくらですか？』4頁）。

有すると考えられる。

3　設問2の検討

そこで、オルドマン＝テンプルの原則を適用して、A^1夫婦とB^1夫婦を比べてみる。そうすると、オルドマン＝テンプルの第1原則によると、片稼ぎ夫婦であるA^1夫婦の方が担税力があり、2分2乗方式は、共稼ぎ夫婦よりも片稼ぎ夫婦に有利に働き、水平的公平を害することになろう。

このように世帯類型ごとの特性を考えたうえで、前記Ⅲ、3のとおり、各課税方式の長所と短所を比較した場合、立法論として、我が国が現在とっている個人単位課税方式が最も合理的なものであるかが問題となる。この点について、金子宏教授は、水平的公平を重視して、夫婦単位課税方式が最も合理的であるとする（同「所得税における課税単位の研究」『課税単位及び譲渡所得の研究』42頁）。しかし、上記論文は、昭和42年に書かれたものであり、その後の女性の労働市場への進出や婚姻形態が多様に変化していることを考えると、現在では、妻の独立性や婚姻中立性を重視すべきであり、その意味で個人単位課税方式が最も合理的であり、この方式をとったうえで、水平的公平を可能な限り確保するよう目指すべきではなかろうか。この点で、イギリスが、伝統的に夫婦単位課税を採っていたところ、1988年財政法で個人単位課税を採用したことは注目すべきである。このような世界の趨勢をみると、各国は、女性の社会進出という背景を重視し、個人単位課税方式に向かっていると言えよう。

なお、欧米諸国の家族税制の動向については、人見康子・木村弘之亮編著『家族と税制』を参照されたい。

V　親族が事業から受け取る対価の必要経費性

1　問題の所在

　納税者と「生計を一にする」親族が、その納税者の営む事業に従事したことその他の事由で対価の支払いを受ける場合は、その対価の金額は、当該納税者の事業所得等の計算上必要経費に算入されない（所税56条）。また、この場合、親族がその対価を得るため要した必要経費は、その納税者の必要経費とされ、親族の支払いを受けた対価は、その親族の所得とされず、必要経費もないものとみなされる（同法56条）。すなわち、事業者Aがその親族Bに対価100を支払ったとすると、この100は、Aの事業所得の必要経費に算入されず、一方、Bがその対価を得るための必要経費として70を支出していても、この70は、Aの事業所得の必要経費となり、Bの所得の計算上は、対価（100）および必要経費（70）の双方ともないものとみなされている。その結果、100－70の世帯に留保された30が担税力を有するとして課税対象となるのである。このように事業所得については、個人単位課税の例外として、世帯単位として課税する制度が採られているのである。

　なお、この事業所得の世帯単位課税には、①青色申告事業専従者給与および、②事業専従者控除の例外があり、これらの場合には、必要経費算入を認めている。すなわち、第1に、青色申告の承認を受けている事業者については、所得税法56条の規定にかかわらず、「生計を一にする」親族（**青色事業専従者**）への給与の支払いを必要経費に算入する（同法57条1項）。第2に、白色申告者の家族専従者（**事業専従者**）についても、給与支払いの有無にかかわらず、一定額の給与支払いを擬制し、これを事業者の必要経費とみなすとともに、事業専従者の給与所得の収入金額とみなすとされている（所税57条3項・4項）。

　B^1 夫婦は、B^1 と B^2 がそれぞれ独立して事業を営んでおり、B^2 が B^1 の

393

弁護士業に従属的に従事しているのではなく、所得税法56条は適用がないと主張するものである。B¹夫婦のようにそれぞれ独立している場合にも所得税法56条が適用されるかが問題となる。

2　東京地判平成15・7・16

　この点は、東京地裁平成15年7月16日判決（公刊物未登載）で争われた問題である。

　〔事案の概要〕　Xは、弁護士であり、その妻Aは税理士であり、それぞれ独立の事務所を開設して弁護士業あるいは税理士業を営んでいるものであるが、Xは、平成7年から平成9年までの間、Aとの間で、弁護士業務に係る所得税等の税務代理および税務相談、会計業務についての顧問および記帳代行を委嘱内容とする顧問税理士契約を締結し、年間で72万円ないし113万円を税理士報酬および税務申告手数料を支払ったため、上記年分におけるXの税務申告の際、同報酬を弁護士報酬を得るための必要経費として申告した。これに対し、税務署長Yは、上記報酬は、所得税法56条の規定する「生計を一にする配偶者」に対して支払ったものに当たるから、必要経費として認められないとして更正処分をした。これに対し、Xは、いったんは更正処分に従って納税したが、その後この更正処分が無効であるとして、誤納金として国Yに返還請求をした。

　〔判旨〕　上記東京地裁判決は、「法56条の『従事したことその他の事由により（中略）対価の支払を受ける場合』とは、親族が、事業自体に何らかの形で従たる立場で参加するか、又は事業者に雇用され、従業員としてあくまでも従属的な立場で労務又は役務の提供を行う場合や、これらに準ずるような場合を指し、親族が、独立の事業者として、その事業の一環として納税者たる事業者との取引に基づき役務を提供して対価の支払を受ける場合については、同条の上記要件に該当しないものというべきである」とし、本件には、所得税法56条は適用されないとして、本

件更正処分は無効であるとした。

　一審の上記東京地裁判決は、その理由として、①所得税法56条は、「事業に従事したことその他の事由により」と規定しているが、「Aその他のB」との表現は、包含関係とともに例示でもあり、「Bの部分の意味内容がそれ自体から明確でない場合には、その例示であるAの部分の意味内容に照らしてBの部分のそれを解釈するほかなく、その制度でBの内容とAの内容によって限定されたものとなることは避けられないのであって、現に他の法令の解釈において、このような解釈が所管官庁やその他の関係者等によって採用されている場合がある」として、所得税法56条の「その他の事由」についても、「従事」という例示によって限定されること、②「旧法11条の2は、シャウプ勧告のいう『要領のよい納税者』の行う租税回避的な行為を封ずるものであるが、それにとどまらず、本来必要経費と認めるべき労務の対価等についても、それが家計費、すなわち法45条にいう家事関連費との区別が困難であることを理由に、一律に経費に算入しないこととしたものであって、その限度でシャウプ勧告の内容とは異なるものを含むものである」としながら、「しかし、同条のうちシャウプ勧告と異なる部分については、当時の所管官庁の理解からしても親族等が事業自体に参加又は雇用されて得た対価に限定されるものと解すべきであるし、その立法理由もそれらの支払は家事関連費との区別が困難であるという点に尽きるのである」として、限定解釈すべきであるとするものである。

　これに対し、控訴審の東京高裁平成16年6月9日判決（公刊物未登載）は、「法56条の『事業に従事したことその他の事由により当該事業から対価の支払を受ける場合』とは、親族が、事業自体に何らかの形で従たる立場で参加する場合、事業者に雇用されて従業員としてあくまでも従属的な立場で労務又は役務の提供を行う場合及びこれらに準ずるような場合のみを指すものと解することはできず、親族が、独立の事業者として、その事業の一環として納税者たる事業者との取引に基づき役務を提供して対価の支払を受ける場合も、上記要件に該当するものというべきである」として、上記報酬は、所得

税法56条に当たるとして必要経費算入は認められず、本件更正処分を適法として、一審判決を破棄して、Ｘの請求を棄却した。

上記東京高裁判決は、一審の①の理由については、「確かに、法令において『Ａその他のＢ』という表現が用いられている場合のうちには、Ｂの部分の意味内容がそれ自体から明確でないため、その例示であるＡの部分の意味内容に照らしてＢの部分のそれを解釈するほかなく、その限度でＢの内容がＡの内容によって限定されたものとなる場合もある。しかし、以上の検討からすれば、法56条の『その他の事由』については、特段の限定を付する趣旨を読み取ることはできない」とし、②の理由については、「旧法11条の2に関する注釈書や通達の中に、同条が適用される典型的な場合として、家族労働や共同経営の場合を念頭に置いた説明をしている例が見られるとしても、同条の規定について当初から何らかの限定解釈がされていたとは認められない。むしろ、弁論の全趣旨によれば、同条の規定及びこれを引き継いだ法56条の規定は、課税実務上、一貫して何らの限定解釈もされることなく適用されてきたものと認められる」とした。

所得税法56条の文言や立法経緯からみると、上記東京地裁判決の判断はいささか無理があろう。しかし、所得税法56条が個人単位課税の例外として世帯単位課税としたのは、立法当時、我が国の個人事業が家族全体の協力の下に行われていることが多く、また、必ずしも家族従業員に対して給与等対価を支払う慣行がなかったとの社会事情を反映したものと考えられる。しかし、その後社会事情が変動しており、所得税法56条の立法趣旨が現在でもなお合理性を有するかが問題となる。

3　所得税法56条の立法趣旨とその合理性

前記Ⅲ、2（→383頁）で論じたとおり、シャウプ勧告は、家族単位課税方式が、4つの好ましくない効果を伴っているとして、個人単位課税方式を採るよう勧告したが、これに続けて、「しかし、この個別申告制にはある程度の制限を設けておかないと、要領のよい納税者は、配偶者または子供に財産

およびこれから生ずる所得を譲渡することによって税負担を軽減しようとするから、相当の問題が起こることが予想される。同様に、かれらは妻子を同族会社で雇用して、これに賃金を支払うという抜け道を講ずる可能性がある。納税者と同居する配偶者および未成年の子供の資産所得は、どのような場合にも納税者の申告書に記載させ、合算して課税することによって、この種の問題は、個人申告の原則を大きく犠牲にすることなく避けることができよう。同様にして、納税者の経営する事業に雇用されている配偶者および未成年の給与所得は、かれの所得に合算させるようにすべきであろう」と勧告した（前掲福田幸弘監修『シャウプの税制勧告』98頁）。すなわち、シャウプ勧告は、「要領のよい納税者」による家族間での所得の譲渡による租税回避を防止するために、家族間の給与所得等の合算を勧告したものである。これを受けて、昭和25年の所得税法改正で、旧所得税法11条の2において、「納税義務者と生計を一にする配偶者その他の親族が、当該納税義務者の経営する事業から所得を受ける場合においては、当該所得は、これを当該納税義務者の有する事業所得とみなす。この場合においては、第8条第1項の規定の適用については、当該親族は、当該納税義務者の経営する事業から所得を受けていないものとみなす」との規定が置かれた。所得税法11条の2は、シャウプ勧告を受けたものであるが、同勧告のいう租税回避の場合に限定せずに、納税義務者の生計を一にする親族が事業から受け取る所得について、すべて納税義務者の所得とするとしたものである。旧所得税法11条の2が、このようにシャウプ勧告の趣旨を拡張したのは、前記2のとおり、当時の社会事情を反映したものと考えられる。そして、この旧所得税法11条の2が昭和40年の所得税法の改正で現行の所得税法56条に引き継がれたものである。

そこで、まず所得税法56条の立法趣旨が問題となる。従来は、同条の立法趣旨は、上記立法経緯を踏まえて、①我が国では、必ずしも家族従業員に対して給与等対価を支払う慣行がないこと、②家族間の恣意的な取り決めによる税負担のアンバランスをもたらすことを防止する必要があること、③対価の金額について、客観的に合理的な対価の額を算出することが実際上困難で

あることと言われている（『DHCコンメンタール所得税法』4193頁）。この点、前記東京地裁平成15年7月16日判決の事件で、Yは、事業者の配偶者等に対する対価の支払いは、生計維持費用（家族の生計を維持するための費用）の分担としての性質を有し、担税力がある旨主張する。これに対し、上記東京地裁判決は、Yの主張は、支払いを受けた配偶者が支払いを受けた対価から自己の経費を控除した残額のすべてを生計維持費用に充てることを前提としている者であるが、短絡的であるとしたのに対し、前記東京高裁平成16年6月9日判決は、所得税法56条の立法目的について、「累進税率を採用する所得税制のもとで、同条（注・所得税法56条）が規定するような生計を一にする親族間で支払われる対価に相当する金額については、支払を受けた者ではなく、支払をした者の所得に対応する累進税率によって所得税を課税すべき担税力を認めたものと理解される。その立法目的は、上記累進税率を適用することにより、憲法30条、84条が要請する租税の公平な分担を実現するというものと解されるから、正当なものと認められる」とし、「法56条が、適用対象を生計を一にする親族間の対価に限定していることからすれば、親族間で一環として所得税の負担を調整することも可能であるから、前記のように一律に必要経費に算入せず、支払をした者に課税することをもって、上記立法目的との関連で著しく不合理であることが明らかとはいえない」とした。

　所得税法56条の立法趣旨につき、Yの主張や上記東京高裁判決の考え方に従うと、元々夫婦は、「家計」として、「財布は1つ」であり、1個の経済単位として考えられ、家族に対価を支払う場合には、家族が得た対価は、その家族の所得とみられるとしても、家計の中に留保されており、その分が生計維持費用に充てられることになるのであるから、その分担税力があるのであるから、家族以外の者に対価を支払う事業者と比較した場合との公平性を確保するということになろう。そうすると、このような目的は現在も正当であり、そのための区別の態様として、「生計を一にする」か否かで区別して、一律に必要経費不算入としたとしても、徴税上はやむを得ず、著しく不合理であることが明らかとまではいえないということになろう。また、夫婦のあ

り方も多様になっているが、民法上、同居・扶助の義務を負っており（同法752条）、法的には1個の経済単位と考えざるを得ないと考えると、B¹夫婦がそれぞれ事業と家計をいくら明確に区分したとしても、「生計を一にする」と認められる以上、経済単位（消費単位）として1個であると考えざるを得ず、上記東京高裁判決は、相当ということになろう。

　これに対しては、第1に、所得税法は、個人単位課税方式をとっているのであり、その例外は、できるだけ限定して解釈すべきであり、B¹夫婦のような場合には、所得税法56条に当たらないと解釈すべきとの反論があろう。しかし、所得税法が個人単位課税方式を採っている理由は、前記Ⅲ、3（→385頁）で論じたとおり、主に婚姻中立性を確保することにあると考えられ、夫婦が元々経済単位として1個であることは前提としているのであり、所得税法56条の上記立法趣旨は、個人単位課税方式においても合理性を有すると考えられる。

　第2に、前記1のとおり、所得税法57条によって、青色申告事業専従者給与や事業専従者については、必要経費の控除が認められているのであり、同法56条の立法趣旨は、同法57条とも併せて考えると合理性を失っているとの反論があろう。しかし、所得税法57条は、元々青色申告の普及育成という政策的ものとして認められたものであり、白色申告者の事業専従者給与における一定額の必要経費算入も青色申告者とのバランスを図るとの政策的なものであり、所得税法56条の合理性を失わせるものとまでは考えられないであろう。

　なお、本件と類似の事案について、最近、最高裁平成16年11月2日判決[4]（公刊物未登載）は、所得税法56条の趣旨について、「事業を営む居住者と密接な関係にある者がその事業に関して対価の支払を受ける場合にこれに居住者の事業所得等の金額の計算上必要経費にそのまま算入することを認めると、納税者間における租税負担の不均衡をもたらすおそれがあるなどのため」であるとし、「同法56条の上記の立法目的は正当であり、同条が上記のとおり要件を定めているのは、適用の対象を明確にし、簡便な税務処理を可能にす

るためであって、上記の立法目的との関連で不合理であるとはいえない」とし、所得税法57条については、「これは、同法56条が上記のとおり定めていることを前提に、個人で事業を営む者と法人組織で事業を営む者との間で税負担が不均衡とならないようにすることなどを考慮して設けられた規定である。同法57条の上記の趣旨及び内容に照らせば、同法が57条の定める場合に限って56条の例外を認めていることについては、それが著しく不合理であることが明らかであるとはいえない」として、所得税法56条は、憲法14条に反しないとした。これは、以上述べた考え方とほぼ同じ考え方に基づくものであろう。

　もっとも、個人事業を営むにしても、家族関係や家族間の意識も旧所得税法11条の2が立法された当時とはかなり異なってきており、立法論としては、所得税法56条を廃止して、親族間の取引による租税回避のみを防ぐとの趣旨に限定して、法人税法における「役員の親族である使用人に対する過大な給与の損金不算入」（同法36条の2）と同様の規定を所得税法にも設けることにより対処すべきとも考えられよう（齋藤信雄「親族が事業から受ける対価の取扱いについての一考察」税大論叢30号343頁）。

　なお、この点、アメリカ、ドイツ、イギリス、フランス等の先進諸国は、いずれも一定の要件の下に家族間の労働の対価の必要経費性を認めており、特に、ドイツの連邦最高裁の判例の動向が立法にあたって参考となろう（木

4　本件と類似の事案として、東京地裁平成15年6月27日判決（公刊物未登載）がある。これは、夫と妻が独立に弁護士業を営んでいて、夫が妻に対し、夫の営む弁護士業に従事した労務の対価として、3年間にわたり毎年595万円ずつを弁護士報酬として支払ったとの事案であるが、上記東京地裁判決は、所得税法56条の適用要件につき、「その者の営む事業の形態がいかなるものか、事業から対価の支払を受けるその者の親族がその事業に従属的に従事しているか否か、対価の支払はどのような事由によりされたのか、対価の額が妥当なものであるのか否かなどといった個別の事情によって、同条の適用が左右されることをうかがわせる定めは、同条及び同法の他の条項に全く存在しない。したがって、前記の二つの要件が備わっている限り、このような個別の事情のいかんにかかわりなく、同条が適用されると解すべきである」として、同条が適用されるとした。なお、控訴審の東京高裁平成15年10月15日判決（公刊物未登載）は、原告の控訴を棄却して、一審の判断を是認している。この事案は、3年間の支払金額が同額であり、弁護士である妻の行った業務内容も明確ではなく、家事費との区別に疑問の残る事件であり、本件とは、事案が少し異なると考えられる。

村弘之亮「配偶者間における雇用関係の租税法上の承認」前掲『家族と税制』145頁以下）。

4　設問3の検討

以上の検討によると、所得税法56条の立法趣旨を現在も合理性を有すると考えるか否かで結論が異なることとなり、合理性を有しないと考えると、所得税法56条が適用されずに、B^1・B^2 の申告が正しいということになる。一方、合理性を有すると考えると、B^1 の B^2 に対する税理士報酬の支払いにも所得税法56条が適用され、仮に、B^2 が B^1 の税務申告等を代行するための費用として10万円を要したとすると、B^1 の必要経費は、210万円（250万円－50万円＋10万円）なり、B^1 の所得金額は、540万円となる。この場合、B^2 は、収入金額が700万円（750万円－50万円）となり、必要経費が240万円（250－10）となり、B^2 の所得金額は、460万円となる。

VI　片稼ぎ夫婦の配偶者控除と税の公平

1　問題の所在

所得税法においては、所得控除が認められている。このような**所得控除**には、人的控除とその他担税力の減少などを理由とする所得控除があり、**人的控除**には、①基礎控除（所税86条）、②配偶者控除（同法83条）、③配偶者特別控除（同法83条の2）、④扶養控除（同法84条）がある。**基礎控除**というのは、最低限の生活を維持するのに必要な部分は担税力をもたないとの考えに基づくものであり、扶養控除も担税力の減少をその根拠とするものである。

配偶者控除および**扶養控除**は、納税者が生計を一にする配偶者または扶養親族を有し、それらの者の所得金額が38万円以下である場合に控除が認められる（所税83条1項）。配偶者や扶養親族が給与所得を得ている場合、給与所得金額は、給与収入から給与所得控除額（65万円）を差し引いた金額となる

（所税28条2項）から、給与収入が103万円以下の場合に配偶者控除や扶養控除が認められることとなる。このような配偶者控除の根拠が問題となるが、後記3で詳述するとおり、配偶者に対する生活費の支出を余儀なくされるという意味で担税力の減少と考えると、世帯を単位として担税力を考えているという意味で、個人所得税法の例外と位置づけることができよう。

一方、**配偶者特別控除**は、年間所得金額が1000万円以下の納税者が、生計を一にする配偶者で所得金額が76万円未満（給与収入では141万円未満）である者を有する場合に認められるもので、その配偶者の所得金額に応じた一定額を所得控除するというものである。この配偶者特別控除は、いわゆる「**パート問題**」等に対処するため、昭和62年の税制改正において創設されたものである。パート問題とは、パートで働く主婦の年間収入が一定額を超えると、夫の所得の税額計算上、配偶者控除が適用されなくなり、夫の税負担が増加するとともに、その主婦自身も独立した納税者となるため税負担が生じることになる結果、かえって世帯全体の手取り収入が減少してしまう「手取りの逆転現象」をいう。

配偶者特別控除は、平成15年の税制改正で、平成16年分以後の所得税について、配偶者控除に上乗せして適用される部分が廃止された。そこで、配偶者控除についてもなぜ認める必要があるのかが問題となる。

2　配偶者控除肯定論と否定論

配偶者控除は、昭和36年の税制改正で創設されたものである。それ以前は、配偶者は、扶養家族の1人として、扶養控除の対象とされていた。しかし、配偶者は、家事労働を営んでおり、扶養家族ではないとの考え方から、扶養控除の対象者から外され、「配偶者控除」という独立の所得控除の項目として認められたものである。この点、昭和35年12月の税制調査会第1次答申は、「夫婦の所得が一体としてみられるべきこと、夫のみが所得をか得している場合でも妻は家庭内の勤めを果たすことにより夫の所得のか得に大きく貢献していることを考えれば、妻は夫の得た所得の処分に対して大きな発言権を

持っている」と述べているところである。これは、当時の「妻の座」の尊重の考え方に立つもので、扶養控除の金額よりも高い金額の配偶者控除を設ける根拠となるものであった。それと同時に、同答申の提案した事業所得に対する専従者控除の拡大との関係で、事業所得と給与所得者との実質的公平も強く意識されていたと考えられる。

　このような配偶者控除の立法経緯に鑑み、配偶者控除は、①配偶者が家事労働等による帰属所得を生み出しているとしても、扶養されている事実に変わりはなく、その分の担税力の減少を考慮するものであるとして、さらに、②配偶者の内助の功を積極的に評価するものとして肯定的に評価する見解がある。これを「配偶者控除肯定論」ということとする。

　他方、最近は、配偶者控除は、廃止すべきであるとの見解も有力である。このような見解を「配偶者控除否定論」ということとする。配偶者控除否定論は、税法の観点だけでなく、財政学や労働経済学など様々な観点から提唱されていて、必ずしも1つの立場からの意見ではない。このような配偶者控除否定論の根拠として述べられているものをあげると、①片稼ぎ世帯と共稼ぎ世帯間の水平的公平を問題として、配偶者控除は、家事労働という帰属所得に補助金（マイナスの税金）を与えていることになり、片稼ぎ世帯と共稼ぎ世帯間の水平的公平を害するとするもの（大田弘子「女性の変化と税制―課税単位をめぐって―」野口悠紀雄『税制改革の新設計』217頁、大田弘子「女性と税制―配偶者控除等の検証」税研76号12頁）、②片稼ぎ夫婦間の垂直的公平を問題とし、超過累進税制度の下では、家計所得が大きくなるほど、配偶者控除による恩恵が大きくなり、片稼ぎ夫婦間の垂直的公平を害するとするもの、③就労に対する中立性を問題とし、配偶者控除は、女性が社会に進出して働く際に、給与収入が103万円以下であると本人の基礎控除と相手配偶者の配偶者控除が受けられることから、年収の調整をする要因となっており、女性の就労に対する中立性を阻害するとするもの（全国婦人税理士連盟編『配偶者控除なんかいらない!?』22頁以下）がある。

3 設問4の検討

配偶者控除肯定論と否定論はいずれも一理あり、どちらかが正しく、どちらかが間違っているとは直ちには断定できないであろう。

しかし、この問題を考えるにあたり、片稼ぎの A^1 夫婦と共稼ぎの B^1 夫婦との課税の公平を考えるのであるから、前記Ⅳ、2 (→390頁) で論じたオルドマン=テンプルの原則を考慮すべきであろう。そうすると、オルドマン=テンプルの第1原則によれば、片稼ぎ夫婦は、家事労働等による帰属所得がより多くあるのに対し、共稼ぎ夫婦には育児費等のコストや時間の犠牲があるのであるから、A^1 夫婦と B^1 夫婦を比較した場合に、単純に、所得金額の合計が同じ金額であるので、所得税額も同一であるのが公平であるということにはならない。A^1 夫婦の帰属所得と B^1 夫婦の帰属所得の違いを考慮しなければならない。

また、ここで「内助の功」についても検討されなければならない。2分2乗の長所として、妻の内助の功を評価するのに役立つことがあげられていたが、配偶者控除でも同様のことが言われている。前記Ⅲ、4 (→388頁) でも論じたとおり、「内助の功」の考え方は、かなり擬制的なものであるうえ、夫が外で働き妻が家事に従事するという片稼ぎの夫婦の結婚観を前提とするものであり、共稼ぎ夫婦の結婚観を支持する結婚観で妥当とするものとは考えられない。このように考えていくと、配偶者控除否定論もかなり根拠のあるものであろう。

しかし、これに対しては、配偶者控除は、専業主婦の配偶者が家事労働をする場合と、共稼ぎ夫婦の場合とを比較すると共稼ぎ夫婦の場合には夫婦の両方に基礎控除38万円が認められるのに対し、片稼ぎ夫婦の場合には、妻には基礎控除が認められずに不公平となるから、このような専業主婦である配偶者に対する基礎控除分として認められているのであるとして、配偶者控除を積極的に評価する見解 (三木義一「書評」法時66巻12号121頁) もある。

また、配偶者否定論の根拠の③で述べられている女性の就労に対する中立

性の問題については、租税制度は、帰属所得非課税により、家事労働一般を優遇・促進しているが、家事労働を女性が行うかは租税制度以前の要因により夫婦間で決定されるのであり、必ずしも課税が原因であるとはいえないとする反論（中里実「家庭と租税制度」ジュリ1059号34頁）や配偶者控除肯定論から、女性の社会進出を促進するのは、税制以外の政策により達成すべきであり、専業主婦の場合に配偶者控除の恩典を否定して、重く課税するのは適当でないとする反論もある（碓井光明「女性の社会進出に対する税制の影響」ジュリ1238号77頁）。

さらに、経済学において、夫が高収入なほど妻の有業率とは負の相関関係があるとの法則（**ダグラス＝有沢の法則**）が観察されるとされていたが、平成9年には、我が国において、夫の所得と妻の有業率との間の負の相関関係が弱まっているとされている（小原美紀「専業主婦は裕福な家庭の象徴か？」日本労働研究雑誌493号20頁）。すなわち、女性の意識の変化に伴うものと考えられるが、女性も結婚しても社会に出て働くとの意識が強くなっており、そうすると、夫も妻も高所得の共稼ぎ夫婦が増加する傾向にあり、世帯全体で見たときの所得格差が拡大する傾向にあるが、一方で、配偶者控除によるいわゆる103万円の壁の存在が女性の就労を阻害していると必ずしも言い切れなくもなっている。

このように考えていくと、配偶者控除肯定論もあながち排斥できず、結局、この問題は、論理のみで割り切れる問題ではなく、論者の前提とする結婚観によっても左右される難しい問題であるといえよう。したがって、この設問に対する答えは、引用した文献を参考にして各自で考えられたい。

VII　夫婦財産契約と稼得者課税

1　問題の所在

民法は、夫婦の財産関係について、婚姻の届出前に夫婦財産契約をしなか

ったときは、民法760条ないし762条の定める夫婦別産制によると定めている（同法755条）。そして、**夫婦財産契約**は、婚姻の届出までにその登記をしなければ、これを夫婦の承継人および第三者に対抗することはできない（民756条）。しかし、実際には、このような夫婦財産契約が利用されることは少なく、ほとんどの夫婦が民法の定める法定財産制によっている。しかし、事例4のA^1・A^2夫婦のように、婚姻前に共有財産とする旨の夫婦財産契約を締結してこれを登記した場合に、A^1の得た所得をA^2に分割することができるのかが問題となる。

2　東京地判昭和63・5・16

　この点は、東京地裁昭和63年5月16日判決（判時1281号87頁）で争われた問題である。この東京地裁判決の事案の概要と判旨は、下記のとおりである。

　〔事案の概要〕　弁護士Xは、昭和58年6月30日、Aと婚姻したが、これより前である同月27日、Aと夫婦財産契約を締結し、同月29日その登記を経た。この夫婦財産契約には、「夫及び妻がその婚姻届出の日以降に得る財産は、……夫及び妻の共有持分を2分の1宛とする共有財産とする」と定めていた。Xは、この夫婦財産契約に基づき、昭和58年分と同59年分の所得税の申告にあたり、Xが得た弁護士報酬の2分の1が自己の所得であるとして申告した。これに対し、税務署長が全額をXの所得であるとして更正処分をしたことから、Xが取消訴訟を提起した。なお、Aはいわゆる専業主婦で、特に収入はない。

　〔判旨〕　上記東京地裁判決は、上記条項について、「夫又は妻が一旦取得した財産の夫婦間における帰属形態をあらかじめ包括的に取り決めたものと解される。そうすると、右条項は、ある財産が夫又は妻が一旦得た財産であることまで変更するものではないというべきである」としたうえ、上記条項は、夫または妻の一方が得る所得そのものが原始的に夫婦の共有に属することを意図したものであって、私的自治の原則により、当事者の意図したとおりの効果が発生せしめられるべきであり、かつ、

これが登記されていることにより、国および第三者に対抗し得るものであるとのXの主張に対しては、「しかしながら、ある収入が誰に帰属するかという問題は、単に夫及び妻の合意のみによって決定されるものではなく、例えば、雇用契約に基づく給与収入であれば、その雇用契約の相手方との関係において決定されるものである。雇用契約において、労務を提供するのは被用者たる夫婦の一方であって、夫婦の双方ではなく、したがって、労務の対価である給料等を受け取る権利を有する者も被用者たる夫婦の一方であって、夫婦の双方ではないのであり、仮に夫婦間において夫婦の双方が右給料等を受け取る権利を有するものと合意したとしても、それだけでは、その合意は、雇用契約の相手方たる使用者に対しては何らの効力を生ずるものではないといわなければならない。けだし、右給料等を受け取る権利を夫婦双方の共有とすることは、雇用契約の内容を変更することにほかならないのであるから、雇用契約の相手たる使用者との合意によるのでなければ、同人に対してその効力を生ずるによりないものといわなければならないからである。そして、ある収入が所得税法上誰の所得に属するかは、このように、当該収入に係る権利が発生した段階において、その権利が相手方との関係で誰に帰属するかということによって決定されるものというべきであるから、夫又は妻の一方が得る所得そのものを原始的に夫及び妻の共有とする夫婦間の合意はその意図した効果を生ずることができないものというべきである」として、Xのような申告は許されないとした。なお、控訴審である東京高裁平成2年12月12日判決（税資181号867頁）、上告審の最高裁平成3年12月3日判決（税資187号231頁）も一審の判断を是認している。

上記東京地裁判決は、夫婦財産契約の法的効果を検討したうえ、所得税法が所得を稼得した個人に対して所得税を課すいわゆる「稼得者課税の原則」を採用しているとして、消極の結論を導き出したものである。稼得者課税の原則とは、所得税法自体がこの用語を用いているのではないが、同法は、非居住者以外の居住者は、そのすべての所得につき、所得税法の納税義務を負

うことを定め（同法5条1項、7条1項1号）、ここに所得とは、法定の各種所得の収入金額から必要経費等を控除して算出される結果、当該収入金額を稼得した個人が当該所得税の納税義務を負うことになるという意味において、「**稼得者課税の原則**」といわれるのである。

しかし、他方で、所得税法12条の適用が問題となる。すなわち、所得税法12条は、「資産又は事業から生ずる収益の法律上帰属するとみられる者が単なる名義人であって、その収益を享受せず、その者以外の者がその収益を享受する場合には、その収益は、これを享受する者に帰属するものとして、この法律を適用する」と規定して、「実質所得者課税の原則」を明らかにしているが、夫婦の合意により、稼得者課税の原則を変更することができるかが問題となろう。

そこで、第1に、このような夫婦財産契約は、どのような法的効果を有するのか、第2に、実質所得者課税の原則とは何かを検討することとする。

3　夫婦財産契約の効果

まず、A^1 は、夫婦財産契約で事例4のとおりの定めをしているが、これは、上記東京地裁判決が判示するとおり、夫または妻がいったん取得した財産の夫婦間における帰属形態を予め包括的に取り決めたものであると考えられる。

このようにXの締結した夫婦財産契約は、包括的なものではあるが、全く無意味なものではなく、夫婦の一方の死亡や離婚の場合には意味をもっている。すなわち、上記条項による財産は、共有財産ということになり、夫婦の一方が死亡したことによる相続の場合には、この共有財産の2分1が相続財産から除外され、離婚の場合には、夫婦の一方がこの共有財産の2分の1の分割請求をすることができることを意味し、このような意味では効力を有していると考えられる。

また、夫婦財産契約の登記の意味も問題となる。これは、夫婦財産契約の存在についての偽装・詐害を防ぐとの趣旨に基づくものであり、遺言の場合

には、方式によってその真実性が担保されるのに対し、夫婦財産契約は、登記によって真実性を担保するものと考えられる（大村敦志『家族法〔第2版〕』73頁）。したがって、夫婦財産契約をしたからといって、民法177条の「登記」と同じような効力が生ずるのではなく、夫婦財産契約に基づく夫婦間の財産関係を第三者に対抗できるのではない。

4　実質所得者課税の原則

次に、実質所得者課税の原則の適用が問題となるが、**実質所得者課税の原則**といっても、所得税法12条の趣旨については、2つの理解の仕方がある。第1は、「収益の享受」の文言に着目して課税物件の法律上の帰属と経済上の帰属が相違している場合には経済上の帰属に即して課税物件の帰属を判定すべきであるとの趣旨であるとする見解であり、「**経済的帰属説**」と呼ばれている。これに対し、「名義人」の文言に着目して、課税物件の法律上の帰属につき、その形式と実質が相違している場合には、実質に即して帰属を判定すべきであるとの趣旨であるとする見解（金子『租税法〔第9版〕』169頁）であり、「**法律的帰属説**」と呼ばれている。所得税法12条の文理上はいずれの解釈も可能であろうが、経済的帰属説は、法的安定性を害するおそれがあることから、法律的帰属説が相当であろう。[5]

ところで、稼得者課税の原則とは、所得はそれを生み出した者に帰属するとの考え方であり、上記経済的帰属説からは容易に説明できる。法的帰属説に立った場合に、当事者の契約により所得の帰属を移転できるかが問題となる。しかし、本件では、前記の東京地裁昭和63年5月16日判決の判示するとおり、A^1 と A^2 間の所得の帰属を変更する合意をもって依頼者に対抗でき

5　実質所得者課税の原則の意義については、法律的帰属説と経済的帰属説のいずれが妥当であるかは、所得の種類によって異なるとし、給与所得や利子所得のように、労働契約や預金契約という法律関係が明確に存在するものについては、法律的帰属説が相当であるが、農業や営業のような事業所得の場合には、法律上の帰属者を明確認定できないことが多く、経済的実質主義によるほかないとする見解（水野忠恒『租税法』269頁）がある。実質所得者課税の原則が実際に問題となる事案に即した考え方であり、注目される。

ないことから、A^1の報酬を受け取る権利は、法的には、A^1にのみにあると考えられる。このように考えると、法的帰属説に立って所得税法12条を適用しても、本件では、A^1の主張は認められないこととなろう。[6]

なお、アメリカ連邦最高裁は、ルーカス事件（Lucas v. Earl, 281 U.S. 111 (1930)）で、夫婦の間で、その一方に属する財産および所得はすべて両者の共有に属する旨の契約が締結された場合に、それを基礎として夫の給与収入および弁護士報酬を夫婦の間で折半し申告することが許されるかが問題となった事案において、この契約が有効なことは承認しつつも、樹木の幹になる果実を切り離して、異なる樹木のものとすることはできないとする"the fruit-and-tree metaphor"の理論により、内国歳入法典の趣旨は、給与等についてはそれを稼得した者に所得税を課することにあるとして、納税者の主張を排斥したものである。このルーカス事件は、前記東京地裁昭和63年5月16日判決と類似の事案であるが、内国歳入法典稼得者課税の原則に立っているとして、夫婦間の契約による所得分別が認められないとしたもので、前記東京地裁昭和63年5月16日判決と同様の考え方に立つものであり、その意味で参考となろう（金子宏「租税法と私法」租税法研究第6巻20頁）。

5　設問5の検討

以上の検討によると、A^1夫婦が夫婦財産契約によってその得た財産を共有であると合意したとしても、稼得者課税の原則によって、A^1の報酬をA^1とA^2の所得であると認めることはできず、この理は、実質所得者課税の原則の観点に立っても同じであり、A^1の単独の所得として課税されることに

---

[6] 所得税法12条の実質所得者課税の原則については、法律的帰属説に立っても、ここにいう私法上の法律関係を、所得の形成過程における法律関係と考えるか、形成された所得の夫婦間における帰属持分に係る法律関係と捉えるかにより、所得税法上の帰属も異なってくるとし、後者のように捉えると、夫により稼得された所得が夫婦財産契約により、原始的に夫婦の共有に帰属すると考えることもできるとする見解（岩崎政明『ハイポセティカル・スタディ租税法』29頁）もある。これは、夫婦関係を組合ととらえることができるとする考え方によると思われるが、このように夫婦関係を組合とみることができるかが問題となろう。

なろう。

〔演習問題〕

1　（内助の功と離婚の際の財産分与）Ｘは、妻Ａと調停離婚し、Ａに対し、慰謝料や離婚後の扶養として、Ｘが婚姻中にその出捐によって取得した特有財産であった甲不動産を譲渡した。Ｘに対し、甲不動産を時価相当額で譲渡したとして、譲渡所得が課税されるか（最判昭和50・5・27民集29巻5号641頁参照）。

2　（配偶者控除の趣旨）Ｘは、平成2年以前からＡ女と事実上の婚姻関係にあり、平成5年12月に婚姻届出をした。Ｘは、平成2年ないし4年分所得税の確定申告において、Ａ女を控除対象配偶者とすることが認められるか（最判平成9・9・9訟月44巻6号1009頁参照）。

3　（夫婦で農業に従事する場合の所得の帰属）夫が農地を所有し主な農作業に従事しているが、一方で妻も家事をしながら農作業を手伝っていた場合、夫が得た収入につき、妻が農作業に従事した分を妻に帰属する所得として申告することが認められるか（最判昭和32・4・30民集11巻4号666頁、所得税基本通達12—3頁参照）。

　■ コーヒー・ブレイク ■

※**実質課税の原則**

　実質課税の原則とは、租税負担の公平を図るために租税法の解釈・適用にあたっては、その経済的意義や経済的実質に即して行うべきであるとする原則である。このような原則は、ドイツでは、「**経済的観察法**」といわれ、アメリカでは、「**実質主義** (substance rule)」といわれている。これに対し、租税法の解釈・適用にあたっては、その文言や行為の法形式に即して行うべきであるとする原則を「**形式主義**」(form rule) という。このような実質主義を課税要件事実の認定に及ぼすと、課税要件の前提となる行為の民商法等の法形式を無視して、経済的実質に即して認定するということになり、形式主義は、行為の民

商法等の法形式に即して認定するということになる。

　このような実質主義と形式主義の対立は、各国の税法において古くから問題となっていて、各国の事情により、これに対する考え方が異なっている。たとえば、アメリカでは、連邦制が採られ、課税要件の前提となる民商法が各州により異なることもあり、連邦最高裁は古くから実質主義を是認している。本文で論じたルーカス事件は、このような実質主義の考え方に基づく判例と位置づけることもできる。ドイツは、かつては経済的観察法が採られていたが、現在は、租税法はその文言に即して解釈されなければならないとの考えが通説・判例となっている。もっとも、ドイツは、租税回避行為に対し、法の形成可能性の濫用が存する場合には、経済事象に適合した法的形成に即して課税できるとする一般的否認規定（ドイツ租税通則法42条）があり、課税要件事実の認定については、実質主義が採られている。イギリスは、1935年のウエストミンスター事件（I. R. C. v. Duke of Westminster, [1936] A.C. 1）で形式主義が採られたが、1981年のラムゼイ事件（W.T. Ramsay Ltd. v. I. R. C, [1982] A.C. 300）で判例が変更され、実質主義に近い立場が採られるようになった（拙稿「租税回避行為否認と契約解釈」税理43巻1号244頁以下参照）。

　我が国は、かつて税制調査会が、国税通則法の制定にあたり、実質課税の原則の規定を設けるよう答申（昭和36年7月5日税制調査会答申）したが、徴税義務強化を図るものとして民間団体の強い反対にあい、立法に至らなかった。また、租税法の解釈にあたっては、実質主義や経済的観察法は否定し、固有概念と借用概念を区別したうえ、経済的意義に着目した解釈をするのは、固有概念に限定するのが通説である（金子宏『租税法〔第9版〕』120頁以下）。また、租税回避の否認についても、当該取引の民商法等の法形式を無視して、経済的実質に即して認定するのは、明文規定によらない否認であり、租税法律主義に反するとして認めないのが通説（金子・前掲書128頁）であり、最近の裁判例である。

　本文で論じた実質所得者課税の原則は、経済的帰属説に立つと、実質課税の原則を所得の帰属について適用した原則ということになるが、法的帰属説に立つと、民商法による所得の帰属認定にすぎないこととなろう。

（今村　隆）

第13章　裁判を受ける権利と租税争訟の諸問題

I　事　例

●事例●

　Xは、不動産仲介業者Aの仲介を得て自己所有地をB会社に1億円で売却し、同額の譲渡収入があったものとして、Aに支払った仲介料306万円や取得費等の費用を差し引いた額を譲渡所得としてY税務署長に申告した（白色申告）。これに対し、Y税務署長は、B会社が提出した申告書類等と対比した結果、上記の売買代金は1億2000万円（うち2000万円は裏金）であったことが判明したとして、譲渡所得を2000万円増額する更正処分を行った。

　Xは、Y税務署長に異議申立てをしたが棄却されたので国税不服審判所長に対する審査請求をした。

　審査請求に対しても棄却裁決がされたため、Xは、Y税務署長のした更正処分および国税不服審判所長のした棄却裁決の双方の取消しを求める訴えを提起した。

II　設　問

1　Xは、更正処分を受けた際、国民は憲法により行政機関の行為についても裁判によってその適否を争う権利が保障されているので直ちに更正処分の取消訴訟を提起しようと考え、その旨弁護士に相談した。弁護士とし

ては、どのように助言すべきか。
2 　国税不服審判所の審査請求事件の担当審判官は、職権により原処分庁であるYからB会社の申告書類の写しなどの証拠書類の提出を受けたほか、同社の代表者Cの出頭を求めてXとの売買契約の内容について質問した。Xは、上記申告書類等の写しやCの回答内容を記載した記録の閲覧を請求したが、担当審判官はこれを拒否した。この閲覧請求を拒否したことの適否を論ぜよ。
3 　Xの提起した訴えの対象の是非および審査請求棄却裁決の取消事由としていかなる事実を主張すべきかを論ぜよ。
4 　取消訴訟の審理においては、XがB会社の従業員Dを証人として申請し、同人が、代表者Cの不正行為につき、Xへの裏金として支出したように帳簿処理をしたうえ、自己の用途に用いたことを具体的かつ詳細に供述した。これに対し、Yは、仮に売買代金が1億円であったとしても、XがAに仲介料を支出した証拠はないから、X主張の306万円を費用として認めることはできず、更正処分は譲渡所得を306万円増額する限度で正当であるとの主張を追加した。このように主張を追加することの適否を論ぜよ。
5 　Xは、Yの追加した主張について、確かに仲介料について領収書等の書証はないし、現在ではAが行方不明となっているため証言を求めることもできないが、証人Dも売買契約の締結にあたって仲介業者であるAが一貫して関与していた旨証言しているし、支払った額も通常の割合のものであるから、Yにおいて仲介料の支払いがないことをうかがわせるに足りる具体的な立証をしない限り、仲介料の支払いがあったものと認めるべきであると主張した。Xの主張の適否を論ぜよ。

III　行政訴訟の憲法上の意義と法の支配

　近代国家の憲法は、国民の基本的人権を保障するとともに、権力分立制を

採用して権力の集中を排除し、国家権力、特に肥大化することが避けられない行政権が恣意的に行使されることによって国民の権利が不当に侵害されることのないように、国家権力の行使を法によってコントロールすること、すなわち、法の支配の原理を採用している。法の支配の原理は、国家権力の行使には法律上の根拠を要する旨を抽象的に宣言するだけでは到底その実をあげ得ないのであって、法に基づかない権力の行使、すなわち違法な権力行使が行われた際に国民が救済を求め得る制度が伴って初めて実質的に機能し得るものである。このような救済制度として考えられるのが国家賠償制度と行政訴訟制度である。このうち国家賠償制度は違法な権力行使よって生じた被害を金銭的に回復させるもので違法な行為自体の効力に影響を与えるものでないのに対し、行政訴訟制度は、権力行為の適否を直接的に問題とし、当該行為の効力自体を覆滅させ得る点において、より直接的かつ具体的な救済制度といえよう。

　日本国憲法もまた、第3章で基本的人権の保障に関する詳細な規定を置き、行政機関が終審として裁判を行うことを禁ずることよって行政訴訟を司法権の管轄に属させるとともに（76条2項）、行政処分を含むすべての法令に関する違憲立法審査権を裁判所に与えることにより（81条）、司法権に行政権の行使をチェックさせることを通じて法の支配の実現を目指している。

　このように行政訴訟制度は、憲法上の主要な原理である法の支配の実現を実質的に保障するために必要不可欠な制度であって、憲法上極めて意義深い制度であるといえよう。

　そして、課税権の行使は行政権力行使の典型的なものであるから、これに対する不服の訴訟である租税訴訟は、行政訴訟の一類型として法の支配の一翼を担うものであるうえ、その事件数の行政訴訟全体に占める割合も大きく、その結論が国民の経済活動に直接的に重大な影響を与えることから、社会的経済的にも重要な機能を果たしている。

IV 不服申立前置主義と裁判を受ける権利

1 更正処分の性質と取消訴訟

　租税の税額を確定する手続には、申告納税方式と賦課課税方式の2種類があり、前者においては原則として納税者がする申告により、例外的に申告の内容に誤りがある場合などに課税庁が行う更正（処分）または決定によって、後者においては、課税庁がする賦課処分によって、それぞれ税額が確定する（以上の詳細については、第1部第3章（→14頁以下）を参照されたい）。ここにいう更正処分や決定および賦課処分は、いずれも行政処分であって、たとえ違法なものであっても、その違法事由が重大かつ明白なものであるために当該処分が無効なものと評価されない限り、裁判所または権限ある行政庁によって取り消されるまでは何人もその効力を否定することはできず（公定力）、その内容に応じた執行力が生じ、納税者が当該税額を納付しない場合には徴収手続が開始され、強制的にこれを徴収されることとなる（このような行政処分の性質および効力の一般論については、行政法総論の説くところである）。

　したがって、事例のXとしては、更正処分が事実に反する違法なものであると考えるならば、その取消しを求めるべきであり、手を拱いていると強制的に徴収されかねないこととなる。

2 不服申立前置主義とその合憲性

　上記のように納税者が更正処分の内容を争うなどして国民が行政処分の取消しを求める制度として用意されているのが、行政事件訴訟法3条の定める取消訴訟である。

　他方、行政処分を定める行政法規の中には、その定める行政処分に不服がある場合には、直ちに取消訴訟を提起することを認めず、まず処分をした行政庁に対する異議申立てもしくはその上級行政庁への審査請求またはその双

方の申立てをさせ、その結論に不服がある場合に初めて取消訴訟の提起を認めるものがある。これを不服申立前置主義といい、租税に関する行政処分についても、この制度が採用されている（税通115条1項、関税93条、地税19条の12）。

このような不服申立前置主義については、直ちに訴えを提起することを妨げる点で、設問1でXが主張しているように国民の裁判を受ける権利を侵害するのではないかとの疑義が生じないでもない。しかし、租税に関する行政処分のように大量に行われるものについては、まず不服申立てをさせることにより、行政庁に同種事案の取扱いの統一を図る機会を与えることにも合理性があると考えられるし、この制度は、不服申立てに対する行政庁の応答になお不服がある場合には取消訴訟の提起を許しているのであるから、訴えの提起を全面的に妨げるものではない。憲法自体が戦前の行政裁判所のように行政庁が行政処分についての裁判を取り扱うことも終審としてでなければ容認していることからしても、直ちに裁判所への提訴が認められないことのみをとらえて憲法に違反するとは言い難いであろう。最高裁判所の判例も、不服申立前置主義を採用していた行政事件訴訟特例法2条の合憲性を肯定しているところである（最大判昭和26・8・1民集5巻9号489頁）。

3 設問1について

以上によると、設問1で相談を受けた弁護士としては、上記1および2の内容をわかりやすく説明したうえ、国税通則法75条に則って、まずY税務署長に対する異議申立てをし、それに対する決定に不服がある場合には国税不服審判所長に対する審査請求をし、それに対する裁決になお不服がある場合に初めて取消訴訟を提起するよう助言すべきこととなる。

V 国税通則法に基づく審査請求事件の審理と閲覧請求権

1 審査請求手続のあらまし

　審査請求をするには、審査請求の趣旨（求める裁決の内容）および理由（更正処分の理由に対する請求人の主張）を記載した審査請求書を正副2通作成し、これを国税局所在地に設けられている全国11カ所の**国税不服審判所の支部**（これらは、その所在地の地名を冠して東京国税不服審判所などとの名称が付されているが、正確には、いずれも独立の官署ではなく、全国で1カ所のみの国税不服審判所の支部にすぎないし、各支部の長は、内部的にはたとえば東京国税不服審判所長などと称しているが、法律上の官職名は**首席国税審判官**である。税通78条）またはその支所に提出しなければならない。審査請求書の副本は原処分庁（更正処分をした税務署長）に送付され、原処分庁は、審査請求の趣旨および理由に対する主張を記載した答弁書正副2通を提出する。

　このようにして審査請求の審理が開始されるが、裁決の主体である国税不服審判所長は自ら審理することはなく、担当審判官および参加審判官を指名し（税通94条）、担当審判官の指揮の下に職権主義によって審査が行われる。すなわち、審査請求人は、答弁書に対する反論書または証拠書類もしくは証拠物を提出することができ（税通95条）、原処分庁は、処分の理由となった事実を証明するための書類等を提出することができることとされ（同法96条1項）、請求人には原処分庁から提出された書類の閲覧権（同条2項）、質問等の証拠調べの申立権（同法97条1項）および口頭で意見を述べることの申立権（同法101条1項、84条1項）が与えられているが、その余の点は、担当審判官の広範な裁量に委ねられ、職権による各種の証拠調べも認められている（同法97条1項）。

　このような審理の結果に照らし、国税不服審判所長は、審査請求に理由が

ないと判断するときは裁決でこれを棄却し、審査請求に理由があると判断するときは裁決で原処分の全部または一部を取消しまたは変更をするが（同法98条）、いずれの場合も理由を付記した審査裁決書を作成して審査請求人にその謄本を送達しなければならない（同法101条、84条）。なお、実務においては、この謄本は、審理を担当した各支部の首席審判官が○○国税不服審判所長との通称名を用いて作成し送達するとの取扱いが行われているが、このような取扱いは、謄本の作成と送達の権限につき法律上の授権がされているとは解し難い点および公文書を内部的な通称名を用いて作成している点の2点において疑問があると考える。このような点は、これまで問題とされたことがなく、あるいは些末な問題として議論にも値しないと見る向きもあろう。しかし、筆者は、行政庁の一挙手一投足についてその法令上の根拠を厳しく追求することこそが法の支配の実現に必要不可欠な事柄であると考えるので、あえて言及した次第である。

2　閲覧請求権と租税情報開示禁止原則

　原処分庁から提出された書類等についての閲覧請求がされた場合、担当審判官は、閲覧を認めることによって第三者の利益を害するおそれがあると認めるとき、その他正当な理由があるときには、これを拒むことができる（税通96条2項）。

　課税庁には納税者の秘密に関する事項が数多く収集されているが、それらは、任意に提出されたものではなく、申告義務や租税職員の質問検査権の行使を受忍すべき義務があることからやむを得ず提出されたものであるから、みだりに外部にもれることは避けなくてはならない。そのため租税職員は、

1　謄本の作成権限について、南博方編『注釈国税不服審査・訴訟法』81頁は補助機関が行ってもよいとし、行政不服審査手続一般についてもそのような考え方が広く行われているようである。謄本作成作業自体を補助機関が行い得ることは、行政処分一般について法令の根拠がなくても補助機関の専決により得ることと同様であるが、裁決書謄本はその原本に代わる重要な公文書であり、謄本の作成はそれが原本同一の内容であることを公証する行為であるから、法令による委任がない限りは、謄本は原本の作成権限を有する行政庁の名義で作成すべきものであろう。

納税者の秘密を公務員であると私人であるとを問わず、他の者にもらしてはならず、唯一の例外は、租税行政組織内部で当該調査事案に関する租税の確定・徴収に必要な範囲内で上司および当該事案の調査に従事する他の職員に知らせることに限られ、課税庁も、他の国家機関から申告書等の提出や閲覧を求められても法令上の根拠がない限りこれに応じてはならないとされている[2]。

他方、更正処分に不服がある納税者には、当該処分の根拠とされた資料を直接閲覧してその信用性を争う機会が与えられるべきであり、それが手続の公正を担保する大前提というべきであるし、国税通則法が審査請求人に閲覧請求権を認めた趣旨もその点にあると思われる。このような点を考慮して、現在の実務においては、原処分庁が同法95条に基づいて提出する証拠書類は、更正処分を理由付けるのに必要なものまたは部分に限り、それに無関係であり、かつ第三者や行政上の秘密に関する部分は削除することにより、審査請求人の閲覧請求に応じても問題がないように工夫されているようである[3]。

3　担当審判官が申立てまたは職権によって収集した資料と閲覧請求権

担当審判官が同法97条1項1号・2号に基づいて質問した結果を記載した書面や提出を受け留置した物件等については、更正処分の理由とは無関係の第三者や行政上の秘密が混在している場合があるものの、これらもまた更正処分の理由があるか否かの資料として用いられる可能性がある以上、審査請求人が原処分庁から任意提出されたものと同様に閲覧およびその信用性を争う機会を要求するのも無理からぬところであろう。

この点については、閲覧請求権を肯定する見解もあるものの、職権主義が妥当する領域には防御権の保障が及ばないとの考え方や閲覧請求権を定めた同法96条の文言および同条と前記97条との位置関係を根拠にして、少なくと

---

[2] 租税情報開示禁止原則。金子宏『租税法〔第9増補版〕』620頁。
[3] 金子宏・前掲書773頁。

も担当審判官が職権によって収集した資料は閲覧請求権の対象とはならないと解するのが多数説のようである。[4] 職権主義と防御権との関係についての上記の考え方は、職権主義の意義につき、「職権主義の下では、弁論主義と異なり、当事者双方の主張、立証がなくても、審査庁自ら事案の争点を明確に把握し、証拠資料を職権で収集することができ、かつ、その証拠評価に全幅の信頼が寄せられる。すなわち、反対尋問を経なくても、実体的真実発見は可能である、というたてまえがとられている」との理解を前提としている。[5]

しかし、仮に証拠調べについて全面的な職権主義、すなわち、当事者による証拠申請を一切認めず、証拠の収集をすべて職権で行うとの立法がされていても、それがその者にとって不利益な公権的判断の前提としてされている以上、収集された証拠の内容を認識し、それについての意見を述べる機会を当事者に与えることは、**適正な手続**を保障するために必要不可欠な事項というべきであり、行政手続の一般法である行政手続法18条もこの趣旨に基づくものと考えられる。国税通則法は行政手続法の適用除外規定を置いているが（74条の2）、このような一般的な法理は国税通則法の解釈においても尊重されるべきであろう。そのうえ、国税通則法は、まず当事者による証拠提出に関する規定を置き（95条、96条）、次いで当事者の申立てによる場合と併せて職権による証拠収集に関する規定を置いているのであるから（97条）、職権による証拠収集を認める趣旨は、まず当事者に立証を尽くさせ、それが不十分な場合にも、審判官は納税者の権利を救済するために独自の調査を行い得るものとする点にあり、審査庁の証拠評価を全面的に信頼するものでないことはもとより、職権の行使は納税者の権利を救済するために行うものであるから、その過程から当事者の関与を排除すべき理由も見当たらないのである。多数説の一部は、少なくとも国税通則法が職権による証拠収集を規定した趣旨についての誤った理解を前提とするものといえよう。また、条文の位置および文言からすると、確かに多数説が指摘するように閲覧請求の対象を同法

4　学説の状況については、南博方編・前掲書（注1）133頁。

5　南博方『租税争訟の理論と実際〔増補版〕』79頁。

96条1項によって原処分庁が任意に提出したものに限るというのが素直な条文の読み方ではあるが、規定が同条2項に置かれている点は、上記のように同法が当事者による立証を主とし職権による証拠調べを従としていることによると考えれば、同条1項以外の方法によって収集された資料を閲覧の対象から除外する趣旨とみることは困難であり、文言からしても、原処分庁から提出されたものであれば、同条1項によって提出されたものに加えて同法97条に基づいて提出されたものを含むと解することを妨げるものではないと思われる。[6] そうすると、原処分庁から提出された資料は、その提出の根拠条文にかかわらず、すべて閲覧請求の対象となると解することを妨げる理由はなく、手続の公正の観点からそのように解するのが相当であると考えるが、閲覧を認めるにあたっては、当該資料中に第三者の秘密に関する部分が含まれる場合には当該処分の適否に無関係な部分を削除して閲覧させるなどの配慮が必要であろう。

これに対し、同法97条に基づき、担当審判官が参考人に対して質問し、その回答を記載して当該参考人の署名を得た文書（答述録取書などと題されている）や担当審判官が原処分庁において原処分記録から写し取った調査メモなど国税不服審判所が独自に作成した資料については、同法96条2項の文言に含めるには無理があるが、裁決書において原処分を維持する理由として引用されていることも多く、そのような不利益な証拠資料を審査請求人に閲覧すらさせずに裁決を行うことは**適正手続**の要請に反するものといわざるを得な

---

[6] 金子宏・前掲書（注2）773頁参照。なお、塩野宏『行政法Ⅱ〔第3版〕』28頁、30頁は、行政不服審査法所定の閲覧請求権について、同法33条の文理からして処分庁が任意に提出したものに限られると解すべきであるとし、そのように閲覧請求の対象が限定されることも同法が迅速な審査を目指していることからするとやむを得ないものとするようである。しかし、不服申立前置主義を前提としない同法の不服申立てにおいては、審理判断の適正よりも迅速な判断を重視することが許されるとしても、不服申立前置主義を前提とする国税不服審判手続においては、直ちに訴えを提起することを許さないとするにふさわしい適正な審理判断が保障されるべきものと考える。そのうえ、同時並行的に多数の事件の審理判断を行っている国税不服審判所の現状からすると、資料収集が一段落した時点で一括してその閲覧をさせ、一定期間内にそれらに対する意見を述べるように求める取扱いをすれば、審判手続の遅延が生ずることはほとんどないものと思われる。

い。また、原処分である更正処分がいわゆる不利益処分であるにもかかわらず、**行政手続法**の制定と同時に国税通則法が改正されて74条の2が新設されたことにより行政手続法の適用が排除され、告知聴聞や文書閲覧等の手続を要しないものとされているが、その趣旨は、国税不服審判所による公正な審査がされることを考慮したものであるとされているのであるから、上記法改正にあたり、立法者は、同法の定める審判手続は行政手続法の目的に沿う内容が実現されているとの解釈を前提としたのであって、言い換えれば、立法者は74条の2を新設するとともに審判手続に関する規定につきそのような解釈をすることを要求しているものといえよう。[7] したがって、審判手続を定めた国税通則法の規定は、上記法改正以後は行政運営の公正の確保と透明性の向上を図るという行政手続法の目的にそって解釈するのが立法者の意思に沿うものと考えられ、国税不服審判所が自ら作成し収集した資料にも、閲覧請求権に関する規定を類推適用し、原処分庁から提出された資料と同様に閲覧の対象として、行政手続法18条と同様の結果を導くべきものと考える。[8] この点についての裁判例は、積極に解するもの（大阪地判昭和44・6・26行集20巻5・6号769頁、同昭和45年9月22日行集21巻9号1148頁）と消極に解するもの（大阪地判昭和46年5月24日行集22巻8号1217頁など。なお、大阪高判昭和50・9・30行集26巻9号1158頁参照）の双方があるが、いずれも行政手続法制定に伴う前記法改正前のものであることに注意を要する。

4　設問2について

以上によると、設問2記載の閲覧拒否は、多数説の見解からは是認されるし、現に実務の取扱いはこの多数説に則って行われているが、私見によれば、違法な閲覧拒否ということになる。仮に、これを違法と考えた場合には、その違法を争う方法およびそれが裁決の効力に影響を及ぼすか否かが問題となるが、それらは設問3に即して項を改めて検討する。

---

[7] 金子宏・前掲書（注2）615頁。
[8] 山田二郎『税法講義〔第2版〕』261頁も同旨と思われる。

VI 国税不服審判所長の裁決に不服がある場合の争訟手段

1 取消訴訟の対象についての原処分主義と裁決主義

　一般に行政処分を受けた者がこれに不服がある場合は、これについて不服申立てができる場合であっても直ちに取消訴訟が提起できるとされており（行訴8条1項本文）、その場合は取消しの対象も当該処分以外には考えられない。これに対し、その者が、任意に不服申立てをしたり、前記IV、2のように不服申立前置主義が採られているためにやむを得ず不服申立てをした結果、原処分を維持する裁決等がされた場合、その者としては、原処分はもとより裁決もまた誤った内容の原処分を正しいものとして維持した点で誤っていると考えるのであり、このように原処分と裁決等とに共通する違法を主張するには、そのいずれを対象として取消訴訟を提起すべきかが問題となる。この点については、原処分の取消訴訟によるべきものとするのが**原処分主義**、裁決等の取消訴訟によるべきとするのが**裁決主義**と呼ばれるが、行政事件訴訟法10条2項は、裁決の取消訴訟では原処分の違法は主張することができないと規定することにより、原処分主義を採ることを明らかにしている（なお、例外的に裁決主義を採るものとして、労働組合法27条7項などがある）。

2 国税不服審判所長の裁決に対する不服の内容と争訟手段

　国税不服審判所長の裁決に不服がある場合において、その不服の内容が誤った原処分を維持したという点に尽きるときは、上記の原処分主義からして、原処分である更正処分のみの取消しを求める訴えを提起すべきである。すなわち、このときに裁決取消訴訟を併せて提起すると、その訴え自体は適法ではあるが、裁決の違法事由として誤った原処分を維持したという点は行政事件訴訟法10条2項により主張できないから、主張すべき違法事由がないこと

となって、請求棄却の判決がされることが明らかであり、そのような無意味な訴えを提起する必要がないということから原処分取消訴訟のみを提起すべきこととなる。

これに対し、裁決につき、原処分を維持した点のみならず、その手続に違法があるなど誤った原処分を維持したこと以外の点についての不服がある場合において、その不服の内容が法的に裁決の違法事由と評価し得るときは、その違法事由は行政事件訴訟法10条2項よる**主張制限**を受けないから（このような違法事由を**裁決固有の瑕疵**という）、原処分取消訴訟と併せて裁決取消訴訟を提起するのが相当である（両者は同法13条3号に該当するので、同法16条1項により双方の訴えを併合して提起し得る）。

3　閲覧拒否の違法と裁決の効力

閲覧の拒否が違法であるとしても、その拒否行為自体をとらえて独立の不服申立てや取消訴訟を提起することはできないとされているから[9]、裁決手続の瑕疵として、裁決取消訴訟で主張するほかない。

次に、閲覧の拒否が違法である場合に、常に裁決を取り消すべきか否か、言い換えると、閲覧拒否の違法自体が常に裁決を取り消し得べき瑕疵に当たるか否かという点については、考え方が分かれている。

裁判例には、違法な閲覧拒否は審査手続上の重大な瑕疵に当たるから、裁決は当然に違法になるとするもの（大阪高判昭和50・9・30行集26巻9号1158頁、大阪地判昭和55・6・27訟月26巻9号1629頁、東京高判昭和59・11・20行集35巻11号1821頁）があるのに対し、「裁決がその取消事由に該当する程の違法性を帯びるのは、審査請求人が閲覧請求拒否にかかる書類その他の物件に対し適切な主張や反証を提出することによって、当該裁決の結論に影響を及ぼす可能性のある場合に限られる」とするもの（上記大阪地判の控訴審・大阪高判昭和56・9・30行集32巻9号1718頁）や「正当な理由がないにも拘わらず閲覧請

---

[9]　南博方編・前掲書（注5）138頁、東京地判昭和41・7・19行集17巻7・8号855頁。なお、行手27条参照。

求を拒否しても、それが右の手続上の利益を実質的に害するおそれがなかったと認められる場合には、審査裁決の適否には影響しない」（東京地判平成4・3・18行集43巻3号394頁）などと制限的に解するものもある。学説上は、後者の見解が多数ではないかと思われる。[10]

この点については、もともと閲覧請求権が適正な手続を確保するための重要な制度であること、および閲覧によって適正な防御方法を講じ得るか否かは閲覧後の問題であって、閲覧の拒否が違法である以上は、まず裁決を取り消し、閲覧を認めたうえで防御を尽くさせ改めて裁決をすべきものと考えられることからして、積極に解すべきものと考える。[11]このことは、前記のように行政手続法の制定に伴う国税通則法の改正により、同法の審判手続に関する規定を行政手続法の趣旨に沿って解釈するように立法者が求めていると解すべきことからしても、根拠付けられよう。

4　設問3について

以上によると、設問のXが閲覧拒否の違法を裁判で争いたいと考える以上は、更正処分の取消しに加えて裁決の取消しを求めたのは相当な選択であったと考えられ、後者の違法事由としては、更正処分を維持した点ではなく、閲覧を違法に拒否したことを主張すべきである。

なお、論理的な順番からすると、まず、裁決のみの取消しを求め、その確定を待って改めて閲覧をし防御を尽くしたうえで裁決を得、それでも更正処分が維持された場合に初めて更正処分の取消しを求めるとの考え方もないではない。しかし、前記3で検討したとおり、設問にいう閲覧の拒否が違法か

---

[10] 金子宏・前掲書（注2）772頁、志場喜徳郎ほか編『国税通則法精解〔11版〕』889頁。なお、後者は、上記大阪高判昭和56・9・30の上告審である最判昭和57・7・2税資127号80頁を引用しているが、同判決は自らの判断を明示的に示さないまま原審の判断を是認したものにすぎず、その事案が、審査請求後1年以上も閲覧請求がなく裁決をした日に初めてその請求があったという特殊なものであり、閲覧請求自体を時機に遅れた違法なものとする余地もあったと考えられることに照らすと、上記の制限的な見解自体を最高裁が是認したものか否かはなお明らかでないというべきである。

[11] 塩野宏・前掲書（注6）29頁。

否かについても説が分かれているうえ、それが違法であるとしても裁決を取り消すべきか否かについても説が分かれている現状からすると、それらの点についてのXの主張が裁判所によって認められるか否かは明らかでなく、仮にこれが認められずに裁決取消請求が棄却されると、その時点では既に更正処分取消訴訟の出訴期間が経過しているために（行訴14条）、更正処分を争う機会を失う可能性がある。したがって、事例のように更正処分取消訴訟も併せて提起し、更正処分の適否も並行的に争うのが妥当な選択といえよう。

VII 更正処分取消訴訟の訴訟物と処分理由差替えの可否

1 行政処分取消訴訟の訴訟物

　行政処分取消訴訟における**訴訟物**（審判の対象）は、当該処分の違法性一般であるとするのが多数説の採るところである。[12] この考え方によると、行政処分取消訴訟においては、処分庁が現に処分理由と考えた事由の適否にとどまらず、処分時における事実関係を前提として当該処分をすることが許されるべきであったか否かが全般的に審判の対象となる。もっとも、行政訴訟においても民事訴訟の例により弁論主義の適用があるため（行訴7条、民訴159条）、当事者双方が主張しない処分理由の存否を判決の基礎とすることが許されないことはいうまでもない。

　以上の点は、実務上ほぼ異論のないところと思われる。

　むしろ問題とされているのは、訴訟物の範囲が**既判力**の範囲と一致することから、取消判決が確定した後に、行政庁が前処分時に既に存在していたものの取消判決では何ら問題とされなかった処分理由を根拠に再度同一内容の処分をすることが、取消判決の既判力に反するか否かという点である。従来は、訴訟物の範囲を画する当該処分とは先にされた処分を意味し、再度新た

---

[12] 南博方ほか編『条解行政事件訴訟〔第2版〕』（人見剛・訴訟物）166頁、鶴岡稔彦「抗告訴訟の訴訟物と取消判決の効力」（拙編・新裁判実務大系25『行政争訟』）207頁。

にされる処分は当該処分ではないから、既判力の制限を受けないというのが通常の考え方であった。この点については、最近、前後2つの処分は法律関係からすると同一事件とみるべきであるとして、既判力が及ぶとの考え方が有力に主張されており、筆者もこれに賛成するものであるが、このような結論を採るのであれば、訴訟物の定義も、「処分時における事実関係を前提として現にされた内容の処分をすることが許されるべきであったか否か」が訴訟物であると改め、従前のような形式的な解釈が生ずる余地がなくなるよう工夫すべきものと考える。もっとも、以上の点は、申請に対する処分においては重要な意味を有するものの、更正処分取消訴訟においては、取消判決が確定するころには更正の除斥期間が経過しているのが通常であるから、再度の更正処分がされることは想定し難く、あまり実益のない議論となろう。

2　課税訴訟における総額主義と争点主義

上記1で論じた行政処分一般についての訴訟物に関する考え方が更正処分取消訴訟にも妥当するか否かについては、従来から訴訟のみならず審査請求を含めてその審判の対象につき、**総額主義**と**争点主義**のいずれによるべきかという形で論じられている。すなわち、総額主義とは、更正処分に対する争訟の対象はそれによって確定された税額の適否であるというもので、行政処分取消訴訟の訴訟物と同様の考え方を採るものであるのに対し、争点主義とは、更正処分に対する争訟の対象は処分理由との関係での税額の適否であるとし、審判の対象を分断的にとらえる考え方である。

国税不服審判所においては争点主義の考え方に沿った審理が行われていると言われているのに対し、取消訴訟について判例は、少なくとも白色申告に対する更正処分に関する限り、明確に総額主義の立場を採っており（最判昭和42・9・12裁判集民88号387頁、同平成4・2・18民集46巻2号77頁）、青色申告に関してはどちらの立場か明確でないものの少なくとも厳格な争点主義の立

13　塩野宏・前掲書（注6）157頁〜158頁。
14　金子宏・前掲書（注2）773頁。

場を採るものではない（最判昭和56・7・14民集35巻5号901頁）。

　総額主義については、それが後記のとおり処分理由の差替えを肯定するものであることから、更正処分自体に理由附記が求められている青色申告についてはもちろんのこと、白色申告に対する更正処分についても、不服申立前置主義が採られており、遅くとも審査請求段階までには原処分の理由が明示され、国税不服審判所においては上記のように争点主義的な審理がされ、原処分が相当とされる理由が明示されるにもかかわらず、訴訟に至ってそれらと全く異なった処分理由の主張を許すことは、**手続保障原則**との関係で問題があるとの有力な指摘があるし、[15] 総額主義の利点の1つとされる紛争の一回的解決の要請は上記1のように除斥期間との関係で争点主義を採ってもほとんどの事例において結論に差異がないことが予想されるところである。裁判官の中にも、かなり以前には上記指摘と同様に**適正手続**の保障を重視する立場から更正処分取消訴訟の性質を所得の認定手続または認定方法の合理性を争うものと理解し、争点主義を採用するのとほぼ同様の帰結を導く有力な見解が存在したところである。[16] したがって、少なくとも最高裁判例の趣旨が明確でない青色申告に対する更正処分の取消訴訟においては、争点主義の採用もなお十分に検討すべきものであったと考えるし、行政手続法施行により行政全般についてその手続の適正が要求されるようになったことからしても、従来の考え方を全面的に見直すべき必要があると思われる。[17] もっとも、現在の訴訟実務は、白色申告に対する更正処分取消訴訟については明確に総額主義を採用するとともに、青色申告に対する更正処分取消訴訟についてもかな

15　金子宏・前掲書（注2）759頁。
16　白石健三「税務訴訟の特質」税理7巻12号8頁、町田顯「税法事件の審理について」判タ201号174頁。なお、山田二郎・畦地靖郎「税務訴訟と裁判所」法時39巻10号34頁参照。
17　なお、最判平成11・11・19民集53巻8号1862頁は、情報公開条例により理由付記が要求されている文書非公開決定の取消訴訟において、文書公開実施機関が決定に付記した以外の非公開事由を主張することも許されていると判示しているが、文書公開の可否を決定する処分は申請に基づき実施機関がいわば受け身の立場で行うものであって、不服申立前置主義も採られていないのに対し、更正処分は、課税庁が自らの検討に基づいて積極的に行う処分であり、不服申立前置主義が採用され、その審判手続において争点主義に基づく運用がされていることに照らすと、この判例の結論をそのまま更正処分取消訴訟に当てはめることには疑問がある。

り総額主義的な訴訟運営がされているようである。

3 設問4について（課税庁による理由差替え（追加）の可否）

　上記のような現在の訴訟運営を前提とすると、設例のような白色申告に対する更正処分取消訴訟においては、総額主義により、被告は、それまで問題とされてこなかった事実を主張して原処分の適法性を基礎付けることも妨げられないこととなる。そして、設問4でYが主張している点は、収入が仮にXの申告どおりであったとしても、費用として申告された306万円については、その事実が認められず、結局、先にした更正処分は譲渡所得を306万円増額する限度で理由があったというものであり、自己が初めにした主張が認められない場合に備えて、仮定的に更正処分を一部理由あらしめる主張を新たに追加するものであるが、実務上このような仮定的かつ部分的な主張を新たに追加することも何ら問題がないとの取扱いがされている。

　なお、設例が青色申告に関するものである場合に、はたして設問4のような処分理由の追加が許されるかという問題を念のため検討すると、上記最判昭和56・7・14は、事例と同様に不動産の譲渡所得に関する事案に対するものであって、課税庁が、申告内容のうち不動産の取得価額に虚偽があると当初主張した後、取得価額が申告どおりであるとしても販売価額に虚偽があるとの主張を追加した点につき、このような主張の追加を許しても、更正処分を争うにつき被処分者に格別の不利益を与えるものではないとして、追加された主張に基づいてされた原審の判断を是認している。この判例の立場を前提とする限り、青色申告に対する更正処分取消訴訟において設問4のような主張の追加をすることも、実務上は是認される可能性が高いといえよう。

VIII 更正処分取消訴訟における主張立証責任

1 行政処分取消訴訟の主張立証責任一般論との関係

　行政処分取消訴訟の**主張立証責任**については、これまでのところ、おおむね次の7つの見解が主張されているようである。[18]

① 　公定力根拠説（行政処分に公定力があることから、その適法性が推定されるとし、原告がその違法性を立証して初めてこれを取り消すことができるとするもの）。

② 　法治主義根拠説（法治主義の原則からして行政庁が行政処分の適法事由のすべてについて立証責任を負うというもの）。

③ 　法律要件分類説（民事訴訟における法律要件分類説を行政訴訟にも導入しようとするもので、行政処分の根拠規定を権限行使規定と権限不行使規定に分類したうえ、前者については権限を行使すべき旨主張する者（積極処分の取消訴訟では被告、消極処分の取消訴訟では原告）が、後者については権限を行使すべきではない旨主張する者（積極処分の取消訴訟では原告、消極処分の取消訴訟では被告がそれぞれの規定の要件事実について立証責任を負うというもの））。

④ 　憲法秩序帰納説（憲法秩序から帰納的に考察し、国民の自由を制限したり国民に義務を課する処分の取消訴訟においては常に行政庁が、国民の側から自己の権利または利益領域の拡張を求める場合は原告がそれぞれ立証責任を負うとするもの）。

⑤ 　個別検討説（統一的な基準によることなく、個々の事案ごとに当事者の公平、事案の性質、事物に関する立証の難易等によって、いずれの当事者の不

18　説の名称は、①ないし⑥ついては萩原金美「行政訴訟における主張・証明責任論」成田頼明先生横浜国大退官記念『国際化時代の行政と法』195頁、⑦については芝池義一『行政救済法講義〔第2版補訂版〕』81頁の命名によった。

⑥　調査義務説（行政庁がすべての主要事実について証明責任を負うとしつつ、行政庁は行政処分を行うにあたって法令を誠実に執行すべき任務の一環として調査義務を負っていることを前提として、その調査義務の範囲で証明責任を負うというもの）。

⑦　実質説（行政処分の実質に着目し、侵害処分並びに自由の回復および社会保障の受給を求める申請を拒否する処分については二重効果処分を含めて行政庁が、資金交付請求を拒否する処分については原告にそれぞれ立証責任があるとするもの）。

筆者は、憲法が想定する権利状態と異なる権利状態を作出するような立証責任論は採り得ないとの立場から基本的に④説を採用すべきものと考えるが、更正処分のような侵害処分については、①説以外は原則として被告行政庁に**立証責任**があるとする点で概ね一致しており、同説についてはその前提としている公定力によって行政処分の適法性が推定されるということ自体が誤りとされ、もはや否定された説というべきであるから、本稿では各説の詳しい検討には立ち入らないこととする。[19]

2　必要経費または損金に関する主張立証責任

上記のように更正処分取消訴訟では、原則として被告が自己の認定した税額を下回るものではないことについての主張立証責任を負う点について学説および判例上異論がないと思われるが、**必要経費**または**損金**のうちの**特別経費**や**貸倒損失**、各種の**所得控除**や**税額控除**については、それが原告に有利な事実であること、証明の容易さを考慮した当事者間の公平、および法律要件分類説の立場から権利障碍事実とみるべきであることなどを根拠として、原告において主張立証すべきであるとの見解もかなり有力に主張されている。[20]

---

[19] この点については、拙稿「行政訴訟の審理のあり方と立証責任」（新・裁判実務大系25『行政争訟』）300頁以下を参照されたい。

[20] 金子宏・前掲書790頁、木村弘之亮『租税証拠法の研究』（成文堂、1987年）81頁以下参照。

しかし、このような主張は正当ではないと考える。すなわち、この主張によるときは、真実はより多くの必要経費等が存在し、税額がより少ないにもかかわらず、必要経費等の立証ができないことにより、当該原告により多くの税を賦課する結果が生ずることを容認することとなるが、そのような結果が生ずることは憲法が想定する権利状態に反するものと考えられるのであり、上記主張は、あたかも刑事訴訟において違法性阻却事由や責任阻却事由等犯罪の成立を妨げたり刑罰を軽減する事由についての立証責任を被告人に負わせるのに等しいものである。刑事訴訟において、これらが存在しないことも含めて検察官が立証責任を負うのと同様に、更正処分取消訴訟においてもこれらの納税者に有利な事実について更正処分で認定した額を超えるものではないことを被告課税庁において主張立証すべきものとするのが、憲法が想定する権利状態に合致すると考えられる（その結果、本来負担すべき税額の一部を免れる者が生ずることを避けられないこととなるが、それは、「疑わしきは罰せず」との原則と同様に、本来より多額の税を負担する者が生ずることを避けるためのやむを得ない結果として、憲法も容認している状態といえよう）。

　以上は憲法秩序帰納説の立場からの説明となるが、法律要件分類説の立場からも、必要経費または損金の額が判明しなければ課税標準が確定できないことを主たる根拠として、少なくとも必要経費および損金については課税庁に立証責任があるとしており、理由付けはともかくそのような結論を採るのが学説および裁判例の多数といえよう。各種の所得控除や税額控除については、それぞれ必要経費や損金とは異なった趣旨の制度であることから、その制度趣旨に着目して原告に主張立証責任があるとの見解もあるが、その見解を採ると、本来あるべき税額以上の負担を納税者に負わせる可能性があることや、最終的な税額を算出する過程において果たす役割は結局必要経費や損金と変わりがないと考えられることからすると、やはり課税庁に立証責任を負わせるのが相当であろう。もっとも、これらについては、必要経費や損金とは異なり、課税上、常に問題となるものではないことから、原告からその存在が指摘されない限り、被告はあえて各種控除の不存在を明示的に主張立

証する必要はなく、そのような事案では、裁判所も被告から黙示的に各種控除の不存在の主張がされ原告もそれを争っていないものとして特段の判断を示す必要もないといえよう。

　以上のような考え方に対しては、課税庁に立証上過酷な負担を負わせ、訴訟当事者間の公平を欠くのではないかとの疑問も提起されているようである（**主張責任**については、単に更正処分で認定した額以上には存在しないと主張すれば足りるから、負担を云々するまでもない）。しかし、課税庁と納税者は対等の立場ではないのであって、法の支配の原則の下においては、課税庁はその主張する税額に間違いがないことを証明して初めてその権限の行使を正当化し得るのであるから、訴訟活動の面において課税庁と納税者の公平を図ろうという発想自体に誤りがあるといえよう。また、この点をさておくとしても、上記の疑問は、立証責任が問題となる場面を正しく理解することにより解消し得るものと考える。すなわち、ここでいう**立証責任**は、主観的な行為責任と直結するものではなく、審理が終結した段階において、裁判所が当事者双方から提出された全証拠と弁論の全趣旨を総合しても当該事実の有無についてどちらとも判断がつかない場合（真偽不明の場合）に初めて立証責任を負う側に不利益な判断がされるという形で機能するものである。そして、裁判所は、事実の認定にあたり必ずしも直接的な証拠を要するものではなく、弁論の全趣旨を含む間接的な事実を前提として通常人の健全な常識を基に事実の有無を**推認**という形で認定することも許されるのである。たとえば、自己に有利な事実を主張する者が通常ならばその証明を容易になし得ると考えら[22]

---

[21] 紙浦健二「税務訴訟における立証責任と立証の必要性の程度」、都築政則「課税処分取消訴訟における主張責任」現代裁判法大系29巻119頁。なお、これらの文献は、税額控除については税額の特別の減額事由であることなどから、原告に立証責任があるとしているが、筆者は、その根拠法規につき、真に恩恵的かつ例外的な控除であって控除事由を納税者側で明らかにできない限り控除を受けられなくてもやむを得ないものであるとの立法趣旨に基づくものと認められない限りは、本文掲記と同様の理由からやはり被告に立証責任があると考える。なお、以上の点についての裁判例については、上記各文献のほか、最高裁判所事務総局編『主要行政事件裁判例概観2〔改訂版〕』行政裁判資料75号506頁以下参照。

[22] 推認の意義およびその具体的な方法については、伊藤滋夫『事実認定の基礎』77頁以下参照。

れるにもかかわらず、正当な理由なく確たる証拠を提出しない場合には、そのような事実は存在しないものと推認されるのが通常であり、これを必要経費に当てはめると原告が多くの必要経費の存在を主張しながら、何ら正当な理由もなくそれを裏付ける証拠を全く提出しない場合には、特段の事情がない限り、必要経費は被告認定の額を超えないものとの推認がされ、立証責任を云々する以前に被告主張どおりの事実が認定されることになる。また、原告が何らかの証拠を提出した場合には、被告はそれを争ってその信用性を否定することに成功すれば、結局同様の結果が得られることになるのであり、これらの被告の訴訟活動をもって、過酷な負担と評することは困難であろう。

3　設問5について

設問5は、必要経費の一種というべき**譲渡費用**（所税33条3項）の認定に関する問題である。Yのこの点に関する主張は、仲介料が支払われていないというもので、設問からは他の費用の有無が明らかでないので抽象的に要約すると、譲渡費用は原告が申告した額のうち仲介料相当分を除いた額を超えるものではないというものとなろう。

この点について裁判所が真偽不明と判断すると、上記のように被告に立証責任がある以上、被告の主張が認められないこととなり、この点について被告が他の主張立証をしていない場合には結局申告内容に誤りがあるとは認められないことから申告どおりの譲渡費用がかかったものとして譲渡所得を算出することとなる。また、裁判所がDの証言から少なくともAが仲介業者として取引に関与していた事実があったと認定した場合には、特段の事情がない限り、仲介業者が通常請求する割合の仲介料（この点については、宅地建物取引業法46条1項、昭和45年10月23日付け建設省告示第1552号により、仲介料の上限額が定められており、仲介物件が400万円を超えるものについての仲介料は、物件価額の3％に6万円を加えた額と略算される額とされている。国土交通省不動産業務課監修『平成16年版宅地建物取引の知識』786頁参照）が支払われたものとの推認がされ、Yにおいてこの特段の事情（たとえば、XとAとの何ら

かの人的関係を立証してAが無償で行動していたものと推認すべき事情があったことなど）の存在を立証しない限りは、結局Xの主張どおりの事実が認定される可能性が高く、その場合は立証責任の所在という法律論の機能する余地はなく、事実認定の問題で結論が出されることとなる。実務的には、後者のように立証責任を云々することなく、事実認定の問題として処理されることが多いであろう。

　（後注）　従来、行政事件訴訟法は取消訴訟の被告適格が処分または裁決をした行政庁にあるとしていた（同法11条）。そのため、本章の設問および解説中には、Yおよび国税不服審判所長が被告として訴訟を追行していることを前提とする記載がある。しかし、この度、同条が改正されて被告適格はそれらの行政庁が所属する行政主体（国税の場合は国）が有することとされた（平成16年法律第84号。平成17年4月1日施行）。その結果、同改正法施行後は設問の更正処分取消訴訟および裁決取消訴訟の被告はいずれも国となる点に注意を要する。

〔演習問題〕

1　不服申立前置主義の下においては、その結論が出るまでは何年経過しようと取消訴訟は提起できないのか、また、当初から裁決等の結論が客観的に予想できる場合にも不服申立てを前置する必要があるか。このような場合も含めて現行法より厳格な不服申立前置主義を採ることと裁判を受ける権利との関係を論ぜよ。

2　事例の事案でXが更正処分取消訴訟のみを提起した場合、国税不服審判所長の裁決中に引用されている資料を証拠として用いるにはどのようにすればよいか。また、同所長がこれを拒み得る場合はあるか（後注記載の改正後の行訴23条の2、民訴220条、223条、最判平成16・2・20判時1862号154頁参照）。

3　更正処分取消訴訟において、原告が税額が自己の申告した額よりも低額である旨主張することは許されるか。

4　被告による処分理由の追加と民事訴訟法157条1項との関係は、どのように考えるべきか。特に、被告が、裁判所の釈明に応じて処分理由を明確に限定した後に、これと異なる主張を追加することはどうか（東京地判平成13・11・9判時1784号45頁および東京高判平成16・1・28参照）。

5　いわゆる推計課税の場合における主張立証責任は、どのように考えるべきか（町田顯「推計課税不服申立てと納税者の立証責任」税理15巻11号96頁、小野雅也「推計課税と実額反証に関する裁判例の分析」税務大学校論叢28号163頁、田中治「推計課税の本質と総額主義」金子宏先生古稀記念祝賀『公法学の法と政策〔下巻〕』101頁参照）。

6　更正の請求に理由がないとの通知処分取消訴訟と更正処分取消訴訟とでは主張立証責任に違いがあると考えるべきか、特に、更正の請求の理由が、納税者において申告当時に了知し得ない事情にかかわるものであるときはどうか（南博方ほか編『条解行政事件訴訟法〔第2版〕』（岩﨑政明・租税訴訟における証明責任）202頁、東京高判平成14・9・18判時1811号58頁とその原審判決・東京地判同年4・18税務事例34巻10号20頁参照）。

〈参考文献〉

文中に掲記のもののほかに、税務訴訟全般についての文献として、次のものがある。

①　司法研修所編『租税訴訟の審理について〔改訂新版〕』（法曹会、平成14年）。
②　中尾巧『税務訴訟入門〔新訂版〕』（商事法務研究会、平成5年）。
③　山田二郎・石倉文雄『税務争訟の実務〔改訂版〕』（新日本法規、平成5年）。
④　今村隆ほか『課税訴訟の理論と実務』（税務経理協会、平成10年）。

☕ コーヒー・ブレイク ☕

※良き法律家なくして良き課税なし

「代表なくして課税なし」という言葉をご存じであろう。アメリカ独立戦争の発端となった新税反対スローガンとして有名な言葉である。このほか、イギリスの大憲章の制定や清教徒革命、フランス革命なども国王による重税の賦課とこれへの抵抗が多かれ少なかれ事の発端となっていることは、歴史が教えるところである。このように近代市民社会は不当な課税への抵抗を通じて形成された言っても過言ではないのであって、法の支配の一環としての健全な税制を維持することはその基本的な要請であるといえよう。このことは、近代市民社会を継承発展させつつある先進諸国の共通の課題でもある。

この課題の克服には、立法機関が適切な立法を行うことがまず必要であるが、法に従った課税が実現されるよう課税庁に対して司法機関が適切なチェック機能を果たすこともまた重要な課題であるといえよう。司法機関の担い手が裁判官であることはいうまでもないが、司法権が十分な機能を果たすには、十分な法的素養を有する裁判官のみならず、現行法についての解釈を研究する法学者や、その学説を咀嚼して適切な主張をなし得る弁護士など裁判官ないしは裁判制度を支える層の厚い法律家の存在が必要不可欠である。すなわち、上記のスローガンに習うと「良き法律家なくして良き課税なし」というべきであって、この点にこそ、租税法学および租税争訟実務を研究する意義があるといえよう。今回の司法試験制度の改正によって、行政法すら選択科目にも入っていなかった点が改められ、さらに税法が選択科目に加えられたことは、我が国の税制の健全な発展のために誠に喜ばしい事態であり、ようやく税法分野における法の支配を実現するための基盤が整備されたと評価できる。

■コーヒー・ブレイク■

※シャウプ勧告と税法研究

　先のコーヒーブレイク（→438頁）において法の支配の基盤としての税法学研究の重要性に触れたところであるが、我が国の税法研究は、その重要性にもかかわらず、他の法分野に比べて遅れて開始され、しかもそのきっかけが外国人の勧めにあったことを指摘しなければならない。すなわち、第2次大戦前には、大学に税法講座がないことから専門的な研究者や体系書もほとんどなく、税法は行政法の一分野として取り扱われていたにすぎなかった。これに大きな変化をもたらすきっかけとなったのが、占領軍の要請に応じてシャウプ博士を団長とする調査団が昭和24年9月に行った勧告（シャウプ勧告）である。シャウプ勧告は、我が国の税制の長期的なあり方全般に関する膨大なものであるが、その中で租税関係資料を充実させる必要性があるとの指摘の一環として、「各大学の法学部においては、税法の講座を独立の課目として設けるべきである。税法の実体的および技術的規定ならびに税務行政の専門的側面に注意が向けられるべきである」との勧告がされた（勧告書4巻附録DのD5b 67頁）。これに応じて、昭和24年に中央大学で税法の講義が行われ、国立大学では昭和26年に東京大学および京都大学に初めて税法の講座が設けられるとともに、同年には日本税法学会が創立され、ようやく本格的な税法研究が開始されたのである（清永敬次『税法〔第5版〕』25頁）。もっとも、租税裁判例の充実には、なお約半世紀の経過を要し、ようやく前世紀末に至って租税実体法の本格的研究の素材にふさわしい裁判例が集積され始めたと指摘されている（中里実「租税法における新しい事例研究の試み」ジュリ1242号64頁）。

　こうして税法研究はようやく基盤が整備されるに至り、この時期に税法が司法試験の選択科目に加えられたのも無関係ではないと思われる。このような税法研究のきっかけをつくったシャウプ勧告については、その内容を今一度検討するのも意義深いことと思われる。

（藤山雅行）

第14章　税務情報と納税者のプライバシー

I　事例と設問(1)

　所轄の税務署から、**税務調査**のために税務職員を派遣する旨の通知を受けた個人事業者Aは、これまで申告等に際して一切の不正や、やましいことをしていない自分の誠意を疑われたことをはなはだ心外に感じ、税務職員による検査を拒否したいと思っている。このような場合、Aは、税務職員の来訪のみならず、質問への応答さえも一切拒否することが許されるであろうか。また、税務調査を受けるにあたって、会計帳簿を日記帳代わりとして使い、個人的な事柄の多くをその帳簿に書き込んでいたAは、帳簿の各所に自分の**プライバシー**に関わる情報が多数混在していることを理由にして、税務職員に帳簿を見せることを拒否したり、税務職員による検査を拒むことができるのであろうか。

II　基本的考察

1　租税行政において情報がもつ意義

　行政がその与えられた機能を存分に発揮するためには、国民生活の広範な領域・範囲にわたって正確な情報をできるだけ多く収集し、適切に整理・分析・利用する必要がある。この点については、税務行政においても同じこと

がいえる。公正かつ効率的に租税を集めるというだけではなく、法律で定められている納税義務を実現し、国民が求める公平な租税負担を実現するためにも、税務行政庁は、できるだけ良質な情報を確保・収集し、活用するように、日常的な努力を積み重ねていかねばならない。

そうはいっても、税務行政庁が必要な情報を収集するためには、行政側の一方的な努力のみで達成できるわけではない。また、行政にどんなに強大な情報収集権限を与えるとしても、相手方である国民（納税者）の存在を無視してしまったのでは、折角の権限も、意図したような効果を上げられずに終わってしまう可能性がある。行政が情報を収集するためにも、国民の協力は絶対に欠かせない条件となっている。その意味では、上で述べた税務行政庁が行うべき努力は、国民（納税者）から積極的な支援と協力が得られるよう、日頃からの努力を積み重ねていくことでもある。

実際のところ、国民に心から信頼されるような関係を築くことは、税務行政庁にとって、それほど容易な作業ではあるまい。ただ、信頼関係を築く最低限の条件としてハッキリといえることは、税務行政を遂行する行政担当者の1人ひとりが、公平性や無私性等の点で、国民から決して不信感をもたれるようなことをしてはいけない、ということだろう。

2　税務調査の現代的意義

税務上の情報収集の観点からいえば、アンケート等を含む納税者の一般的な動向調査、税制改革に向けての意見聴取や公聴会の開催、あるいは、相続や土地の譲渡などの状況を把握するため税務署から納税者に送られるお尋ね文書の類（たぐい）なども、広い意味での税務調査の範疇に含まれよう。ただし、一般には、課税・徴税上の処分（更正・決定など）や犯則処分を行う前提として実施される、納税者の所得や申告内容の正誤の調査、質問・検査、立ち入り（臨検）等を指して、税務調査と呼ぶ例が多い。ここでは、特に課税処分の前段階において、課税要件事実を確認するために行われる通常調査、あるいは狭義の税務調査を中心に検討を加えていくこととする。

ここで取り扱う狭義の税務調査は、行政調査の一態様として、行政法学の観点からも論じられてきた。田中二郎博士などの伝統的な行政法学説では、刑罰によってその実効性が担保されている税務調査（特に各種の租税法で定められている質問検査など）についても、その行政上の目的を実現する手段としての側面を強調し、「**即時強制**」（義務履行確保手段ではなく、相手方の抵抗を物理的に排除する点に特色がある）の一種と解する傾向が強かった。しかし、後述する川崎民商事件や荒川民商事件などを契機として、税務調査を即時強制の枠組みにおいて捉えることを疑問視する見解が現れるようになり、現在では即時強制と税務調査は別物だと考える意見が大勢を占めるようになっている。両者は、究極的な行政目的の実現を図ろうとしているのか、それとも資料・情報の収集という間接的行政目的の実現を図ろうとしているのかという目的の違いのほか、性格的にもかなりの違いがある。税務調査についていえば、適切な行政決定を担保するために資料や情報収集の効果を挙げたい行政側の利益と、プライバシーや自由な生活領域を確保することに重きを置く私人側の利益との調整を、どのように図っていくかはきわめて重要な問題であるが、従来の即時強制の概念や枠組みでは、その点の説明や分析の仕方が、どうしても不十分とならざるをえなかった。むしろ近時においては、行政法学においても、行政活動を進めていくうえでの必要な（根拠）資料を収集するための必須の手続として行政過程論の一部として論じるなど、行政調査に手続法的な位置づけを与えようとする考え方が一般的である。それと同様のことを税務調査についても指摘できる（ちなみに、川崎民商最高裁判決は、所得税法で規定する質問検査は、「もっぱら所得税の公平確実な賦課徴収を目的とする手続」であることを明言する）。この点については、我が国の多くの裁判例が、税務調査段階で生じた瑕疵（違法性）を、課税処分の手続上の瑕疵として捉え、論じていることなどを見ても明らかである。

　いずれにせよ、情報化社会として意義づけられる現代社会において、行政

1　田中二郎『新版行政法（上）』（弘文堂・1974）180頁以下。

調査ないしは税務調査は、ますますその機能と役割が拡大しつつある。しかも、コンピュータ・システムの導入などに見られる「**行政機械化**」の傾向は、行政調査や税務調査を、単に情報の収集活動としての面からだけでなく、情報の管理や利用の面からも考察し、コントロールしていく必要があることを示唆している。とりわけ税務調査については、納税者自身の記帳や納税申告が、課税庁の情報収集活動に大きな役割を果たしていることや、そこで取り扱われる情報の性質などに鑑みて、ことさら、情報収集と情報の管理・利用の両面からの考察が必要とされるであろう。

3 税務調査の法的性格

税務調査は、一般に、「租税の公平確実な賦課徴収など、各種の租税行政上の目的を実現するために、租税行政庁が実施する情報収集活動」として理解することも可能であろう。ただし実際には、税務調査は、種々の目的と態様・手段の下で実施されており、その性格を一概に論ずることは難しい。そこで、種々の観点からの分類方法が試みられている。たとえば、その目的によって分類するとすれば、課税処分のための調査と滞納処分のための調査、さらには犯則事件の調査とに分けることができようし、事前調査と事後調査のように、調査の時期で分けることもありうる。それらの中には、単に説明の便宜のためだけに行われる分類方法もあるが、そういう場合には、どのような分け方をしたとしても、本質にはあまり影響がない。その一方では、税務調査をめぐる法的性格論のように、税務調査の法的限界やそのあり方をめぐる議論と結びつけて論じられることもある。

更正処分や決定処分をする前提として行われる調査（税通24条～27条、32条など）や、**質問検査**[2]等の手法で行われる各種税目の調査（所税234条、法税153条、相税60条、消税62条等）などの、いわゆる通常の税務調査は、半強制的契機により行われたとしても、本質的には納税者の同意と協力に基づく**任意調査**であると基本的には理解・認識されている。[3]

この種の調査の中には、質問検査権のように、検査を拒否したり妨害した

りする行為、あるいは質問に答えなかったり、嘘をついたりする行為を処罰の対象としている例もある。質問検査権などは、名目上は任意とはいえ、実際にはかなり強い法律上の調査権限が税務行政庁側に与えられているケースといえよう。その意味では、法律上の権限と建前としての任意性との間で、どのようにバランスを取るかが微妙なケースも少なくなく、全体をどのように説明するかについては、はなはだ困難を伴う。後述するように、**川崎民商事件**と**荒川民商事件**における最高裁の判断は、それなりに一応の解答を示しているが、十分説得的な論理になっているかどうかについては疑問の余地もある。

　これまでの裁判例では、どちらかといえば通常調査については、納税者の同意の有無や協力の状況など、本来の意味での任意調査として行ったか否かを、調査の適法性判断のメルクマールとする傾向がある。また、よほどの例外的ケースを除き、課税庁自身が「伝家の宝刀」ともいうべき検査拒否罪や不答弁罪の適用を差し控えていることも相まって、近時の質問検査は、建前どおり「任意調査」として実施されるのが一般的である。

　ただし、「間接強制を伴う任意調査」を文字どおりの「任意」、すなわち、納税者の「心のままに任せる」ということになると、税務調査の実効性はほとんどなくなってしまうであろう。それとは反対に、間接にせよ「強制」に力点を置いて運用するならば、実際には、令状なしで国民のプライバシーにも土足で踏み込んで構わないということにもなりかねない。結局は、納税者

2　所得税法、法人税法、相続税法、消費税法など、ほとんどの租税実体法では、国税庁、国税局、税務署または税関の**当該職員**（権限を与えられた職員）に対して、各税に関する調査で「必要があるとき」は、帳簿書類その他の物件を検査したり、納税者等の関係者に対して質問をしたりする権限を与えている。このような権限を質問検査権といい、ほとんどの租税実体法では、この種の規定を置いている。税目によってペナルティーの重さは違っているが、検査を拒み、妨げ、忌避した場合、あるいは、質問に対して答弁しなかったり、虚偽の答弁をしたりする場合には、一定の刑罰（所得税法、法人税法、相続税法などでは1年以下の懲役または20万円以下の罰金、消費税法では10万円以下の罰金）が科されることになっている。

3　もっとも、国税通則法上の調査と各税における質問・検査とを完全に同意義として理解する必要はない。国税通則法でいう「調査」に質問検査が含まれることはいうまでもないが、実際にはもっと広く、部内調査や机上調査をも含めて理解すべきであろう。

の任意の協力と、課税する側からの間接的あるいは心理的強制との微妙なバランスの上に、制度自体が成り立っているといってもよい。

なお、税務調査の任意性に関連しては、質問検査には立入調査権を含むのか、換言すれば、納税者の同意を得ないままに、その住居や店舗・敷地内に立ち入って調査をなしうるのかという問題が生じてくる。近時の裁判例の中には、納税者のプライバシーを尊重する観点から、納税者の同意を得ない以上、**質問検査権**行使のためであっても、納税者に無断でその生活領域内に立ち入ることは許されないとするケースがあり、注目される。

4 税務調査をめぐる日本的法状況

戦後の我が国税制に大きなインパクトを与えたシャウプ税制勧告は、我が国の租税制度が十分な機能を発揮しうるか否かは、国民（納税者）の協力が鍵を握っているとみて、いろいろな所で租税行政庁と国民との協力・協働関係の大切さを説いている。たとえば、申告納税制度に関して、同勧告は、「所得税および法人税が適正に執行されるかどうかは、全く納税者の自発的協力にかかっている。納税者は、自分の課税されるべき事情、又自分の所得額を最もよく知っている」、そして、「もし税務行政が成功することを希望するならば〔事業者、農業者、高額給与所得者、法人―すなわち申告書を提出しなければならない全ての納税者〕の大多数が自発的に行政上の事務の幾ら

---

4 たとえば、京都地判昭和59・3・22判時1127号128頁は、税務調査のため納税者の店舗に臨場した国税調査官が、納税者の不在を確認する目的で内扉の止めがねを外し、無断で店舗の作業場入り口付近まで侵入した行為について、「税務調査に対する非協力的態度を考え合わせても、なお軽率のそしりを免れないのであって、〔国税調査官〕の右行為が正当な範囲であるとすることは、到底できない」と判示する。控訴審・大阪高判昭和59・11・29訟月31巻7号1559頁は、「質問検査権は、相手方はこれを受忍すべき義務を一般的に負い、その履行を刑罰によって間接的心理的に強制されているものではあるが、相手方においてあえて質問検査権を受忍しない場合には、それ以上直接的物理的に右義務の履行を強制し得ない」との前提として判断した結果、「質問検査のためであっても、占有者の意思に反して留守中の住居、建造物に立ち入る行為は質問検査権行使の権限を超えるものであり、正当な行為ということはでき」ず、そのような行為は「本件店舗の平穏を害し、被控訴人に対して精神的苦痛を与えるに足りる」とした。上告審・最三小判昭和63・12・20訟月35巻6号979頁も、原審の判断を認容、課税庁側の訴えをしりぞけている。

かを分担しなければならない」と述べている（福田幸弘監修『シャウプの税制勧告』（霞出版社、1985）366頁以下）。

ただし、当時の日本の状況は、大衆課税への道筋を見据えてシャウプ勧告が提言した政府と納税者の協力関係とはほど遠い経済社会状況に置かれていた。戦後の混乱期にあってインフレが昂進する中で、生活を立て直さねばならない庶民の生活は、一般的にいってとても厳しい苦しい状況にあったといわねばならない。その一方では、国力が極端に疲弊し財政的にもきわめて逼迫した中で、戦後の復興を果たさねばならなかった政府としては、各税務署に徴税目標額を割り当てるようなことまでして、いわば「日本経済のドン底をかきさらう」ように、強引な課税・徴税政策を推進せざるを得なかった。しかも戦後の民主化運動の影響もあり、納税者側が集団的自衛権を行使するかのように反税闘争（運動）を展開するようになると、危機感を募らせた政府の方も、そのもてる権限をすべて使って対抗する有様で、政府あるいは課・徴税を担当する第一線の税務職員とある種の納税者団体との間に根差した敵対感と不信感は、ある意味では抜き差しならない関係にまで立ち至ってしまったように思われる。課税・徴税の現場での紛争は、納税者側の訴訟戦術もあって、その多くが法廷の場へと持ち込まれるようになり、やがて膨大な数の裁判例を生み出すようになった。ただ、実際に裁判の場に出される事件は、租税行政庁と納税者とが対立軸に立って税務行政の違法性を争う事例がほとんどであり、実体租税法的観点からいえば、やや不毛ともみえる議論がその多くを占めていた。戦後租税法の出発点において、そのような体験から出発せざるを得なかったことは、租税法の発展にとって、ある意味では不幸なことであるが、その中で、税務調査をめぐる多くの裁判例が集積されていったことも否定できない。[5]

---

5 この間の税務行政をめぐる状況については、さしあたり、平田敬一郎＝忠佐市＝泉美之松編『昭和税制の回顧と展望（上判）』（大蔵財務協会、1980）、井上一郎『戦後租税行政史考』（霞出版社、2000）を参照されたい。

5 質問検査権の行使をめぐる最高裁判例
　——川崎民商事件と荒川民商事件

　戦後の混乱期を経て、経済的にも高度安定成長期にさしかかった時代背景の中で、納税者団体（あるいは反税団体）と課税庁との間の、税務調査や質問検査権の行使をめぐる確執や法律論争に、きわめて象徴的で重要な意義をもつ2つの判断が最高裁により下された。その1つが川崎民商事件における大法廷判決（最大判昭和47・11・22刑集26巻9号564頁）であり、他の1つが荒川民商事件をめぐる第三小法廷決定（最三小決昭和48・7・10刑集27巻7号1205頁）である。

(1) 川崎民商事件

　川崎民商事件では、納税者団体会員である納税者の自宅店舗を、所得税確定申告調査のために収税官吏3人が訪れ、帳簿書類の検査をしようとしたところ、納税者が、大声を上げたり収税官吏の上膊部を引っ張るなどしてその検査を妨げたため、ニュース・カメラマンや私服の警官が見守る中を所得税法違反（**検査拒否罪**）で逮捕され、起訴された。

　第一審の横浜地判昭和41・3・25（税資84号290頁）は、①被告人方のような零細業者に収税官吏3名が調査に赴いたことは大袈裟で、被告人から反感を抱かれてもやむをえないが、これだけで調査を違法と断ずるほどのことはなく、本件調査が民主商工会の組織破壊の目的でなされた行為とは認められない（ただし裁判所は、「右のような状況下でなされた本件犯行は犯罪の情状として考慮されるべき」であるとする）、②以前の調査に際して、事前に納税者団体事務局員に連絡したり、事務局員立会いのもとで調査した事実も認められるが、そのような行政上の慣行や先例が確立しているとは認められない、③調査は純粋に行政的な手続であって、適正な課税標準と税額の確定を唯一の目的としている。それに対して憲法35条や38条は、刑事手続における供述の不強要、住居侵入、捜索押収に対する保障を目的とする規定であって、本件のような行政手続には適用されない等の理由をあげ、執行猶予付の罰金刑を

言い渡した。

　控訴審で控訴人は、質問検査権を規定する当時の所得税法が質問検査権の内容（「収税官吏」「所得税に関する調査」「調査について必要あるとき」「質問検査」「納税義務者」「納税義務があると認められる者」等の文言の意義）がきわめて不明確で客観性を欠き、犯罪となるべき行為の態様や類型が明確に限定されていない、権力者の恣意的解釈と職権濫用とを許し行政上の取締本位にこれを拡張類推して解釈適用される余地がある、などの点で、憲法31条に違反する。それのみならず、この制度は、罰則でもって調査の受忍や質問に対する答弁を強制しており、憲法31条、35条、38条1項に違反して無効であると主張した。それに対して、東京高判昭和43・8・23（税資84号241頁）は、①当時の所得税法は、特に明確さを欠くとは解せない、②規定の趣旨が不明確であるとの前提を立て、質問検査権制度が収税官吏の恣意的解釈と職権の濫用を誘発して、憲法31条に違反すると主張する論旨は失当である、③憲法35条および38条は、刑事手続に関する規定であって、直ちに行政手続に適用されるものではない、したがって、行政調査手続を規定している所得税法には直接適用がない、と判示して控訴を棄却した。さらに控訴審は、民主商工会の組織を破壊するという不当な意図のもとに職権を乱用して無差別に調査を行ったとは認められないこと、事前通知をしなかったとしても調査の必要上やむを得なかったこと、身分証明書や検査章を呈示しないで本件調査に着手しているが、納税者からも呈示を求められていない以上は、それも違法にはならない、と判示した。

　大法廷は、全員一致の判決で、制度を合憲と判断し、納税者からの上告をしりぞけたが、その論理は、おおむね以下のような議論によっている。

　　(ｱ)　憲法31条、35条に違反するとの主張について

　最高裁は、本件への適用については、質問検査規定の内容に何ら不明確な点はないとした。また、所得税法上の質問検査権が、裁判所の令状なくして強制的に検査することを認めているのは憲法35条に違反し違憲である旨の主張に対しては、「所得税の公平確実な賦課徴収のために必要な資料を収集す

ることを目的とする手続であって、その性質上、刑事責任の追及を目的とする手続ではない」こと、検査の範囲が、その目的のため必要な所得税に関する事項にかぎられ、その検査は、所得税の賦課徴収手続上一定の関係にある者の事業に関する帳簿その他の物件のみを対象としていること、所得税の逋脱その他の刑事責任の嫌疑を基準にしてその範囲を定めてはいないこと、などを理由にそれをしりぞけた。

(イ) **検査の受忍は憲法上許されるか**

質問検査権を定める所得税法が、罰則をもって検査の受忍を強制している点について、最高裁は、収税官吏の検査を正当な理由なしに拒む者に対して所定の刑罰を加えることによって、この制度が間接的心理的に検査の受忍を強制しようとしており、検査を受忍しない場合の刑罰も、行政上の義務違反に対する制裁としては、必ずしも軽微とはいえないとする。ただし、最高裁は、①強制の度合いが検査の相手方の自由な意思を著しく拘束して、実質上、直接的物理的な強制と同視すべき程度にまで達しているとは、いまだ認めがたいこと、②国家財政の基本となる徴税権の適正な運用を確保し、所得税の公平確実な賦課徴収を図るという公益上の目的を実現するために収税官吏による実効性のある検査制度が欠かせないこと、③制度の目的や必要性を考えると、実効性確保の手段として、不均衡・不合理な程の強制を課してはいないこと、を根拠としてあげ、違憲ではないとした。

(ウ) **憲法38条（自己負罪禁止規定）違反について**

最高裁は、質問検査が、もっぱら所得税の公平確実な賦課徴収を目的とする手続であって、刑事責任の追及を目的とする手続ではなく、そのための資料の取得・収集に直接結びつく作用を一般的に有するものでもない点を強調し、このような検査制度には公益上の必要性と合理性があることを指摘する。さらに判決は、憲法38条1項による保障が「純然たる刑事手続においてばかりではなく、それ以外の手続においても、実質上、刑事責任追及のための資料の取得収集に直接結びつく作用を一般的に有する手続には、ひとしく及ぶ」と述べ、旧所得税法の質問検査規定そのものが憲法38条1項にいう「自

己に不利益な供述」を強要しているわけではないと結論づけている。

(2) 荒川民商事件

この事件では、納税者である被告人が、長男と共謀して所得税確定申告調査に訪れた税務職員の質問に答えず、検査を拒否したとして起訴された。第一審の東京地判昭和44・6・25（判時565号46頁）は、①当該職員が必要と認めて質問し、検査を求めるかぎり、不答弁や検査の拒否がどのような場合にも1年以下の懲役または20万円以下の罰金に当たること、しかも、②事柄が、所得税に関する調査という、ほとんどすべての国民が対象になるような広範囲な一般的事項であり、しかも公共の安全などにかかわる問題でもないだけに、「刑罰法規としてあまりにも不合理」であって、憲法31条に抵触するおそれがあるから、質問検査に対する質問不答弁罪、検査拒否罪、検査妨害罪は、「その質問等について合理的な必要性が認められるばかりでなく、その不答弁等を処罰の対象とすることが不合理といえないような特段の事情が認められる場合」にのみ成立するとして、限定的な解釈を試みた。その結果、次のように判示して被告人を無罪とした（なお、長男については、「『納税義務がある者』でも、『納税義務があると認められる者』でもあり得ないことが明らかである」として、これも無罪とされている）。

「本件のように、『納税義務がある者』すなわち確定申告書の提出者に対する場合には、必要があるかぎり確定申告書ないしその添付書類の記載自体（その根拠に立ち入るのではなく）に対する説明を求めるため、刑罰を背景として質問することはもとより許される。また、青色申告の場合には、所得計算上および納税手続上の特典があるかわりに、所定の帳簿書類の備付が義務づけられているのであるから、これらの帳簿書類の検査を拒否すれば、処罰を受けることもやむをえない。……しかし、被告人のように、一般のいわゆる白色申告者である場合には、単に帳簿書類を見せてほしい、得意先、仕入先の住所氏名をいってほしい、工場内を見せてほしいといわれただけで、これに応じなかったといって、ただちに不答弁ないし検査拒否として処罰の対象になるものと考えることはできない。……〔税務署が〕過少申告の疑いを

持ったことが合理的であるとしても、それだけの理由で、刑罰の威嚇のもとに、包括的に帳簿書類一切を見せることを要求し、包括的に得意先、仕入先全部の住所氏名を告げることを要求し、さらには工場内を見せることを求めることが合理的に許されるものとは、到底いいがたいのである。……本件の場合には、被告人の前記のような行為は、これを処罰の対象とすることが不合理といえないような特段の事情が認められないため、所得税法242条8号の罪を構成するに足りない」。

控訴審判決（東京高判昭和45・10・29判時611号22頁）は、原判決を破棄して、長男を含めて被告人らに有罪判決（罰金刑）を言い渡した。判示にあたり控訴審裁判所は、調査に赴いた税務署員の態度にかたくなすぎる一面があったことを認めながらも、①被告人らの基本的考え方や基本的態度は、税法を憲法違反であると考え、確定申告の事後調査そのものを根本的に否定・拒否しようとする立場に立っている。したがって、調査に当たる収税官吏が、事後調査の必要性を説明・開示しなかったとしても、それだけでは検査拒否を正当化しないこと、②収税官吏による調査については必要性と合理性があったこと、③被告人等の態度は税制度に対する挑戦であり本件検査拒否は法秩序そのものを無視しているので、いずれにせよ法的制裁を免れないこと、などの諸点を指摘した。

上告理由で上告人は、多岐にわたって所得税法上の質問検査規定の違憲性を攻撃している。まず、上告人は、差し迫った必要がないのに、事前の通知をせず、かつ調査の理由および範囲を明白に示すことなく被告人に対する本件質問検査を行っており、適法な質問検査に着手したとはいえないとして、憲法31条、35条、38条1項違反を主張した。その議論に対して最高裁は、その議論の実質が所得税法の解釈に関する単なる法令違反、事実誤認の主張であり、適法な上告理由に当たらないとした。また、質問検査に応ずるか否かを相手方の自由に委ねる一方、その拒否を処罰することとしている制度の不合理さを根拠に所得税法規定の違憲性（31条違反）を主張する点については、「前記規定に基づく質問検査に対しては相手方はこれを受忍すべき義務を一

般的に負い、その履行を間接的心理的に強制されているものであって、ただ、相手方においてあえて質問検査を受忍しない場合にはそれ以上直接的物理的に右義務の履行を強制しえないという関係を称して一般に『任意調査』と表現されているだけのことであり、この間なんら実質上の不合理性は存しない」ので議論の前提を欠いていると指摘した。最高裁は、さらに、質問拒否罪等を定める所得税法の規定の意義について次のように述べて、上告を棄却した。

「所得税の終局的な賦課徴収にいたる過程においては、原判示の更正、決定の場合のみではなく、ほかにも……税務署その他の税務官署による一定の処分のなされるべきことが法令上規定され、そのための事実認定と判断が要求される事項があり、これらの事項については、その認定判断に必要な範囲内で職権による調査が行なわれることは法の当然に許容するところと解すべきものであるところ、所得税法234条1項の規定は、国税庁、国税局または税務署の調査権限を有する職員において、当該調査の目的、調査すべき事項、申請、申告の体裁内容、帳簿等の記入保存状況、相手方の事業の形態等諸般の具体的事情にかんがみ、客観的な必要性があると判断される場合には、前記職権調査の一方法として、同条1項各号規定の者に対し質問し、またはその事業に関する帳簿、書類その他当該調査事項に関連性を有する物件の検査を行なう権限を認めた趣旨であって、この場合の質問検査の範囲、程度、時期、場所等実定法上特段の定めのない実施の細目については、右にいう質問検査の必要があり、かつ、これと相手方の私的利益との衡量において社会通念上相当な程度にとどまるかぎり、権限ある税務職員の合理的な選択に委ねられているものと解すべく、また、暦年終了前または確定申告期間経過前といえども質問検査が法律上許されないものではなく、実施の日時場所の事前通知、調査の理由および必要性の個別的、具体的な告知のごときも、質問検査を行なううえの法律上一律の要件とされているものではない。そして、質問検査制度の目的が適正公平な課税の実現を図ることにあり、かつ、前記法令上の職権調査事項には当然に確定申告期間または暦年の終了の以前におい

て調査の行なわれるべきものも含まれていることを考慮し、なお所得税法5条においては、将来において課税要件の充足があるならばそれによって納税義務を現実に負担することとなるべき範囲の者を広く『所得税を納める義務がある』との概念で規定していることにかんがみれば、同法234条1項にいう『納税義務がある者』とは、以上の趣意を承けるべく、既に法定の課税要件が充たされて客観的に所得税の納税義務が成立し、いまだ最終的に適正な税額の納付を終了していない者のほか、当該課税年が開始して課税の基礎となるべき収入の発生があり、これによって将来終局的に納税義務を負担するにいたるべき者をもいい、『納税義務があると認められる者』とは、前記の権限ある税務職員の判断によって、右の意味での納税義務がある者に該当すると合理的に推認される者をいうと解すべき」である。

(3) その他の事例

これらの判決と前後して、最高裁ではもう1つの質問検査事例も審理されている。この事例では、納税義務者の事務局員等が税務署員等の青色申告に関する事後調査を妨げ、いわゆる検査妨害罪に問われることになった。一審（横浜地判昭和41・3・26税資84号709頁）が有罪とした後に、控訴審（東京高判昭和43・5・24判時523号26頁）は、おおむね次のように述べ、一部被告人については無罪とした。

「納税義務者等は、正当な拒否事由がある場合のほかは、収税官吏の質問に応じ、事業に関する帳簿等の検査に応ずべき受忍義務があるが、この質問検査は、本来は相手方である受忍義務者の承諾の下に行われることが望ましく、強制力を用いるような性質のものではない。所得税法は、国の税務行政の円滑な運営を図り国家財政を確保するための必要から、刑罰により受忍義務の履行を間接に強制し、同法本来の目的の達成を図っているのであるから、検査妨害罪や質問拒否罪等の構成要件である質問検査受忍義務違反の行為は、受忍義務を負う者が履行しなかった場合、すなわち、いわゆる身分犯を想定して規定する。この場合の罪の主体となり得る者は、納税義務者その他、法で規定された受忍義務者のみであり、右の身分を有しない者は、身分を有す

る者と共犯関係にある場合は別として、罪の主体とはなり得ない」。

　検察側の上告を受けて審理した結果、最高裁は、原判決を破棄し、事案を原審に差し戻した（最二小判昭和45・12・18刑集24巻13号1773頁）。

　「旧所得税法70条10号の定める当該帳簿書類その他の物件の検査を妨げる罪は、同法63条1号ないし3号所定の者に対し、収税官吏による必要限度の検査を受忍すべき義務の履行を間接に強制しようとするものであることはもちろんであるが、これにとどまらず、適法な検査を保護し、検査の実効性を確保して、適正公平な課税権の行使に資し、税制の目的を達成するため、これに必要な限度で、ひろく一般人をも対象とし、公務執行妨害罪にいたらない程度の行為を禁じようとするものであって、公務執行妨害罪の補充的規定たる性格をも有し、同条各号所定の者の行為のみを処罰するいわゆる身分犯を定めた規定ではないと解するのが相当である」「検査を妨げる行為は、その性質上、なんぴとにおいてもなしうる行為であり、かつ、前記のとおり、その主体につき、法文上、なんらの限定も加えられていないのであるから、これをもって一定の身分のある者のみを処罰する趣旨であると解する余地は全く存しない。また、検査を妨げる行為が、たまたま、検査を拒み、あるいは忌避する行為と同一の条項に規定されているからといって、そのことゆえに、行為の性質上の差異を無視し、法の趣旨を没却してまで、これらを統一的に解釈しなければならないとすることもできない」（この判決には、「第三者による検査の妨害もまた本件の犯罪を構成するという理論は、とうていこれを肯認」できない、とする色川幸太郎裁判官の反対意見が付されている）。[6]

6　税務情報とプライバシー

　税務調査は、その性質上、国民の生活と密着する形で行われるのが通常である。その意味では、税務調査は常に国民のプライバシーを侵犯する危険性

---

[6] この事件に関する差戻後控訴審（東京高判昭和49・3・27税資84号609頁）は、質問検査規定は身分犯を定めた規定ではないとの最高裁の判断に従い、改めて有罪判決を言い渡した。差戻後上告審（最三小判昭和51・3・16税資84号553頁）でも、上告が棄却されている。

をはらんでいる。ただ、いかにプライバシーの権利が我が国の憲法上確立し、定着しているとしても、課税の基礎となる情報自体を課税庁との関係で保護の対象とすべきであるいう議論はまずあり得ない。

一般的にいえば、納税者の帳簿書類などを含めて税務上の記録は、一種の**公的記録**（public record）として、税務行政庁との関係では、プライバシー保護の対象となる私的秘密性をもち得ないことになる[7]。それとともに、荒川民商事件で最高裁が述べているように、「質問検査の範囲、程度、時期、場所等実定法上特段の定めのない実施の細目については、右にいう質問検査の必要があり、かつ、これと相手方の私的利益との衡量において社会通念上相当な程度にとどまるかぎり、権限ある税務職員の合理的な選択に委ねられている」と解すべきであり、また、「暦年終了前または確定申告期間経過前といえども質問検査が法律上許されないものではなく、実施の日時場所の**事前通知**、調査の理由および必要性の個別的、具体的な告知のごときも、質問検査を行なううえの法律上一律の要件とされている」わけではないであろう。

最二小判昭和58・7・14（訟月30巻1号151頁）も、「所得税の終局的な賦課徴収に至る過程においては、更正、決定の場合のみでなく、申請、申告等に対する許否の処分のほか、税務署その他の税務官署による一定の処分のされるべきことが法令上規定され、そのための事実認定と判断が要求される事項があり、これらの事項については、その認定判断に必要な範囲内で職権による調査が行われることは法の当然に許容するところ」であるが、「所得税について調査の権限を有する収税官吏において、当該調査の目的、調査すべき

---

[7] なお、司法書士の秘密保持義務と税務調査との関連が争われた横浜地判平成8・10・2税資221号1頁は、司法書士の秘密保持義務規定は「登記申請人等のプライバシー、営業上又は名誉若しくは信用上の秘密を保護するための規定である」としながらも、「一方では国税庁、国税局又は税務署の当該職員についても同様の守秘義務が課されており（国家公務員法100条1項）、当該職員に対する告知が当然に漏洩とはならないことにかんがみると、当該職員が司法書士に対して質問検査権を行使する場合においては、その調査が必要とされる範囲内の事項については、特別の事情のない限り、右質問に応じて回答することは司法書士法11条所定の秘密保持義務に違反するものではないと解するのが相当である」と判示する。控訴審・東京高判平成9・3・19税資222号1010頁および上告審・最二小判平成9・10・17税資229号30頁は、いずれもこの判決を認容する。

事項、申請、申告の体裁内容、帳簿等の記入保存状況、相手方の事業の形態等諸般の具体的事実にかんがみ、客観的な必要性があると判断される場合には、前記職権調査の一方法として、同条各号規定の者に対し質問し、又はその事業に関する帳簿、書類その他当該調査事項に関連性を有する物件の検査を行う権限を認めた趣旨であって、この場合の質問検査の範囲、程度、時期、場所等実定法上特段の定めのない実施の細目については、右にいう質問検査の必要があり、かつ、右必要と相手方の私的利益との衡量において社会通念上相当な限度にとどまるかぎり、これを権限ある収税官吏の合理的な選択に委ねたものと解するのが相当である」こと、そして、「この場合、実施の日時場所の事前通知、調査の理由及び必要性の個別的、具体的な告知などは、質問検査を行ううえの法律上一律の要件とされているものではない」ことを指摘する。

そうはいっても、調査の時間・場所・対象物件のほか、調査方法の選択の仕方など、税務調査を実施するやり方によっては、納税者の私生活やプライバシーを侵害するケースも十分考えられる。先に紹介した京都地裁昭和59年判決およびその上訴審判決では、無断で店舗に立ち入った行為が違法であり、行政側に賠償の責任があるとされたが、そのほかにも、具体的な税務調査がプライバシー侵害に当たるとされた例が見られる。

具体的な事案では、京都市および大津市所在の各店舗において衣料品店を営む納税者の妻と母、納税者の姉、それに2人の女性パート従業員という女性ばかりが衣料品の販売業務に従事していたところに、男性の国税調査官が数人訪れて、販売店舗の2階にある女性2人の居室兼寝室に入って税務調査をした行為の違法性が問われている。事案は同一の事実関係に関して2件あり、①事件では国家賠償が請求され、②事件では、違法な税務調査を理由とする青色申告承認取消処分の取消しが求められている。[8] 判決は、いずれも税務調査の違法性を認定し、国家賠償あるいは青色申告承認の取消しを認めて

---

8 ①事件：京都地判平成7・3・27判時1554号117頁、控訴審・大阪高判平成10・3・19判タ1014号183頁。②事件：京都地判平成12・2・25訟月46巻9号3724頁。

いる。

　以下、上記①事件の第一審判決を中心に、プライバシーとの関係で判決の事実認定部分を若干紹介しておきたい。

①　２階部分へ侵入した行為について

　　国税調査官が「２階へ上がらせてもらいますよ」と声をかけたのに対して制止しなかったからといって黙示の承諾があったと見ることはできないとの判断の下で、「このように居宅部分である２階へ上がる行為は、質問検査権が、罰則の制裁によって、相手方は質問検査を受忍することを間接的心理的に強制されるだけで、相手方において、あえて質問検査を受忍しない場合は、それ以上直接的物理的に強制し得ないという意味において『任意調査』とされている性格から考えて、相手方の明確な承諾を要するというべきであり、……承諾を得ないで２階へ上がって行った行為は違法」である。

②　２階居宅部分で行った調査について

　　「売上集計表を取り上げたこと、箱様の籠の中に入っていた納品書及び請求書を発見したこと、承諾なしにタンスやベッドの引き出しを検査したことに関しては、それらの行為はいずれも〔納税者ら〕の承認を得ずして行われたものであって、『任意』に行われたものとは言えず、違法である」。

③　パート従業員女性がもっていたバッグ調査について

　　「同女が所持していたバッグの検査を要求し、それを〔同女〕が繰り返し拒否したところ、〔国税調査官〕が強引にバッグを取って中を調べたことが認められる。よって、右バッグの調査は、『任意』の調査とは言えないものであるから、違法である」。「〔同女〕のバッグの検査は、事業に関連ある物が入っていないかどうかを確認するために行ったものであるところ、右確認を行うためには、バッグの内容物を覗き見れば十分であって、バッグの内容物である手帳等の中身を見る必要はないものと考えられ、また、手帳の中身は、一般に他者には知られたくないもの

で、プライバシー保護の要請が特に強いものであるから、〔国税調査官〕が〔同女〕の手帳の頁をめくって調べた行為は、社会通念上の相当性を欠くものであって、違法と言わざるを得ない」[9]。

④　本件調査以降の別の店への臨場検査について

「国税調査官らは、本件調査以外にも、唐崎店に10回程度、事前通知もなく臨場しており、事前通知のないこと自体は、前記における判断のようにそれ自体が違法となるものではないが、帳簿書類が置かれていない唐崎店（このことは、本件調査の結果から認識できていたはずである。）に臨場することは、その実効性に疑問が残るものであり、10回程度も臨場し、帳簿類の提出を促したとしても、帳簿提出を拒否している者が、回数多く来れば国税調査官らの説得に応じて帳簿類を提出するようになるものとは思われないところ、最初の２、３回については、帳簿提出のための説得的要素が強かったかもしれないが、その後の臨場は、税務調査に名を借りた嫌がらせ的な面も払拭できず、社会通念上相当性を欠く行為であって、違法である」。

なお、②事件では、同様の事実認定と違法性判断を前提として、判決は次のように述べ、青色申告承認取消処分を取り消している。

「法規上明文では規定されていない帳簿書類の不提示をもって、所得税法150条１項１号所定の取消事由に当たるというためには、課税庁の行う調査の全過程を通じて、課税庁が帳簿書類の備付け状況等を確認するために社会通念上当然に要求される程度の努力を行ったにもかかわらず、その確認を行うことが客観的にみてできなかったことを要すること、右のような努力を行ったか否かの判断は、国税調査官らによる一連の税務調査の方法・態様・適否、これに対する納税義務者の対応等を総合して社会通念により決すべきで

---

[9] ①事件の控訴審判決も、次のように述べて、女性用バッグのプライバシー性の強さを強調する。「女性のバッグの内容物、特に手帳の中身などは、一般に他者には知られたくないもので、プライバシー保護の要請が特に強いものであるから、Wの右行為は、社会通念上の相当性を欠くものであり、違法な質問検査権行使の行為であると解される」。

あることは前判示のとおりであるから、右の限度で調査手続の違法及びその後の課税庁の対応が右のような取消事由の要件の存否に影響を与えるというべきである」。

7 違法な税務調査とその影響

　納税者のプライバシーを侵害するような態様でなされた違法な税務調査は、それに続く課税処分等に対して、いったいどのような影響を与えるのであろうか。

　学説上、法的限界を超えた調査は適正手続違反であり、課税処分等も一切違法になることを示唆する見解[10]もみられる。また違法な調査で得られた資料の証拠力の問題として、立証段階での処理を図る見解や、逆に、租税調査の違法は、あくまでも手続的な瑕疵にとどまり、実体関係には一切影響を及ぼさないとの考え方もありうる。

　これまでの裁判例の多くは、税務調査の違法は、それだけでは課税処分の取消事由とはならないとするケースが優勢であるが[11]、中には、調査手続の違法性の程度が刑罰法令に触れあるいは社会正義に反するなど、公序良俗に反する程度にまで至った場合には、課税処分自体が違法として取り消される可能性を示唆する判決[12]も見られる。

　検査証や身分証明書を提示しなかったというような軽微な瑕疵についてはともかくとして、税務調査活動の違法性があまりにもはなはだしい場合には、課税処分の前提となる基礎事実の認定上不利益な取扱いを受けることが多いであろうし、行政の活動そのものを含めて、課税処分への信頼性を失わせ、そのことが原因となって実体的な影響を生ずるケースも当然予想される。た

10　北野弘久『税法学原論〔第5版〕』(青林書院、2003) 393頁以下
11　例、大阪地判昭59・11・30行集35巻11号1906頁、和歌山地判昭54・2・26訟月25巻6号1689頁など。そのせいか、プライバシー侵害を理由として税務調査の違法性を争う事例は、国家賠償請求訴訟が多い。
12　東京地判昭48・8・8行集24巻8＝9号763頁。また、大阪地判昭57・4・9税資123号13頁は、全く調査を怠るようなケースでは、更正処分が違法となりうることを示唆する。

だ、プライバシーの侵害を含めて、違法な税務調査が、それに続く課税処分に及ぼす影響を一概に論じることは非常に困難であろう。結局は、税務調査の違法性の程度や態様、それによって納税者が被った不利益の状況・程度、社会的非難の強さなど、種々の要因を考慮に入れながら、個々の事案に即して具体的判断を積み重ねていかざるをえない。

もっとも、違法な税務調査に対しては、刑罰をもって納税者の協力を強制することは許されない。たとえば違法な質問検査権の行使に関して、被調査者が質問に答えなかったり、検査を拒否したりするようなことがあったとしても、質問への答弁や検査を拒否する正当理由の存在が認められ、質問不答弁罪や検査拒否罪の違法性が阻却されるケースが多いであろう。また、違法な税務調査は正当な職務行為とは認められないため、違法な税務調査を仮に実力で排除・阻止したとしても、構成要件該当性を欠き、公務執行妨害罪や質問検査妨害罪等の罪には一切問えないことになろう。[13]

8 税務情報の管理と利用

現代の高度情報化社会において、納税者の税務情報に関してプライバシー保護の観点から懸念されていることは、情報収集の面においてよりも、むしろ税務調査を通じて収集された納税者の個人情報の管理や利用の面においてである。

税務調査により収集された納税者に関する情報や資料は、国家公務員法あるいは地方公務員法上の「職務上知ることのできた秘密」[14]として、それぞれの法律によって保護されている（国公100条、地公34条）。さらに、個別の租税法の規定（例＝所税243条、法税163条、地税22条）では、職務の性質上納税

---

[13] いわゆる中野民商事件における東京地判昭和43・1・31判時507号7頁、同控訴審・東京高判昭和53・10・31訟月24巻12号2589頁参照。また、東京地裁八王子支判昭和57・1・22税資207号14頁では、「質問検査に該当しない場合には適法な公務たる性質を失う」と解している。もちろん、違法な税務調査を防ごうとして、調査官に暴行したり傷害を加えたりする場合には、緊急避難とされる場合などを除き暴行罪や傷害罪あるいは脅迫罪で処断される可能性も生じようが、それは全く別問題である。

者の個人的・経済的秘密に接する機会が特に多い、税務調査に関する事務に従事している、または従事していた職員等に対して、一般の公務員が課されているよりも厳しい守秘義務を課すことにより、納税者の保護を一層図っているといえよう。これらの**守秘義務**規定に基づく納税者のプライバシー保護への配慮は、税務行政あるいは税務行政庁へ納税者の信頼を高め、税務行政を円滑に進めるうえで、大きな役割を果たしていることになる。

税務情報の他事利用に関しても、いくつかの注目すべき判決が出ている。まず、犯則調査により得られた資料を税務署長が引き継ぎ、これを検討したうえで更正をした場合に、国税通則法24条の調査に欠けるところはないかという問題について、広島地判平成4・10・29（税資193号274頁）は、次のように述べている。

「質問検査の権限を犯罪捜査のために行使したり、逆に、犯則事件の嫌疑がないにもかかわらず、専ら租税の賦課、徴収を目的として国税犯則取締法上の調査の手段を用いるようなことは、許されない」。「しかし、そのことから直ちに同法に基づく調査によって得られた資料を課税処分を行うため事後的に利用することまで禁止されていると解すべき理由はなく、国税査察官が納税者に対し犯則事件が存在することの嫌疑もないのに、専ら課税資料を収集する目的で同法に基づく強制調査を行い、資料を収集したような場合は格別、国税査察官が犯則嫌疑者に対して同法に基づく調査を行った場合に、課

---

14 いわゆる徴税トラの巻事件の上告審決定（最二小決昭和52・12・19刑集31巻7号1053頁）参照。ちなみに、この決定では「秘密」の意義（**実質秘性**）について、次のように述べている。「国家公務員法100条1項の文言及び趣旨を考慮すると、同条項にいう『秘密』であるためには、国家機関が単にある事項につき形式的に秘扱の指定をしただけでは足りず、右『秘密』とは、非公知の事項であって、実質的にもそれを秘密として保護するに価すると認められるものをいうと解すべきところ、原判決の認定事実によれば、本件『営業庶業等所得標準率表』及び『所得業種目別効率表』は、いずれも本件当時いまだ一般に了知されてはおらず、これを公表すると、青色申告を中心とする申告納税制度の健全な発展を阻害し、脱税を誘発するおそれがあるなど税務行政上弊害が生ずるので一般から秘匿されるべきものであるというのであって、これらが同条項にいわゆる『秘密』にあたるとした原判決の判断は正当である」。

15 その他、守秘義務違反のおそれがあることを理由に、課税庁側が立ち会いを拒否する正当化事由となると判断されたケースもある。長野地判平成5・11・25税資199号909頁、同控訴審・東京高判平成7・12・11税資214号715頁、上告審・最二小判平成8・9・13税資220号657頁。

税庁が右調査により収集された資料を右の者に対する課税処分や青色申告承認の取消処分を行うために利用することは許されるものと解するのが相当である」。そして、本件については、「犯則事件が存在することの嫌疑に基づいて国税犯則取締法により調査を行ったものと認められ、右調査が犯則事件の嫌疑がないのに、専ら所得税、法人税の賦課、徴収等を目的として行われたものとは認められないのであって、被告らが原告らに対する更正処分や青色申告承認取消処分を行うに当たり、査察官から引き継いだ調査資料を利用することが許されないと解すべき事情が存したものとは認め難」い（この趣旨は、控訴審・広島高判平成7・12・12税資214号729頁、上告審・最一小判平成9・2・13税資222号450頁で、そのまま認容されている）。

　それとは逆に、課税上の目的で収集した税務資料を、租税逋脱犯訴追の目的で使用しうるか、という議論も提起されている（松山地判平成13・1・22判タ1121号264頁、控訴審・高松高判平成15・3・13判時1845号149頁、上告審・最二小決平成16・1・20刑集58巻1号26頁）。この事例では、質問検査を犯則調査の手段として行使あるいは利用したのか否かが問われ、第一審裁判所はその事実を否定している。第二審判決は、税務書類の写しを調査査察部にファックスで送信したことなどの諸事情を総合してみると、本件の税務調査を指示する以前に、税務情報を「調査査察部の職員に提供していたと推測するのも、それなりに合理性がある」、あるいは「多額の売上除外がある旨の税務上の情報を調査査察部の職員に提供していた可能性を否定し去ることができない」と認めながらも、「質問検査により得られた証拠資料を犯則調査又はそれに引き続く犯罪捜査等の刑事手続に利用することも一般的には禁止されず、しかも、事案によっては、早期に強制手段を用いた犯則調査等を機動的に実施しないと、罪証隠滅を招いて真相の解明が困難になる場合も容易に想定し得るところである」として、証拠資料の利用制限に関する主張をしりぞけ、「問題とされる違法はいまだ重大なものであるとはいえず、また、この手続により得られた証拠はもとより、それに派生する手続により得られた証拠を被告人らの罪証に供することが、違法な手続の抑制の見地から相当でないと

も認められない」と結論づけて、控訴を棄却した。最高裁は、次のように述べて、上告を棄却した。

「〔法人税法に〕規定する質問又は検査の権限は、犯罪の証拠資料を取得収集し、保全するためなど、犯則事件の調査あるいは捜査のための手段として行使することは許されないと解するのが相当である。しかしながら、上記質問又は検査の権限の行使に当たって、取得収集される証拠資料が後に犯則事件の証拠として利用されることが想定できたとしても、そのことによって直ちに、上記質問又は検査の権限が犯則事件の調査あるいは捜査のための手段として行使されたことにはならないというべきである。

原判決は、本件の事実関係の下で、上記質問又は検査の権限が、犯則事件の調査を担当する者から依頼されるか、その調査に協力する意図の下に、証拠資料を保全するために行使された可能性を排除できず、一面において、犯則事件の調査あるいは捜査のための手段として行使されたものと評することができる旨判示している。しかしながら、原判決の認定及び記録によると、本件では、上記質問又は検査の権限の行使に当たって、取得収集される証拠資料が後に犯則事件の証拠として利用されることが想定できたにとどまり、上記質問又は検査の権限が犯則事件の調査あるいは捜査のための手段として行使されたものとみるべき根拠はないから、その権限の行使に違法はなかったというべきである。そうすると、原判決の上記判示部分は是認できないが、原判決は、上記質問又は検査の権限の行使及びそれから派生する手続により取得収集された証拠資料の証拠能力を肯定しているから、原判断は、結論において是認することができる」。

これらのケースは、課税と査察という役割分担はあるとしても、行政的には同一組織に所属する各部局間での情報交換・流通はどうあるべきかを問い直すとともに、行政組織相互間の共助をめぐる議論にまで発展する可能性を秘めている。

さらに、税務行政庁が推計課税の基礎資料として収集した他の納税者に関わる税務情報・調査資料を、訴訟や不服申立審理の場で開示請求することが

できるか否かが争われるケースが最近多くなっている。その一方では、情報公開法の下で、課税の基礎資料の公開を求めるケースも提起されている。

III　設問(1)解答への手引

1　検査拒否の正当化理由

　設問の前段部分についていえば、Ａが拒否する最大の理由は、課税庁との間の信頼関係が失われたからということになろう。ただ、一般的には、そのような理由で税務調査あるいは質問検査を拒否することは認められていない。もっとも、何の具体的な嫌疑も存在しないのに税務調査を行いうるのかという問題が生じ得ないわけではない。「所得税法234条1項の規定は、国税庁、国税局または税務署の調査権限を有する職員において、当該調査の目的、調査すべき事項、申請、申告の体裁内容、帳簿等の記入保存状況、相手方の事業の形態等諸般の具体的事情にかんがみ、客観的な必要性があると判断される場合に権限ある税務職員の合理的な選択に委ねる」としている荒川民商事件に関する最高裁決定、さらには、「所得税法234条の規定に基づく質問検査の範囲、程度、時期、場所等実定法上特段の定めのない実施の細目については、質問検査の必要があり、かつ、これと相手方の私的利益との衡量において社会通念上相当な限度にとどまる限り、権限ある税務職員の合理的な選択にゆだねられている」と判示する奈良民商事件における最一小判平成5・

---

[16] **文書提出命令**に関連しては、次のような裁判例がある。大阪地決昭和61・5・28判時1209号16頁、控訴審・大阪高判昭和61・9・10判時1222号35頁、鳥取地決平成元・1・25税資169号91頁、控訴審・広島高裁松江支決平成元・3・6訟月36巻3号323頁、神戸地決平成元・3・13税資169号1488頁、富山地決平成元・8・31訟月36巻8号1521頁、税資173号605頁、控訴審・名古屋高裁金沢支決平成2・1・24訟月36巻9号1501頁、長野地決平成4・2・17税資188号309頁、奈良地判平成6・2・16税資200号655頁、京都地決平成8・10・18税資221号138頁。
　なお、行政不服審査法33条2項の閲覧請求に関し、税務執行上の機密や個人的秘密事項にわたる事項の記載があるとの理由で閲覧拒否を正当と認めた事例として、大阪地判昭和49・10・22訟月20巻13号134頁、控訴審・大阪高判昭和51・9・29判タ345号245頁がある。

[17] 長野地判平成4・2・27判タ814号131頁、控訴審・東京高判平成5・3・22判時1458号49頁。

3・11（訟月40巻2号305頁）などに照らしてみると、全く何の理由も示さず、または、ただ行き当たりばったりに質問検査という調査の手法によることは、恣意的な調査権限の行使であり、所得税法の趣旨を逸脱しているとの推定を受ける可能性がある。逆に、課税庁としては、帳簿等の記載に不備がある、他業者と比べて売上げが少ない、あるいは経費が多い、取引先業者の調査結果と合わないなど、調査の必要性があることを裁判所に納得してもらえるような、ある程度具体的な理由を示す必要があろう。課税庁側でそのような理由が示せないとなると、質問検査を刑罰でもって強制するには、いささか無理があるといわざるをえない。実際上の問題としては、そのように善良な納税者に対して、何の理由もなしに、いきなり質問検査権を行使するような事態は、通常考えられず、調査権限を発動する背景には、何らかの、よほど特殊な事情が存在しているか、あるいは課税する側にかなりの情報や課税根拠が手に入ったケースであるとしか考えられない。

　前述のように、一般論からいえば、納税者の帳簿書類などを含めて税務上の記録は、一種の公的記録（public record）として、税務行政庁との関係では、プライバシー保護の対象となる私的秘密性をもち得ないことになる。ただし、それは、帳簿自体が本来の会計帳簿としてだけの役割を果たしており、そこでの記載も、取引記録など、本来の記載事項にとどまっていることを前提にしたうえでの話であり、「税務調査を受けるに当たって、会計帳簿を日記帳代わりとして使い、個人的な事柄の多くをその帳簿に書き込んでいた」ようなケースまでは想定していない。

　いくら仕事の場であるとしても、税務調査による立入りが無制限になし得ないと同様、公的帳簿であっても、その内容を検査するについては、それなりの条件が必要とされよう。特に個人的な秘事などが書かれているなど、その記載状況次第では、公的帳簿の調査にあたって、プライバシーへの配慮を十分にするような配慮が求められると解される。

　また、京都地裁判決等に見られるように、質問検査の任意調査性を強調し、納税者による同意の有無をあくまでも質問検査の前提として理解するならば、

Aの同意を得ないまま、調査を強行すること（無理矢理帳簿を閲覧すること）はできないことになろう。

　ただ、上記のように解したとしても、税務官庁による内容に関しての調査や検査を全く不可能とするわけではない。そのような納税者がいる場合、課税サイドとしては、納税者の協力を得るよう、できるだけの努力をすることが求められる。また、全体を提出できないとしても、私事にわたる部分は黒塗りしたコピーを求めることもできようし、必要な部分だけ、別途抜き書きしてもらって提出を求めることでも十分目的を達成することが可能であろう。納税者があくまでも課税庁側の誠意ある説得に応じず、帳簿提出に代わる提案に対しても一切耳を貸さない場合には、推計課税など、課税側にとって、新たな権限行使を正当化する根拠が与えられることにもなる。

Ⅳ　事例と設問(2)

　昨年8月、都内の繁華街にある土地付き店舗を売却して多額の売却代金を手中にしたため、個人事業者Bが昨年度中に1億円を超える所得税納税義務が生じたことは、ほぼ確実な状況にある。ただ、Bにとって悩みの種になっているのは、確定申告書記載の所得税額が1000万円を超えるときは、納税者の氏名・住所と併せて所得税額を公示することになっている所得税法上の制度（所税233条）の適用を受けることにある。数年前も数千万円の所得税額を納付したことから公示の対象となった（世情でいう「長者番付」に載せられた）Bは、それを見た各種のセールスや慈善寄付集めの標的となり、挙げ句の果てには空き巣に入られるなど散々な目にあってしまった。その時の経験で懲り懲りしたため、今回は、何とか公示されることを阻止したいと思っている。

1　**高額納税者公表制度**をめぐって生じてくる憲法上の論点を考察しなさい。

2 Bは、何らかの法的手段を用いることにより、高額所得税納税者として公示されることを事前にストップさせることができるであろうか。また、意に反して公示されてしまった場合、Bは、どのような形で自らの権利救済を求めることができるであろうか。

上記Ⅰの設問(1)への解答を通じて、税務調査の基本的な問題状況がかなりわかってきた読者諸君は、上のような問題については、どのように考えるだろうか。以下では、解答とまではいかないものの、問題を考えるいくつかの手がかりを示しておきたい。

1 高額納税者公表制度の沿革と概要

まず、この事例で問題とされている高額納税者の公示・公表制度は、シャウプ使節団による「日本税制報告書」（いわゆるシャウプ税制勧告）の下で提案された制度である。シャウプ税制勧告では、各所で所得税や法人税における納税者の（自発的）協力の必要性が強調されている。同勧告は、納税者の提出する申告書および申告事項を秘密にしておく方が、「通報者の手をかりて税務行政の執行を援助させ」るよりも、納税者の全般的協力をもたらすので適当であるとしながらも、その一方では次のように述べて、高額所得納税者の公示制度を提案した。

「しかし、税務行政の執行の一助として比較的高額の所得を有する納税者の姓名および所得を一般に知らせることは依然として望ましい。そうすれば、このような所得について情報をもっている者によって相当多額な過少申告が判明することになろう。比較的高額の所得を有する納税者、例えば、25万円を超える所得を有する者およびその純所得に関する一覧表を各税務署に掲示し、一般の閲覧に供すればこれを達成することができる」（福田幸弘監修『シャウプの税制勧告』（霞出版社、1985）375頁）。[18]

この勧告を受けて改正された所得税法（昭和25年法律71号改正）は、確定申告書等に記載された総所得金額が一定の金額（当初は50万円）を超える納

税者について、「住所、氏名及び当該申告に係る総所得金額」を公示する制度を創設した（同53条）[19]。それ以来、現在までこの制度は続いていることになる。もっとも、その間、公示の基準金額は漸次引き上げられてきた。また、昭和58年の税制改正では、それまでの所得公示方式から、所得税額1000万円以上の納税者を公示対象とする税額公示方式に変更され、現在に至っている。具体的には、現行所得税法は、確定申告書または修正申告書に記載された所得税の額が1000万円を超える者について、氏名および住所（住所がなければ居所）と所得税額を公示する義務を税務署長に課している（所税233条。公示の細目は、財務省令に委ねられる。所得税施行規則106条では、公示の対象となるのは当該所得年度の翌年3月31日までに提出された申告書で、公示は当該年度の翌年5月16日から同月31日までの間、掲示場その他「税務署内の見やすい場所に掲示する方法」で行うこととされている）。なお、平成14年6月の政府税制調査会「あるべき税制の構築に向けた基本方針」では、「納税者の信頼確保に向けた基盤整備」の一項目としてこの制度を取り上げ、検討の必要性があることを示唆している。

　「現在、所得税、法人税、相続税等について設けられている公示制度は、主として第三者による監視という牽制的効果を狙うものとして、昭和25年に導入された。所得税については昭和58年に高額納税者への顕彰の趣旨も兼ねて所得公示方式から税額公示方式に変更されている。同制度については、所期の目的外に利用されている面があるなど個人のプライバシーへの配慮の観点からは問題なしとしない。その一方、制度変更により、国民一般から見て

18　それまでの所得税法や法人税法、相続税法等では、少額の手数料を支払えば、誰でも他の納税者の申告書を調べることができる制度が実施されており、公示制度は、それらに代わる制度の意味合いをもっていた。その他、当時は、政府が報奨金を支払って、無申告者や脱税者についての第三者通報を奨励する制度も置かれており、シャウプ税制後も一時期は残されていた。

19　法人については、同じく昭和25年の改正法人税法（法律72号）で、申告書に記載された所得金額が100万円（期限後申告や修正申告の場合は200万円）を超える法人については、その納税地、代表者の氏名、所得金額、事業年度等を、申告書提出日より2カ月以内に、少なくとも1カ月公示することとされていた（同39条）。相続税法（昭和25年法律73号）では、申告書の提出があった日から4カ月以内に、課税価格が100万円を超える者について、その者の氏名、納税地および課税価格を少なくとも1カ月間公示する制度を置いていた（同49条）。

申告納税制度の信頼度が低下することは好ましくない。公示制度の存廃については、高額納税者が社会的に評価されることの重要性を踏まえつつ、これに代わる制度を含め、今日的視点から検討する必要があろう」。

2 問題を考える視点

以下では、読者が問題を考えるにあたって、手がかりになるであろう、いくつかの論点を提示しておくことにしよう。

(1) 論点その1

> 高額所得者にせよ、高額所得税納税者にせよ、このような形で個人の住所氏名を公示する制度は、個人のプライバシーを侵害しないだろうか。侵害していないとすれば、その合憲性の根拠はどこにあるだろうか。

この問いに答えるためには、まず、個人の名前や申告書に記載された所得額、納税額等は個人のプライバシーに当たるか否かを検討しておく必要がある。早稲田大学江沢民主席講演会名簿提出事件上告審判決（最二小判平成15・9・12判時1837号3頁）では、氏名等の情報のほかに、「本件講演会に参加を希望し申し込んだ学生である」との情報についても、プライバシーの権利ないし利益として法的保護に値する「個人情報」に含んで理解しているが、このような判決の趣旨からいえば、個人の申告内容が、保護されねばならない個人情報ないしは私生活上の情報であることは、明らかであると思われる。前出した文書提出義務に関する多くの裁判例でも、申告内容が個人的秘密に当たることは一致して認められている。[20]

仮に、個人の名前や申告書に記載された所得額、納税額等が個人のプライ

---

[20] なお、長野市公文書公開条例に関する長野地判平成4・2・27判例タ814号131頁は、個人の財産状態に関する情報といっても、「土地の評価」の個人情報としての価値を、「個人の心身、生活、経歴、成績、資産・債務の具体的内容（個人の収入、所得、税額、滞納額等を含む）などに関する個人情報と同列に置いて考えることは相当でない」とする。この点については、控訴審・東京高判平成5・3・22判時1458号49頁も同様の立場に立っている。

バシーに関わる内容を含んでいるという立場に立つとしても、公示制度は、法律自体が政府に課している義務であり、それを開示した公務員自体が守秘義務違反等の責任を問われるとは考えにくい。ただ、納税者の立場からすると、みんなにはあまり知られたくない個人情報の公開を求められるわけであり、その点では、憲法上の議論が生じる可能性がある。特に、このような制度を置くだけの合理的根拠や目的がはたして存在しているのか否か、仮にプライバシーを侵害しているとしても、それを国民に受忍させるに足るだけの政策価値を有しているのか否か、あるいは国民に課する負担の程度は、必要最小限にとどまっているのか否か、等の諸点を考察したうえで、内容的に見て、制度が合理性を有しているかどうかを決定することになろう。[21]

　シャウプ勧告が、申告書の記載事項を秘密にする方が一般の協力が得られるとしながらも、公示制度の導入を提案した背景には、「通報者の手をかりて税務行政の執行を援助させようとした」従来の通報制度が依然として望ましいとする評価が存在していたことは、明らかであった。その意味では、シャウプ勧告、あるいは当時の税務の立場としては、いわば密告制度によって一般人からの情報が寄せられることを期待していたように思われる。もちろん、現在においても、一般から寄せられるこのような情報に期待する向きがあるのかも知れない。とりわけ、一般的にはあまり好ましくないとの評価を受けかねない意図の下で発足した制度であるとしても、終戦直後の緊迫した財政状況からみて、政策的にはやむを得ない措置であったという評価を下すことも可能であったろう。ただし、現在においても、このような制度を存続させる意味がはたしてあるのだろうか。

　ところで、先に引いた政府税調の意見では、制度には「高額納税者への顕彰の趣旨」があることと、「制度変更により、国民一般から見て申告納税制度の信頼度が低下する」おそれがあること、の２点を制度存続の正当化理由

21　この場合の合理性の判断は、国民のプライバシーという個人的権利が保護の対象とされていることから考えて、より一層厳しい違憲性審査基準（たとえば「厳格な合理性の基準」）を用いて判断すべきであるとの議論も、当然可能であろう。

としてあげている。もし、政府税調がいうように、顕彰の制度であるとすれば、勲章などと同様、国民の側からそれを断ることができていいはずである。ところが公示制度は、「しなければならない」と政府にそうすることを義務づけており、無理矢理「顕彰」を受けさせられる側にとっては、はなはだ迷惑な話となっている。この点については、どう考えたらいいのだろうか。

また、個人の所得についての公示基準額を所得税額1000万円超としている所得税についての公示基準は、十分な合理性をもつのであろうか。

参考までに公示基準額に関する他の例をあげると、相続税法は、相続については、現在申告書記載の課税価格が2億円（財産価格で5億円）、贈与については、申告書に記載された課税価格が4000万円を超える場合に公示することになっている（相税49）。法人税の場合は、各事業年度の所得金額が2000万円（事業年度が6カ月を超える法人については4000万円）を超える場合に公示の対象とされている（法税152）。このような他の税制度における公示金額と比較して、所得税については、合理的な基準になっているといえるであろうか。とりわけ、制度発足当時（終戦直後）の物価水準と比べるとすれば、当時の50万円と現在の1000万円の違いについても十分考慮する必要がある。

いずれにせよ、戦後の混乱した社会経済状況の下で提案された公示制度の存続を含めて、政府税調がいうように、「今日的視点」からの見直しが急務であることは確かである。

〔関連問題〕

1　長者番付に載りたくないために、わざと申告期限に遅れて申告をしたり、あるいは過少申告をした場合のペナルティーのかけ方はどうあるべきだろうか。[22]

---

[22] この問題に関連しては、高額納税者として公示されることを回避するために、高額納税者の公示のための資料収集手続が終了するまで正しい申告をせずにいて、その後修正申告をした納税者に対して過少申告加算税を課しうるかという問題が問われた、鳥取地判平成13・3・27訟月50巻10号3044頁、同控訴審・広島高裁松江支判平成14・9・27訟月50巻10号3033頁のケースなども参照されたい。

2　もし、現在の公示制度のような形で個人の税務情報公開が許されるとすれば、公務員や政治家等の特定の公職に就いている人達の税務情報を、所得額や納税額と無関係に、法律ですべて公開することも許されるのだろうか。

(2) 論点その2

> 高額所得税納税者として公示されることを事前にストップさせる法的手段はあるのだろうか。また、意に反して公示されてしまった場合、どのような手段を用いて自らの権利救済を求めうるのであろうか。

　もし、あなた方自身が高額納税者であるとして、何としても公示を避けたいと思ったならば、どのような手段をとるであろうか。関連問題の（注）で触れた鳥取地判平成13・3・27や同控訴審・広島高裁松江支判平成14・9・27のケースでは、公示されることを回避するため、納税者としては、わざわざ当初の申告では過少申告をし、その後、修正申告を出し直すという、思い切った実力行使の手段に訴えている。もっとも、この事件では、当初から修正申告をする意図を明確にしていたなど、納税者自身（あるいは税理士）には租税を免れる意図が最初からなかったことが認定されて、過少申告加算税の賦課自体は違法とされた（高裁判決）が、常にこのような強行手段がうまくいくとは限らない。また、公示制度が不合理であるからといって、申告納税の義務が免除されるという論理を主張したとしても、それを裁判所が受け容れてくれるとは、どうしても思えない。

　公示されることを防ぐために用いうる一般的な争い方としては、まず、プライバシー侵害により回復し難い損害が生ずることを理由に、公示の「事前差止め」を裁判上申し立てることが考えられる。この場合、民事訴訟上の仮処分を申し立てるべきか、あるいは行政事件訴訟として組み立てるべきかについては、「公示」の法的性格をどのように理解するかにより議論が分かれうる。行政庁によってなされている行為であったとしても、公示行為の本来

的性質を新聞社や雑誌社の出版行為等と同様に捉え、理解したとするならば、民事保全の手続を進めることも理論的には可能である。一方、制度の公的側面を強調するならば、公法上の当事者訴訟として構成するケースも考えられる。ただし、従来の行政法学説や裁判例の考え方を前提とする限りでは、違法性や損害の発生などの点はクリアできるとしても、公示行為をもって、公権力の行使に当たる行為であり「処分性」をもつことを説得するのは容易なことではない。したがって、仮に公示行為によって納税者には「重大な損害を生ずるおそれ」があると認められたとしても、2005年4月より施行される改正行政事件訴訟法の下で新たに明文の制度となった「差止めの訴え」（改正行訴3条7項）を起こした場合に、裁判所がそれを受け容れる可能性は、きわめて少ないであろう。

　意に反して公示されてしまったケースであれば、そのような主張が裁判所によって認められるか否かは別として、少なくとも不法行為による損害賠償請求訴訟を提起することは可能である。また、公示行為が「違法な公権力の行使」に当たることを立証できれば、国家賠償法の規定に基づき、国家賠償を求めることも考えられる。前者についていえば、公示行為の不法性とともに、具体的な損害の発生を証明する必要があるし、後者については、公示行為が「公権力の行使」に当たることを論証しなければならない。いずれも不可能ではないにせよ、裁判所に自分の主張を認めてもらうため、納税者としては、はなはだ骨が折れる作業を強いられることになろう。

■コーヒー・ブレイク■

※租税法上の住所

　長野県のT知事が、「住民票のない自治体で行政サービスを受けながら、住民税を納めていない人は多い」、「好きなまちに住民税を払いたい」として自身の住民票を県庁のある長野市から約170キロ離れた県南のY村に移したケースは、まだ皆さんの記憶に新しいことであろう。事態は、選挙人名簿への二重登録や住民票への記載をめぐり、住所地をY村にあるとした知事自身の決定を

不服として、有権者や長野市が長野地裁に提訴する騒ぎにまで発展した。そのうち選挙人訴訟に関して長野地裁は、「（Y村に転入届を出した）9月26日から3月1日までの158日間に、知事がY村に滞在したのは7日、宿泊したのは4日で、68日間を長野市のマンションなどで過ごし、9月26日以降、県知事としての執務状況に変化があったとはいえない」知事の生活実態からみて、「Y村に知事の住所があったとは認められない」との判決を下し、その後、上告を受けた最高裁も上告を棄却して、この問題は一応の決着を見るに至っている。

さて、租税法に目を転ずると、地方税法上、住民税（道府県民税、市町村民税）や事業税の納税義務者を決定するため、あるいは、所得税法上の納税義務者である居住者に当たるかどうかを判断するため、さらには、国税通則法上の書類を送達するためなど、いろいろな局面において、納税義務者の住所が実際にはどこにあるのかを考える必要が生じている。ところが租税法規では、「住所」の意義についての具体的な定めを一切置いていない。そのため、租税法上の住所をどのように理解するのかについては疑義が生ずる余地があろう。ただ実際には、租税法においても、一般に定める民法の規定（改正法では22条）を参考にしながら、納税義務者の「生活の本拠」をもって**租税法上の住所**とする考え方を用いるのが通常である。

とはいえ、民法の分野においても、形式主義と実質主義、意思主義と客観主義の対立が見られるように、判断基準の取り方や具体的な判断の仕方については、見解が分かれうる。しかも、現代社会における生活関係の複雑化や国際化などの影響もあり、将来的には、納税義務者の実際の「生活の本拠」がどこにあるのかを見極めることが、一層困難となる可能性もある（所税令14条、15条は、「継続して1年以上居住することを通常必要とする職業」を国内・国外のいずれにおいて有しているのか、国籍の如何、配偶者等の生計を一にする親族の有無、国内における職業や資産の有無等、種々の状況に照らして判断すべきことを示唆している。そうすると、たとえば、定年後、老夫婦がアメリカ、オーストラリア、シンガポールにそれぞれマンションを購入し、日本にいる自分の子供が所有する家と、アメリカ等にあるマンションとの間を、それぞれ3カ月ずつ移り住むようなケースでは、一体何どこを住所として課税関係を考えたらよいのであろうか。また、東京と大阪の両方に住まいと活動拠点をもつ外国人実業家が、それぞれの地域で、丁度月の半ばずつを過ごし、事業活動を展開しているような場合には、東京と大阪の両方で住民税を支払う義務が生ずるのであろうか）。

ところで、T長野県知事は、自らの意思に基づき住所を定めたいとする、いわば意思説に則った主張をしており、住民票の記載をより重視するという意味では、同知事の考え方は形式主義に立脚しているともいえよう。これに対して、これまでの裁判例は、むしろ客観主義、実質主義の立場に立って、判断を下してきた。

　たとえば、神戸地判昭和60・12・2判タ614号58頁は、国内外に所在する多数の関連企業体を統括する原告会社（本店・神戸市）の代表取締役で、香港への転出届出をし、香港政庁から在留証明書の発行を受けたAについて、本件係争期間中の国内滞在日数と国外滞在日数とを比較した場合に国内滞在日数の方が多く、しかも国外滞在の場合には多くの場所に短期間の滞在をしており、とりわけ原告が住所地と主張する香港には年間10日程度しか滞在していないこと、Aが日本国籍をもち、本籍がある芦屋市に宅地と3階建て鉄筋コンクリート造の住宅を所有しAの妻と長女を居住させていること、Aの妻と長男それに長女（いずれも日本国籍）は、いずれも芦屋市で住民登録をしていること、などの事実を前提として、芦屋市の自宅がAの生活の本拠であり、所得税法2条1項3号の関係では、同所が住所であると解している。同控訴審・大阪高判昭和61・9・25訟月33巻5号1297頁も、所得税法2条1項3号にいう住所は、民法21条にいう住所と同一の意義を有し、生活の本拠であることを前提として、Aが「国内に住所を有することが明らか」であるとした。この判旨は、上告審・最二小判昭和63・7・15税資165号324頁でもそのまま認容されている。[1]その意味では、タクシーと高速バスを乗り継いで、往復7時間と約9000円の交通費をかけてのT知事の通勤「アリバイづくり」も、長野市内に公邸とマンションがあり、職務柄、市内での宿泊が余儀なく多くなる知事職に就いている以上、裁判所の論理の前に、所詮無駄な努力に終わってしまう運命にあったともいえようか。[2]

---

[1] この事件の別訴について、神戸地判平成2・5・16税資176号785頁、控訴審・大阪高判平成3・9・26税資186号635頁、上告審・最一小判平成5・2・18税資194号416頁も同旨を述べる。この他、東京地判平成12・1・21税資246号148頁は、「（国税通則法でいう）住所とは、生活の本拠、すなわち、その者の生活に最も関係の深い一般的生活、全生活の中心を指すものであり、一定の場所がある者の住所であるか否かは、生活の本拠たる実体を具備しているか否かを客観的に判断することによって決すべきものと解するのが相当である」とする。

[2] なお、納税者が何度も虚偽の住民登録をすることで、自己の所在を偽る工作をしたことにつき、東京高判平成16・2・23判時1863号147頁は、「税務署による所得の捕捉を困難にする危険を……生じさせた」として、住所登録そのものを逋脱行為と認定しており、注目される。

☕ コーヒー・ブレイク ☕

※配偶者控除と同性婚

　居住者が、所得金額38万円に満たない配偶者（所得税法2条33号で定める控除対象配偶者）と生計を一にしている場合には、その総所得金額等から38万円、70歳以上の控除対象配偶者を有するときは、同じく48万円を控除してもらえることになっている。

　最高裁判決によると、所得税法2条33号および83条にいう「（控除対象）配偶者」とは、「納税義務者と法律上の婚姻関係にある者に限られると解するのが相当である」とされている（最三小判平成9・9・9訟月44巻6号1009頁）。「法律上の婚姻関係」の具体的内容やその意味について、最高裁は、判文中では何も触れていない。「身分関係の基本法たる民法は、婚姻の届出をすることによって婚姻の効力が生ずる旨を規定し（739条1項）、そのような法律上の婚姻をした者を配偶者としている（725条、751条等）から、所得税法上の『配偶者』についても、婚姻の届出をした者を意味すると解すべきことになる」と判示する第一審・名古屋地判平成7・9・27（訟月44巻6号1015頁）、およびそれを認容した原審の判断を、最高裁は「正当として是認」しているので、基本的には最高裁も、第一審と同様、所得税法上の配偶者、すなわち法律上の配偶者とは、民法上の婚姻届出をした配偶者のことを指すと理解しているといえよう。このような裁判所の考え方は、配偶者の概念が他の法分野（この場合は民法）で用いられ、すでにはっきりした意味内容を与えられている概念であることを前提とすれば、いわゆる借用概念論（金子『租税法』120頁以下参照）の立場からも、支持されているといえよう。

　さて、我が国の憲法24条は、「両性」の合意に基づく婚姻、すなわち異性婚をあくまでも念頭に置きながら、我が国の婚姻制度を組み立てていると考えられる。ところが、しばしばニュースで伝えられたように、米国では、マサチューセッツ州最高裁判所が同性婚を認める判決を下したり（Goodridge v. Department of Public Health, 440 Mass. 309（2003））、サンフランシスコ市が同性婚者に対して結婚許可証を発行したりというように、一部の州や地域によっては、同性婚を容認する動きも見られる。このように、我が国とは違う婚姻形態（たとえば、同性婚のほか、多重婚なども問題となりうるであろう）を認める国において、法律上正式に婚姻をした外国人カップルなどについては、我が国の所得税法を適用するうえで、どのような取扱いをすることになるのであ

ろうか。

　まず、外国法との渉外関係を定める「法例」（明治31年法律10号）13条では、〔婚姻成立の準拠法〕として、「婚姻成立ノ要件ハ各当事者ニ付キ其本国法ニ依リテ之ヲ定ム」（第1項）とするとともに、「婚姻ノ方式ハ婚姻挙行地ノ法律ニ依ル」（第2項）、「当事者ノ一方ノ本国法ニ依リタル方式ハ前項ノ規定ニ拘ハラズ之ヲ有効トス但日本ニ於テ婚姻ヲ挙行シタル場合ニ於テ当事者ノ一方ガ日本人ナルトキハ此限ニ在ラズ」（第3項）という規定を置いているので、それらの適用を視野に入れて考えるとすれば、我が国の場合でも、同性婚者であるというだけの理由で、配偶者控除の適用を拒否することは、困難であるといわざるを得ない。

　それと同様に、多重婚の国から何人もの（その国において法律上認められた）配偶者を連れて外国人が我が国にやってきた場合には、第2夫人、第3夫人（第2夫、第3夫？）以下の夫人達（あるいは配偶者達）についても、配偶者控除の適用を認めざるを得ないことになりそうである。もっとも、所得税法83条は、単に「居住者が控除対象配偶者を有する場合には、総所得金額……から38万円……を控除する」とのみ定めているので、その場合であっても、すべての配偶者について1人当たり38万円の配偶者控除が認められるわけではなく、トータルで38万円が控除されるにとどまろう。

　なお、農林漁業団体職員共済組合法でいう「配偶者」に関して最高裁は、「遺族の生活の安定と福祉の向上を図り、ひいて業務の能率的運営に資するこ

1　日本人同士の婚姻、あるいは、一方当事者が日本人であって我が国において婚姻するような場合は、問題が別である（法例13条3項但書）。また、米国連邦婚姻維持法（the Federal Defence of Marriage Act; DOMA）の下では、「配偶者」は、あくまでも「夫と妻という異性同士で婚姻した当事者」であり、「婚姻」とは「1人の男性と1人の女性との間の婚姻」である、と明確に定義されているので、たとえ州が認めた同性カップルであるとしても、連邦所得税法の下では、配偶者控除の適用はないことになる。

2　なお、同性婚に関連する我が国の審判例としては、佐賀家裁平成11年1月7日審判がある。この審判では、フィリピン人とフィリピン国の方式で婚姻した日本人の夫が、相手が男性であったことが判明したという理由で戸籍に記載された婚姻事項および名欄の「夫」の記載の訂正を申し立てた事案について、佐賀家裁は、「婚姻の実質的成立要件は、法例13条1項により各当事者の本国法によるところ、申立人の本国法である日本法によれば、男性同士ないし女性同士の同性婚は、男女間における婚姻的共同生活に入る意思、すなわち婚姻意思を欠く無効なものと解すべきである」から、申立人と婚姻した相手の本国法であるフィリピン家族法でも婚姻の合意を欠いて無効であり「明らかに錯誤ないし法律上許されない戸籍記載がされている」と述べ、戸籍の訂正を認めている。

とを目的とする社会保障的性格を有する公的給付であることなどを勘案すると、右遺族の範囲は組合員等の生活の実態に即し、現実的な観点から理解すべきであつて、遺族に属する配偶者についても、組合員等との関係において、互いに協力して社会通念上夫婦としての共同生活を現実に営んでいた者をいう」と解するのが相当であるとしている。そのうえで最高裁は、「戸籍上届出のある配偶者であっても、その婚姻関係が実体を失つて形骸化し、かつ、その状態が固定化して近い将来解消される見込のないとき、すなわち、事実上の離婚状態にある場合には、もはや右遺族給付を受けるべき配偶者に該当しない」と述べており、必ずしも法律上の配偶者にはこだわらいない態度を示している（最一小判昭和58・4・14民集37巻3号270頁）。したがって、このような考え方を敷衍していけば、将来的には、税法上の配偶者についても、これまでとは異なる判断が下される可能性があり得よう（ただし、前掲最高裁平成9年判決では、このような論拠を排斥している）。

核家族化に続く少子化社会の到来など、これからの社会状況の変化に伴って、夫婦のあり方や家族関係は、将来的にも大きく変化していく可能性がある。税制を含めて、同性カップルへの社会的認知や社会的差別撤廃を求める声が一方に存在することは重々承知している。ただし、女性の社会的進出を旗印として、配偶者特別控除廃止論が声高に主張されたときにもそのような思いを抱いたが、このような社会や家族のあり方の変化に対する税制の関わり方は、きわめて微妙で困難な対応が求められているといえよう。いずれにせよ、この種の問題は、社会や家族のあり方の変化に応じて、税制と税法の解釈がどうあるべきか、そのあるべき姿が問われている感がする。

〔演習問題〕

1　納税者番号制度の導入をめぐる議論などでも指摘されてきたことであるが、課税当局による税務情報の集中管理は、国民や納税者に対する国家管理体制の強化につながらないのだろうか。また、収集された税務情報に対して、納税者自身が自己に関する情報の正しさを検証・チェック・訂正するシステムを、今後どのように構築していけばいいのだろうか。納税者その他の関係者のアクセス権と税務行政の効率性維持とのバランスなどにも

留意しながら、税務行政をめぐって将来あるべき法制度を考えてみなさい。

2　パソコンの普及などの行政機械化の進展に伴い、国税に関しては、現在、電子申告・納税システム（e-Tax）の制度が導入されており、地方税についても同様の制度の導入が検討されている。このように、課税側・納税側の双方にとって、便利で新しい手法の開発と活用が、これからも大いに進むであろうことは当然予想される。その一方では、集積された税務情報を狙ってハッカーが攻撃したり、納税者を装ったイタズラなど、多様な情報被害の発生するおそれが、増大しつつある。e-Taxでは、最小限に食い止めるため、開始届出に際して、住民票や健康保険証、あるいは運転免許証などの写しの添付を求めるとともに、電子署名用の電子証明書を保有する納税者に限って利用を認めるなど、種々の対策を講じている。さて、これらの本人確認手段や安全対策は、万全であるといえるだろうか。現実に情報被害が生じてしまった場合には、税務情報の漏洩などで生じた納税者個人に対する被害補償はどのような形でなすべきであろうか。また、ハッカーなど、不正なアクセスによって生じた被害に対する国や行政の法的責任は、どの範囲まで問われるべきであろうか。

3　個人医院を経営しているCは、通院している患者の申告内容のチェックを行っている税務職員から、同患者に対する医療の具体的内容と医療費の支払いに関する質問を受けた。また、その他の多くの患者についても税務調査への協力と情報提供を求められたが、Cとしては、個々の患者の病名や治療状況などの医療情報は、高いレベルでの個人情報であり、プライバシーを保護するうえでも問題があると考え、質問への回答やカルテの提出などを拒否したいと考えている。あなたが弁護士としてCから相談を受けたとすれば、Cに対してどのように法律的なアドバイスをするであろうか。

4　株式会社Dは、税務調査を受けた結果、昨年度の申告所得税について、営業権の過大計上と、多額の売上計上漏れがある旨を、調査にあたった税務職員から指摘され、修正申告を慫慂された。しかし、D社は、単に税

法解釈上の見解の相違に過ぎないと考え、修正申告に応じず、あくまでも自らの主張を貫く構えを見せた。Ｄ社のかたくなな態度を見て、何かを隠していると感じた課税庁側は、かなりの人数を動員して、徹底的なＤ社の調査に乗り出すことにした。長期間にわたって税務調査を受けることになったＤ社は、日常業務にもいろいろな支障をきたすに至った。また、Ｄ社が申告漏れで大規模な税務調査を受けているとのニュースは、たちどころにマスコミ各社の知るところとなり、メディアを通じて大々的に報道されてしまった。そのため、Ｄ社の企業としての信用はガタ落ちになり、重要な取引先のいくつかを失うなど、経営上も計り知れないダメージを被る結果となった。税務調査で集めた資料をもとにしてＤ社への課税処分（更正処分）がなされたものの、裁判で争った結果、Ｄ社の言い分が最終的には認められたことを前提として、以下の各問いに答えなさい。

① 　Ｄとしては、一連の税務調査によって大きな経済的被害を被ったとして、その損害賠償を国あるいはマスコミ各社を相手として提起したいと考えている。あなたがＤ社の弁護士として、この訴訟を引き受けるとすれば、裁判上どのような訴訟原因を主張するであろうか。また、この種の訴訟の成否の可能性について検討しなさい。

② 　行政庁が記者発表で誤った情報を流し、マスコミがその情報をそのまま報道した場合、マスコミにはどのような法的責任が生じるだろうか。

③ 　違法な税務調査によって個人事業者である納税者が損害を被る場合と、法人納税者が損害を被る場合とでは、どのような相違が生じるであろうか。たとえば、法人の場合、企業秘密であることを理由に、税務調査に際して仕入れ先情報を一切秘匿することは許されるであろうか。また、取引先情報など、外部に対して秘匿することが直接法人の信用に係るようなケースでも、税務調査に際しては、すべての情報を税務職員に対して開示しなければならないのであろうか。

〈参考文献〉

① 北野弘久編『質問検査権の法理』（成文堂・1974）
② 金子宏「税務情報の保護とプライバシー」租税法研究22号
③ 松澤先生古稀『租税行政と納税者の救済』（中央経済社、1997）
④ 北野先生古稀『納税者権利論の展開』（勁草書房、2001）
⑤ 日税研論集第9巻「税務調査(1)」（日本税務研究センター、1989）

（玉國文敏）

第15章　納税義務の成立と課税時期
―相続財産法人からの財産分与に対して
　適用する相続税法と分与財産の評価時点

I　事例

● 事例 ●

　2億円の財産を遺して死亡した遺贈者甲には相続人がなく、30年間生活を共にしていた内縁関係のM女とその子Pがいた。
　甲は、M女に対して3,000万円、M女の子Pに対して2,000万円の財産を遺贈した。
　甲には相続人がいないためその財産は相続財産法人となり、相続財産管理人により清算が行われ、相続人不存在が確定した後M女は特別縁故者として財産分与請求を行い、相続財産法人からの財産分与により1億円相当の財産を取得した。この分与財産の相続開始時点における相続税評価額は1億2,000万円相当であった。
　なお、M女はこの財産分与請求に関して審判申立費用および訴訟費用として600万円を支出している。
　以上の資料を基礎として、MおよびPは当初の財産の価額の合計額が相続税の基礎控除額（5,000万円）以下であるから申告をせず、その後財産分与を受けたことにより、審判確定時の相続税法を適用し、相続開始の時点における評価額から審判申立費用および訴訟費用を控除して相続税額を計算し、所定の期限までに確定申告をした。
　これに対して所轄税務署長は、相続財産法人からの財産分与に対する相続税は相続開始時に施行されている法令によるべきであり、その財産の評価額は財産分与時の価額によることとし、課税価格の計算にあたっ

て審判申立費用および訴訟費用を控除できないとして更正処分を行った。

II　設　問

1　Mが**相続財産法人**からの**財産分与**により取得した財産について所得税の課税が行われるか、相続税の課税が行われるか。
2　**納税義務の成立**の時期は、相続開始時か、財産分与の確定時か。
3　財産分与に対して適用すべき相続税法はいつの施行法令によるべきか。
4　3に関連して、被相続人の死亡時の相続税法が適用されるとすれば、財産は財産分与時を基準として評価されるのにこれに相応する基礎控除が行われないことは不合理ではないか。
5　審判申立費用および訴訟費用は相続税の課税価格の計算上控除できるか。

III　相続財産法人からの財産分与制度について

1　財産分与制度の概要

　民法958条の3「特別縁故者への相続財産の分与」の規定は、昭和37年の民法の一部改正により創設されたものである。この規定は、発足当時遺言法や遺贈ないし死因贈与法を補充するものとして理解すべきものであり、本来であれば遺言を活用して行われるはずの財産処分について、今日の我が国の実情では要式の厳格性や意識の不浸透などのため遺言の利用が活発でないことから、本制度はこの欠陥を補って死者の意志の実現を図るための制度として設けられたものであるといわれている。[1]
　この財産分与制度創設時における税務の課税関係は、相続財産法人からの

1　谷口知平他編『新版　注釈民法(27)』(有斐閣コンメンタール、平成12年) 695頁

無償による財産取得であることから所得税の一時所得とされたが、その後この特別縁故者への財産分与の制度が遺言制度ないし死因贈与制度を補充して内縁の配偶者、事実上の養子などに財産取得の途を開くという趣旨から創設されたことに鑑み、昭和39年の相続税法改正に際し遺贈により取得したものとみなして相続税を課税することとなった（相税3条の2）。

この特別縁故者への財産分与制度は、民法958条の3第1項に「前条の場合において相当と認めるときは、家庭裁判所は、被相続人と生計を一にしていた者、被相続人の療養看護に努めた者その他被相続人と特別の縁故があった者の請求によって、これらの者に、清算後残存すべき相続財産の全部又は一部を与えることができる」とし、第2項は「前項の請求は、第958条の期間の満了後3箇月以内に、これをしなければならない」と規定し、特別縁故者がこの規定により財産分与を受けることができる。

この特別縁故者への財産分与に係る手続、期間はおおむね次のとおりであり、財産分与まで最短で13カ月を要することとなる。

① 相続が開始した場合において、相続人のあることが明らかでないとき、つまり戸籍上相続人となるべき者が存在しない場合やその記載があっても相続人のすべてが相続放棄をした場合には、相続人を捜索し、かつ相続財産の管理・清算をするため相続財産は法人（相続財産法人という）とされ（民951条）、家庭裁判所は利害関係人または検察官の請求によって財産管理人を選任し、公告する（民952条）こととなっている。

相続財産の管理継続中に相続人が現れた場合には、被相続人の財産に属していた権利義務は相続人が承継することとなるから、相続財産法人は当初から存立しなかったものとみなされる（民955条）。ただし、相続財産法人がその権限の範囲内で行った行為は無効とならないこととされる。

② 管理人の選任・公告があった後相続人捜索を行ったが2カ月以内に相続人のあることが明らかにならなかったときは、管理人は、遅滞なく一切の相続債権者および受遺者に対して2カ月以内にその請求をすべき旨

を公告しなければならない（民957条）とされている。

③　この期間の満了後、なお、相続人のあることが明らかでないときは、家庭裁判所は、管理人または検察官の請求によって、相続人があるならば6カ月以内にその権利を主張すべき旨を公告しなければならない（民958条）こととされている。

④　③の期間内に相続人である権利を主張する者がないときは、相続人並びに管理人に知れなかった相続債権者および受贈者は、その権利を行うことができなくなる（民958条の2）。つまり、公告期間満了後は相続債権者・受遺者はその権利を失うこととなる。

⑤　この場合において相当と認めるときは、家庭裁判所は、被相続人と生計を同じくしていた者、被相続人の療養看護に努めた者その他被相続人と特別の縁故があった者の請求によって、これらの者に、清算後残存すべき相続財産の全部または一部を与えることができるものとされる。この請求は、上記③の公告の期間満了後3カ月以内にしなければならない（民958条の3）。

⑥　以上によって処分されなかった相続財産は国庫に帰属する（民959条）。これを図表で示すと次のとおりとなる。

相続人不存在の場合の確定手続

```
           相続開始
          相続人存否不明
                │
利害関係人        ▼
検察官の請求 ─────→ 家裁
                │
管理人の選任公告 ─── 相続財産管理人選任
  2カ月      相
  公告      続   第1段相続人捜索
  2カ月     財   清算開始
  公告      産   第2段相続人捜索
  6カ月     法   清算終了
            人   第3段相続人捜索
  3カ月          相続人不存在確定
          残余
          財産   家裁 ←── 特別縁故者
                              の申立て
 国庫帰属 ── 分与審判 ── 財産分与
```

2　財産分与に対する課税の概要

　相続財産法人から財産分与を受けた特別縁故者に対する相続税の課税は、昭和39年の法律第23号により相続税法に創設された第3条の2（**遺贈により取得したものとみなす場合**）に次のとおり規定されたが、その後の改正はない。

　「民法（明治29年法律第89号）第958条の3第1項の規定により同項に規定する相続財産の全部又は一部を与えられた場合においては、その与えられた者が、その与えられた時における当該財産の時価（当該財産の評価について第3章に特別の定めがある場合には、その規定により評価した価額）に相当する金額を当該財産に係る被相続人から遺贈に因り取得したものとみなす」。

　この財産分与により相続税を納税することとなる者は、まず相続財産法人から財産分与を受けた特別縁故者であるが、そのほか遺贈者の死亡による遺

贈または死因贈与により財産を取得した特別縁故者以外の者がある。すなわち、次の者である。
① 遺言および死因贈与契約をしていない被相続人に相続人のあることが明らかでなかったため、特別縁故者が相続財産法人から財産分与を受けた場合において、その分与額が相続税の遺産に係る基礎控除額を超える場合
② 特別縁故者以外の者が当初の遺贈または死因贈与により取得した財産の合計額が相続税の遺産に係る基礎控除額未満であったが、その後特別縁故者への財産分与があったため当初の遺贈、死因贈与による財産の価額と分与財産の合計額が遺産に係る基礎控除額を超えることとなったことにより相続税の課税を受ける場合

なお、特別縁故者以外の者が相続人不存在である被相続人から遺贈または死因贈与により財産を取得した財産の合計額が**遺産に係る基礎控除額**を超えたため相続税の期限内申告をしたが、その後相続財産法人から特別縁故者が財産分与を受けたことにより相続税の課税価格が増加し、そのため当初申告をした受遺者または死因贈与による財産取得者については相続税額が不足することとなることから修正申告が必要（相税31条2項）となり、一方特別縁故者は財産分与を受けたことにより新たに申告書を提出しなければならないこととなる。

特別縁故者が相続財産法人から財産分与を受けた場合においては、その財産の取得の効力は相続開始まで遡及して、相続開始時の相続税法および租税特別措置法を適用して相続税を計算することとされている。これに対して、財産分与が相続開始の時から家庭裁判所の審判まで最短で13カ月、事案によっては数年間を要するものもあり、また遺贈により取得したものとみなす相続税法3条の2の規定がこの財産を相続財産に取り込むための規定であり、納税義務の成立とは無関係とする立場からその分与財産に対する課税は相続開始時の法令を適用するのではなく審判確定時の相続税法を適用すべきであるとする見解がある。

2

一方、その取得した財産の価額の評価時期については相続開始時の時価（相続税評価額）ではなく、財産分与の時、つまり家庭裁判所において財産分与の審判が確定した日の時価（相続税評価額）によることとなっている。

相続税課税においては、一般的には、相続開始時の時価（相続税評価額）により取得財産の価額を評価し、その評価額に基づいて相続税額を計算することとなっているが、これに対して、特別縁故者への財産分与について財産分与の審判確定の日によることとされているのは、相続財産法人において相続財産の清算が行われ、その結果残存すべきものが分与されるからとされている。

Ⅳ 判　断

1　課税される税目

財産の無償取得による財産利益は、所得課税の理論である包括的所得概念においては「課税所得」に包含されることとされており、所得税の課税対象たる所得に該当する。これに対して、財産の無償取得の原因が相続または遺贈の場合には、相続の開始という偶発的事実の発生による臨時的な財産利益の帰属であり、その帰属者に税負担を求めるとすれば所得税よりもその帰属原因や帰属者を特定範囲の者としていることなどの要因を考えれば相続税の方がよりふさわしいといえる。

現行相続税は、**遺産取得課税方式**を採用し、相続または遺贈（死因贈与を含む）により財産を取得した者に対して、その取得した財産を課税物件として課税するものである。相続財産法人からの財産分与制度は、前述のとおり遺言制度を補充する目的を持って創設された趣旨から見て、その無償による財産取得に対して相続税を課税することとしたものである。

2　金子宏『租税法〔第9版〕』（弘文堂、平成15年）442頁。

以上により、相続財産法人からの財産分与制度により取得した財産に対しては、相続税を課税することとしている。

2 納税義務の成立の時期

相続税の納税義務は、国税通則法15条2項4号によると「相続又は遺贈による財産の取得の時」に成立するとされている。

相続は死亡によって開始し、相続人は相続開始の時から被相続人に属した一切の権利義務（一身専属権を除く）を承継し、遺贈は遺言者の死亡の時からその効力が生じ受遺者は財産を取得する。したがって、これらの相続、遺贈により財産を取得した場合には、財産取得者たる相続人または受遺者の納税義務は相続開始の時に成立する。

相続財産法人からの財産分与制度により財産を取得した特別縁故者は、その財産の取得を相続税法の擬制により遺贈により取得したものとみなされるから一般の遺贈と同様に取り扱われ、財産分与制度により財産を取得した特別縁故者の納税義務は相続開始の時に成立することとなる。

この財産分与に係る納税義務の成立について、本事例で原告は「財産分与による財産取得の場合は、前述のとおり国の決定（審判）の確定によりはじめて取得者たる地位や取得財産が定まるのであって、財産取得時が裁判所の審判確定時であることからすれば、審判確定時に相続財産法人からの財産の承継取得が決定して納税義務が生じ、その時点ではじめて税額も確定すべきことは当然である。

従って、財産分与による財産取得者は、審判確定の時点で相続財産法人からの取得を被相続人からの取得、すなわち、遺贈がされたものと解してその時点の相続税法の適用を受けるものと解すべきである」と主張した。

これに対して裁判所は、「私法上の分与財産取得時期如何にかかわらず、法3条の2が被相続人からその財産を遺贈されたものとみなして相続開始時にその財産を取得したものとした趣旨は、前記のとおり財産分与制度が遺言制度を補充するためのものであるところから、課税面においてもこのことを

考慮し、分与財産は被相続人から遺贈によって取得したとみて相続税の課税対象とすることが相当であり、また分与財産の取得が遺贈によって被相続人から財産を取得した場合、及び法3条のみなし遺贈の場合とその実質において相違がないと解されたためである。そして分与財産を課税対象とするためには、**相続法の課税体系（法定相続分課税方式**の導入による遺産取得課税）に合致させる必要があるので、分与財産の取得を遺贈による取得（即ち相続開始時の取得）とみなしたものである。

　従って本件財産分与による私法上の財産取得時期が相続開始時から長期間を経過したからといって、そのために法3条の2を別異に解すべきではない。（因みに、相続の場合でも、例えば共同相続権の存否等について争いがあるため長期間遺産分割が行われず、そのため共同相続人が実質的にみて相続財産を長期間取得できなかったと同視できる場合もあることに思いを致すべきである。）」と判示し、原告の主張をしりぞけた（神戸地判昭和58・11・14〔昭和56年（行ウ）第20号〕、大阪高判昭和59・7・6〔昭和58年（行コ）第57号〕）。

　すなわち、民法958条の3に定める特別縁故者への財産分与の制度は、被相続人と特別の縁故があった者に対し、家庭裁判所の審判によって遺産の全部または一部を与えるもので、いわば遺言制度を補完するものである。そこで相続税法は、その3条の2において、前記財産分与による財産の取得を、同法3条のみなし遺贈と同様、被相続人から遺贈により取得したものとみなしている。

　したがって、相続税法上の前記財産分与による財産の取得時期は、民法上のそれとは異なり、遺贈の場合と同じく、被相続人死亡時というべきであり、その当時施行されていた相続税法が適用される（最判昭和63・12・1〔昭和60年（行ツ）第63号〕税資166号652頁参照）。

　この原告の財産分与が国の決定（審判）の確定によりはじめて取得者たる地位や取得財産が定まるのであって、財産取得時が裁判所の審判確定時であることからすれば、審判確定時に相続財産法人からの財産の承継取得が決定して納税義務が生じ、その時点ではじめて税額も確定するという主張は一定

の論理展開と見ることができるが、本来の遺贈もみなし遺贈も上述のとおり相続開始の時に納税義務が成立するということからするとその主張は採用できない。もっとも、この財産分与により新たに納付すべき相続税額が算出される場合の申告は、財産分与があったことを知った日の翌日から10カ月以内に行うことにより**期限内申告**と同様の取り扱い（相税29条、31条2項）となることからすると原告の主張は実質的には意義を持たないといえる。

　なお、本事例では、被相続人が遺言によりMおよびPに対して財産を遺贈しており、これを受けたMとPは遺贈財産について相続開始の時に納税義務を負うこととなるが、その財産の合計額5,000万円（M3,000万円＋P2,000万円）が相続税の遺産に係る基礎控除の定額控除額5,000万円以下であるので納付すべき税額が算出されないことから相続税の申告義務は免除される。

　その後、特別縁故者であるMからの財産分与請求に対して家庭裁判所が相当と認めて相続財産の一部のうち1億円を分与した。この分与によりMの相続税の課税価格は1億3,000万円、Pの課税価格は2,000万円となり、合計1億5,000万円は基礎控除額5,000万円を超えるのでMおよびPについて納付すべき相続税額が計算される。この納付すべき相続税額については、当初の相続税の期限内申告とは切り離し、財産分与があったことを知った日の翌日から10カ月以内に期限内申告の手続により確定させることとされている（相税29条）。

3　適用される法令は相続開始時か、財産分与時か

　財産分与があった場合に適用すべき法令について、原告は前記2の主張に示したように「財産分与による財産取得者は、審判確定の時点で相続財産法人からの取得を被相続人からの取得、すなわち、遺贈がされたものと解してその時点の相続税法の適用を受けるものと解すべきである」としたが、「相続税法は、遺産分割を仮装した租税回避又は脱税を防止するとともに、相続人間の税負担の公平を期するために、民法上の法定相続人が、法定相続分に

したがつて遺産を分割取得したものと仮定して相続税の総額を計算し、この相続税の総額を、実際に遺産を取得した者が、その取得分に応じて納付するという法定相続分課税方式による遺産取得方式を採用しているのであり、このような課税方式を採用していること自体が、すべての相続税納税義務者について、相続開始時を基準とした課税を行うことを予定しているものということができる。更に、当初申告とその修正申告とが同一の法令に準拠すべきものであることはいうまでもないところ、法は、相続開始時に遺贈を受けて相続税の申告書を提出した者が、その後において財産分与を受けたため既に確定した相続税額に不足を生じた場合には、その財産分与があつたことを知つた日の翌日から６ヵ月（現行10ヵ月）以内に修正申告書を提出しなければならない旨規定しており（法31条）、右規定の存在からも、財産分与による財産の取得時期が相続開始時であり、その課税につき相続開始時の法が適用されるべきことが明らかである。

　また停止条件付遺贈を受けた者のように納税義務の発生時期が相続開始時と異なる場合（相基通１・１の２共８）であつても、法定相続分課税方式による遺産取得税方式の下では相続開始時を基準として課税を受けると解すべきであるから、納税義務の発生時期を根拠に適用法の基準時を争う原告の主張は失当である。現実的にみても、原告主張のように解した場合、遺贈により相続財産の一部を取得した者と後日特別縁故者として財産分与を受けた者がいる時には、適用すべき法がまちまちとなって相続税法16条により相続税の総額を計算することが不可能になる場合が生じ得るから、その不当性は明らかである。

　したがって、本件につき適用されるべき法律は、相続開始日に施行されていた相続時法及び相続時措置法であると解すべきであり、右各法律を適用してなされた本件課税処分（ただし、一部取消後のもの）に違法はない（名古屋地判平成12・12・8〔平成12年（行ウ）第23号〕）」と判示し、原告の主張を退けた（神戸地判昭和58・11・14〔昭和56年（行ウ）第20号〕、大阪高判昭和59・7・6〔昭和58年（行コ）第57号〕）。

4　分与財産の評価は相続開始時か、財産分与時か

　次に原告は、分与財産の評価時点に関して「被相続人の死亡時の相続税法が適用されるとすれば、財産分与により取得した財産の価格評価が審判の確定時を基準として行われているのに、これに相応する基礎控除が行われないという不合理な事態が生ずる」旨主張した。この主張に対して裁判所は「財産はその取得時を基準として評価されるのにこれに相応する基礎控除が行われない不合理について、基礎控除額がその時々の経済事情に応じて順次引上げの方向で改正されている現状に照らすならば、財産取得の時点で評価されながら、財産取得時点における引上げられた基礎控除が適用されないという不利益が取得者に生ずることは、まさに原告らの指摘するとおりである。

　しかしながら、財産分与により財産を取得した者は、法3条の2制定後は、その財産の取得につき、相続税法の適用を受けるようになったことで、一時所得として所得税法の適用を受けていたときよりも多くの基礎控除を受け（所得税法34条と相続税法15条、なお、これを昭和43年10月27日の時点でみると、昭和46年法律第18号による改正前の所得税法34条と昭和48年法律第6号による改正前の相続税法15条。）、より低い税率が適用される（所得税法89条と相続税法16条、なお、これを昭和43年10月27日の時点でみると、昭和44年法律第14号による改正前の所得税法89条と昭和50年法律第15号による改正前の相続税法16条。）という利益を受けるようになったことは明らかである。そして、これに前述のとおり、財産分与が遺言制度の補充として、分与審判の手続を経て特別縁故者に恩恵的に被相続人の財産を取得させる制度として定められた経緯、並びに基礎控除制度は一連の税額算出過程の一要素にすぎず、これだけを取り出してその不当性を云々することは必ずしも当を得ないことをも合わせ考えるならば、原告らの主張するような事態は、前述のようなすべての相続税納税義務者につき、相続開始時を基準とした課税を行うという相続税法の課税体系を否定しなければならないほどの不合理な事態とはいえない」と判示した（神戸地判昭和58・11・14〔昭和56年（行ウ）第20号〕）。

しかし、大阪高判昭和59・11・13では、分与財産の価額を分与時の時価とした理由については、　法3条の2において、分与財産の価額を分与時の時価としたのは、財産の分与が相続財産法人において相続財産の清算（相続債権者および受遺者に対する弁済等）が行われ、その後残存する財産のうちから行われるためであって、財産分与時（審判確定時）に租税債務が成立することを前提とするものではないとした。

　この判示については、相続税の納税義務は相続開始時として、その時点における適用法令により課税することとしているにもかかわらず、この分与財産の評価時点を相続開始時ではなく、財産分与時点としていることは、相続税課税の本質を見誤っているといわざるを得ない。何となれば、この財産分与に先立って遺言により財産を取得した受遺者についてすでに相続税を申告納付しているケーで、その後特別縁故者に財産分与があった場合には受遺者はすでに確定している相続税額に増減が生ずることとなる。この場合に受遺者の取得財産は相続開始時を基準として評価し、財産分与財産は分与時を基準として評価することは同一の相続において二重基準により課税するという矛盾そのものであるからである。さらに、指摘しなければならないのは、下級審の判決で分与時を基準として評価する根拠として、①所得税課税から相続税課税に変更されたことにより一時所得として所得税法の適用を受けていたときよりも多くの基礎控除を受け、②より低い税率が適用され、③その結果利益を受けているとしている点である。課税する税目が変更されたのは財産分与制度が遺言制度を補充することを主たる目的としてものであって、その結果として税負担が軽減されることとなったのであり、税負担が軽減されるから財産の評価時点も変えていいというものではない。この判示部分はついては、その後の大阪高判昭和59・11・13で財産の分与が相続財産法人において相続財産の清算（相続債権者および受遺者に対する弁済等）が行われ、その後残存する財産のうちから行われるためとして根拠を示している。

494

V 分与財産から訴訟費用等を控除できるか

　原告は、財産分与の場合の課税財産の範囲が審判書記載の財産額そのものか、審判確定に至るまでの訴訟経費等を控除した額をもって取得額とするかについて、審判確定までの訴訟費用等を控除すべきであると主張した。
　これに対して裁判所は、訴訟費用等を控除しないと判示した。財産分与の審判に関する訴訟費用等を分与財産の価額から控除しない理由について、「財産分与は、相続債権者又は受遺者に対する弁済を終え、相続財産の清算をしたあとの残存すべき相続財産の全部又は一部を家庭裁判所の審判によって恩恵的に特別縁故者に分与するものであり、右特別縁故者は、自ら申立を行ってはじめて分与を受けることになるものであるから、原告らの主張する訴訟費用等は、被相続人の債務ではなく、また、被相続人に係る葬式費用でないこともいうまでもない。
　従って、右訴訟費用等が法13条1項各号所定の遺産からの控除の対象となる債務に該当しないことは明らかである」と判示した（神戸地判昭和58・11・14〔昭和56年（行ウ）第20号〕）。
　財産分与請求に関して支出した審判申立費用、訴訟費用等の経費について、現行相続税法では分与財産の価額から控除できないこととなっている。しかし、財産分与は家庭裁判所に対してその請求手続を行うことが法律上の要件となっており、相続人の相続における相続権付与による当然の財産取得とは異なるものである。つまり、相続人の存在する相続では、相続開始後3カ月を経過した時点で相続人が相続放棄の意思表示をしなければ当然に相続人として財産を取得することが保証されているのに対して、相続人不存在における財産分与は特別縁故者がその財産分与請求を申し立てなければならないものであり、相続における当然の権利とは異なるものである。さらに、その申立てについては家庭裁判所が相当と認めなければ財産分与を受けることはできないのである。このようなことから、財産分与請求に関して支出した経費

を分与財産価額から控除することについて法的に救済されるべきと考える。

〔演習問題〕
1　特別縁故者に対する財産分与制度の趣旨と税制の関係について述べよ。
2　当初の受遺者への課税とその後の財産分与に伴う課税の関係について述べよ。
3　民法上は分与財産を審判確定時に取得したものとしたが、相続税では相続開始時とした。この違いについて考察しなさい。
4　財産分与により取得した財産の評価時点が異なることによる課税上の矛盾点をあげ、論じなさい。

■コーヒー・ブレイク■

※4.5％が対象者

　相続税は資産家が負担する税金だから庶民には関係ないという認識が一般的です。国税庁は発表した平成14年度の相続税の申告実績でもそのことは証明されたようです。平成14年中に死亡した人は約98万人で、このうち相続税がかかるほど財産を残した被相続人は約4万4千人です。どれくらいの財産を残したかをみると、被相続人1人当たり2億3,933万円、納付税額は同じく2,891万円でした。

　また、相続財産の種類ですが、やはり土地が最も多く全体の58.7％、次に預貯金16.7％、有価証券8.4％、家屋5.1％、その他11.1％で、総額12兆1,591億円でした。

　なお、平成14年の調査件数のうち申告漏れの割合は87.6％という水準です。正しい申告を期待したいところです。

（岩下忠吾）

第16章　地方自治体の課税権

I　事　例

● 事例 ●

　東京都では、平成12年3月31日都議会において「東京都における銀行業等に対する事業税の課税標準等の特例に関する条例」（以下、「東京都銀行税条例」という）が可決され、同年4月1日これが公布された。同条例により、資金量が5兆円以上である銀行業等を行う法人に対し、課税標準を「所得」（平成15年法律第9号による改正前の地方税法72条の12）から「業務粗利等」に変更し、税率を原則として3％とする外形標準課税を導入した。そこで大手銀行Xらは、本件条例が同改正前の地方税法72条の19（現行72条の24の4）等に反し違法無効であるとして条例の無効確認等請求訴訟を提起した。

　業務粗利益等とは、銀行法施行規則別表に掲げられるものであるが（〔業務純益〕＋〔一般貸倒引当金繰入額〕＋〔債券費〕＋〔経費〕）、「資産運用収益、役務取引等収益、特定問い引き収益及びその他業務収益」の合計額から「資金調達費用、役務取引等費用、特定取引費用及びその他業務費用」の合計額を控除して得た金額であり（東京都における銀行業等に対する事業税の課税標準等の特例に関する条例施行規則1条1号）、別の言い方をすれば「受取利子から支払利子を差し引いた利潤」つまりスプレッドに、手数料を加えた業務粗利益である。

　また、銀行業においては、一般製造業と異なり、人件費は売上原価に含まれないという差違があり、また、当時銀行に発生していた多額の貸倒損失等は考慮されないこととなる。

II 設問

1 地方団体の課税権の根拠は何か。
2 この条例は有効か。
3 法人事業税は、応益課税であるか、応能課税であるか。
4 適切な外形標準のあり方はどのようなものか。

III 地方自治体の課税権の限界

1 憲法92条と地方自治体の課税権

　地方税とは、地方団体がその行政に要する一般経費をまかなうために、その団体内の住民などから徴収する税金をいう。都道府県または市町村は、地方税を課税し、それを徴収する権能をもっている。これを地方団体の課税権という。

　憲法92条は、「地方公共団体の組織及び運営に関する事項は、地方自治の本旨に基づいて、法律でこれを定める」（憲92条）とし、また、「地方公共団体は、その財産を管理し、事務を処理し、及行政を執行する権能を有し、法律の範囲内で条例を制定することができる」（憲94条）とする。地方自治制度が立憲民主制の統治構造の一部と位置づけられることから、地方自治権は、権力分立の現れとしての地方分権すなわち団体自治および代表民主制の補完としての住民自治を不可欠の要素となる。そこで、地方自治の本旨とは、団体自治および住民自治の尊重と解される。また、この尊重のためには、財政上の自立権が必要である。そこで、「財産を管理」するとは、財産を取得、利用、処分することをいうところ、これには、自治体自ら課税権を有すること（**自主課税権**）を含むと解するべきである。

　このように、憲法によって、地方団体に課税権が与えられていると考える

ことができる（反対説・地方自治法223条および地方税法2条により与えられたとする。東京地判平成2・12・20判時1375号59頁）。

　地方自治体は、このように自主課税権をもち、それによって自主的にその財源を調達することができる。これを**自主財政主義**という。自主財政主義は、租税法の基本原則の1つにあげられている（金子宏『租税法〔第9版〕』96頁）。

　以上のとおり、地方自治体の課税権は、抽象的には憲法に根拠を有するが、具体的な課税権については、法律および条例が規律することとなる。

　ところで、地方自治法10条2項は「住民は、法律の定めるところにより、その属する普通地方公共団体の役務の提供をひとしく受ける権利を有し、その負担を分任する義務を負う」としているが、これは、住民の義務としての基本精神を述べたものである（碓井光明『要説地方税のしくみと法』33頁）。また、地方自治法223条は、「普通地方公共団体は、法律の定めるところにより、地方税を賦課徴収することができる」とするが、これも、憲法が与えた自主課税権を具体化するほどの内容を持たない規定である。これらの条文は、具体的課税権の根拠とはならないであろう。

　他方、地方税法2条は、「地方団体は、この法律の定めるところによって、地方税を賦課徴収することができる」としており、この法律（地方税法）が地方税の大枠を定める法であることを述べている。また、これは法律の定める範囲内でのみ自主課税権を行使できるという裁量権の限界を示すものでもある。具体的課税権は、この法律の定める範囲内で定められた条例によって生ずる。

　地方税法は、国税と地方税との調整、地方団体相互間の課税権の行使の範囲を明確にしておくことなどの配慮の見地から、地方団体が賦課徴収することができる税目、税率その他の手続について、大枠を定めている法律が地方税法である。

　なお、地方分権推進一括法（平成11年法律第87号）が自主財政主義をより推進した。すなわち、法定外普通税についての自治大臣の許可制度の代わりに協議を伴う同意制度（許可制から。地税259条以下、669条以下）、法定外目的

税の導入（同法4条6項、5条7項、731条以下）が採用された。

また、いわゆる**三位一体の改革**により、地方分権の進展に応じ、地方団体がより自主的、自立的な行財政運営を行えるようにするために、財政基盤が充実強化されることとなった。すなわち、平成15年6月に閣議決定された「経済財政運営と構造改革に関する基本方針2003」においては、①国庫補助金負担金の改革、②地方交付税の改革、税源移譲を含む税源配分の見直しの「三位一体の改革」を推進し、受益と負担の関係を明確化し、地方が自らの支出を自らの権限、責任、財源で賄う割合を増やし、真に住民に必要な行政サービスを地方自らの責任で自主的、効率的に選択する幅を拡大すると同時に、行政の効率化、歳出の縮減、合理化を初めとする国・地方を通じた行財政改革を強力かつ一体的に進めることとされた。

2　地方税条例主義

地方税法が、地方自治体の自主課税権の大枠を定め、地方税法3条は、「地方団体は、その地方税の税目、課税客体課税標準、税率その他賦課徴収について定めをするには、当該地方団体の条例によらなければならない」とすることから、地方団体が具体的課税権を行使する前提として、具体的な課税法律関係を規律する条例を定めることとなる。

ところで、憲法84条は、「あらたに租税を課し、又は現行の租税を変更するには、法律又は法律の定める条件によることを必要とする」と定め、**租税法律主義**を宣言している。ここにいう「租税」とは、国が、その経費を支弁するため国民から強制的に無償で徴収する金銭をいう。ここでいう「租税」という文言に地方税も含まれるとみるか否かは問題であるが、憲法が、国税につき租税法律主義を採用して財政を国民の代表機関である議会の統制下に置きながら、地方税の民主的統制には無関心であるとは考え難い。

そこで、憲法84条にいう「租税」に地方税も含まれると考えられるが、そうすると、次に、地方税の課税または変更には、文言どおりに「法律」または条件を定めた「法律」が必要であるか否かが問題となる。

この問題については、租税法律主義が、財政を国民の代表機関である議会の統制下に置くという原則であったことを考慮に入れるべきである。そこで、地方税についても、民主的手続を踏んだ規範である条例によるべきであり、このことを**地方税条例主義**（碓井光明『要説地方税のしくみと法』6頁）と呼ぶのが適切であろう。

地方税条例主義を採用した場合、条例と地方税法のような法律との関係につき、そもそも法律により地方税を規律することができるかが問題となるが、地方税に関して、たとえば「地方税法の例による」というような条例の定めがないかぎり国の法律による規律が及ばないとするのは不合理であり、国の法律の定めによる規制が認められると解するべきである。

3　現行の住民税、事業税ほかの構造

(1)　沿革

戦前の地方税制は、国税の付加税を中心とした中央集権的なものであった。**付加税**とは、国などが課した税を基準として課される税である。これに対し、地方団体が独立した立場から課税するのが、**独立税**である。

戦後、**シャウプ勧告**に基づく改正によって、独立税制度がとられるようになった。シャウプ勧告は、自治体の財源の独立性を確保するために、独立税制度を示し、これを受けて、同府県と市町村との関係が完全に分離され、この間においては完全な独立税制度がとられるようになった。しかし、シャウプ勧告が必ずしも我が国の実情に合わなかったところもあり、事業税の付加価値税化が実現しなかったように、徹底されなかった部分もある。

(2)　現行地方税制

現行の地方税は、独立税制度の建前を採用するものであるが、所得税・個人道府県税・個人市町村税、固定資産税・不動産取得税などのように、地方税の課税標準の把握や税金の徴収を容易にするために密接に関係づけられたものがある。なお、法人税法158条、所得税法237条が付加税を禁止しているところでもあるが、他の租税の税額を課税標準として課される租税を禁止し

たものではないと解されている。

　地方税法が定める標準的な税目は以下の表のとおりである。

	普 通 税	目 的 税
道府県税	道府県民税 事業税 地方消費税 不動産取得税 道府県たばこ税 道府県法定外目的税 ゴルフ場利用税 自動車税 鉱区税 道府県法定外普通税 固定資産税 （特例分）	自動車取得税 軽油引取税 狩猟税 水利地益税
市町村税	市町村民税 固定資産税 （固有資産等所在市町村交付金） （日本郵政公社有資産所在市町村納付金） 軽自動車税 市町村たばこ税 鉱産税 特別土地保有税 市町村法定外普通税	入湯税 事業所税 都市計画税 水利地益税 共同施設税 宅地開発税 国民健康保険税 市町村法定外目的税

　普通税とは、使途が拘束されていない税であり、**目的税**とは、その使途が拘束され、特定の費用にのみ当てなければならないものである。

　現行事業税は、地方税法上税目が定められた**普通税**である。

(3) 法定外税

　ところで、地方税法は、必要がある場合には、前記した標準的な税目の他に、条例により、地方税法が定める税率や税目と異なる課税を行うことを認めている。地方税法に定める税目（法定税）以外に、条例により新設された税目のことを、**法定外税**といい（地税259条、669条、731条）、これを許容するのを、法定外税制度という。以前は法定外普通税のみが認められていたが、地方分権一括法による地方税法の改正で、法定外目的税制度が創設され（同法731条）、自主課税権はより拡大した。

　法定外税を新設しまたは変更する場合には、税率の引き下げや課税期間の短縮等を行う場合を除き、総務大臣に事前に協議し、その同意を得ることが必要である（同法259条1項、669条1項）。また、当該納税義務者にかかる課税標準の合計が全体の10分の1を継続的に超えると見込まれる場合には、条例制定前に議会において、その納税義務者の意見を聴取することとされている（同法259条2項、669条2項、731条3項）。

　そして、総務大臣は、次のような事由のいずれかがあると認める場合を除き、同意をしなければならないこととなっている（同法261条、671条、733条）。すなわち、①国税または他の地方税と課税標準を同じくし、かつ、住民の負担が著しく過重となること。②地方団体間における物の流通に重大な障害を与えること。③上記①および②に掲げるものを除くほか、国の経済施策に照らして適当でないことが総務大臣において考慮すべき要素であり、これらがない場合には、同意をしなければならないのである。

(4) 超過課税

　地方消費税など一定税率の税目を除き、法定税においては、地方税法において、通常よるべき税率として標準税率が定められている。この標準税率を超える税率を設定することを、**超過課税**という。ただし、事業税（同法72条の49の13第3項、72条の24の7第8項）、自動車税（同法147条4項）には制限税率が定められ、軽油引取税（同法700条の7）、事業所税（同法701条の42）などには一定税率が定められて、これ以外の税率による課税を許さないことと

されている。

IV 外形標準課税の限界

1 法人事業税の外形標準課税化

事業税は、事業に対し、その事業を行う者に課する税であり、法人の行う事業に対して課する**法人事業税**と、個人の行う事業に対して課する**個人事業税**とから構成されている。平成15年改正以前における法人事業税は、電気供給業・ガス供給業・生命保険業・損害保険業（例外4業種）においては収入金額を課税標準としていたが、原則的には、所得が課税標準とされていた。

現行法においては、法人事業税は、原則として付加価値額、資本等の金額および所得を、個人事業税は、所得を課税標準として課されている。

(1) 沿革

事業税の前身は、明治11年の地方税規則による府県税としての営業税であった。明治29年の営業税法により、法定24業種につき、営業税は、国税となり、府県、市町村が付加税を課した。この際の課税標準は、売上金額、従業員数、建物賃貸価格等であり、**外形標準課税方式**がとられていた。

大正15年、国税としての営業収益税では純益課税が採用され、その課税客体とされた11業種および免税点以下の小規模営業に対しては、府県が営業税を課することとされ、**外形標準**によることもできることとされた。その後、昭和15年の営業税への一本化の際には、純益課税が行われた。

そして、昭和22年、営業税は再び地方税とされた。この際、地方税法は、純益課税だけでなく、外形標準を許容した。すなわち、「特別ノ必要アル場合ニ於テハ営業税ノ課税標準ニ関シテハ営業ノ種類ヲ限リ内務大臣ノ許可ヲ受ケ」純益のほか他の標準を用いまたは純益によらないことができる旨定めた（当時の地方税法48条の3第1項）。さらに、翌23年、営業税は、地方税法において「事業税」とされ、「事業税の課税標準の特例」（当時の69条3項）

が置かれるに至った。翌24年の**シャウプ勧告**では、事業税を「付加価値税」とすることが示され、翌25年の地方税改革では付加価値税の規定が設けられるとともに、749条3項は上記事業税の課税標準の特例を踏襲した。しかし、付加価値税は、実施が延期されたまま、昭和29年には廃止され、事業税が存続する結果となった。

　上記事業税の課税標準の特例も存続したのであるが、ほとんど活用されることはなく、平成12年東京都が導入したいわゆる銀行税が、この特例を最初に利用したものであるといえる。次いで大阪府においても、同様の条例が制定された。

　そして、平成15年の税制改正により、法人事業税について、所得を課税標準とすることに代えて、所得課税と外形標準課税を組み合わせた制度が採用された。

　(2)　前記特例に関する規定

　　㋐　地方税法72条の24の4（平成15年法律第9号による改正前の72条の19）

　憲法は、自主財政主義（憲92条および94条）を定めるが、課税標準については具体的な枠を与えてはいない。法律上の大枠として存在するのは、前述のとおり地方税法であって、法人事業税の課税標準は、地方税法72条の24の4の規律の下にある。

　東京都銀行税条例制定当時の法人事業税の課税標準については、平成15年法律第9号による改正前の72条の19が、法人の行う事業に対する事業税の課税標準は、「電気供給業、ガス供給業、生命保険業及び損害保険業」（以下、「例外4業種」という）にあっては「各事業年度の収入金額」、その他の事業にあっては「各事業年度の所得および清算所得による」旨定め、所得を課税標準とすることが原則とされていた。そして、例外4業種以外の法人に対しては、事業の情況に応じ、所得および清算所得によらないで、「資本金額、売上金額、家屋の床面積若しくは価格、土地の地積若しくは価格、従業員数等を課税標準とし、又は所得及び清算所得とこれらの課税標準とを併せて用いることができる」旨規定され、外形標準を用いることが許容されていたが、

東京都がいわゆる銀行税条例を制定するまで活用されなかったことは前述のとおりである。

現行法においては、法人事業税の課税標準は、事業の種類および法人の規模により、以下のように定められている（同法72条の12）。

① 下記②、③以外の事業
　㋐ 資本金１億円超の普通法人（外形対象法人）…各事業年度の付加価値額、資本等の金額、所得および清算所得
　㋑ 公益法人等、特別法人、人格のない社団等、投資法人および特定目的会社、資本金１億円以下の普通法人…各事業年度の所得および清算所得
② 特定信託の受託者である法人の行う信託業…各特定信託の各計算期間の所得
③ 例外４業種…各事業年度の収入金額

すなわち、外形標準課税と所得課税が使い分けられている。

また、現行法においても、「事業の情況に応じ」、外形標準課税を行うことが依然として許容されているが、**外形対象法人**については、新たに外形標準課税を行うことはできない（同法72条の24の４）。

　　㈣　**地方税法72条の24の７第９項**（平成16年度改正前の72条の22第９項）

現行法においても、いわゆる**均衡原則**が維持されている。地方税法72条の24の４（平成15年法律第９号による改正前の72条の19）の規定によって所得および清算所得以外の課税標準を用いて事業税を課する場合における税率は、所得および清算所得を課税標準として同条１項から４項まで、および８項（平成15年法律第９号による改正前の同法72条の22第１項、２項、６項および８項）の税率による負担と著しく均衡を失することのないようにしなければならない。

(3)　東京都銀行税条例の場合

平成12年、東京都が導入したいわゆる銀行税は、前記の法人事業税の課税標準の特例を用いたものであった。

これが、法定外税として制定されたものであったとするならば、前記のとおり、総務大臣の同意制度による手続的な制約があったはずであるが、本条例は、法人事業税の課税標準の特例として、通常の条例と同様に制定されたものである。

2 「事業の情況」の意義についての裁判例

東京都銀行税は、法人事業税の課税標準の特例を用いたものであったことから、これが「事業の情況に応じ」という要件を充足するものであったか否かが問題となる。

「事業の情況に応じ」とはどのような場合をいうかについては、東京地裁判決と東京高裁判決とで解釈が分かれた（なお、当該事件は、上告審継続中、和解が成立し、訴え取り下げによって終了したため、最高裁の判断は示されないままとなった）。

(1) 東京地判平成14・3・28（判タ1099号103頁）

同判決（以下、単に「東京地裁判決」という）は、当時の法人事業税の定めにつき、「地方税法72条の12（筆者注・平成15年法律第9号による改正前の条文である。以下、裁判例の紹介中の条文は判決当時の条文をそのまま記載してある）が大半の業種について所得を課税標準としていることから、事業税が『所得課税』という意味での応能課税の立場を原則としていることは否定できない。その上、応益原則からすると、税率は比例税率とすべきところ、現行法は法人につき、原則として累進税率を採用しており、このことも現行法が応能課税の立場に立つことを裏付けるものである」とした。

また、租税の定義とその性質に加え、憲法14条の定める平等原則から、租税法令解釈について**応能課税**の考え方を重視すべきことについて述べている。すなわち、一般的かつ代表的な学説によれば、租税が特別の給付に対する反対給付の性質を持たないこと、国民（住民）にその能力に応じて一般的に課される点に特色を持つとされていることを引用して「一般的に、租税は、そもそも国民の資力ないし能力に応じて課されるものであり、公共サービスの

対価としての性質を有しないものと考えられているのであって、その意味において、具体的な租税法令を解釈するに当たっては、特別な規定がない限りは、上記の租税の基本的性格にしたがって、応能原則により課税されているものと解釈をすべき」とした。さらに「憲法14条の定める平等原則からすると、一般に租税は担税力に応じて負担させるべきものであって、担税力との均衡を著しく失する課税には憲法上の問題も生ずるところであり、応能原則はこのことを課税法律関係において実質的に担保する働きをもつものということができるから、……法により定められた税の具体的な姿としては、明示的な立法がない限り、性質上当然に応益課税として純化された税というものは想定し難いというべきであって、そうした明文の規定がない場合に、解釈論において現存する税を純粋な**応益課税**によるものと解釈することは困難である」旨述べた。

　同判決は、そのうえで、地方税法72条の19の解釈について述べ、例外４業種につき所得に代わって収入を課税標準としていることについては、「当該事業の収益構造等事業自体の客観的性格又は法律上特別の制度があることによって、所得を課税標準としたのでは適切な担税力の把握ができない場合に、外形標準を用いることとしたものということができる」と位置づけ、法人事業税の規定は、「例外４業種に対する外形標準課税の部分を含めて、すべからく応能原則を大原則と」したものとみる。

　そして、同判決は、「『事業の情況』とは、当該事業の収益構造や法律上の特別の制度の存在など当該事業が順調に行われていてもなお所得が担税力を適切に反映しないといった事業自体の客観的情況を意味する」というように、地方税法72条の19自体の解釈論から条例制定権の制約原理を見い出す。

　(2)　**東京高判平成15・1・30**（判時1814号44頁）

　これに対し、上記東京地裁判決の控訴審である東京高裁平成15年１月30日判決（判時1814号44頁。以下、単に「東京高裁判決」という）では、法人事業税が**応益原則**に基づく税であることが重視されている。同判決では、まず、このことを沿革の認定から導き、「所得を課税標準とすることは本来望ましく

なく、応益的な考え方に基づき外形基準を課税標準とする余地を広げていくべきであるとの基本的な立場を一貫している」などとしている。そして、事業税の関係諸規定の文言について、地方税法72条の19が「（事業税の課税標準の特例）」という条見出しの下に、例外4業種以外の事業についての外形標準課税について規定していることを取り上げ、「『特例』という表現から見る限りは、事業税の地方税上における原則的な課税標準は『所得』である……現行地方税法においては、外形標準課税は例外的なものと位置づけられる。その意味では、現行事業税は……金子教授の『応能課税と応益課税の混合タイプであり、しかも応能課税の要素のより強い混合タイプ』というとらえ方が、その法的性格についても的確に表しているものと考えられる」として、例外4業種の取り扱いを応益課税の考え方に基づくものと位置づける。

　そのうえで、同判決は、「例外4業種以外の事業に外形標準課税を認める要件として地方税法72条の19が定めているものは、『事業の情況に応じ』という文言上解釈の幅のある一般的な表現によるものであって、例外4業種と関連づけた表現とはなっていない。この表現を字義どおり理解する限り、原判決が採用したような例外4業種に準ずるような事業自体の客観的性格や法律上の特別の制度が存在する場合に限って、外形標準課税の導入を認めていると解することは、狭きに失することは明らかである」とし、さらに、「現行事業税は『所得』を原則的な課税標準とし、その現実の適用の場面においても、『所得』を課税標準とする課税が圧倒的に多いという意味において、応能課税の要素が強いものと評価できるが、そうであるからといって事業税の本来的な姿である応益課税を選択することができるとする72条の19の解釈適用の場面においては、その発動のための要件を満たしている以上、応益的な考え方を基本とすべきであると考えられる。いずれにせよ、この『事業の情況に応じ』という一般的な表現の解釈運用に当たっては、原則として、地方公共団体の合理的な裁量に委ねられていると認められるところである」旨述べ、上記東京地裁判決の解釈に反対している（もっとも、結論としては、後述するように、業務粗利益を課税標準としたことについて税負担の不均衡が生じ

うることを指摘し、**均衡要件**〔72条の22第9項〕を満たしていると認めることはできないとして、本条例を無効とした)。

このような判示からは、東京高裁判決においては、「事業の状況」という文言は、地方公共団体に委ねられた合理的な裁量の幅を示すものにすぎず、前記のとおり相当厳格に解する東京地裁判決とは対象的である。また、東京高裁判決においては、「地方税法72条の19自体の条文上の表現や構造からみて、同条の解釈論の中で、外形標準課税に関する地方公共団体の裁量に対する制約原理を導き出すことには限界がある」とされており、そうした制約原理として機能するのは、同法72条の22第9項のいわゆる「均衡要件」であると解されている。

(3) 法人事業税の本来的な姿に対する理解の相違

これら両判決とも、法人事業税の沿革の検討を踏まえているが、法人事業税の本来的なありようについては、応能課税、応益課税のいずれであるべきかという点の理解が分かれている。

すなわち、東京地裁判決は、例外をも含め、法人事業税を応能課税であるとしているのに対し、東京高裁判決は、法人事業税の規定は、応能課税と応益課税の混合タイプであり、しかも応能課税の要素のより強い混合タイプ、かつ、例外4業種の取り扱いは応益課税の考え方に基づくものとしている。

3　地方税法上の事業税の構造

(1) 「利益説」、応益課税等の意義

前記各判決において言及された、**応益課税**、**応能課税**という性格は、課税の正当根拠論として論ぜられてきたものである。

18世紀ないし19世紀に主張された**利益説**ないし対価説(以下、「利益説」という)は、自然法あるいは社会契約という基盤のもとに主張されたものであり、税をもって市民が国家から受ける利益の対価とみて、税負担は各人が国家から受ける利益や保護の程度に対応して配分されるべきであるとした考えである。しかし、20世紀になると、すべての人は法の下では平等に取り扱わ

510

れるべきであるということに基づき、国家から受ける利益とは全く切り離された課税原則が議論され、税負担は各人の担税力に応じて配分されるべきであるという**能力説**の考え方が支配的になっている。

　ところが、地方税の課税根拠ないし課税の正当性の議論においては、地方税の特性の1つとして、「地方団体の行政又は施設と関連性（応益性）があること」があげられることがある（財団法人大蔵財務協会・地方税制度研究会編『やさしい地方税』13頁）。住民が地方団体から何らかの利益を受けているのが普通であるから、こういった受益に応じて負担されるという意味での応益性が地方税の特性の1つとされているのである。

　学説においても、所得再分配のような機能は国税に期待すべきであって、地方税は主として受益に応じて負担を配分するという考え方は重要であるとされている（碓井光明『要説地方税のしくみと法』33頁）。また、「現行の事業税は応能課税と応益課税の混合タイプであり、しかも応能課税の要素のより強い混合タイプ」とする理解（金子宏・地方税50巻8号4頁）は、前記裁判例においても支持されている。

　しかし、ここでいう「応益性」ないし「応益課税」が、個々の構成員の受益の多寡に応じた課税負担というような意味で用いられているのであれば、それは、上記利益説に同調するものであって、能力説の考え方にはなじまないものがある。また、租税は、公共サービスを提供する資金の調達を目的としてはいるが、直接の反対給付なしに強制的に私人の手から国家の手に移されるものであるはずであるから、上記のような、受益に応じて負担されるという意味での応益性は、このような租税の性質に反するものとなる。前記裁判例や各学説が述べる応益性ないし応益課税という用語は、上記利益説でいう「受益に応じた負担」という意義とは異なる、地方税分野に適合する特殊な意味が盛り込まれているものと思われる。

　(2)　例外4業種および「事業の情況」という例外の位置づけ
　　(ア)　学　説
　例外4業種につき、収益という一種の外形標準が用いられた趣旨について、

これが応益課税という考え方に基づく例外であるか、それとも例外4業種をも含め応能課税という考えに基づくものであるかは問題である。

学説においては、例外4法人を含め、外形標準課税を応能課税とみるものがある。この学説においては、電気供給業・ガス供給業は、料金認可制の下において、法人事業税額は料金算定の際に原価に算入され、その負担を消費者に転嫁できるので負担能力を有すること、所得を課税標準とすると膨大な施設と従業員によって行政サービスを受けているにもかかわらず法人税額が少額となり事業税の応益原則の性格と矛盾することがあげられているとする。そして、生命保険業は収入保険料のほとんどが責任準備金・支払準備金・契約者配当準備金として損金に算入されること、保険料の運用による受取配当金が益金に算入されないことから、所得を課税標準としたのでは、その事業規模や活動量に比べて少額負担となるからであるとされる。損害保険業についてもほぼ同様の理由によっている（碓井光明『要説地方税のしくみと法』134頁ないし135頁）。そして、外形標準課税を、所得課税における一種の推計課税と同じ結果を、外形標準の形式で実現する制度であるとする（同書139頁）。例外4業種およびその他の業種についての外形標準課税の取り扱いについてのこのような考え方は、利益の大きさだけでなく、事業規模や活動量を加味して負担額を重くするものとなり得ないかが問題となりうるところであるが、上記学説は、外形的課税標準を用いて所得課税の場合に比べて増収を図ることまでも許容する趣旨のものではないとしている。

前記東京地裁および東京高裁の両判決が分かれたことからもわかるように、事業税の規定の沿革および条文構成自体からは、直ちに結論づけられる問題ではない。問題の核心は課税の正当根拠論であろう。この点につき、上記学説は、能力説ないし応能課税を一貫させた正当なものと思われる。

　　(イ)　**応益原則の妥当範囲**

前記のとおり、東京地裁判決は、これら例外4業種の場合も地方税法72条の19が許容する外形標準課税も含め、事業税を応能原則に基づく課税であるとしているので、例外4業種の場合とそれ以外の外形標準課税との関係につ

いては、上記学説と同旨との理解が可能である。しかし、前記東京高裁判決は、「例外4業種の東京都の事業税額総額に占める割合は、3.39％にとどまることからみて、現行地方税法においては、外形標準課税は例外的なものと位置づけられる。その意味では、現行事業税は、……『応能課税と応益課税の混合タイプであり、しかも応能課税の要素のより強い混合タイプ』というとらえ方が、その法的性格についても的確に表しているものと考えられる」旨述べるところからみると、例外4業種の場合を応益課税であるとみているものと思われる。

　ところで、前記東京高裁判決は、その他の業種の場合に外形標準を採用することを地方公共団体の合理的な裁量に委ねて緩やかに許容したことにつき「事業の情況に応じ」という表現の解釈運用にあたっては、「事業税の本来的な姿である応益課税を選択することができる72条の19の解釈適用の場面においては、その発動のための要件を満たしている以上、応益的な考え方を基本とすべきであると考えられる」としている。同判決は、法人事業税を「応能課税と応益課税の混合タイプであり、しかも応能課税の要素のより強い混合タイプ」ととらえる学説を指示しているかのように見えるが、同判決がいう「応益課税」は、そこに引用されている金子説が用いるのと同じ意味であろうか。というのは、引用されている金子説では、事業税の規定のあり方に利益説の考えを反映している部分があることを指摘するものの、事業税の本来的な姿が応益課税であると述べたわけではないのではないか。

　同判決のような判断によれば、合理的な裁量の幅を認められることによって地方団体の自律性は高まるであろうが、課税の正当根拠論において、18世紀、19世紀において主張された利益説を採用するのかという疑問が生ずる。

　「応益」という用語については、いわゆる銀行税事件における東京都の主張に対し「東京都が『応益』税という言葉を用いるときには、いかなる地方団体が課税することができるかという問題と、いかなる課税物件・課税標準に対して課税するかという問題とを混同してしまっているということができよう」「むしろ、法人に対する住民税や事業税は、法人が2以上の都道府県

に事務所・事業所を有する場合に、都道府県の間で分割が行われるという点に、課税管轄権的な意味における『応益』的観点が生かされていると考えるべきである」という学説の指摘があり（中里実『デフレ下の法人課税改革』141頁、142頁）、これが適切な問題分析をしたものと考えられる。

　なお、私見であるが、財政の資源配分機能の遂行のためには住民全体が受益に必要な負担をしなければならないという意味での応益課税は観念し得ると思う。すなわち、住民に提供される利益が各地方団体による公共サービスであることから、各地方団体の構成員が構成員全体の受益に必要な負担をしなければならないという意味では、応益課税は現在も妥当すると考えられる。この意味での応益原則は、課税管轄権の分配の根拠とはなり得る。ないしは、あるカテゴリーに属する構成員の租税負担の有無の決定の根拠となり得ると考えられる。たとえば、事業を営む者にだけ、事業税を課するという決定の根拠となり得る。しかし、地方の各住民がその個々具体的な受益の多寡に応じ負担を増減するという意味での「応益課税」を行うとすれば、それは、利益説そのものであり、租税の意義とも矛盾するものであって、今日においては相応しい考え方とは思われない。そして、課税標準の決定に応益課税の考え方を持ち込むことは、同一地方団体に属する各住民（法人）に個々具体的に他のメンバーと異なる負担を求めることになり、利益説を採用する以外に正当化する余地はないように思われる。したがって、前記東京高裁判決のように（前記東京地裁判決もその余地を残すものであるが）、課税標準の選択に応益課税の考え方を持ち込むことには、疑問がある。

4　適切な外形標準

(1)　東京都銀行税条例が採用した外形標準（業務粗利益）の適切性

　東京都銀行税条例において課税標準とされた「業務粗利益等」という概念は、銀行法施行規則別表に掲げる業務粗利益など既存の概念を用いたものであるが、これが応能課税または応益課税の指標たり得るかが問題である。

　業務粗利益が所得に代わる応能課税の指標足り得ないことはいうまでもな

いことであろう。

　前記東京地裁判決は、当時の地方税法72条の19は、例外4業種以外の事業について、「事業の状況に応じて」外形標準を用いることとする場合にも、応能原則に基づく課税であることを当然の前提としているということから、応能原則に基づいて所得を課税標準とすることにより適切な担税力の把握ができるか否かを第1に検討し、所得が当該事業の担税力を適切に反映するものである場合には、原則どおり所得を課税標準とすべきであって、この場合には外形標準課税をすることは許されない旨述べる。そして、同判決は、「貸倒損失を控除した所得こそがその担税力を示すものであって、この点では他の一般事業会社と異なるものではない」というように、中里実教授鑑定意見書を引用したうえ、銀行業等については、所得が当該事業の担税力を適切に反映する旨認定している。

　事業税の外形標準化については、東京都銀行税条例制定以前に、政府税制調査会地方法人課税小委員会において検討され、一定の方針が示されていたところであった。

　同委員会は、所得を原則的な課税標準とする当時の地方税法について、「事業活動の規模との関係が適切に反映されず、本来の応益課税の性格から見て、望ましいあり方になっていない」とした。そして、法人事業税の性格につき「法人が行う事業そのものに課される税であり、事業がその活動を行うに当たって地方団体の各種の行政サービスの提供を受けていることから、これに必要な経費を分担すべきであるという考え方に基づいて課税されるものである」「その課税標準は、法人の事業活動の規模をできるだけ適切に表すものであることが望ましい」とし、改革による外形標準課税の性格を、応益課税である旨明確に述べた。そのうえで、同委員会は、事業規模を反映する望ましい外形標準のあり方として、①事業活動によって生み出された価値、②給与総額、③物的基準（例・事業所家屋床面積）と人的基準（例・給与総額）の組み合わせ、④資本等の金額の「外形基準の4つの類型」をまとめた。なお、このような外形標準課税の導入に伴う税負担の変動については、税負担

能力に配慮する等の観点から、所得基準による課税と外形基準による課税とを併用すること等の方策を示した（平成11年7月・地方法人課税小委員会報告）。

しかし、東京都は、これらの外形標準を採用しなかった。

企業の事業活動規模をもっとも適切に表す外形標準であると一般に解されているのは、付加価値である（金子宏「事業税の改革（外形標準化）を考える」地方税1999年8月号20頁、中里実・前掲書160頁）。そして、銀行業等において貸倒損失等の控除も繰越も認めず、業務粗利益を課税標準としたことについては、銀行業の付加価値から大きく乖離し、銀行業の事業活動の本質が何ら反映されていない課税であって、このような不適切な課税標準を採用する本件課税は、当時の地方税法72条の19（現行地税72条の24の4）に反して違法であることが指摘されている（中里実・前掲書161頁）。

(2) 均衡要件（地方税法72条の24の7第9項、平成15年法律第9号による改正前の地方税法77条の22第9項）の位置づけ

前記東京高裁判決は、いわゆる均衡要件（地税72条の22第9項）を外形標準課税に関する地方公共団体の裁量に対する制約原理として機能するものと位置づけた。

均衡要件については、外形標準課税を所得課税における一種の推計課税と同じ結果を、外形標準の形式で実現する制度と位置づけた学説が、「均衡要件への適合性につき、個別の業種に着目した完全な均衡を達成することは困難である。全業種としてほぼ均衡していればよい、換言すれば、全体としては所得に対する課税の場合の負担水準との均衡が保たれていればよいのである」（碓井・前掲書140頁）という。同学説は、許容され得る外形標準課税を、推計課税の場合に近い考え方としており、「たとえば、旅館業に対する課税にあたり、課税期間中の合計宿泊人数を課税標準として、所得に課税する場合と同水準の負担となるような税率設定をするような場合が考えられる」としている。

私見ではあるが、これに対し、外形標準課税を応益課税と位置づけるとすれば、企業の事業活動規模をもっとも適切に表す外形標準であると一般に解

されているのは、付加価値なのであるから、付加価値を表す指標を用いた場合との比較が必要であり、一般事業においては、各事業年度における利潤に、給与総額、支払利子および賃借料を加えた「事業活動価値」との比較が必要であろう。ただし、銀行業等においては、付加価値の算定においては、このような加算法は適用されず、受取利子から支払利子、貸倒損失および仕入を控除することによって付加価値を算出し（中里・前掲書163頁）、そのうえで比較することが必要となろう。

5 条例に対する司法審査

地方団体が条例により地方税を課税する場合にも、条例制定権の範囲と限界は、一般の条例と同じく、法律による枠がある（憲94条）。

条例制定の範囲と限界一般については、いわゆる徳島市公安条例事件判決（最判昭和50・9・10刑集29巻8号489頁）が、いわゆる**上乗せ条例**が法律に違反しない場合の判断基準を示している。地方税法と銀行税条例の場合は、地方税法自体が具体的課税権の根拠を条例に任せながら、地方税法が条例の枠ともなっているという特殊性がある。

私見であるが、このような関係を、徳島市公安条例事件判決が示す「それぞれの普通地方公共団体において、その地方の実情に応じて、別段の規制を施すことを容認する趣旨であると解されるときは、国の法令と条例との間にはなんらの矛盾抵触はなく、条例が国の法令の違反する問題は生じない」という判断基準に当てはめてみるならば、「別段の規制を施すことを容認する趣旨」ではあるが、地方税法という枠もあるという関係にあるということになり、前記東京高裁判決においては、地方税法上の均衡要件がここでいう枠となって、条例が違法、無効とされたものとみることができると考える。

東京都銀行税条例は、全業種中資金量5兆円以上の銀行業等だけに業務粗利益を課税標準とした課税をしたものであるから、平等原則違反（憲14条）の問題ともなる。

租税法分野の立法の合憲性判断基準は、いわゆる大島訴訟事件判決が（最

判昭和60・3・27民集39巻2号247頁)、「租税法の分野における所得の性質の違い等を理由とする取扱いの区別は、その立法目的が正当なものであり、かつ、当該立法において具体的に採用された区別の態様が右目的との関連で著しく不合理であることが明らかでない限り、その合理性を否定することができず、これを憲法14条1項の規定に違反するものということはできないものと解するのが相当である」旨判示し、広い立法裁量論とともにいわゆる合理性の基準を用いた緩やかな審査基準を採用しており、代表的な学説も原則的にはこれを受け入れているようである(金子宏『租税法〔第9版増補版〕』107頁)。

　私見であるが、枠となる法律に基づいて制定された条例の場合、条例だけが憲法との抵触問題を起こすのではなく、条例の枠となる具体的な法律の解釈において憲法14条との抵触問題が生ずることに注意するべきである。仮に、全業種中資金量5兆円以上の銀行業等だけに業務粗利益を課税標準とした課税をするという取り扱いが地方税法上許容されていると一義的に解さざるを得ないとすれば、地方税法が平等原則違反(憲14条)の問題を有することとなるが、そうでない限り、法律を憲法適合的に解釈することで対応するべきであろう。

〔演習問題〕

1　東京都銀行税条例においては、内国法人については国外支店を含めた全世界の資金量が5兆円以上となる場合に課税の対象とされ、外国法人については国内支店の資金量のみにより課税対象となるか否かが判定されたが、このような取扱いの差違に問題はないか。

2　複数の都道府県に事業所を有する事業者に対し、事業税の外形標準課税を定める場合、どのような制約があるべきか。

〈参考文献〉

① 　金子宏『租税法〔第9版〕』(弘文堂、平成16年)
② 　碓井光明『要説地方税のしくみと法』(学陽書房、平成13年)

③　和田八束「日本の税制〔増補版〕」（有斐閣、平成 2 年）
④　中里実『デフレ下の法人課税改革』（有斐閣、平成15年）
⑤　米原淳七郎『はじめての財政学』（有斐閣、平成 9 年）
⑥　塩野宏『行政法Ⅲ』（有斐閣、平成15年）
⑦　宇賀克也『地方自治法概説』（有斐閣、平成16年）
⑧　地方税制度研究会編『やさしい地方税〔平成16年版〕』（財団法人大蔵財務協会、平成16年）

（藏重有紀）

第 3 部

参考資料

第1章　参考文献

　租税憲法と所得税法を中心に参考文献の情報を掲載するほか、最小限度で法人税法と国税通則法にかかる文献を扱っている。基本的な単行書で、現在図書館または書店で入手しやすいものを以下に掲載する。国際税法、相続税法、消費税法、地方税法、国税徴収法は、すべて取り上げていない。

1　教科書・概説書・体系書

浅沼潤三郎・租税法要論（八千代出版、1999）

新井隆一・租税法の基礎理論（第3版、日本評論社、1997）

泉　美之松・税法の基礎（第7訂版、税務経理協会、1985）

井上隆司・税法通論（3訂版、税務経理協会、1991）

金子　宏・租税法（第9版補正版、弘文堂、2004）

金子・清永・宮谷・畠山共著・税法入門（第5版、有斐閣、2004）

金子　宏・武田昌輔編・税法の基礎知識（有斐閣、1974）

北野弘久・税法学原論（第4版、青林書院、1997）

木村弘之亮・租税法総則（成文堂、1998）

清永敬次・税法（第6版、ミネルヴァ書房、2003）

吉良　実・租税法概論（改訂版、中央経済社、1992）

斎藤　明・租税法の現代的課題（文雅堂銀行研究所、1982）

須貝修一・税法総論Ⅰ（増補版、有信堂高文社、1978）

須貝修一・税法の基礎知識（嵯峨野書院、1978）

杉村章三郎・租税法（新法学全集、日本評論社、1940）

杉村章三郎・租税法学概論（有斐閣、1956）

租税法研究会編・租税法総論（有斐閣、1958）

田中二郎・租税法（第3版、法律学全集、有斐閣、1990）

忠　佐市・租税法要綱（第10版、森山書店、1974）

中川一郎編・税法学体系(1)総論（三晃社、1968）

中川一郎編・税法学体系（全訂、三晃社、1975）

畠山武道・渡辺充・租税法（新版、青林書院、2000）

廣瀬　正・税法研究―税法の論理と納税者の納得―（税経詳報社、1985）

松訳　智・租税実体法（補正版、中央経済社、1999）

三木義一・よくわかる税法入門（第2版、有斐閣、2003）

水野忠恒・租税法（有斐閣、2003）

村井　正・租税法―理論と政策（第3版、青林書院、1999）

山田二郎・税法講義（第2版、信山社、2001）

山本守之・租税法要論（税務経理協会、1993）

2　租税憲法・国税通則法

新井隆一・税法の原理と解釈（早稲田大学出版部、1967）

磯邊律男・研修国税通則法（新都心文化センター、1983）

板倉　宏・吉田善明ほか編・北野弘久教授還暦記念論文集『納税者の権利』（勁草書房、1991）

卜部裕典・租税債務確定手続（信山社、1998）

荻野豊・平成16年版実務国税通則法（大蔵財務協会、2004）

金子・新井・広木・渡部・山田共編・租税法講座1（租税法基礎理論）（帝国地方行政学会、1974）

金子・新井・広木・渡部・山田共編・租税法講座3（租税行政法）（ぎょうせい、1975）

北野弘久・納税者基本権論の展開（三省堂、1992）

木村弘之亮・租税証拠法の研究（成文堂、1987）

吉良　実・推計課税の法理（中央経済社、1987）

斉藤　稔・租税法律主義入門（中央経済社、1992）

佐藤英善・首藤重幸（編）新井隆一先生古稀記念『行政法と租税法の課題と

展望』（成文堂、2000）

須貝修一・租税債務関係理論とその展開（ぎょうせい、1964）

東京税財政研究センター（編）中村芳昭（監修）税務行政の改革（勁草書房、2002）

中川一郎・税法の解釈及び適用（三晃社、1961）

福家俊朗・現代租税法の原理―転換期におけるその歴史的位相（日本評論社、1995）

増田英敏・納税者の権利保護の法理（成文堂、1997）

増田英敏・租税憲法学（第二版、成文堂、2004）

三木義一・現代税法と人権（勁草書房、1992）

山田二郎（編集代表）松沢智先生古稀記念論文集『租税行政と納税者の救済』（中央経済社、1997）

3 所得税法・法人税法

石島宏・租税法研究第1巻：課税権と課税物件の研究（信山社、2003）

石島宏・租税法研究第2巻：課税標準の研究（信山社、2003）

大島隆夫ほか・所得税法の考え方・読み方（税務経理協会、1986）

岡村忠生・法人税法講義（成文堂、2004）

岸田貞夫・税法としての所得課税（改訂版、税務経理協会、2003）

吉良実・所得税法の論点（第二版、中央経済社、1984）

金子　宏・所得課税の研究（有斐閣、1991）

金子　宏・所得概念の研究（所得課税の基礎理論上巻、有斐閣、1995）

金子　宏・課税単位及び譲渡所得の研究（所得課税の基礎理論中巻、有斐閣、1996）

金子　宏・所得課税の法と政策（所得課税の基礎理論下巻、有斐閣、1996）

金子・新井・広木・渡部・山田共編・租税法講座2（租税実体法）（帝国地方行政学会、1973）

木村弘之亮・租税法学（税務経理協会、1999）

河野惟隆・個人所得税の研究（税務経理協会、1987）

河野惟隆・法人税・所得税の研究（税務経理協会、1996）

小松芳明・法人税法概説（五訂版、有斐閣、1993）

塩崎潤ほか・所得税法の論理（税務経理協会、1969）

武田昌輔・立法趣旨法人税法の解釈（財経詳報社、最新版）

武田隆二・法人税法精説（森山書店、最新版）

田中勝次郎・法人税法の研究（税務研究会、1965）

K・ティプケ・所得税・法人税・消費税：西ドイツ租税法（木鐸社、1997）

注解所得税法研究会（編）注解所得税法（4訂版、大蔵財務協会、2005）

藤田　晴・所得税の基礎理論（中央経済社、1992）

増井良啓・結合企業課税の理論（東京大学出版会、2002）

水野忠恒・アメリカ法人税の法的構造―法人取引の課税理論（有斐閣、1988）

山本守之・体系法人税法（税務経理協会、2002）

4　租税法と私法

新井　誠・占部裕典・渡邊幸則・イギリスの信託・税制研究序説（トラスト60研究叢書、清文社、1994）

石島弘他（編著）山田二郎古稀論文集・税法の課題と超克（信山社、2000）

岩崎政明・ハイポセティカル・スタディ租税法（弘文堂、2004）

卜部裕典・信託課税法（清文堂、2001）

佐藤英明・信託と課税（弘文堂、2001）

東京弁護士会（編）法律家のための税法（新訂第4版、第一法規出版、2004）

中里　実・金融取引と課税―金融革命下の租税法（有斐閣、1998）

中里　実・タックス・シェルター（有斐閣、2002）

人見康子・木村弘之亮（編著）家族と税制（弘文堂、1998）

村井　正・租税法と私法（大蔵省印刷局、1982）

村井　正・租税法と取引法（清文社、2003）

渡辺徹也・企業取引と租税回避（中央経済社、2002）

5　訴訟とケースブック

青木康國・牛島勉・小田修司・辺見紀男・菅納敏恭（編著）法的紛争処理の税務（第2版、民事法研究会、2005）

今村　隆・小尾　仁・脇　博人・有賀文宣（著）課税訴訟の理論と実務（税務経理協会、1998）

大野重國・東亜由美・木下雅博『租税訴訟実務講座』（第2版、ぎょうせい、2002）

金子　宏ほか編・租税判例百選（第3版、有斐閣、1992）

岸田貞夫・民商法と税務（現代税務全集、ぎょうせい、1984）

清永敬次・判例所得税法（ミネルヴァ書房、1976）

最高裁判所事務総局行政局（監）主要行政事件裁判例概観2　租税関係編（改訂版、法曹会、2001）

桜井四郎・白崎浅吉・竹人重人・吉牟田勲（著）日本税理士会連合会編・民商法と税務判断（六法出版社、1981）

桜井四郎・白崎浅吉・竹人重人・吉牟田勲（著）日本税理士会連合会編・続民商法と税務判断（六法出版社、1983）

桜井四郎・竹人重人・吉牟田勲（著）日本税理士会連合会編『民・商法と税務判断債権・債務編』（三訂、六法出版社、1995）

桜井四郎・竹人重人・吉牟田勲（著）日本税理士会連合会編『民・商法と税務判断資産・譲渡編』（三訂、六法出版社、1995）

桜井四郎・竹人重人・吉牟田勲（著）日本税理士会連合会編『民・商法と税務判断商事・金融編』（三訂、六法出版社、1995）

司法研修所（編）租税訴訟の審理について（改訂新版、法曹会、2002）

日本税理士会連合会編（清永ほか共著）『税務署の判断と裁判所の判断―逆転判決の研究―』（六法出版社、1986）

日本税理士会連合会（編）法人税の判例（ぎょうせい、1994）

畠山武道・木村弘之亮・玉國文敏・水野忠恒（共編著）租税法基本判例集

（ぎょうせい、1982）

畠山武道・木村弘之亮・玉國文敏・水野忠恒（共編著）教材租税法基本判例集（ぎょうせい、1983）

増井良啓・佐藤英明（共編著）ケースブック租税法（弘文堂、2004）

6　租税政策

木下和夫・税制調査会―戦後税制改革の軌跡（税務経理協会、1992）

木下和夫編著・租税構造の理論と課題（税務経理協会、1996）

金子宏（編著）所得税の理論と課題（第2版、税務経理協会、2001）

シャウプ使節団・日本税制報告書（シャウプ勧告）(1949)

シャウプ使節団・第二次日本税制報告書（1950）

武田昌輔（編著）企業課税の理論と課題（税務経理協会、1995）

第2章　国税庁の組織図および課税処分から権利救済までのプロセス

　図1～5は、総務省行政管理局作成のホームページ「電子政府の総合窓口」の組織制度の概要の国税庁に掲載されている図である（平成17年3月2日現在）。

　図6は、国税庁のホームページの国税庁紹介欄の「国税庁レポート2004」の32頁に掲載されている図である（平成17年3月2日現在）。なお、図の左下の裁決の下の矢印の文字の「原則6か月」であるが、ホームページでは「3か月」と記されているが、平成17年4月1日に施行される改正行政訴訟法第14条に従い「原則6か月」と記した。

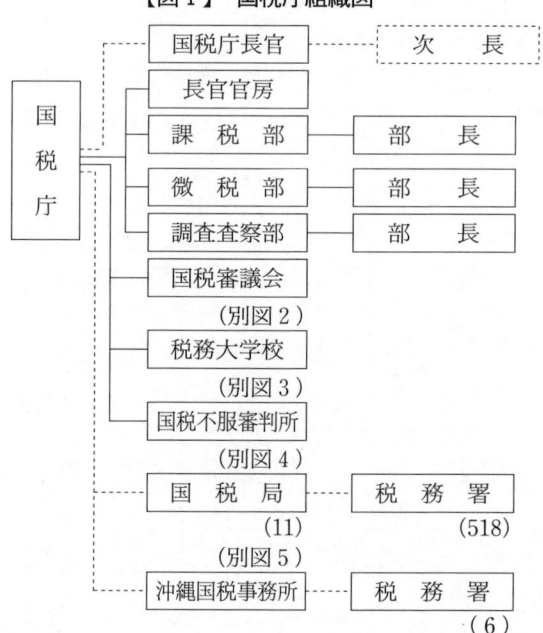

【図1】　国税庁組織図

```
                 ┌─ 国税庁長官 ──── 次　　長
                 ├─ 長官官房
                 ├─ 課　税　部 ──── 部　　長
国税庁 ──────────┼─ 徴　税　部 ──── 部　　長
                 ├─ 調査査察部 ──── 部　　長
                 ├─ 国税審議会
                 │    （別図2）
                 ├─ 税務大学校
                 │    （別図3）
                 ├─ 国税不服審判所
                 │    （別図4）
                 ├─ 国　税　局 ──── 税　務　署
                 │    （11）          （518）
                 │    （別図5）
                 └─ 沖縄国税事務所 ── 税　務　署
                                       （6）
```

（図では、法律または政令によって設置された組織体または職を記載しています。
カッコ書きは、数を示しています。）

528

【図2】 税務大学校組織図

```
税務大学校 ─── 校　長
          └── 地方研修所 ─── 地方研修所
                  (12)
```

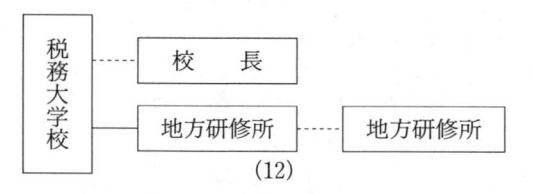

【図3】 国税不服審判所組織図

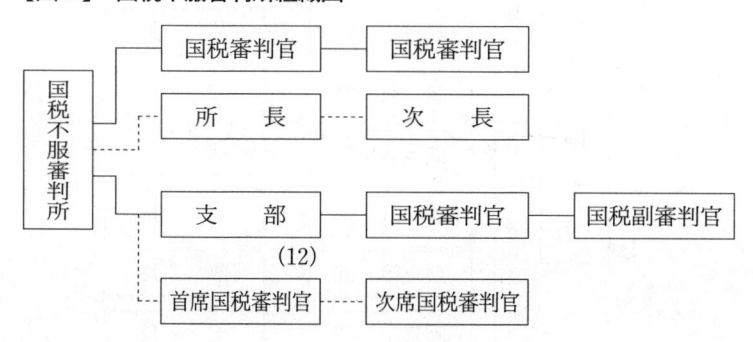

```
国税不服審判所 ┬── 国税審判官 ─── 国税審判官
              ├── 所　長 ─── 次　長
              ├── 支　部 ─── 国税審判官 ─── 国税副審判官
              │    (12)
              └── 首席国税審判官 ─── 次席国税審判官
```

第2章　国税庁の組織図および課税処分から権利救済までのプロセス

【図4】　国税局組織図

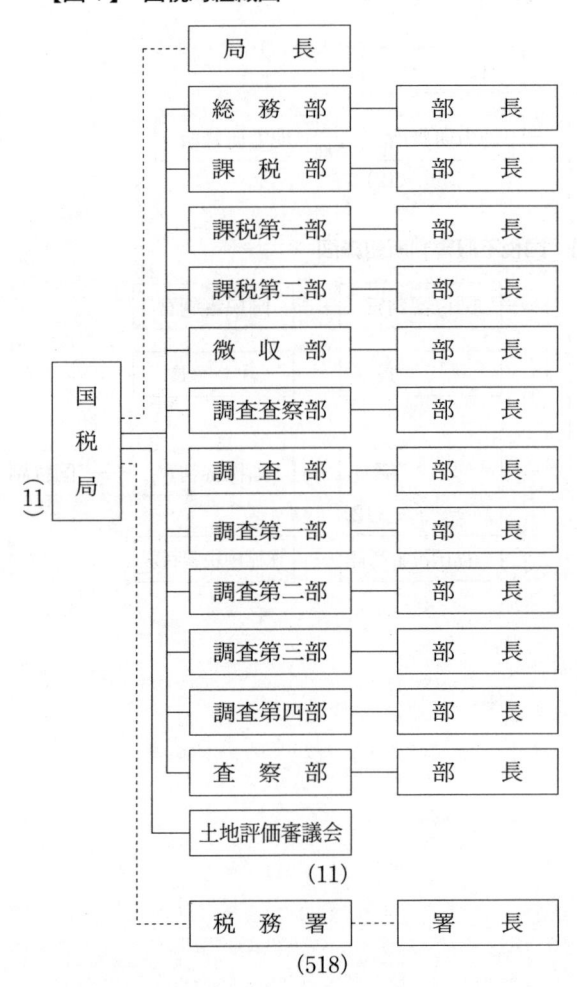

```
                    ┌─ 局　　長
                    ├─ 総　務　部 ── 部　　長
                    ├─ 課　税　部 ── 部　　長
                    ├─ 課税第一部 ── 部　　長
                    ├─ 課税第二部 ── 部　　長
                    ├─ 微　収　部 ── 部　　長
    国              ├─ 調査査察部 ── 部　　長
    税  ────────────┤
    局              ├─ 調　査　部 ── 部　　長
   (11)             ├─ 調査第一部 ── 部　　長
                    ├─ 調査第二部 ── 部　　長
                    ├─ 調査第三部 ── 部　　長
                    ├─ 調査第四部 ── 部　　長
                    ├─ 査　察　部 ── 部　　長
                    ├─ 土地評価審議会
                    │     (11)
                    └─ 税　務　署 ── 署　　長
                         (518)
```

【図5】　沖縄国税事務所組織図

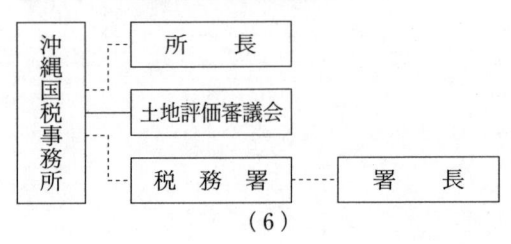

```
  沖     ┌─ 所　　長
  縄     │
  国  ───┼─ 土地評価審議会
  税     │
  事     └─ 税　務　署 ── 署　　長
  務           (6)
  所
```

530

【図6】 不服申立て制度と訴訟の関係

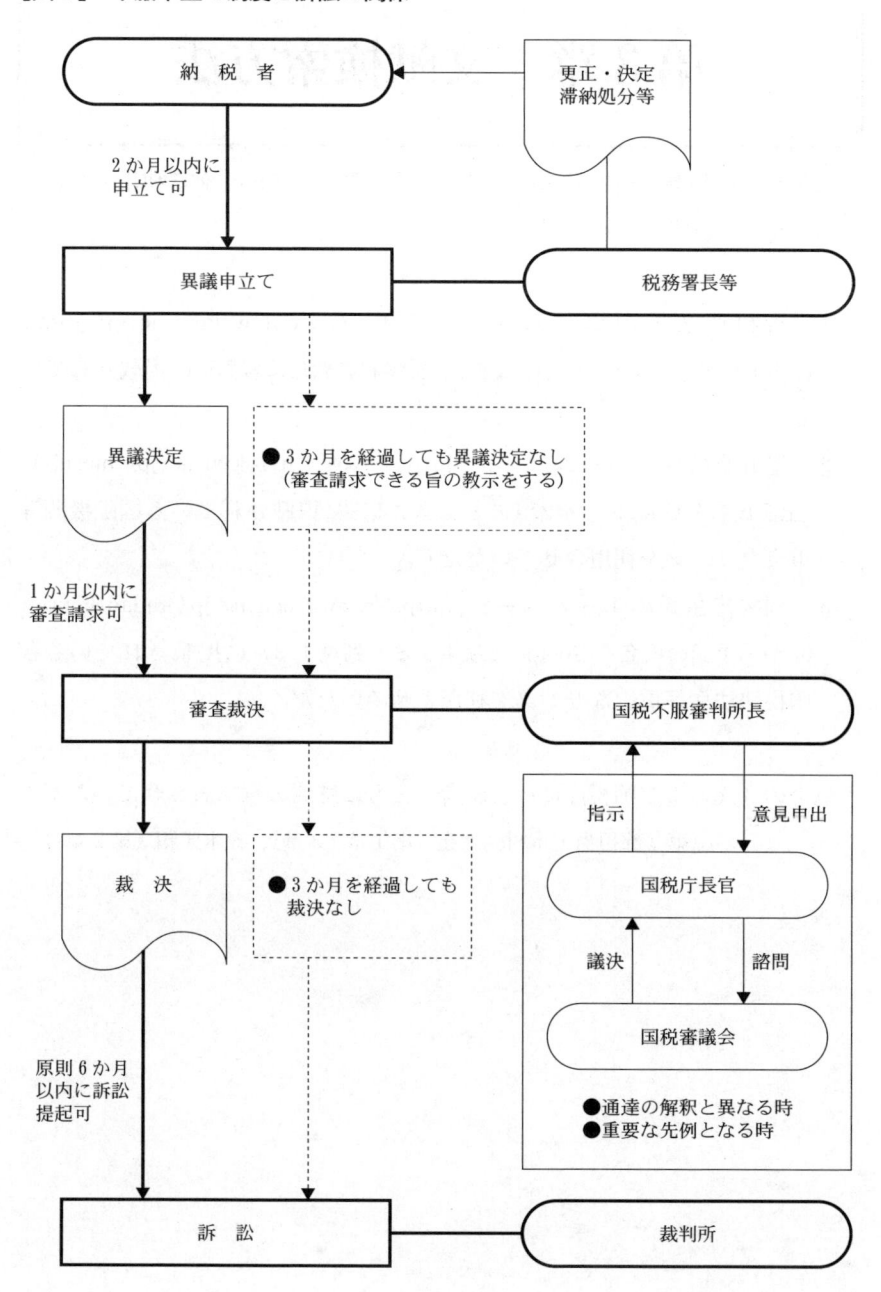

```
納税者 ←――― 更正・決定
              滞納処分等
  │
  │ 2か月以内に申立て可
  ↓
異議申立て ←――― 税務署長等
  │
  │ ──――→ ●3か月を経過しても異議決定なし
  ↓          （審査請求できる旨の教示をする）
異議決定
  │
  │ 1か月以内に審査請求可
  ↓
審査裁決 ←――→ 国税不服審判所長
  │                ↑ 指示    ↓ 意見申出
  │              国税庁長官
  │                ↑ 議決    ↓ 諮問
  │              国税審議会
  ↓
裁　決    ●3か月を経過しても   ●通達の解釈と異なる時
           裁決なし             ●重要な先例となる時
  │
  │ 原則6か月以内に訴訟提起可
  ↓
訴訟 ←――→ 裁判所
```

第 3 章　文献検索方法

　文献および判例の検索方法は、以下に示すホームページをご利用ください。使用許諾は、読者のために得ている。

① 　吉村典久氏のホームページ（http://www.law.keio.ac.jp/~yoshi/tebiki.html）（慶應義塾大学法学部法律学科の教員情報欄）に掲載されている。
② 　増井良啓氏のホームページ（http://www.j.u-tokyo.ac.jp/~masui/）（上記氏名をGoogleで検索すると到達する）に掲載されている国際機関等重宝なリンクを利用させていただく。
③ 　岡村忠生氏のホームページ（http://www4.ocn.ne.jp/~tadao/hourei.htm）（上記の氏名をGoogleで検索すると到達する）に掲載されている各国税法法令等重宝なリンクを利用させていただく。

　以上の3氏および国税庁には、読者とともに感謝の意を表させていただく。

（第3部担当・木村弘之亮〔第1章・3章〕、青木康國〔第2章〕）

事項索引

【英数字】

2分2乗制度　*382*
3割自治　*8*
Haig-Simons 定義　*54*
OECD のモデル草案　*16*
OECD モデル条約　*242*
Schanz　*54*
Schanz-Haig-Simons モデル　*55*
Simons　*54*
tax savings　*56*

【あ行】

青色事業専従者　*393*
青色申告書　*192*
青色申告制度　*18, 25*
青色申告の承認　*25*
圧縮記帳　*224*
後払賃金　*59, 62*
アニュイティ　*61, 64*
アメリカの交際費課税　*349*
荒川民商事件　*444*
遺産取得課税方式　*488*
遺産に係る基礎控除額　*487*
意思説　*175*
遺贈により取得したものとみなす場合　*486*
一時所得　*287*
一般的必要性論　*187*
偽りその他不正の行為　*37*
移転価格税制　*16, 210*
委任立法　*360*
委任立法の限界　*11*
違法性一元論　*374*

違法性相対論　*374*
岩瀬事件　*15*
印紙税　*21, 24*
上乗せ条例　*517*
永住者　*20*
閲覧請求権　*419*
延滞税　*37*
応益課税　*508, 510*
応益原則　*508*
応益負担原則　*50, 51*
応能課税　*507, 510*
応能課税の原則　*73*
応能負担原則　*50, 55, 62*
オウブンシャホールディング事件　*15, 225*
大島サラリーマン訴訟　*12, 43, 76*
オルドマン＝テンプルの原則　*390*

【か行】

外形基準（外形標準）　*9*
外形対象法人　*506*
外形標準　*504*
外形標準課税　*9*
外形標準課税方式　*504*
外国税額控除　*16*
外国法人　*20*
解釈通達　*152*
会社更生手続　*30*
改正行政事件訴訟法　*32*
改正行訴法　*33*
改正破産法　*29*
確定申告　*171*
影の投資所得　*56, 60*

533

事項索引

影の融資　56, 58
影の利息　57, 58
過誤納金還付請求　129
加算税　5, 37, 305
加算税制　306
貸倒損失　432
過少資本税制　16, 211
過少申告加算税　37, 306
課税期間　24
課税最低限　2, 72
課税単位　23, 382
課税団体　19
課税標準（課税ベース）　23
課税物件　21
課税物件の帰属　21
課税物件の年度帰属　24
課税要件　14, 326, 327, 331, 335, 338
課税要件法定主義　10, 140, 297, 359
課税要件明確主義　140, 297
家族単位課税方式　382
家族単位主義　23
過大役員退職金　212
稼得者課税の原則　408
貨幣の時間的価値　54, 58
川崎民商事件　444
管轄裁判所　34
環境税　46
関税　21
関税法　38
間接国税の犯則事件　39
間接的課税　63, 64
期間税　14
期限内申告　491
帰属所得　54, 391

基礎控除　401
期待権　59
揮発油税　50
既判力　427
寄付金控除　89
義務付け訴訟　34, 181
旧二要件説　328
給付建て繰延報酬契約　58, 61
給与所得　285
給与所得控除　76
給与所得控除額　71
給与の繰延払い　56
教示制度　34
行政機械化　443
行政使用料　51, 52
行政先例法　155
行政訴訟　414
強制調査　28
行政庁の優越的地位　165
行政手数料　51
行政手続法　423
行政不服審査法　33
行政不服申立て　33
行政不服申立前置（経由）主義　33
共同施設税　50
嚮導税　46
居住者　20
均衡原則　506
銀行税　9
均衡要件　510, 516
具体的納期限　30
繰延報酬　42, 60, 62
繰延報酬課税理論　59
グレゴリー事件　215
クロヨン論議　75

534

経済的観察法　411
経済的帰属説　409
経済的実質主義　218
形式主義　411
形式的平等　72
刑事罰　37
結果違法説　374
決定　171
決定処分　18
決定納期限　29
原因者負担金　50
厳格な審査基準　84
厳格な発生主義　55
減価償却費　213
権限　182
原告適格　34
検査拒否罪　447
検査証　459
原処分主義　424
源泉徴収　75
源泉徴収義務者　19
源泉納税義務者　35
源泉分離課税　20
限定解釈　251
憲法30条　2
憲法84条　2, 45
行為の態様　327, 328, 337
高額納税者公表制度　466
恒久的施設（PE）　20
公共サービス　204
公共財　204
交際費課税の創設の趣旨　341
交際費等の意義　334
交際費の成立要件　335
更正　171

更正・決定の除斥期間　171
更正処分　18
更正の請求　171
更正の理由附記　192
公的記録（public record）　455
合法性原則　140, 190, 297, 299
公務文書の文書提出義務　4, 36
国際会計基準19号　60
国際的租税回避　230
国際的な二重課税　15
国税徴収法　29
国税犯則取締法　38
国税不服審判所の支部　418
国内源泉所得　239
告発　39
国民負担率（国民所得比）　2
個人事業税　504
個人所得　54
個人単位課税方式　382
個人単位主義　23
国家公務員等退職手当法　147
国家賠償請求訴訟　34
固定資産税　21, 23, 24
固定資産評価基準　11, 359
固定資産評価審査委員会　373
個別的必要性論　187

【さ行】

婚姻中立性　386
裁決固有の瑕疵　425
裁決主義　424
財産権　365
財産権の保障　2
財団債権　29
財産税　365

事項索引

財産分与　483
財政国会議決主義　52
財政国会中心主義　51
裁判を受ける権利　416
差止め訴訟　34
雑所得　287
三位一体改革　8, 500
三要件説　328, 331, 335
仕入税額控除方式　25
時価主義　13
事業税　504
事業専従者　393
事業に関係ある者　333
事業目的の原理 business purpose doctrine　216
自己賦課（self assessment）　18
資産所得の合算制　23
自主課税権　498
自主財政権　8
自主財政主義　499
支出の相手方　327, 328
支出の相手先　335
支出の目的　327, 328, 333, 336
市場所得説　55
事前調査　27
事前通知　455
実額控除選択制　87
実現主義　55
執行上の租税平等主義　13
実質課税の原則　411
実質主義　411
実質所得者課税の原則　22, 409
実質的平等　72
実質秘性　461
質的担税力　74

質問検査　443
質問検査権　184, 445
質問検査権と税務職員の裁量　27
質問検査権に基づく税務調査　26
自動確定方式　17
司法改革審議会の意見書　163
私法上の法律構成による否認　15, 219
司法の行政に対するチェック機能　165
司法法学　67
清水惣事件　255
事務運営指針　152
しめ殺し税　46
シャウプ勧告　7, 501, 505
社会保険料　44
社会目的税　46
借地権課税　154
釈明処分の特則　34
収益税　365
重加算税　37, 306
収税官吏　38
修正申告　171
主観訴訟　34
酒税　24
首席国税審判官　418
主張制限　425
主張責任　434
主張立証責任　431
出訴期間　34
出廷陳述権　331
守秘義務　461
純財産増価税　54
生涯所得　42, 62
譲渡費用　435

事項索引

消費税　21, 23
消費税の転稼　19
情報　152
情報公開法　4, 153
条約漁り　244
条約順守義務　243
使用料　51
職務行為違法説　374
所得　54
所得概念　282
所得区分　282
所得控除　401, 432
所得税　19, 21, 23, 24
所得免除　56
人格のない社団・財団　19
信義誠実の原則（信義則）　4
信義則　299
新行政事件訴訟法　181
申告行為の性格　175
申告納税主義　171
申告納税制　7
申告納税方式　17
申告の錯誤無効　173
審査請求　33, 418
審査の申出　373
人的控除　401
人頭税　72
人税　73
新二要件説　328
推認　434
水利地益税　50
ストック・オプション　275, 276
税　45, 47
税額控除　432
正常対価　210

税条例　10
生存権を保障　2
正当な理由　305, 306, 311
税務職員　38
税務調査　25, 177, 440
税理士　200
税理士の出廷陳述権　36
税率　24
世帯単位主義　23
節税　207
節税貯蓄　56
絶対的平等　72
選択主義　33
選択の自由　191
戦略法学　67
総額主義　428
相互タクシー事件　255
相続財産の評価　13
相続財産法人　483
相続税　19, 21, 23, 24
相続法の課税体系　490
相対的平等　72
争点主義　428
相当の地代　154
贈与税　19, 21, 23
ソース・ルール　239
遡求課税禁止の原則　191
遡及立法　11
即時強制　442
組織形態の多様化　20
訴訟条件　39
訴訟物　427
訴訟類型（法定抗告訴訟）　34
租税　2, 43, 45
租税回避　65, 206

537

事項索引

租税回避行為の否認　232
租税確定手続の概要　171
租税危害犯（租税秩序犯）　37
租税債権　30
租税債権の一般的優先権（優先徴収権）　29
租税犯の処罰手続　39
租税条件主義　359
租税情報開示禁止原則　419
租税条約　10, 16, 20, 234, 242
租税条例主義　10, 359
租税争訟　33
租税争訟法　172
租税訴訟　33
租税訴訟の勝訴率　32
租税手続法　172
租税特別処置　78
租税特別措置法　71
租税の自力執行権　29
租税の調査手続　25
租税の徴収手続　28
租税平等主義　9
租税法上の住所　474
租税法の基本原則　9
租税法律関係　14
租税法律主義　9, 44, 167, 338, 359, 500
租税優遇措置（租税特別措置法）　12
損益通算　192
損金　432

【た行】

退職一時金　58
退職給付　58
退職給付会計基準　59, 60

退職給付債務　60
退職給付引当金　60
退職金債権　58
退職金の受給権　58
退職年金　58
代替課税　349
代替課税の思想　348
代替課税論　346
第二次納税義務　30
第二次納税義務者　19
滞納処分　28
滞納処分による債権差押え　30
タイミング問題　54
宅地開発税　50
ダグラス＝有沢の法則　405
タックス・ヘイブン対策税制　16, 211
タックスシェルター　230
脱税　206
担税者　19
地価公示価格　364
地租、家屋税等　7
地方税条例主義　501
地方道路税　50
地方分権一括法　8
地方分権改革　8
抽出法人　146
抽象的課税義務　171
中世ゲルマン法　169
超過課税　503
調査の立会い　27
調査妨害罪　26
調査妨害犯　37
調査理由の開示　27
帳簿書類等の保存義務　25
直接国税の犯則事件　39

事項索引

直間比率　8
追徴税制度　305
通告処分　39
通知処分　34
通知説　175
定額控除限度額　339, 340, 341
適正手続　421, 422, 429
適正手続の保障　4, 190
適正な時価　358
手数料　44, 48, 51
手数料原則　51
手数料法　52
手続保障原則　140, 297, 429
電子申告　18
ドイツ企業年金　66
ドイツ基本法3条6項　2
ドイツの交際費課税　350
当事者訴訟　34
投資所得　57
投資所得の所得免除　57
同族会社行為計算否認　214
登録免許税　21
特定支出控除　87
特典制限条項　244
特別経費　432
特別徴収義務者　19
独立企業間価格　16
独立税　501
独立当事者間価格　211
土地重課制度　89
トリーティー・ショッピング　244
取消訴訟　34
取消理由　189
取下書　178

【な行】

内国法人　20
内助の功　388
南西通商株式会社事件　255
二元説　34
二重処罰禁止　305, 309
日米租税条約　20
日本標準産業分類　146
任意調査　25, 443
年金　61, 64
年金数理人　58
納税義務　14, 19
納税義務者　19
納税義務の確定　17
納税義務の成立　14, 483
納税者権利保障法　27
納税者の救済　32
能力説　511

【は行】

パートナーシップ　20
パート問題　402
配偶者控除　401
配偶者特別控除　402
白紙的委任　149
発生主義　55, 57
発生所得課税　57
ハルペリン教授　55
犯則事件の調査　25
犯則調査　38
反面調査　27
非永住者　20
比較衡量論　200
非居住者　20
被告適格　34

事項索引

秘通達　153
必要経費　432
否認　207
否認規定　15
ヒラメ裁判官　200
夫婦財産契約　406
夫婦単位課税方式　382
賦課課税方式　17
付加価値税VAT　8
付加税　501
複合説　175
負担金　44, 48, 49
負担金法　50
普通税　502
普通徴収　17
物税　73
不動産所得税　21
不納付加算税　306
不服申立前置主義　416
扶養控除　89, 401
プライバシー　440
フランスの交際費課税　351
不利益な供述の強要禁止　26
フリンジ・ベネフィット　346
文書提出命令　464
文理解釈　250
変動所得　65
包括的　54
包括的所得概念　55, 385
法源　159
報酬繰延契約　66
報酬税務計画　65
法人格否認の法理　209
法人事業税　504
法人税　21, 23, 24

法治主義　3, 169
法定外税　8, 503
法定相続分課税方式　490
法定納期限　29
法的安定性　153
法的実質主義　218
法の支配　3, 163, 167, 414
法の支配の原理　166
法の支配の理念　164
法律的帰属説　409
補佐人　36
捕捉率　77
逋脱犯（脱税犯）　37
逋脱犯の共犯　38
逋脱犯の刑事犯的性格　40

【ま行】

身代わり課税　57
みなし債務　60
民事再生手続　30
無効確認訴訟　34
無申告加算税　37, 306
無制限納税義務者　20
明治憲法62条　46
目的税　502
目的論的解釈　251
黙秘権の保障　38
黙秘権の予告　38

【や行】

役員賞与　212
有因公課　48
緩やかな審査基準　83
予測可能性　151, 153
予防法学　67

540

【ら行】

ラムゼイ Ramsay 原則　*217*
利益税　*510*
履行補助者　*324*
利子税　*37*
立証責任　*432, 434*
立法上の租税平等主義　*12*
立法法学　*67*
料金　*48*

両罰規定　*38*
りんご生産組合事件　*22*
臨時所得　*65*
類似法人　*145*
累進税率（超過累進税率）　*24*
令状主義　*26*
連帯納付義務　*18*
ローマ法　*169*

● 執筆者略歴 ●　　　　　　（50音順）

青木 康國（あおき　やすくに）

弁護士（昭和52年登録、第一弁護士会）・税理士（同54年登録、東京税理士会）・日本弁護士連合会司法制度調査会税制部会部会長・学校法人獨協学園理事

（略　歴）

所属学会	租税訴訟学会（争訟部門担当副会長）・公法学会・日本税法学会
昭和48年	国士舘大学大学院政治学研究科博士課程単位取得
同年～50年	国士舘大学政経学部助手・専任講師
昭和54年～	越谷北ロータリークラブ会員（國際ロータリー第2770地区パストガバナー補佐）
平成3年～15年	国士舘大学政経学部二部非常勤講師（憲法）
平成5年～16年	中央大学法学部非常勤講師（司法演習憲法）

（主な著書）

『法的紛争処理の税務〔第2版〕』（共編著・民事法研究会）

本書第2部第5章、第3部第2章担当

今村　隆（いまむら　たかし）

駿河台大学法科大学院教授、弁護士

（略　歴）

昭和51年3月	東京大学法学部卒業
昭和54年4月	東京地検検事
平成10年4月	法務省訟務局租税訟務課長
平成14年10月	東京高検検事
平成15年4月	駿河台大学教授、弁護士登録（第1東京弁護士会）
平成16年4月	駿河台大学法科大学院教授

（主な著書）

『課税訴訟の理論と実務』（共著・税務経理協会）

本書第2部第12章担当

岩下忠吾（いわした　ちゅうご）

税理士、日本税務会計学会副学会長、慶應義塾大学法科大学院講師
（略　歴）
昭和45年3月　　富士短期大学卒業
昭和48年7月　　税理士登録
（主な著書）
『精説　相続税・贈与税』（財経詳報社）
『精説　消費税額』（財経詳報社）
『相続税の申告実務』（税務研究会）
『土地・株式の評価と明細書の書き方』（中央経済社）
『消費税の実務』（税務研究会）
本書第2部第15章担当

牛嶋　勉（うしじま　つとむ）

弁護士、税理士、第一東京弁護士会弁護士業務改革委員会第1部会（税務部会）部会長、財団法人日本税務研究センター研究員、東京地方裁判所鑑定委員、東京簡易裁判所司法委員
（略　歴）
昭和49年3月　　東京大学法学部卒業
昭和51年4月　　弁護士登録（第一東京弁護士会）
昭和57年6月　　税理士登録（東京税理士会）
（主な著書）
『法的紛争処理の税務〔第2版〕』（共編著・民事法研究会）
『相続・贈与実務ハンドブック』（共著・東林出版社）
『出向・転籍・退職・解雇』（編著・第一法規）
『パート・アルバイト・嘱託・派遣・出向』（編著・第一法規）
本書第2部第9章担当

菅納敏恭（かんの　としやす）

税理士、租税訴訟学会理事、中央学院大学講師、青山学院大学大学院講師

執筆者略歴

東京税理士会 企業法制対策特別委員会副委員長、税務審議部委員
（略　歴）
昭和49年　　中央大学法学部卒業
昭和56年　　税理士登録
（主な著書）：いずれも共編著
『租税判例と通達の相互関係』（財経詳報社）
『争点　相続税法』（勁草書房）
『法的紛争の税務〔第2版〕』（民事法研究会）ほか
本書第2部第6章担当

木村　弘之亮（きむら　こうのすけ）

日本大学総合科学研究所教授、法学博士、弁護士、明治学院大学法科大学院非常勤講師、前・慶應義塾大学法学部教授、東日本アレクサンダー・フォン・フンボルト協会会員、東京フルブライト・アソシエィション会員、日弁連学術助成受賞・慶應義塾大学義塾賞受賞
在外研究：ドイツ・ケルン大学租税法研究所、ケンブリッジ大学クイーンズ・カレッジ、ハーバード大学ロースクール国際租税法研究所
（略　歴）
昭和49年3月　　慶応義塾大学大学院法学研究科博士課程単位取得
（主な著書）
『租税証拠法の研究』、『多国籍企業税法―移転価格の法理』、『租税過料法』、『租税法学』、『租税法総則』、『国際税法』、『2001年行政事件訴訟法草案』、『租税基本判例集』（共著）、『固定資産税の現状と納税者の視点』（共著）、『家族と税制』（共著）
本書第2部第1章、第3部第1章・第3章担当

藏重有紀（くらしげ　あき）

検事、租税法学会会員
（略　歴）
昭和61年3月　　中央大学法学部法律学科卒業
平成7年4月　　検察官
平成12年4月　　東京法務局訟務部付検事

平成15年4月　　検察官
本書第2部第16章担当

末崎　衛（すえざき　まもる）

弁護士、日本税法学会会員、租税訴訟学会会員、立命館大学非常勤講師
（略　歴）
平成11年3月　　京都大学法学部卒業
平成12年10月　　弁護士登録（大阪弁護士会）
（論　稿）
「『私法上の法律構成による否認』についての一考察」（税法学550号）
本書第2部第11章担当（共著）

菅原　万里子（すがわら　まりこ）

弁護士、慶應義塾大学非常勤講師、明治学院大学法科大学院非常勤講師、東京弁護士会税務特別委員会委員、日弁連税務問題検討委員会委員、租税訴訟学会会員
（略　歴）
平成元年　　慶応義塾大学法学部法律学科卒業
平成3年　　慶応義塾大学大学院法学研究科修士課程修了（民事法学）
平成6年　　弁護士登録（東京弁護士会所属）
（主な著書）：いずれも共著
『相続法と相続税法』（共著・ぎょうせい）
『企業再編の税務と法務』（法務部分担当）（共著・中央経済社）
『法律家のための税法〔新訂第4版〕』（東京弁護士会編著・第一法規）
本書第2部第8章担当

鈴木　雅博（すずき　まさひろ）

税理士、税理士法人平河町鈴木会計代表社員、東京税理士会麹町支部副支部長、日本税務会計学会訴訟部門常任委員、㈶日弁連法務研究財団事務局員
（略　歴）
昭和51年3月　　慶應義塾大学法学部法律学科卒業

執筆者略歴

昭和55年3月　　　税理士登録（東京税理士会）
平成11年3月　　　筑波大学大学院経営政策科学研究科企業法学修士課程修了
（主な著書）：いずれも共著
『事実認定の判断例集』（財経詳報社）
『土地の税金と節税戦略』（財経詳報社）
『相続・贈与をめぐる節税対策のすべて』（日本実業出版社）
『現物給付の税務』（新日本法規出版）
・「フリンジ・ベネフィット課税について」第16回日税研究賞税理士の部入選
本書第2部第4章担当

玉國文敏（たまくに　ふみとし）

中央大学法学部・大学院法務研究科教授、租税法学会理事、日本公法学会会員、日本台湾法律家協会常務理事
（略　　歴）
昭和44年3月　　　東京教育大学文学部社会科学科法律政治学専攻卒業
昭和46年3月　　　東京教育大学大学院文学研究科社会学専攻修士課程修了
昭和49年3月　　　東京教育大学大学院文学研究科社会学専攻博士課程中退
昭和61年4月　　　明治学院大学法学部教授
平成15年4月　　　中央大学法学部教授（平成16年4月より、大学院法務研究科教授を併任）
（主な編著書）：いずれも共著
『租税法基本判例集』（ぎょうせい）
『不動産法概説(2)〔第4版〕』（有斐閣）
『所得課税の研究』（金子先生還暦記念）（有斐閣）
『21世紀を支える税制の論理〔第3巻〕』（税務経理協会）
『税法の課題と超克』（山田先生古稀記念）（信山社）
本書第2部第14章担当

藤山雅行（ふじやま　まさゆき）

東京地方裁判所判事
（略　　歴）

昭和51年3月　　京都大学法学部卒業
昭和53年4月　　東京地方裁判所判事補
(主な著書)
『行政争訟』(編著・新・裁判実務大系第25巻・青林書院)
本書第2部第13章担当

三木義一（みき　よしかず）

(略　歴)
昭和50年3月　　一橋大学大学院法学研究科修士課程修了
日本大学・静岡大学を経て、現在立命館大学法学部・大学院法務研究科教授
博士（法学・一橋大学）
(主な著書)
『日本の税金』(岩波新書)
『実務家のための税務相談（民法編）』(有斐閣)
『よくわかる税法入門〔第2版〕』(有斐閣)
『新・税理士春香の事件簿―変わる税金裁判』(清文社)
『世界の税金裁判』(清文社)
『現代税法と人権』(勁草書房)
等多数
本書第2部第2章担当

水野武夫（みずの　たけお）

弁護士、龍谷大学法学部教授、日本税法学会、日本租税理論学会、日本財政法学会、租税訴訟学会、環境法政策学会各理事、租税法学会、公法学会各会員
(略　歴)
昭和39年3月　　立命館大学法学部卒業
昭和43年4月　　弁護士登録（大阪弁護士会）
平成11年4月　　龍谷大学法学部教授
(主な著書)：いずれも共著
『コンメンタール相続税法』(勁草書房)
『租税法の基礎』(青林書院新社)

『判例コンメンタール行政事件訴訟法』（三省堂）
『新行政法辞典』（ぎょうせい）
『現代租税法講義〔四訂版〕』（法律文化社）
本書第2部第11章担当（共著）

宮崎 裕子（みやざき　ゆうこ）

弁護士
（略　歴）
昭和51年3月　　東京大学法学部卒業
昭和54年4月　　弁護士登録（第一東京弁護士会）
昭和59年〜61年　世界銀行法務部カウンセル
平成9年、11年、13年、15年
　　　　　　　　東京大学大学院法学政治学研究科非常勤講師
平成16年4月　　東京大学法科大学院客員教授
本書第2部第7章担当

山下　清兵衛（やました　せいべい）

弁護士、税理士
（略　歴）
昭和48年3月　　中央大学大学院法学研究科修了（国際民事訴訟法専攻）
昭和50年4月　　弁護士登録（第二東京弁護士会）
平成9年4月　　日弁連司法制度調査会税制部会会長
平成11年10月　 日弁連収益事業等税務問題検討ワーキンググループ座長
平成12年4月　　日弁連税務問題検討委員会副委員長
平成13年5月　　日弁連財務委員会副委員長
平成15年4月　　日弁連租税訴訟研修ワーキンググループ事務局長
平成16年6月　　日弁連行政訴訟センター副委員長
平成17年4月　　中央大学法科大学院兼任講師（実務行政訴訟担当）
平成17年4月　　大宮法科大学院専任教授（公法Ⅲ・租税法担当）
（主な論文）
ジュリスト・国際私法の争点「先決問題」（昭和55年4月）

「租税訴訟における司法権の独立」比較法第39号（平成14年3月）
「現行憲法下における公正な三権の確立」比較法第41号（平成16年3月）
本書第2部第3章担当

山田二郎（やまだ　じろう）

（略　歴）

昭和28年3月		京都大学法学部（旧制）卒業
昭和28年4月		司法修習生（7期）
昭和30年4月		裁判官に任官
		大阪地方裁判所判事補、東京高等裁判所判事、東京地方裁判所総括判事（昭和36年4月から昭和52年3月まで法務省に出向、法務省訟務局参事官、第5課長（租税訴訟の主管課長））等を歴任
昭和59年4月		裁判官を退官
		東海大学法学部教授（税法専攻）
	7月	弁護士登録（第二東京弁護士会）
平成6年4月		東海大学法学部長（平成8年3月末まで）
		東海大学法学研究科委員長（平成8年3月末まで）

（主な学会活動）

元租税法学会理事、日本税法学会名誉理事
公法学会会員、土地法学会評議員、財政法学会名誉理事
租税訴訟学会会員（会長）

（主な著書）

『税務争訟の実務〔改訂版〕』（共著・平成5（1993）年・新日本法規）
『税法講義〔第2版〕』（平成13（2001）年・信山社）
「行為計算の否認規定の適用をめぐる諸問題」（杉村章三郎先生古希記念論集『税法学論文集』三晃社）
「税務訴訟の諸問題」（租税法研究2号）
『所得税法における所得の分類』（末川博先生追悼論集『法と権利』有斐閣）
「交際費課税をめぐる問題」（田中二郎先生古希記念論集『公法の理論　下Ⅱ』有斐閣）
「青色更正の理由付記の程度」（吉川大二郎先生追悼論集『手続法の理論と実践　上』有斐閣）
「租税行政の諸問題」（租税法研究14号）

執筆者略歴

「消費税をめぐる若干の問題」(雄川一郎先生献呈論集『行政法諸問題　中』有斐閣)
「非上場株式の評価減と損金計上の可否について」(日本税法学会創立40周年祝賀論集『税法学論文集』税法研究所)
「不動産登記と登録免許税」(香川最高裁判事退官記念論文集『民法と登記　上』テイハン)
「固定資産評価審査委員会の機能とその審理手続」(貞家最高裁判事退官記念論集『民事法と裁判　下』きんざい)
「消費税の納税義務の成立・確定と消費税の課税標準額」(松沢智先生古希記念論集『租税行政と納税者の救済』中央経済社)
「固定資産税の課税構造を改革するための考察」(東海法学17号)
「租税訴訟と納税者の権利救済」(成田頼明他編『行政の変容と公法の展望』有斐閣学術センター)
本書第1部担当

山本守之（やまもと　もりゆき）

税理士、日本税務会計学会学会長、租税訴訟学会副会長（研究・提言担当）、税務会計研究学会理事、日本租税理論学会理事、千葉商科大学大学院（博士課程・政策研究科）客員教授

　研究のため OECD、EU 共同体、海外諸国の財務省、国税庁等を25年にわたり歴訪。机上の理論だけでなく、現実の経済取引を観察し、公平な租税制度のあり方を考える。また、税理士の立場から納税者の租税法解釈権を主張し、法令や通達を無機質的に読むのではなく「人間の感性で税をみつめる」態度を重視している。

（略　歴）
昭和28年3月　　税務大学校卒業
昭和38年10月　　税理士登録
（主な著書）
『租税法の基礎理論』（税務経理協会）
『体系法人税法』（税務経理協会）
『実務消費税法』（税務経理協会）
『判決・裁決例からみた役員報酬・賞与・退職金』（税務経理協会）
『交際費の理論と実務』（税務経理協会）
『法人税の争点を検証する』（税務経理協会）

『消費税の課否判定と仕入税額控除』(税務経理協会)
『納税者勝訴の判決』(編者)(税務経理協会)
『税務形式基準と事実認定』(中央経済社)
『法人税の理論と実務』(中央経済社)
『交際費・使途秘匿金課税の論点』(中央経済社)
『検証・税法上の不確定概念』(中央経済社)
『法人税申告の実務全書』(監修・共著)(日本実業出版社)
本書第2部第10章担当

【実務法律講義⑦】
実務 租税法講義

平成17年３月19日　第１刷発行

定価　本体4,800円（税別）

編　　者	編集代表・山田二郎
発　　行	株式会社　民事法研究会
印　　刷	株式会社　太平印刷社

発 行 所　株式会社　民事法研究会
〒151-0073　東京都渋谷区笹塚2-18-3　エルカクエイ笹塚ビル 6F
TEL 03(5351)1571(代)　　FAX 03(5351)1572
http://www.minjiho.com/

落丁・乱丁はおとりかえします。　ISBN4-89628-247-7 C3332 ¥4800E
カバーデザイン　袴田峯男